"十三五"普通高等教育规划教材
全国财经类应用型本科院校通用教材

金 融 学

（第 2 版）

主　编　袁怀宇
副主编　高孝欣　余隆炯

中国财经出版传媒集团
中国财政经济出版社

图书在版编目（CIP）数据

金融学／袁怀宇主编. ——2版. ——北京：中国财政经济出版社，2020.8（2025.1重印）
"十三五"普通高等教育规划教材　全国财经类应用型本科院校通用教材
ISBN 978-7-5095-9854-2

Ⅰ.①金⋯　Ⅱ.①袁⋯　Ⅲ.①金融学－高等学校－教材　Ⅳ.①F830

中国版本图书馆 CIP 数据核字（2020）第 095489 号

责任编辑：蔡　宾　　　　　责任校对：李　丽
封面设计：陈宇琰

中国财政经济出版社 出版

URL：http://www.cfeph.cn
E-mail：cfeph@cfeph.cn
（版权所有　翻印必究）
社址：北京市海淀区阜成路甲 28 号　邮政编码：100142
营销中心电话：010-88191537　编辑部门电话：010-88190666
北京密兴印刷有限公司印刷　各地新华书店经销
787×1092 毫米　16 开　16 印张　387 000 字
2020 年 7 月第 2 版　2025 年 1 月北京第 3 次印刷
定价：48.00 元
ISBN 978-7-5095-9854-2
（图书出现印装问题，本社负责调换）
本社质量投诉电话：010-88190744
打击盗版举报热线：010-88191661　QQ：2242791300

再版前言

我们编写的《金融学》教材于2017年出版供教学使用。三年来，金融业加速开放，中国A股纳入MSCI，银行、证券、保险、基金、期货等纷纷放松外资持股比例限制；科创板横空出世，创业板引入注册制；农村信用社逐步改制为农村商业银行；金融科技日新月异的同时互联网金融风险充分释放。随着"绿水青山就是金山银山"精神深入人心，绿色金融快速发展，普惠金融大力推动精准扶贫；"一委一行两会"的金融监管体系成形等。新的形势下，原有教材内容存在一些不足，而且在教材使用过程中也发现了一些错漏，基于此，我们对原有教材进行了修订，修订的主要内容包括以下几个方面：

1. 第二章中引入"金融"概念，将货币、信用和金融有机地联系起来，区分直接融资和间接融资，从总体上描述了金融体系的构成。从而将全书构成有机的整体。

2. 第三章中引入"收益"和"风险"。注意区分了利率和收益率，同时将风险理念融入金融学习中。

3. 第五章拓展了货币市场、资本市场和金融衍生产品市场的内容。

4. 第六章修改了金融监督管理机构的内容，增加了农村中小金融机构的内容。

5. 第七章、第八章更新了部分数据。

6. 第九章修改了货币供给过程和货币乘数推导。

7. 第十章完善了通货膨胀的度量。

8. 第十二章增加了金融科技、我国绿色金融发展的内容。

9. 补充和更新了延伸阅读内容。

本教材第2版由袁怀宇教授担任主编，高孝欣副教授、余隆炯副教授担任副主编。编写分工如下：张沁编写第一章；罗瑾编写第二章、第十三章；杨志群编写第三章、第四章；高孝欣编写第五章、第六章；余隆炯编写第七章、第八章；段志强编写第九章、第十章；袁怀宇编写第十一章、第十二章。全书最后由袁怀宇统一定稿。

本书在编写过程中参考了国内外学者的研究成果，为此，我们谨向有关作者表示真诚的谢意！本书修订得到了中国财政经济出版社的大力支持，在此表示衷心感谢！

  由于编写时间仓促，水平所限，书中难免仍有纰漏或不足之处，还望广大读者不吝指正，继续提出宝贵的建议。

作者
2020 年 5 月

目　　录

第一章　货币 ··· 1
 第一节　货币的起源与发展 ·· 1
 第二节　货币的本质和职能 ·· 7
 第三节　货币制度 ··· 10
 第四节　货币的层次 ·· 15
 本章小结 ··· 17

第二章　信用与金融 ·· 18
 第一节　信用的概念 ·· 18
 第二节　信用的基本形式 ·· 22
 第三节　什么是金融 ·· 29
 本章小结 ··· 33

第三章　利息、收益与风险 ·· 34
 第一节　利息的来源和本质 ·· 34
 第二节　利率的种类和计算 ·· 36
 第三节　利率的决定及其影响因素 ··· 41
 第四节　利率的作用及其发挥 ··· 46
 第五节　收益与风险 ·· 52
 本章小结 ··· 55

第四章　外汇与汇率 ·· 56
 第一节　外汇与汇率 ·· 56
 第二节　汇率的决定理论 ·· 59
 第三节　汇率变动对经济的影响 ·· 62
 第四节　汇率制度 ··· 66
 本章小结 ··· 71

第五章　金融市场 ·· 73
 第一节　金融市场的含义与构成要素 ·· 73

第二节　金融市场的功能、类型及发展趋势 ………………………………… 78
　　第三节　货币市场与资本市场 ……………………………………………… 85
　　第四节　金融衍生产品市场 ………………………………………………… 92
　　本章小结 ……………………………………………………………………… 98

第六章　金融机构 …………………………………………………………………… 99
　　第一节　金融机构的产生、分类与功能 …………………………………… 99
　　第二节　中国金融机构体系 ………………………………………………… 102
　　第三节　国际金融机构体系 ………………………………………………… 113
　　本章小结 ……………………………………………………………………… 116

第七章　商业银行 …………………………………………………………………… 117
　　第一节　商业银行概述 ……………………………………………………… 117
　　第二节　商业银行业务 ……………………………………………………… 122
　　第三节　商业银行经营管理 ………………………………………………… 129
　　本章小结 ……………………………………………………………………… 134

第八章　中央银行 …………………………………………………………………… 135
　　第一节　中央银行概述 ……………………………………………………… 135
　　第二节　中央银行业务 ……………………………………………………… 142
　　第三节　中央银行的独立性 ………………………………………………… 148
　　本章小结 ……………………………………………………………………… 155

第九章　货币供求与货币均衡 ……………………………………………………… 156
　　第一节　货币需求 …………………………………………………………… 156
　　第二节　货币供给 …………………………………………………………… 162
　　第三节　货币均衡 …………………………………………………………… 168
　　本章小结 ……………………………………………………………………… 172

第十章　通货膨胀与通货紧缩 ……………………………………………………… 174
　　第一节　通货膨胀的含义、度量与类型 …………………………………… 174
　　第二节　通货膨胀产生的现实原因 ………………………………………… 177
　　第三节　通货膨胀的效应及其治理 ………………………………………… 180
　　第四节　通货紧缩及其治理 ………………………………………………… 184
　　本章小结 ……………………………………………………………………… 188

第十一章　货币政策 ………………………………………………………………… 189
　　第一节　货币政策的最终目标 ……………………………………………… 189

第二节　货币政策工具……………………………………………………………192
　　第三节　货币政策传导机制与中间变量…………………………………………198
　　第四节　货币政策效应……………………………………………………………205
　　本章小结………………………………………………………………………………208

第十二章　金融创新……………………………………………………………………209
　　第一节　金融创新概述……………………………………………………………209
　　第二节　互联网金融与金融科技…………………………………………………213
　　第三节　绿色金融…………………………………………………………………219
　　本章小结………………………………………………………………………………225

第十三章　金融监管……………………………………………………………………226
　　第一节　金融监管概述……………………………………………………………226
　　第二节　金融监管的目标与原则…………………………………………………229
　　第三节　金融监管的内容与方法…………………………………………………231
　　第四节　金融监管体制……………………………………………………………235
　　第五节　金融监管的协调与合作…………………………………………………238
　　本章小结………………………………………………………………………………243

参考文献……………………………………………………………………………………245

第一章 货 币

本章核心内容

1. 马克思主义货币起源说揭示了货币的本质属性，认为货币是从商品世界中分离出来固定充当一般等价物的特殊商品，能反映一定的生产关系。

2. 从货币发展的历史来看，货币形态的演变经历了实物货币、金属货币、代用货币和信用货币等形态。

3. 货币的职能主要有价值尺度、流通手段、贮藏手段、支付手段和世界货币。

4. 货币制度主要包含了货币材料、货币单位、流通中货币种类、偿付能力和流通程序、货币发行准备制度等。

第一节 货币的起源与发展

一、货币起源

大约四、五千年前，在原始社会的末期，随着生产力的进步，由简单的物物交换过渡到频繁的物物交换后，货币也就应运而生了。关于货币起源的学说众多，归纳起来主要有以下几种学说：

（一）货币金属论

又称金属主义的货币论，该学说强调货币的价值尺度、贮藏手段和世界货币等职能，将货币与充当货币的足值金银等同为一，认为货币是一种商品，货币必须具有金属内容和实质价值，其价值由贵金属的价值所决定，货币的本质就是贵金属。

重商主义是货币金属论的典型代表，它把金银货币视为唯一的财富，认为货币必须是足值的金银，反对用降低铸币的重量或成色的办法来人为地提高铸币的名义价值。货币金属论的理论渊源，可追溯到古希腊哲学家亚里士多德。在他的《伦理学》一书中，亚里士多德认为，货币是价值的共同尺度、能用以衡量一切财产的价值，因此货币成为交换的媒介。至于货币的价值，是通过任何别的一种商品来表现的。同时，他认为货币在对人的自我实现不可或缺这个意义上，不是"自然的"，而是来自法律或者习俗的。

英国经济学家、哲学家亚当·斯密对货币金属论的发展也起了重要的作用。他认为，货币的首要功能是流通手段，人们持有货币是为了购买其他物品。当物物交换发展到以货币为媒介的交换后，商品的价值就用货币来衡量。这时，便产生了货币的另一功能——价值尺度。亚当·斯密也谈到货币的贮藏功能、支付功能。但是，他特别强调货币的流通功能，即货币是为了克服直接物物交换过程中的困难而产生的。

(二) 货币名目论

货币名目论又称货币工具论，是从货币的关键职能——流通手段和支付手段等角度认识货币，完全否定货币的商品性和价值性，认为货币不是财富，主张货币只是一个符号、一种票证、是名目上的存在、是便利交换的技术工具。

1. 货币国定论。此学说认为货币是国家政权所创造的，其价值由国家法律所规定。有代表性的是管仲的《国蓄》，文中说"玉起于禺氏，金起于汝汉，珠玉起于赤野，东西南北距周七千人百里，水绝壤断，舟车不能通。先王为其途之远，其至之难，故托用于其重，以珠玉为上币，以黄金为中币，以刀币为下币。三币，握之则非有补于暖也，食之则非有补于饱也，先王以守财物，以御民事，而平天下也。"国外货币国定论的先驱是17世纪英国古典经济学家巴本，主要代表为20世纪初德国新历史学派经济学家克拉普。

2. 货币符号说。法国政治哲学家孟德斯鸠是著名的货币符号论者，他认为货币本身并没有内在价值，它是表示一切商品价值的符号，如同银币是商品价值符号一样，纸币则是银币价值的符号。纸币是一种票据，它能毫无差异地代表银币。他认为，货币只是商品和劳务的债权或索取权的标记和凭证，是其所有者用来换取任何商品的一种票券，是使交换得以实现的一种计算单位和计算符号。他不仅认为具有实质价值的金属货币是商品价值的符号，而且还认为商品也是金属货币的符号。

3. 货币抽象说。该学说将货币单位作为抽象的价值计算单位，并以此来决定商品的相对价值。货币抽象说认为，币材是黄金还是纸，均无关紧要，只要有英镑或元的名称，充当抽象的价值计算单位就行。

(三) 马克思的货币起源说

马克思从分析商品产生和商品交换入手，通过研究价值形式的发展过程以揭示货币的起源。

货币产生于流通中，以产品转化为商品、商品又转化为交换价值为前提。商品社会中个别劳动与社会劳动的对立是产品转化为商品、从而也是交换的根源。交换又是商品内部矛盾的外部发展。商品既有使用价值，又是价值承担者。但商品难以同时发挥使用价值和价值的作用，即商品占有者不能既把商品作为使用价值消耗掉，又把它当作价值拿去交换。商品内在的这种使用价值与价值的矛盾，在价值形式中外在地表现出来，即表现为一个商品与另一个充当其价值表现者（等价物）的商品的对立。商品交换越发展，范围越扩大，交换价值越与商品的自然特殊性相脱离，越要求有第三类商品来作为它的象征性实体，即专门充当等价物。

货币标准一方面纯粹是约定俗成的，另一方面又需要得到公认，最后要由各国法律在本国内来规定。国家法律不仅统一规定该国内的货币计量标准，同时还规定货币以一定的外形来表示它所含有的计量单位，货币也由最早的金条块转变成为国家金铸币，铸币的名称用来指称它所含有的一定金量。金的铸币名称（名义价值标准）与金的重量名称（实际价值标准）的差别构成了一对矛盾，正是这一对矛盾的发展导致了后来纸币作为货币符号出现。

马克思用历史分析方法解释了货币源于商品，货币是商品经济内在矛盾不断发展的产物，是商品价值形式从简单偶然的价值形式→扩大的价值形式→一般价值形式→货币价值形式不断发展的必然结果。

二、货币形态的演变

在几千年的岁月中,货币的形态经历着由低级到高级的不断演变过程。从货币发展的历史来看,货币形态的演变经历了实物货币、金属货币、代用货币和信用货币等形态。

(一) 实物货币

实物货币是商品交换的长期发展过程中产生的最初货币形式,它充当货币,其价值与其充当普通商品价值相等。也就是说,实物货币既是货币,又是商品。它是足值货币。

在世界商品发展的历史上,牲畜(牛、羊和狗等),贝壳和动物的牙齿及兽角、毛皮、盐巴、特殊的石块、金属都曾经先后充当过这种货币的角色。

贝壳以其坚固耐磨、光洁美丽、易于携带和具有自然单位的特点,使得世界上的很多地方都曾把它当作货币来使用。欧洲人从西非购买奴隶,使用的就是贝币,亚洲、澳洲、非洲和美洲的许多地方,也都使用过贝币。贝壳是中国最早的货币,商朝以贝作为货币。在商代钱币的基本单位是由两串各有十个或二十个玛瑙贝组成的,贝币的单位是"朋"。《本草纲目·介部·贝子》中讲道:"古者货贝为宝龟,用为交易,以二为朋。"在中国的汉字中,很多与价值有关的字,都与"贝"相关。随着商品交换的发展,货币需求量越来越大,海贝已无法满足人们的需求。人们便寻找更适宜的货币材料来替代,有人制作玉贝、石贝、木贝、骨贝以及蚌贝等,以补充天然海贝的不足。后来出现了用铜仿制海贝,说明商代已经有了金属铸造的货币。

(二) 金属货币

金属货币是指以铜、银、金等金属作为货币材料,充当一般等价物的货币。金属货币取代实物货币是因其具有天然的优势:金属货币价值较高、易携带、方便保存、容易分割等。

中国商朝中晚期(距今3 100年左右),随着冶金工艺的发展,青铜冶炼技术日渐成熟,青铜币应运而生。青铜铸造的铜质仿形海贝,是人类历史上最早的金属铸币。秦始皇统一全国以后,也统一了战国时期纷乱的货币形式。秦朝的钱采用圆形方孔形式,重半两("两"是古代的一种重量单位),右边是"半"字,左边是"两"字,史称"秦半两"。"秦半两"是圆形方孔钱的开端,且这种形式流行了两千多年。

金属货币的演化有两条规律:一是由贱金属到贵金属的演变。货币金属最初是贱金属,多数国家和地区使用的是铜。贱金属与初步发展起来的商品经济是相适应的,但后来存在货币材料与生产资料、生活资料争夺原材料的问题,而且由于价值量的降低,不适应大宗交易。随着贵金属的开采和冶炼技术的提高,于是币材由铜向银和金过渡。到19世纪上半期,世界上大多数国家处于金银复本位货币制度时期。二是金属货币经历了从称量货币到铸币的演变。金属货币最初是以条块状流通的,每次交易时要称其重量估其成色,这时的货币称作称量货币。英镑的"镑",五铢钱的"铢"都是重量单位,从中可以看出称量货币的踪迹。称量货币在交易中很不方便,难以适应商品生产和交换发展的需要。随着社会第三次大分工——商人阶层的出现,一些信誉好的商人就在货币金属块上打上印记,标明其重量和成色进行流通,于是出现了最初的铸币,即私人铸币。当商品交换突破区域市场的范围后,金属块的重量和成色就要求有更具权威的证明,于是国家便开始管理货币,并凭借其政治权力开始铸造货币,于是经国家证明的、具有规定重量和成色的、铸成一定形状的国家铸币出现了。

(三) 代用货币

代用货币是其所包含的价值低于货币价值，但可以和所代表的货币自由兑换，并可代表实质货币在市场上流通。一般来说，代用货币主要是指政府或银行发行的、代替金属货币执行流通手段和支付手段职能的纸质货币。它唯一的作用就是流通。它是金属货币的代用品，货币面值本身代表了相应数额的金属货币，真正的货币还是金属货币。在我国最早出现在北宋时期，称之为"交子"。

银行券是典型的代用货币。银行券是随着资本主义银行的发展而首先在欧洲出现的代用货币，其主要特征有：①银行券是由银行发行的可以随时兑现的代用货币；②银行券的发行必须具有发行保证，一般分为黄金保证和信用保证。黄金保证体现为银行的金准备，信用保证则体现了发行银行保证兑现的信用度；③早期银行券的发行是分散的，由各家商业银行凭自己的信誉和能力发行，后来中央银行逐渐垄断了银行券的发行。

银行券最早出现于17世纪，它是由银行发行的用来代替商业票据的银行票据，是在商业票据流通的基础上产生的。银行券是为了解决商业票据流通的局限性和银行现金不能满足商业票据持有人贴现需求的矛盾而产生的，它主要是通过银行贴现商业票据而发行到流通中去的。而体现银行信用的银行券可不受支付日期的限制，并可随时兑换黄金，所以它可以代替金属货币在流通中发挥作用并得以广泛使用。20世纪30年代世界性经济危机之后，资本主义各国相继放弃金本位制，银行券停止兑换黄金，从而出现了银行券纸币化现象。

(四) 信用货币

信用货币是由国家法律规定的，强制流通不以任何贵金属为基础的独立发挥货币职能的货币。目前，世界各国发行的货币，基本都属于信用货币。

信用货币其币材的价值低于其作为货币所代表的价值，甚至没有价值，只凭借发行者的信用而得以流通。信用货币之所以能够取代金属货币，一是由于生产和流通的进一步扩大，贵金属币材的数量不能满足扩大货币供应对其的需求，而且越来越多的大宗商品交易使用金属货币极为不便；二是由于货币在充当交换媒介时本身就包含着信用货币出现的可能性。作为交换媒介，人们关心的是借助于它能否换到价值相当的商品，而不是货币本身，只要人们乐于接受，货币就完全可以用价值较低的商品甚至没有价值的符号去代替。

信用货币是货币形式进一步发展的产物，是金属货币制度崩溃的直接结果。在20世纪30年代，发生了世界性的经济危机，引起经济的恐慌和金融混乱，迫使主要资本主义国家先后脱离金本位和银本位，国家所发行的银行券不能再兑换金属货币，因此，信用货币便应运而生。

在现代经济中，信用货币包括以下几种主要形态：

1. 现金或纸币。现金或纸币多数由一国中央银行发行，其主要功能是承担人们日常生活用品的购买手段。

2. 辅币。辅币多用贱金属制造，一般由中央银行独占发行，由专门的铸币厂铸造。其主要功能是充当小额或零星交易中的媒介手段。

3. 银行存款。存款是存款人对银行的债权，对银行来说，这种货币又是债务货币。存款除在银行账户的转移支付外，还要借助于支票等支付。目前在全社会的经济交易中，用银行存款作支付手段的比重占绝大部分。随着信用的发展，一些小额交易，如顾客对零售商的支付、职工的工资等，也广泛使用这种类型的货币。

4. 电子货币。电子货币是指通过计算机系统储存和处理的电子存款和信用支付工具。随着现代电子技术的迅速发展，电子计算机和互联网在金融企业中得到普遍应用，电子货币所包含的范围极广，如信用卡、储蓄卡、借记卡、IC 卡、消费卡、电话卡、煤气卡、电子支票、网络货币、智能卡等，几乎包括了所有与资金有关的支付工具和支付方式。

电子货币是一种新型的货币形式，也是看不见摸不着的现实货币，它除了具备货币一般属性外，还具有特殊性属性：①发行主体非垄断化。传统的货币发行由一国的中央银行垄断发行，任何金融企业发行货币均为违法，而电子货币则不然，既可由中央银行，也可由一般金融机构和非金融机构来发行，且后者占据主导地位。②形态上的非物化。这是电子货币运营与以往任何一种货币都不同的地方，它不需要借助任何实体，而只需要一般承载着信息码的电子脉冲就可以完成支付。电子货币从表面上看属于观念货币，但却有现实货币作其支付准备，只不过借助电子媒介手段完成支付，从这一点上说，电子货币是商品流通中媒介的媒介。

【延伸阅读 1-1】

苏美尔人的货币

发源于土耳其亚美尼亚崇山峻岭的幼发拉底河、底格里斯河，两条长河千百年的冲积，在河流的中下游形成了广袤的平原。希腊语称为"美索不达米亚"，意即两河之间的地方。美索不达米亚有记载的历史从苏美尔人开始。从美索不达米亚考古得来的写有楔形文字的泥板文书表明，苏美尔人很早就在美索不达米亚聚居，他们创建了灌溉农业。

大约在公元前 4 000 年之前，美索不达米亚处于城市形成时期，贸易中主要采用易货贸易的方式，一件物品的价格往往要用一些标准商品来衡量。随后，铜、银先后成为为其他货物定价的物品。考古发现的公元前 3 000 年之前的《埃什嫩那法典》，在开头就罗列了银对玉米、鱼等物品的比价。随着贸易日益广泛的开展，黄金、白银、青铜、锡等贵金属都成为可支付的货币。

美索不达米亚处于繁荣的地中海东部贸易区，其强有力的城邦之王数次征服地中海东岸，使得地中海东部贸易区较为统一的使用同一种货币。至于为什么要选择这四种贵金属为货币，推想可能是因为黄金、白银作为货币的天然特性以及两河流域长期不断的征战对青铜、锡等贵金属的更加偏好。

资料来源：《古蜀与美索不达米亚城市对外贸易之比较》，邹一清，天府新论，2005 年第 2 期。

【延伸阅读 1-2】

明清时期的货币为何主要是白银而不是纸币？

宋、金、元、明等朝代使用纸币，都不能有效控制其发行数量。除了明朝主动废弃纸币外，宋、金、元时期的纸币都造成巨大的社会灾难，其灭亡都同纸币发行有着重要的联系。纸币在明清时期一度中断发行，与此有直接联系。

明初采取"闭关锁国"政策，经济发展滞缓。在币制上，推行钱钞政策，禁用金银，甚至禁止开银矿。政府推行纸钞，禁止民间私易金银。这种禁用金银的政策直到明英宗正统元年（1436年）方显松动，随即"朝野卒用银，其小者用钱……钞壅不行"，到了弘治时期（1488~1505年），政府钱钞皆折银计算，纸币已经名存实亡。明中叶以后，由于白银成为流通的主要货币，嘉靖四十一年（1562年）实行的"班匠"征银和万历九年（1581年）推行的一条鞭法"计亩征银"，使得白银为各阶层人民所普遍需要。这一时期随着城市手工业的迅速发展，农副产品商品化程度增加，在一些行业里产生了资本主义萌芽。到了明后期，不仅大宗交易用银，连小买卖都使用白银，这在明朝的野史杂记、戏曲小说里都有生动而翔实的记录。那时，商人们以银量富，有银百万两称大贾；几十、几万两称中贾；千百两的则为小贾。上至皇帝、官僚，下至中小地主竞相搜刮积银，如明英宗朱祁镇就是一个爱好贮银的皇帝；正德、嘉靖时，权倾朝野的大臣刘瑾、朱宁、严嵩父子等所藏白银亦皆千、百万两计。据史书记载，明代白银的使用，仍以锭为主，其银锭的形制基本上还是元代模式，为重约"五十两"的"元宝"形，不但银条少见，就是砖码形的银锭也少见，因为"元宝"携带比较方便。

明末清初外国白银的大规模输入，与海禁政策的放松密切相关。隆庆元年（1567年），诏"准贩东西二洋"，引发了东南沿海蓬勃的海上贸易，也打开了外国银元流入中国的源头。贸易中，外国对中国商品的渴望远远超过中国对外国物品的需求。清末任中国海关总税务司的英国人赫德（Robert Hart）曾无奈叹息："中国有世界上最好的粮食，米；最好的饮料，茶；以及最好的衣着，棉、丝和皮毛。既有这些大宗物产以及无数土制副产品，所以他们不需要从别的地方购买一文钱的东西。"这样，贸易的外方只能用白银换取中国商品。

明末清初外国输入的白银，主要是南美洲白银和日本白银。

十六世纪中期，南美洲发现了藏量极为丰富的银矿，秘鲁、墨西哥等国均开采出数量惊人的白银。十六世纪初，世界白银年均生产约 1 511 000 盎司。但在十六世纪中期，即明嘉靖二、三十年间，年均产量已提高到 10 017 000 盎司，此后直到十八世纪中叶，即清乾隆年间，世界银产量保持在 9 000 000 至 17 000 000 盎司之间。而南美洲十六至十八世纪期间的白银产量，约占世界总产量的近百分之八十。至于日本，其白银矿藏量也极大，被欧洲人誉为"银岛"。据估计，十七世纪初期以前，日本白银产量约占世界的百分之二十。正是由于与中国贸易的另一方"均无他产"，但有丰富的白银蕴藏和储备，所以"夷人悉用银钱易货，故归船自银钱外无他携来"。而中国，物产丰富，独缺白银，自然视白银为奇货。中外双方在贸易中找到了契合点，所以导致了丝绸、陶瓷外流，而银币内流的局面。

外国银币大规模入华以前，中国传统白银形制，最基本的是铤状的，也有饼形和银锭，携带使用极为不便，交易时须用戥子称重，并以笨拙的切割法才能完成买卖，银子成色的鉴定也未有统一的标准。这与当时日益扩大的白银使用形成了一种不和谐，因此，标准划一、大小适中的外国白银铸币一进入广东、福建就受到民间喜爱而快速流通，也就不奇怪了。

明末清初输入中国的外国白银，林林总总有数十种之多。"闻有大髻、小髻、蓬头、蝙蝠、双柱、马剑诸名等语。"其中流入量大，流通广的外国银元有"本洋"（为西班牙所铸的银币，有双柱、卡罗斯三世、卡罗斯四世、费迪南七世等版别）、"马剑"（十七至十八世纪末荷兰所铸，因币面所铸为骑士策马执剑图，故曰马剑）、"鹰洋"（俗称英洋，墨西哥所铸，币面为一苍鹰，嘴叼一条挣扎扭曲的长蛇，昂然站立于仙人掌之上，故有"鹰洋"之名）、"龙洋"（亦名龙番，大日本，因币面正面镌刻有"大日本"三字，背面镌刻有蟠龙纹而得名）。

外国白银的输入对中国货币体系形成了决定性的冲击，并最终推动中国完成了向银本位的转变。从乾隆五十七年起，中国开始自铸银元。而且，此后所铸的金银钱和铜质钱，形制样式均仿自外国银元，中国的货币单位也从"两"完成了向"元"的过渡。

资料来源：《五百年来谁著史》，韩毓海，九州出版社，2009年。

第二节 货币的本质和职能

一、货币的本质

马克思认为货币是商品交换发展到一定阶段的产物，他从货币本质的角度给货币下的定义是：货币是从商品中分离出来固定地充当一般等价物的商品。

根据马克思关于货币的定义，货币有两个重要特征：

（1）货币是商品，而且是固定充当一般等价物的商品。人类社会价值形态自发发展的历史长河，包括由简单的、偶然的价值形态到总和的、扩大的价值形态，再到一般价值形态。在一般价值形态充当一般等价物的商品很多，但它们不是货币，因为它们只是在局部范围内临时性地发挥一般等价物的作用；货币则是固定充当一般等价物的商品，是在一个国家或民族市场范围内长期发挥一般等价物作用的商品。

（2）货币是生产关系的反映。固定充当一般等价物的货币是商品经济社会中生产关系的体现，即反映产品由不同所有者生产、占有，并通过等价交换实现人与人之间社会联系的生产关系。

二、货币的职能

货币职能是指货币本身所具有的功能，是货币本质的具体表现。一般认为，货币具有价值尺度、流通手段、贮藏手段、支付手段和世界货币五种职能，其中价值尺度和流通手段是货币的两种基本职能。货币的基本职能指的是货币一产生就具有的职能。

（一）价值尺度

价值尺度是指货币衡量和表现商品价值量大小的职能。指货币衡量和表现一切商品价值大小的作用。它是货币本质的体现。它表现为价格标签。商品价值的大小就表现为货币的多少，如：一斤大米=1元；一件上衣=200元。

为了用货币来衡量商品价值量的大小，必须给货币本身确定一种计量单位。如人民币的"元"，英镑的"镑"等。通过一定数量的货币表现出来的商品价值，称作价格。货币执行价值尺度职能，就是把商品的价值表现为一定的价格。各种商品价值都能用货币衡量，表明价值的质是相同的，量是可比的，而货币本身也是有价值的。

货币执行这一职能，不需现实货币，人们可以在观念上用货币来衡量商品价值，如商品标价。货币之所以能够担当价值尺度，是因为货币本身也是商品，具有价值，所以才能用来衡量其他商品价值的大小。由此推导，在现实的物物交换中，其他商品也在充当价值尺度。

（二）流通手段

流通手段是指货币在商品流通过程中起交换媒介作用时所发挥的职能。在货币执行了流通手段之后，使得商品的交换有了可能。而流通手段则是货币价值尺度职能的发展。其主要特点是在商品买卖中，商品的让渡和货币的让渡在同一时间内完成，通俗地说是一手交钱、一手交货。因此，从价值运动的角度观察，货币执行流通手段职能时，在同一时间内，价值的运动是双向的。即卖方在得到价值的同时出让使用价值，买方在让渡价值的同时获得使用价值。货币的产生，使得商品之间的交换由直接的物物交换变成了以货币为媒介的交换。即由商品—商品（W—W）变成了商品—货币—商品（W—G—W）。两者之间不仅存在形式上的区别，也存在着性质上的区别。货币执行流通手段职能时，必须使用现实货币，不能使用观念上的货币。

流通手段是纸币产生的原因。货币产生后，人们为了交换的方便，将贵金属铸成具有一定重量和标记的铸币（铸币是由国家铸造的具有一定形状、重量、成色并标明面额值的金属货币），而铸币在流通中基于自然磨损和人为因素，导致其实际价值低于名义价值的情况。货币持有者在交易中仅仅关心的是货币是否能按照其所代表的价值买到所需要的商品，而并不关心用于交换中货币的实际价值是多少。不足值的铸币仍然当作足值的货币使用的事实，隐含着一种可能性：贵金属铸币可以用价值符号来代替，于是产生了纸币。纸币代替金属货币执行流通手段的职能，因此，纸币的流通是以金属货币的流通规律为基础的。最初的纸币是由银行发行的可以兑换贵金属货币并代表贵金属货币流通的银行券。

纸币是由国家发行并强制使用的价值符号：①是一种信用货币，即以国家信用为基础；②纸币流通是一种固定化的货币制度。如我国《人民币条例》规定：人民币是我国境内唯一合法流通货币。

货币执行流通手段职能具有以下特点：①必须使用现实的货币，一手交钱，一手交货。流通中需要多少货币取决于三个要素：价格（P）、待出售的商品数量（Q）、货币流通速度（V）。在金属货币制度下：$M = PQ/V$；在信用货币制度下：$PQ \equiv MV$。②作为流通手段的货币在交换中转瞬即逝。人们注意的是货币的购买力，只要有购买力，符号票券也能作货币，信用货币因此而产生。

（三）支付手段

支付手段是指货币作为独立运动形式进行单方面运动（如充当用来清偿债务或支付赋税、租金、工资等）时所执行的职能，也称延期支付标准。

相对于价值尺度和流通手段而言，支付手段虽不是货币的基本职能，但随着商品货币经济的发展，货币在人们经济生活中所起的作用越来越广泛了，货币执行支付手段的职能也越来越普遍了。

支付手段功能最初是由商品赊销引起的。商品流通一开始只有一种单一的形式即现金交易，货币作为媒介物与商品同时相向运动。后来，这种一手交钱、一手交货的现金交易不能适应日益扩大的商品流通的需要，出现了商品赊销行为：卖者先出让商品，买者给卖者一种观念上的购买手段——到期支付的允诺，于是买卖关系变成了债务关系。买者作为债务人，必须在约定期限到达后支付货款。可见，债务清偿代替了交换媒介，货币的支付手段职能代替了流通手段职能，使商品交易在买者一时缺乏现金的情况下得以实现，克服了现金交易的缺陷。实际上，在商品交易中还有另一种情况，有些销路明确，但生产周期长、耗资大、生产费用不足的产品，往往需要购买者预付货款，使货币在商品让渡之前单方面由买者向卖者转移，发挥支付手段职能。另外，执行支付手段的货币必须是现实的货币，但可以是不足值的货币。例如，清偿债务、交纳赋税。

货币的支付手段和流通手段是有区别的：①含义不同。货币充当商品交换媒介的职能，称作货币的流通手段职能；货币被用来清偿债务或支付赋税、租金、工资等，就是货币支付手段的职能。②产生的背景不同。流通手段是在货币出现以后，货币成了商品交换的媒介；支付手段是随着赊账买卖的产生而出现的，在赊销和赊购中，货币被用来支付债务的。③两者购买的对象不同。作为流通手段的货币，购买的主要是实体的商品；作为支付手段的货币，购买的主要是服务。④两者货币交付的时间和空间不同。作为流通手段的货币，在购买商品时，一般都是一次性交付，即"一手交钱，一手交货"。作为支付手段的货币，在购买商品或服务时，可以是分次交付的，在时间和空间上是可以分开的。或先交钱，后服务；或先服务，后交钱。总之，根据货币发生转移的时候有无商品的转移来确定。如果此时只有货币发生转移，那么就是在执行支付手段的职能；如果此时既有货币发生转移，又有商品发生转移，那么此时货币就是在执行流通手段的职能。

（四）贮藏手段

贮藏手段是货币退出流通领域作为社会财富的一般代表被保存起来的职能。

能够贮藏的货币必须是足值的、实在的，或在比较长的时间内稳定地代表一定的价值量。由此看来，货币能否作为价值的贮藏，取决于两个因素：一是在贮藏期内不损失其价值；二是在需要购买时能顺利地购买到所需商品。所以充当贮藏手段的货币，必须是实在的足值的金银货币。只有金银铸币或金银条块才能发挥货币的贮藏手段职能。而现代经济中的信用货币是价值符号，不具备贮藏手段的职能。纸币没有内在的价值，也不能兑换金银，因此，它不具有典型意义上的储藏手段职能。在纸币币值稳定的前提下，货币所有者无论是手持沉淀货币，还是把它存入银行变成存款，都只是发挥了积累财富的作用。

货币作为贮藏手段，具有自发的调节货币流通量的作用。当商品流通中所需要的货币量减少时，多余的一部分就会从流通中退出，成为贮藏货币；当商品流通中所需要的货币量增多时，一部分贮藏货币又会自发地加入流通过程。这样，贮藏货币就像蓄水池一样，自发调节流通的货币量，使它与商品流通的需要量相适应。

（五）世界货币

随着国际交往的产生和发展，货币在世界市场上流通，便具有了世界货币的职能。世界货币除在国际交往中具有价值尺度职能外，还执行如下职能：作为流通手段，在国际间用以购买外国商品；作为支付手段，用以偿付国际债务、支付利息和其他非生产性支付等，以平衡国际间的收支差额；作为社会财富的代表，用以支付战争赔款、输出货币资本等，从一国转移到另一国。

一般来讲，在贵金属货币流通的条件下，充当世界货币的是足值的金和银，而不是具有地域外衣的铸币。因此，它主要是金块、银块等形式。在现代信用货币制度下，主要由那些在国际上可以自由兑换成其他国家货币的硬通货来充当世界货币。但在这种情况下，各国仍必须贮藏一定量的黄金，以作为世界货币的准备金，用来平衡一国的国际收支。一个国家所发行的货币要想成为"世界货币"，必须具备以下条件：货币发行国应具备强大的经济实力；货币应具备相当大的稳定性；须通过国际协议取得使用国的一致承认。

第三节 货币制度

一、货币制度的概念

货币制度是指国家以法律形式确定的货币流通的结构和组织形式,简称币制。完善的货币制度能够保证货币和货币流通的稳定,保障货币正常发挥各项职能。货币制度是随着商品经济的发展而逐步产生和发展的,到近代形成比较规范的制度。

在前资本主义社会,由于生产力低下,金属货币币材主要是铜、银等金属,且铸币的铸造和流通又具有分散性和地方性等特点。另外,封建统治者在利益的驱使下,大规模发行铸造劣质铸币,造成铸币不断变质,货币流通混乱。为了清理货币流通中的分散和混乱等情况,各国先后颁布有关币值改革的法令,通过法令的实施,最终逐渐形成了货币制度。

各国为了解决在国际贸易货币制度、国际结算中国际支付手段、国际储备资产等国际货币问题的需要,对于涉及国际货币流通各个方面,包括货币的兑换与汇率制定、国际收支调节、国际结算制度、国际储备体系、国际货币关系、国际金融市场等,在国际范围内自发地或经过协商谈判调节确定的一整套系统的原则、规制、办法、机构,形成国际货币体系。最初的国际货币体系国际金本位货币制度于19世纪70年代至20世纪初,适应当时国际经济关系的需要和各国国内货币制度的现实情况自发形成。到第一次世界大战后,特别是20世纪30年代世界性经济危机时,逐渐瓦解,分裂为若干货币集团。第二次世界大战后,在西方国家中形成以美元为中心的国际货币体系,到70年代后,由于美元地位的削弱而逐渐瓦解。改革国际货币制度,建立起一套新的合理的国际货币制度已成为举世瞩目的问题。

二、货币制度的构成要素

(一) 规定货币材料

确定货币材料是确定货币制度的基础性行为。在金属货币流通时期,货币制度规定以何种金属铸造本位货币,就称之为什么本位制度,如银本位制度、金银复本位制度和金本位制。一个国家首先要确定以何种货币材料作为本国货币,国家规定哪种或哪几种商品为货币材料,实际上都是对已经形成的客观现实再从法律上加以肯定。主观地把现实生活中不起作用的货币材料硬性规定为币材,不仅行不通,而且会造成混乱。在不兑现的信用货币流通时期,信用货币其币材的价值低于其作为货币所代表的价值,甚至没有价值,只凭借发行者的信用而得以流通。纸币币值以流通中商品的价值作为基础,这种制度也就是目前各国普遍实行的纸币本位制。

(二) 规定货币单位

货币单位是货币本身的计量单位,规定货币单位包括两方面:一是规定货币单位的名称;二是规定货币单位的值。在具体的政权背景下,货币单位表现为国家规定的货币名称。如英国的货币名称是"英镑",美国为"美元",我国为"人民币"。英镑的货币单位名称为"镑",美元为"元",人民币为"元"。在金属货币制度条件下,货币单位的值是每个货币单位包含的货币金属重量和成色；在信用货币尚未脱离金属货币制度条件下，货币单位的值是每个货币单位的含金量；在黄金非货币化后，确定货币单位的值表现为确定或维持本币的汇率。

（三）规定流通中货币种类、偿付能力和流通程序

1. 规定流通中货币的种类。主要指规定本位币（亦称主币）和辅币。主币是一国的基本通货和法定价格标准。主币的最小规格是 1 个货币单位，如 1 美元、1 英镑。辅币是主币的等分，是小面额货币，主要用于小额交易支付。如我国人民币的 1 角、2 角和 5 角。金属货币制度下主币是用国家规定的货币材料按照国家规定的货币单位铸造的货币，辅币用贱金属并由国家垄断铸造；信用货币制度下，主币和辅币的发行权都集中于中央银行或政府指定机构。

2. 货币的法定偿付能力。货币法定支付偿还能力分为无限法偿和有限法偿。无限法偿指不论用于何种支付，不论支付数额有多大，对方均不得拒绝接受；有限法偿即在一次支付中有法定支付限额的限制，若超过限额，对方可以拒绝接受。金属货币制度下，一般而言，主币具有无限法偿能力，辅币则是有限法偿。在信用货币制度条件下，主币具有无限法偿能力，但有些国家对辅币法偿能力的规定不完全相同，有的规定为有限法偿能力，如美国、英国等；不少国家规定辅币和主币一样具有无限法偿的能力，中国采取了这种做法。

3. 规定货币铸造发行的流通程序。货币铸造发行的流通程序主要分为金属货币的自由铸造与限制铸造、信用货币的分散发行与集中垄断发行。

自由铸造指公民有权用国家规定的货币材料，按照国家规定的货币币材在国家造币厂铸造金属货币，但必须按照国家统一规定的货币名称、单位和价格标准铸造；也可以将持有的金属本位币送往铸币厂熔为金属条块。一般而言主币可以自由铸造。

限制铸造指只能由国家铸造，不准公民铸造。辅币为限制铸造。因为金属辅币是不足值货币，铸造辅币可以获得额外收益。国家垄断铸造权，可使这部分收益归国家所有。

信用货币分散发行指各商业银行可以自主发行。早期信用货币是分散发行，即大小不一的银行各自发行自己的银行券，因此各银行券的流通范围有限，且币值不稳定。为解决银行券分散发行带来的混乱，各国逐渐通过法律把发行权收归中央银行。在现代不兑现的信用货币制度下，各国信用货币的发行权都集中于中央银行或指定机构。

（四）规定货币发行准备制度

发行准备制度也称发行保证制度。货币发行准备制度是为约束货币发行规模、维护货币信用而制定的，要求货币发行者在发行货币时必须以某种金属或资产作为发行准备。

在金属货币制度下，货币发行以法律规定的贵金属作为发行准备。在现代信用货币制度下，各国货币发行准备制度的内容比较复杂，一般包括现金准备和证券准备两大类。现金准备包括黄金准备、外汇准备等具有极强流动性的资产准备，证券准备包括国家债券准备、短期商业票据准备等有价证券准备。20 世纪 30 年代以来，世界各国先后放弃金本位制，也不再规定发行保证制度。只有少数国家或者地区由于其特殊背景或历史原因，采用外汇作为本国或本地区的货币发行保证，比如香港是用美元作为港币的发行保证。

三、货币制度的演进

16 世纪以后，较为规范、完善的国家货币制度逐渐建立起来。国家货币制度的类型大

致经历了银本位制度、金银复本位制度、金本位制和不兑现的信用货币制度,其中前三类统称为金属货币制度。货币制度的演变可用图 1-1 表示。

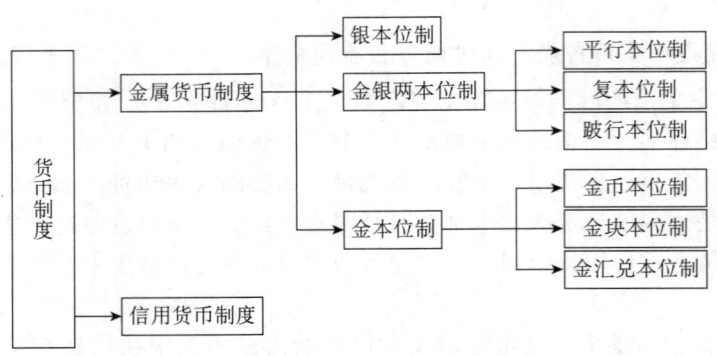

图 1-1 货币制度的演变

(一) 银本位制

银本位制是指以白银为本位货币的一种货币制度。在货币制度的演变过程中银本位的历史要早于金本位。银本位制的运行原理类似于金本位制,主要不同点在于以白银作为本位币币材。银币具有无限法偿能力,其名义价值与实际含有的白银价值一致。银本位分为银两本位与银币本位。

1. 银两本位制。银两本位是以白银重量"两"为价格标准实行银块流通。
2. 银币本位。银币本位则是国家规定白银为货币金属,并要求铸成一定形状、重量和成色的银币;银币可以自由铸造成和自由熔化;银行券可以自由兑换银币或白银;银币和白银可自由输出或输入,以保证外汇市场的稳定。

在我国货币史上,白银自汉代已逐渐成为货币金属,到明代白银已货币化,中国真正成为用银之国。但实行的是银两制,以金属的重量计值,属于称量货币制度,没有踏进货币制度阶段。宣统二年(公元 1910 年)颁行《币制条例》,正式采用银本位,以"元"为货币单位,重量为库平七钱二分,成色是 90%,名为大清银币。但市面上银元和银两仍然并用。辛亥革命后,于 1913 年公布《国币条例》,正式规定重量七钱二分、成色 89% 的银元为我国的货币单位。"袁大头"银元就是这样铸造成的。但银元和银两仍然并用。1933 年 3 月 8 日,国民政府公布《银本位币铸造条例》规定,银本位币定名为"元",总重 26.6971 克,银八八、铜一二,即含纯银 23.493448 克。银本位币每元重量及成色,与法定重量、成色相比之下公差不得超过 0.3%,并规定一切公私交易用银本位币授受,其用数每次均无限制。同年 4 月,国民政府实行"废两改元",发行全国统一的银币——"孙中山头像"银元。1935 年国民政府又实行币制改革,实行法币政策,宣布废止银本位。

十九世纪后期,世界白银产量猛增,使白银市面价格发生剧烈波动,呈长期下跌趋势。白银价格的起伏不稳,加之体重价低不适合巨额支付,因而不同国家先后放弃银本位制。

(二) 金银复本位制

金银复本位制是一个国家以金铸币和银铸币同时作为本位货币流通的货币制度。两种铸币都可以自由铸造,都具有无限法偿能力,都可以自由输出和输入国境。

由于金币和银币同时作为本位货币,它们之间必须有一个比价才便于商品交易的计价和流通。因此按照金银比价的形成方式，金银两本位制又可分为平行本位制、复本位制和跛行本位制三种不同类型。

1. 平行本位制。平行本位制是两种货币均按其所含金属的市场实际价值流通。国家对两种货币的交换比率不加规定，由市场上生金生银的比价自由确定。

2. 复本位制。复本位制是两种货币按法定比价流通。其特点是国家依据市场金银比价为金币与银币规定一个固定的兑换比率。如果市场金银比价大幅度波动，国家又不及时调整兑换比率，就会出现金、银市场比价与金、银铸币法定兑换比率的背离。

3. 跛行本位制。跛行本位制是名义上金铸币和银铸币都被规定为本位币并有法定兑换比率，但是金币可以自由铸造而银币则不能自由铸造。由于银币限制铸造，银币的币值实际上不再取决于其本身的金属价值，而取决于银币与金币的法定兑换比率。因此，跛行本位制中的银币实际上已演化成为金币的符号，起着辅币的作用。从科学的划分标准来看，跛行本位制实质上已经不是金银复本位制而是由复本位制向金币本位制过渡的一种货币制度。

复本位制从表面上看能够使本位货币金属有更充足的来源，使货币数量更好地满足商品生产与交换不断扩大的需要，但实际上却是一种具有内在不稳定性的货币制度。"劣币驱逐良币"的现象，即金银两种金属中市场价值高于官方确定比价的不断被人们收藏时，金银两者中的"贵"金属最终会退出流通，使复本位制无法实现。这一现象被称为"格雷欣法则"。

（三）金本位制

金本位制是指以黄金作为本位货币的货币制度。其主要形式有金币本位制、金块本位制和金汇兑本位制。

1. 金币本位制。金币本位制是以黄金为货币金属的一种典型的金本位制。其主要特点有：金币可以自由铸造、自由熔化；流通中的辅币和价值符号（如银行券）可以自由兑换金币；黄金可以自由输出输入。在实行金本位制的国家之间，根据两国货币的黄金含量计算汇率，称为金平价。由于具有自发调节机制，使金币本位制成为相对稳定的货币制度，突出表现在国内物价稳定和国际汇率稳定。这种相对稳定的货币制度曾促进了资本主义商品经济的发展。但是，这种自发调节机制与国家对经济的调节和控制存在着矛盾，这是金币本位制最终被放弃的重要原因。

2. 金块本位制。金块本位制是指由中央银行发行、以金块为准备的纸币流通的货币制度。它与金币本位制的区别在于：其一，金块本位制以纸币或银行券作为流通货币，不再铸造、流通金币，但规定纸币或银行券的含金量，纸币或银行券可以兑换为黄金；其二，规定政府集中黄金储备，允许居民当持有本位币的含金量达到一定数额后兑换金块。如英国在 1925 年规定银行券数额在 1 700 英镑以上方能兑换黄金，法国在 1928 年规定至少须 215 000 法郎才能兑换黄金。黄金可以自由输出入国境。

3. 金汇兑本位制。金汇兑本位制是指以银行券为流通货币，通过外汇间接兑换黄金的货币制度。金汇兑本位制与金块本位制的相同处在于规定货币单位的含金量，国内流通银行券，没有铸币流通。但规定银行券可以换取外汇，不能兑换黄金。本国中央银行将黄金与外汇存于另一个实行金本位制的国家，允许以外汇间接兑换黄金，并规定本国货币与该国货币的法定比率，从而稳定本币币值。

金块本位制和金汇兑本位制都是残缺不全的、不稳定的金本位制。

(四) 信用货币制度

信用货币制度是以中央银行或国家指定机构发行的信用货币作为本位币的货币制度。不兑现的信用货币制度又称不兑现本位制和不兑现的纸币流通制度。流通中的信用货币主要由现金和银行存款构成，并通过金融机构的业务投入流通中去，国家通过种种方式对信用货币进行管理调控。

1929～1933年的世界经济危机，使金本位制趋于崩溃。二战后确立的布雷顿森林体系规定各国政府将本币与美元挂钩制定兑换比率，这样使各国货币与黄金间接挂钩。在这种国际货币制度安排中，美元相对于其他成员国的货币处在等价于黄金的关键地位，也就是形成了以美元为中心的国际金汇兑本位制度。1973年，美国再也无法按固定价格兑换黄金，不得不宣布美元贬值，资本主义各国相应也不再承担维持本国货币与美元固定汇率的义务，从而宣告国际金汇兑本位制度的崩溃。

信用货币制度的特点：①信用货币一般是中央银行发行的本位货币，货币材料为纸。由国家法律赋予它无限法偿能力。②信用货币不规定含金量，不能兑换黄金。③现实经济中的信用货币由现金和银行存款等构成。④信用货币是通过银行信贷渠道向社会投放。⑤信用货币的发行数量只能根据本国商品和劳务流通的需要而定，从而使国家对货币的管理成为经济正常发展的必要条件。

【延伸阅读1-3】

人民币制度

人民币是我国于1948年12月在合并与收兑当时各个革命根据地和解放区的货币的基础上建立起来的，它是我国现行的唯一合法货币，属于纸币本位制。

一、人民币制度的建立

1948年12月1日，华北银行、北海银行和西北农民银行合并成立了中国人民银行，同时正式发行人民币作为全国统一的货币。人民币发行后，在通过逐步收兑、统一解放区货币的基础上，又迅速收兑了原国民党政府发行的伪法币、金圆券乃至银行券，并排除了当时尚有流通的金银外币等，从而建立了以人民币为唯一合法货币的、统一的货币制度。

二、人民币制度的主要内容

人民币制度从产生以来，伴随着我国经济和金融的不断发展而逐步趋于完善。概括其内容，主要包括以下几个方面：

1. 人民币主币的单位为"元"，辅币的单位为"角"和"分"；1元等于10角，1角等于10分。

2. 人民币没有含金量的规定，它属于不兑现的信用货币。人民币的发行保证是国家拥有的商品物资，黄金外汇储备主要是作为国际收支的准备金。

3. 人民币是我国唯一合法的货币，严禁伪造、变造和破坏国家货币。

4. 人民币的发行实行高度集中统一，中国人民银行是人民币唯一合法的发行机构并集中管理货币发行基金。

5. 人民币对外国货币的汇率，由国家外汇管理局统一制定，每日公布，一切外汇买卖和国际结算都据此执行。人民币汇率采用直接标价法。

资料来源：https://baike.baidu.com/item/人民币制度/5054108?fr=aladdin.

第四节 货币的层次

一、货币层次划分的依据

货币层次划分,也称货币分层。货币层次的划分不是从来都有的,部分发达国家从20世纪60年代开始才划分货币层次。而划分主要是为了便于中央银行控制货币供给,而且在划分标准的问题上,各国经济学者有着不同的见解和主张。

关于货币层次划分,各国有各自的划分标准,而且就是同一国家在不同时期的货币层次划分方法也有可能有差别。划分货币层次主要是根据金融资产流动性的强弱来划分的。流动性程度不同的金融资产在流通中周转的便利程度不同,从而对商品流通和各种经济活动的影响程度也就不同。所以,按流动性强弱对不同形式,不同特性的货币划分不同的层次,对科学地分析货币流通状况,正确地制定、实施货币政策,及时有效地进行宏观调控具有非常重要的意义。

二、西方国家货币层次的划分及其依据

货币的流动性在大部分西方经济学家眼里实质上就是货币的变现能力。根据大部分西方经济学家对货币层次的归纳,货币一般情况下可分为以下几个层次:

M_1 = 现金 + 活期存款;

M_2 = M_1 + 在银行的储蓄存款 + 在银行的定期存款;

M_3 = M_2 + 各种非银行金融机构的存款;

M_4 = M_3 + 金融机构以外的所有短期金融工具。

以上只是一般情况,具体到每个国家都是不完全相同的。例如有些国家只是很简单地划分为 M_1(狭义货币量)和 M_2(广义货币量)。但某些大经济体,如美国、欧盟和日本等,对货币的划分却复杂很多。

1. 美国对货币层次的划分。

目前,美国对货币层次的划分大致如下:

M_1 = 通货 + 活期存款 + 其他支票存款;

M_2 = M_1 + 小额定期存款 + 储蓄存款 + 货币市场存款账户 + 货币市场基金份额(非机构所有)+ 隔日回购协议 + 隔日欧洲美元 + 合并调整;

M_3 = M_2 + 大面额定期存款 + 货币市场基金份额(机构所有)+ 定期回购协议定期欧洲美元 + 合并调整;

L = M_3 + 短期财政部证券 + 商业票据 + 储蓄债券 + 银行承兑票据。

2. 欧盟对货币层次的划分。

欧盟在货币层次划分方面,相对于美国有很大的差别。欧洲中央银行将货币分为狭义货币、中间货币和广义货币三个层次,具体划分如下:

狭义货币:M_1 = 流通中现金 + 隔夜存款;

中间货币:M_2 = M_1 + 期限为两年以下的定期存款 + 通知期限三个月以内的通知存款;

广义货币：$M_3 = M_2 +$ 回购协议 + 货币市场基金（MMF）+ 货币市场票据 + 期限为两年以内的债券。

3. 日本对货币层次的划分。

日本现行的货币层次划分为：

$M_1 =$ 现金 + 活期存款；

$M_2 + CD = M_1 +$ 准货币 + 可转让存单；

$M_3 + CD = M_2 + CD +$ 邮政、农协、渔协、信用合作和劳动金库的存款以及货币信托和贷方信托存款。此外还有广义流动性等于"$M_3 + CD$"加回购协议债券、金融债券、国家债券、投资信托和外国债券。

4. 国际货币基金组织的货币划分。

国际货币基金组织的货币划分为：

$M_0 =$ 流通与银行体系外的现金通货；

$M_1 = M_0 +$ 商业银行活期存款 + 邮政汇划资金 + 国库接受的私人活期存款；

$M_2 = M_1 +$ 储蓄存款 + 定期存款 + 政府短期债券。

三、我国货币层次的划分

中国人民银行于 1994 年第三季度开始，正式确定并按季公布货币供应量指标，根据当时的实际情况，货币层次的划分具体如下：

$M_0 =$ 流通中的现金；

$M_1 = M_0 +$ 企业活期存款 + 机关、团体、部队存款 + 农村存款 + 个人持有的信用卡存款；

$M_2 = M_1 +$ 城乡居民储蓄存款 + 企业存款中具有定期性质的存款 + 信托类存款 + 其他存款；

$M_3 = M_2 +$ 金融债券 + 商业票据 + 大额可转让定期存单等。

在我国，M_1 是通常所说的狭义货币供应量，M_2 是广义货币供应量，M_3 是为金融创新而增设的。

M_1 反映着经济中的现实购买力；M_2 同时反映现实和潜在购买力。M_1 反映居民和企业资金松紧变化，是经济周期波动的先行指标，流动性仅次于 M_0；M_2 流动性偏弱，但反映的是社会总需求的变化和未来通货膨胀的压力状况，通常所说的货币供应量，主要指 M_2。所以近年来，有一些国家把货币供应量的调控重点从 M_1 转向了 M_2。

2001 年，央行将证券公司客户保证金计入 M_2，2002 年又将中国的外资、合资金融机构的人民币存款业务分别计入不同层次的货币供应量。考虑到非存款类金融机构在存款类金融机构的存款和住房公积金存款规模已较大，对货币供应量的影响较大，央行从 2011 年 10 月开始对广义货币供应量统计口径进行了调整，广义货币供应量中包括"住房公积金中心存款"和"非存款类金融机构在存款类金融机构的存款"，由于口径调整，为保持可比性，历史数据也会作相应调整。

一、重要概念

货币　　信用货币　　电子货币　　货币制度　　有限法偿　　信用货币制度

二、思考题

1. 简述货币发展的历程。
2. 货币具有哪些重要职能？
3. 货币制度构成的基本要素有哪些？
4. 货币层次划分的标准是什么？我国的货币层次是如何划分的？

第二章 信用与金融

本章核心内容

1. 信用是以偿还和付息为特征的借贷行为。信用具有社会性；信用属于伦理学范畴，体现为一种约束人们行为的道德准则；偿还和付息是经济和金融范畴中信用的基本特征。
2. 信用形式包括商业信用、银行信用、国家信用、消费信用、国际信用。其中，商业信用和银行信用是两种最基本的信用形式。
3. 信用的基本职能是动员闲置资金并加以再分配，信用的作用表现在以下几个方面：①广泛集聚资金，支持规模经济。②有利于提高资金使用效率。③调节需求总量和结构，进而调节宏观经济运行。
4. 金融从涵盖的范围来讲可界定为：涉及货币流通，银行与非银行的信用，以证券交易为操作特征的投资，商业保险，以及类似形式进行运作所有交易形式的集合。
5. 现代金融体系有五个构成要素：由货币制度所规范的货币流通、金融机构、金融市场、金融工具、金融制度和调控机制。

第一节 信用的概念

一、信用的定义

人类历史发展到今天，"信用"这个词已经包含着极其丰富的内涵。它可能是人类认识中最为复杂、最难以捉摸的概念之一。"一些事物仅仅存在于人们的头脑中，在所有的这些事物中，没有哪一件比信用更加古怪，更加微妙；信用从来不是强迫的，而是自觉自愿的，依赖于期望与担心这样一些感情；信用常常不用争取而自行出现，又总是无缘无故地消失；而且信用一旦丧失，就很难完全恢复……信用非常类似于，而且在很多场合就如同是，人们靠管理国家的才智以及战场上的勇猛和指挥才能赢得的声誉与名望。精明强干的政治家与杰出优异的船长，会因为一些倒霉的偶然事件，一时失误或运气不佳而名誉受污，失去众人的爱戴，但是只要他有卓越的才能、真正的本领，名誉迟早是会恢复的。同样，信用虽然会暂时黯然失色，在困境中挣扎，但是只要它有可靠而坚实的基础，在某种程度上也能够得到恢复。"对信用的真正含义的认识，仁者见仁，智者见智，可以从不同的角度进行探究，在通常意义上，我们至少可以从四个角度来理解"信用"。

1. 从伦理道德角度看。信用主要是指参与社会和经济活动的当事人之间所建立起来的、以诚实守信为道德基础的"践约"行为。
2. 从法律角度来看。《民法通则》中规定"民事活动应当遵守自愿、公平、等价有偿、诚实守信的原则"；《合同法》中要求"当事人对他人诚实不欺，讲求信用、恪守诺言，并且在合同的内容、意义及适用等方面产生纠纷时要依据诚实信用原则来解释合同"。

3. 从经济学角度看。信用是指在商品交换或者其他经济活动中授信人在充分信任受信人能够实现其承诺的基础上，用契约关系向受信人放贷，并保障自己的本金能够回流和增值的价值运动。

4. 从货币角度来看。信用创造学派认为，信用就是货币，货币就是信用；信用就是财富；创造货币资本。在货币金融学中有一个重要的流派，即以18世纪的约翰·劳为先驱、以19世纪的麦克鲁德以及20世纪的熊彼特、哈恩、阿伯特·韩等人为代表的"信用创造学派"。该学派认为，信用被用作流通手段和支付手段，那么信用就是货币；因为货币就是财富，所以信用就是财富；银行通过信用的创造能够为社会创造新的资本，信用就是资本，信用能够形成资本。

本书借鉴经济学角度，将信用定义为：信用是以偿还和付息为特征的借贷行为。

二、信用的产生和发展

私有制出现以后，社会分工不断发展，大量剩余产品不断出现。私有制和社会分工使得劳动者各自占有不同劳动产品，剩余产品的出现则使交换行为成为可能。随着商品生产和交换的发展，商品流通出现了矛盾——"一手交钱、一手交货"的方式由于受到客观条件的限制经常发生困难。例如，一些商品生产者出售商品时，购买者却可能因自己的商品尚未卖出而无钱购买。于是，赊销即延期支付的方式应运而生。赊销意味着卖方对买方未来付款承诺的信任，意味着商品的让渡和价值实现发生时间上的分离。这样，买卖双方除了商品交换关系之外，又形成了一种债权债务关系，即信用关系。当赊销到期、支付货款时，货币不再发挥其流通手段的职能而只充当支付手段。这种支付是价值的单方面转移。正是由于货币作为支付手段的职能，使得商品能够在早已让渡之后独立地完成价值的实现，从而确保了信用的兑现。整个过程实质上就是一种区别于实物交易和现金交易的交易形式，即信用交易。

后来，信用交易超出了商品买卖的范围。作为支付手段的货币本身也加入了交易过程，出现了借贷活动。从此，货币的运动和信用关系连结在一起，并由此形成了新的范畴——金融。现代金融业正是信用关系发展的产物。在市场经济发展初期，市场行为的主体大多以延期付款的形式相互提供信用，即商业信用；在市场经济较发达时期，随着现代银行的出现和发展，银行信用逐步取代了商业信用，成为现代经济活动中最重要的信用形式。总之，信用交易和信用制度是随着商品货币经济的不断发展而建立起来的；进而，信用交易的产生和信用制度的建立促进了商品交换和金融工具的发展；最终，现代市场经济发展成为建立在错综复杂的信用关系之上的信用经济。

三、信用的特征

信用含有信任和借贷两层含义，分为社会学和经济学范畴，信用的这一本质内涵，决定了信用具有下列基本特征。

（一）信用具有社会性

首先，信用的社会性体现在社会心理因素上。信用是以信任为前提和基础的。对受信人的信任实际上是授信人对信用关系所具有的安全感，它是一种社会心理因素，因为安全感并非凭空产生，而是依赖于受信人的资信，取决于授信人的理性判断，因此，它是一种特殊的社会心理现象。

其次，信用体现一种社会关系。信用不仅是个体行为，而是发生在授信人和受信人之间的社会关系。成千上万的授信人和受信人发生信用关系，行为主体时而是授信人，时而是受信人，身份在不断变换。如银行在吸收存款时，是受信人，与存款客户发生信用联系；银行在发放贷款时，则为授信人，与贷款客户发生信用联系。这充分体现信用错综复杂的社会关系。随着信用的发展，信用内涵及其表现形式愈加丰富，信用作为一种社会关系也愈加复杂。在现代社会，信用关系逐步深入社会生活每一个角落，尤其是经济领域。可以说，现代市场经济实质上是由错综复杂的信用关系编织而成的巨大社会关系网络。

最后，信用的社会性对经济发展和社会生活的影响越来越大。随着时代的发展，信用始终处于发展变化之中。不同的时代，信用有不同的表现形式，人们对信用有着不同看法。在当今社会，传统的信用观念发生了急剧变化，人们对信用的理解不断深化。信用前所未有地影响着经济发展和社会生活，成为一种越来越重要的社会关系。

（二）信用的伦理和文化特征

从伦理学范畴看，信用体现为一种约束人们行为的道德准则。信用不仅仅是一种社会关系，也不仅仅是一种交易方式，它更是人类社会的一种价值观。诚实守信得到社会的推崇和信任，失信则将受到谴责和孤立。当人们都认同并遵守这种价值观和道德准则的时候，社会信用环境就会优化，失信的行为就会减少。

就信用的文化特征来看，不同的文化背景对信用具有不同的理解。在中国传统文化背景下，借债始终被认为是在不得已的情况下做出的选择。人们常常将债务称为"饥荒"，即只有到了饥荒的时候才可以借债。在消费上，将"寅吃卯粮"视为"恶习"，主张禁欲节俭和量入为出。在西方文化背景下，情况则大为不同，人们对透支习以为常，超前消费成为普遍现象。尽管信用的产生是人类社会发展的共同规律，"诚实守信"是人类普遍认同的美德，但是，不同的文化对信用的理解存在差异，体现出信用的文化特征。

（三）偿还和付息是经济学范畴中的信用的基本特征

经济学范畴中的信用，其基本特征是偿还和付息，即信用是一种借贷行为，借贷的条件是到期要按时偿还本金，并支付使用资金的代价——利息。在这里，信用是价值运动的特殊形式，所有权没有发生转移，而改变了资金使用权。首先，通过信用方式融通资金，促成了资金的再分配和利润率的平均化。生产资金固定在特定的自然形态上，只能用于一定的用途，不能自由转移。但闲置的货币资金都可以通过信用方式聚集起来投放到任何产业，使资金在各产业之间进行再分配，从利润较低的产业转向利润较高的产业，因而促成了各产业利润率的平均化，并自发调节着各产业间的比例关系。其次，信用加速了资本的集中和积累。大资本通过银行信贷的支持，使其在竞争中加速了对中小资本的吞并，使资本更加集中。同时信用把各企业零散的、用作积累的利润汇合为巨额货币资本，用于支持追加资本扩大再生产的企业，加快了资本的积累过程。最后，信用可以节省流通费用，加速资本的周转。信用工具的广泛使用，节约了现金流通及其相关的各项费用，也加速了商品的销售过程，节省了商品保管、运输等费用。

信用的这一特征与信用的社会性、信用的伦理和文化特征紧密相关。资金融通存在一定风险,以信用方式融通资金的风险更大,授信者不仅要考虑能否获得相应的利息收入,而且还要分析本金能否收回的风险。由于授信在前,收回本金和获得利息收入在后,期间要经历或长或短的时间。为了确保资金的安全,获得利息收入,授信者势必要在授信前对受信主体进行资信评估,对于资信好的企业和个人,才敢于提供资金融通,而对于资信不好、有不良记录的企业和个人,则不能提供资金融通。由此可见,作为社会道德范畴的信用是作为经济和金融范畴的信用的基础和前提。这也说明,为什么在社会信用环境缺失的情况下,信用资金规模会出现萎缩。

【延伸阅读 2-1】

欧洲主权债务危机

欧洲主权债务危机,简称欧债危机,是指 2008 年金融危机之后欧洲部分国家因在国际借贷领域中大量负债并超过了其自身清偿能力,造成无力还债或者必须延期还债的现象。2009 年 12 月,欧洲主权债务危机最早在希腊凸显。随即国际三大评级机构惠誉、标准普尔和穆迪相继下调希腊主权信用评级,并将其评级展望定位为负面,希腊乃至整个欧洲的债务危机由此拉开序幕。截至 2010 年 4 月底,其已经蔓延至欧元区内经济实力较强的葡萄牙、意大利、爱尔兰和西班牙(与希腊一起,被国际评级机构称为"PIIGS")。此后,法国和德国两个欧元区的核心国家也受到了危机的影响。2012 年初,标准普尔宣布将法国等 9 国主权信用评级下调,法国主权信用被踢出 AAA 级。至此,由希腊开始的主权债务危机已演变成一场席卷整个欧洲的主权债务危机。

欧债危机的进程:

第一阶段: 希腊债务危机。2009 年 10 月初,新一届希腊政府宣布 2009 年政府财政赤字和公共债务占国内生产总值的比例预计分别达到 12.7% 和 113%,远超欧盟《稳定与增长公约》规定的 3% 和 60% 的上限,希腊债务危机由此拉开序幕。随后几个月,全球三大评级公司标普、穆迪和惠誉分别下调希腊的主权债务评级,2010 年 5 月底,惠誉宣布将西班牙的主权评级从"AAA"级下调至"AA+"级,至此,希腊债务危机扩大为欧洲债务危机。希腊债务危机的爆发削弱了欧元竞争力,欧元自 2009 年 12 月开始一路下滑,EURUSD 从 2009 年底的 1.50 水平跌至 1.20 下方。2010 年 5 月 10 日,欧盟 27 国财长被迫决定设立总额为 7 500 亿欧元的救助机制,帮助可能陷入债务危机的欧元区成员国,防止危机继续蔓延。这套庞大的救助机制由三部分资金组成,其中 4 400 亿欧元将由欧元区国家根据相互间协议提供,为期三年;600 亿欧元将以欧盟《里斯本条约》相关条款为基础,由欧盟委员会从金融市场上筹集;此外国际货币基金组织(IMF)将提供 2 500 亿欧元。欧盟的重拳出击令市场信心得到一定修复,市场对欧债危机的担忧有所缓解,欧元暂获"喘息之机"。

第二阶段: 爱尔兰债务危机。2010 年 9 月底,爱尔兰政府宣布,预计 2010 年财政赤字会骤升至国内生产总值的 32%,到 2012 年爱尔兰的公共债务与国内生产总值相比预计将达到 113%,是欧盟规定标准的两倍。2010 年 11 月 2 日,爱尔兰 5 年期债券信用违约掉期(CDS)费率创下纪录新高,表明爱尔兰主权债务违约风险加大,由此宣告爱尔兰债务危机爆发。11 月 11 日,爱尔兰 10 年期国债收益率逼近 9%,这意味着爱尔兰政府从金融市场筹资的借贷成本已高得难以承受。爱尔兰债务危机全面爆发,并迅速扩大影响范围。爱尔兰政府从最初否认申请援助到无奈承认,爱尔兰债务危机进一步升级。

欧盟 27 国财长讨论后决定正式批准对爱尔兰 850 亿欧元的援助方案，不过，爱尔兰得到援助须接受苛刻的财政条件，即大力整顿国内财政状况，大幅削减政府财政预算，以达到欧盟规定的水平。爱尔兰成为继希腊之后第二个申请救助的欧元区成员国，欧洲债务危机暂告一段落。

第三阶段：葡萄牙、西班牙、意大利债务危机。在爱尔兰债务危机未定之时，市场焦点却转向葡萄牙及西班牙。金融危机后葡萄牙经济下滑，2009 财政年度财政赤字占国内生产总值的 9.4%，大大超出欧盟规定的 3% 的上限，这一比例是继希腊、爱尔兰和西班牙之后的欧元区第四高。西班牙，首要问题是总额达 1 万亿欧元的公共债务规模，IMF 预计到 2014 年西班牙债务占 GDP 的比例会达到 80%。IMF 预测，西班牙 2010 年的失业率为 20%，比葡萄牙高出 1 倍。西班牙也是欧洲住房市场问题最严重的国家之一，西班牙存在房产泡沫以及相应的建筑市场过热问题，产能大量过剩，大量房屋空置，建筑行业岌岌可危。危机一旦在西班牙蔓延，后果将不堪设想，因为西班牙是欧元区第四大经济体，希腊、爱尔兰和葡萄牙都属于欧元区小国，经济总量加起来只及西班牙的一半。

身为欧元区第三大经济体，意大利也已经受到波及，其 10 年期国债与德国国债之间的收益率利差已升至欧元流通以来的新高；"余震"还波及地处欧洲心脏的比利时，其 10 年期国债收益率呈现连续上扬态势。目前，欧债危机的熊熊火焰虽已得到控制，但只要欧元机制尚存漏洞，欧债危机就随时有引爆的可能。

资料来源：http://wiki.mbalib.com/wiki/欧洲债务危机。

第二节 信用的基本形式

信用形式是信用关系的具体表现，按照借贷主体的不同，现代经济生活中的基本信用形式包括商业信用、银行信用、国家信用、消费信用、国际信用等。其中，商业信用和银行信用是两种最基本的信用形式。

一、商业信用

商业信用是指工商企业之间相互提供的、与商品交易相联系的信用形式，基于工商企业之间的互相信任。它包括企业之间的赊销、分期付款等形式提供的信用，以及在商品交易的基础上以预付现金或者延期付款等形式提供的信用。它可以直接用商品提供，也可以用货币提供，但是信贷主体必须发生真实的商品或服务交易，是现代信用制度的基础。

商业信用在资本主义以前就已经产生。马克思认为，商业信用是资本主义信用制度的基础，资本在货币形态和实物形态上发生变化，简单的信用起了重要作用。买方和卖方在相互信任的基础上才能实现原材料的购入和商品的销售，信用就成为"使商品资本向货币转化得以预先实现的形式"。因此，商业信用在开始的时候就伴随着赊购方到期无力偿还的信用风险，风险的积累暗示着潜在的危机爆发。商业信用体现的是从事再生产的资本之间相互提供信用的关系，对产业资本循环和再生产过程得以顺利进行有其必要性和必然性。

（一）商业信用的特点

1. 商业信用是商品生产者之间或生产者与销售者之间以商品形态提供的信用，贷出的资本就是待实现的商品资本。

2. 商业信用主要是职能资本家在商品买卖中相互提供的信用。

3. 商业信用的发展程度直接依存于商品生产和流通的状况。即商业信用的数量和规模与工业生产、商品流通的数量、规模是相适应的，在动态趋向上是一致的。

（二）商业信用的交易形式

1. 前向信用交易。其包括两层含义：一是商业主体向其上游企业预付货款订购商品而进行的信用交易，如批发商向生产企业、零售商向批发商预付货款订购商品就属于这种形式。二是商业主体向其上游企业赊购商品、采取延期付款方式而进行的信用交易。

2. 后向信用交易。它也包括两层含义：一是商业主体向其下游商业主体或消费者赊销商品，采取延期付款方式而进行的信用交易，如批发商向零售商、零售商向消费者赊销商品，采取延期付款方式而达成的交易就是这一形式。二是商业主体向其下游的商业主体或消费者预售商品，采取预收货款的方式而进行的信用交易。

由此可见，商业信用交易存在双向性。

（三）商业信用的主要形式

1. 应付账款。应付账款是供应商给企业提供的一个商业信用。由于购买者往往在到货一段时间后才付款，商业信用就成为企业短期资金来源。如企业规定对所有账单均见票后若干日付款，商业信用就成为随生产周转而变化的一项内在的资金来源。当企业扩大生产规模，其进货和应付账款相应增长，商业信用就提供了增产需要的部分资金。

商业信用条件常包括以下两种：①有信用期，但无现金折扣。如"N/30"表示30天内按发票金额全数支付。②有信用期和现金折扣，如"2/10，N/30"表示10天内付款享受现金折扣2%，若买方放弃折扣，30天内必须付清款项。

供应商在信用条件中规定有现金折扣，目的主要在于加速资金回收。企业在决定是否享受现金折扣时，应仔细考虑。通常，放弃现金折扣的成本是高昂的。

放弃现金折扣的成本 = 折扣百分比/(1 - 折扣百分比) × 360/(信用期 - 折扣期)

①放弃现金折扣的信用成本。倘若买方企业购买货物后在卖方规定的折扣期内付款，可以获得免费信用，这种情况下企业没有因为取得延期付款信用而付出代价。例如，某应付账款规定付款信用条件为"2/10，N/30"，是指买方在10天内付款，可获得2%的付款折扣，若在10天至30天内付款，则无折扣；允许买方付款期限最长为30天。

②放弃现金折扣的信用决策。企业放弃应付账款现金折扣的原因，可能是企业资金暂时的缺乏，也可能是基于将应付的账款用于临时性短期投资，以获得更高的投资收益。如果企业将应付账款额用于短期投资，所获得的投资报酬率高于放弃折扣的信用成本率，则应当放弃现金折扣。

2. 应计未付款。应计未付款是企业在生产经营和利润分配过程中已经计提但尚未以货币支付的款项。主要包括应付工资、应缴税金、应付利润或应付股利等。以应付工资为例，企业通常以半月或月为单位支付工资，在应付工资已计但未付的这段时间，就会形成应计未付款。它相当于职工给企业的一个信用。应缴税金、应付利润或应付股利也有类似的性质。应计未付款随着企业规模的扩大而增加，企业使用这些自然形成的资金无须付出任何代价。但企业不是总能控制这些款项，因为其支付是有一定时间的，企业不能总拖欠这些款项。所以，企业尽管可以充分利用应计未付款，但并不能控制这些账目的水平。

3. 预收货款。预收货款，是指销货单位按照合同和协议规定，在发出货物之前向购货单位预先收取部分或全部货款的信用行为。购买单位对于紧俏商品往往乐于采用这种方式购货；销货方对于生产周期长，造价较高的商品，往往采用预收货款方式销货，以缓和本企业资金占用过多的矛盾。

（四）商业信用的优缺点

商业信用是典型的直接信用，其优点在于：交易直接而迅速，在调节企业资金余缺、提高资金使用效率、节约交易费用、加速商品流通中发挥了重要作用。商业信用的局限性主要表现在：①商业信用规模的局限性。受个别企业商品数量和规模的影响。②商业信用方向的局限性。一般是由卖方提供给买方，受商品流转方向的限制。③商业信用期限的局限性。受生产和商品流转周期的限制，一般只能是短期信用。④商业信用授信对象的局限性。一般局限在企业之间。⑤此外，它还具有分散性和不稳定性等缺点。

二、银行信用

银行信用是指以银行等金融机构为中介，以存款等方式筹集货币资金，以贷款方式对社会提供资金的一种信用形式，是在商业信用的基础上产生和发展的。与商业信用不同，银行信用属于间接信用。银行信用与商业信用一起构成现代经济社会信用关系的主体。

（一）银行信用的特点

相对于商业信用，银行信用具有以下三个特点：

（1）银行信用的直接债权人主要是银行，也包括其他金融机构；债务人主要是从事商品生产和流通的工商企业和个人。当然，银行和其他金融机构在筹集资金时又作为债务人承担经济责任。银行和其他金融机构作为投融资中介，可以把分散的社会闲置资金集中起来统一进行借贷，克服了商业信用受制于产业资本规模的局限。

（2）银行信用所提供的信贷资金是产业循环中独立出来的货币，它可以不受个别企业资金数量的限制，聚集小额的可贷资金满足大额资金借贷的需求。同时可把短期的借贷资本转换为长期的借贷资本，满足对较长时期的货币需求，不再受资金流转方向的约束。从而在规模、范围、期限和资金使用的方向上都大大优越于商业信用。

（3）银行和其他金融机构可以通过信息的规模投资，降低信息成本和交易费用，从而有效地改善了信用过程的信息条件，减少了借贷双方的信息不对称以及由此产生的逆向选择和道德风险问题，其结果降低了信用风险，增加了信用过程的稳定性。

银行信用的上述优点，使它在整个经济社会信用体系中占据核心地位，发挥着主导作用。

（二）商业信用与银行信用的关系

1. 商业信用与银行信用的联系。

（1）商业信用的发展是银行信用产生的基础，商业信用工具需要银行信用工具来替代。

（2）银行信用的产生是克服商业信用局限性的需要。

2. 银行信用与商业信用的区别。

（1）商业信用是商品生产者之间以商品形态提供的信用，贷出的资本就是待实现的商品资本。而银行信用的实质是银行作为中介使货币资本所有者通过银行和职能资本之间发生的信用关系。银行能把社会上各种闲置资本集中起来，银行信用不受个别资本的数量和周转的限制。

（2）商业信用主要是职能资本在商品买卖中相互提供的信用，商业信用的债权人和债务人都是职能资本。而银行信用的对象是货币资本。银行信用对企业来说，属于间接融资。

（3）商业信用的发展程度直接依存于商品生产和流通的状况。在再生产周期的繁荣或高涨阶段，以商业信用方式出售的商品也多；相反，在危机阶段，商业信用也相应陷入萎缩状况。而银行信用可以突破商业信用的局限性，扩大信用的规模和范围。

三、国家信用

国家信用是以国家为主体进行的一种信用活动。国家按照信用原则以发行债券等方式，从国内外货币持有者手中借入货币资金，因此，国家信用是一种国家负债，指以国家为一方所取得或提供的信用。

国家信用包括国内信用和国际信用。国内信用是国家以债务人身份向国内居民、企业、团体取得的信用，它形成国家的内债。这里的国际信用是指国家以债务人身份向国外居民、企业、团体或政府取得的信用，它形成国家的外债。

国家信用的形式主要有：

（1）公债。这是一种长期负债，一般在1年以上甚至10年或10年以上。通常用于国家大型项目投资或较大规模的建设。在发行公债时并不注明具体用途和投资项目。

（2）国库券。这是一种短期负债。以1年以下居多，一般为1个月、3个月、6个月等。

（3）专项债券。这是一种指明用途的债券，如中国发行的国家重点建设债券等。

（4）财政透支或借款。在公债券、国库券、专项债券仍不能弥补财政赤字时，余下的赤字即向银行透支和借款。透支一般是临时性的，有的在年度内偿还。借款一般期限较长，一般隔年财政收入大于支出时（包括发行公债收入）才能偿还。有的国家只将财政向银行透支和借款算为财政赤字，而发行国库券和专项债券则作为财政收入。

四、消费信用

消费信用就是由企业、银行或其他消费信用机构向消费者个人提供的信用。消费信用根据提供商的不同可以分为企业提供的消费信用和银行提供的消费信用等种类。其中，由企业提供的消费信用主要有赊销和分期付款两种形式，由银行提供的消费信用主要有消费贷款。

（一）消费信用的方式

1. 赊销。主要是对那些没有现款或现款不足的消费者采取的一种信用出售的方式。工商企业对消费者提供的短期信用，即延期付款方式销售，到期一次付清货款。在西方国家，对一般消费信用多采用信用卡方式，即由银行或其他金融机构发给其客户信用卡，消费者可凭卡在约定单位购买商品或作其他支付，有的还可以向发卡银行或其代理行透支小额现金。工商企业、公司、旅馆等每天营业终了时向发卡机构索偿款项，发卡机构与持卡人定期结算清偿。

2. 分期付款。购买消费品或取得劳务时，消费者只支付一部分货款，然后按合同分期加息支付其余货款，多用于购买高档耐用消费品或房屋、汽车等，属中长期消费信用。

3. 消费贷款。银行及其他金融机构采用信用放款或抵押放款方式，对消费者发放贷款，按规定期限偿还本息,有的时间可长达 20~30 年,属长期消费信用。按照接受贷款对象不同,消费贷款可分为买方信贷和卖方信贷两种方式。买方信贷,是对购买消费品的消费者直接发放贷款;卖方信贷,是以分期付款单作抵押,对销售消费品的工商企业、公司等发放贷款,或由银行同以信用方式出售消费品的企业签订合同,将货款直接付给企业,再由购买者逐步偿还银行贷款。

(二) 消费信用的作用

1. 消费信用的有利作用。
(1) 解决消费和购买力特别是耐用消费品购买力和消费品供给之间的不平衡。
(2) 促进耐用消费品生产的发展和提前实现居民生活水平的提高。
(3) 促进现代科学技术的发展和生产力水平的提高,促进产品更新换代。

2. 消费信用的不利影响。消费信用的盲目发展,也可能会对正常经济生活带来不利影响:
(1) 消费信用过分发展,掩盖消费品供求之间的矛盾,造成一时的虚假需求,给生产传递错误信息,使一些消费品生产盲目发展。
(2) 过量发展消费信用会导致信用膨胀。
(3) 由于消费信用是对未来购买力的预支,在延期付款的诱惑下,对未来收入预算过大使消费者债务负担过重,最终迫使生活水平下降,增加社会不稳定因素。

五、国际信用

国际信用是国际间的借贷行为。包括国际商业信用、国际银行信用、国际间政府信用、国际金融机构信用和国际租赁信用等。

1. 国际商业信用。国际商业信用是出口商向其他国家厂商以商品形式提供的信用。其主要形式有补偿贸易和来料加工贸易。
2. 国际银行信用。国际银行信用是指银行为本国进出口贸易提供贷款,或直接对国外的贷款活动。分为出口信贷、进口信贷和市场信贷。
3. 国际间政府信用。通常具有对外援助性质,经立法机构批准,由国家财政预算中支出,由财政部门办理。
4. 国际金融机构信用。国际金融机构信用是指联合国国际货币基金组织、世界银行、国际开发协会、国际金融公司对联合国会员国提供的信用。
5. 国际租赁信用。国际租赁信用是国际租赁公司以实物租赁方式向他国企业提供的信用,一般由大银行财团、大保险公司设立。

【延伸阅读 2-2】

湖南九龙集团资金链危机调查

一、挤兑风波

2014 年 5 月 5 日,本是邵中英一笔 5 万元借款的还本付息日,现在已成为幻影。邵介绍,这只是他借给九龙集团的一笔款,今年续借和新借各 5 万元,目前共有 15 万本金还没有拿回来。而他只是九龙集团众多债权人中的小分子,几十万元,几百万元,甚至上千万元的债权人也有。

4月25日，九龙集团突然宣布暂停对民间融资还本付息。这让许多债权人颇为意外，九龙怎么了？在邵中英等债权人眼里，九龙集团是响当当的当地龙头企业，不仅公司在娄底市中心位置有物业，而且省市地方政府频频到访企业考察指导，是娄底市民营企业中的一张名片。

"九龙集团出事有一些意外。"这是记者在娄底采访时听到债权人说得最多的一句话。不过，这或许是假象，九龙集团的兑付危机早已潜伏。据现在债权人自己不完全估算，九龙集团从民间融资至少有10亿元。

据了解，娄底的民间借贷非常活跃，但从去年开始，频频有公司违约，付不了本息。现在作为娄底市民营企业旗帜的九龙集团也爽约了，多少令人有些吃惊。"相比来说，九龙给的利息不是最高的，月息1分8，去年是2分，属于受法律保护的民间借贷。而其他的企业给的利息要高一些，有3分的。"多位债权人表示，这是他们借钱给九龙集团的一个重要原因，没有想到现在也出问题了。

消息一出，引发当地人紧张，数百上千的债权人聚集到九龙集团。当地政府迅速介入，成立了专门的帮扶工作组进入九龙集团。当天中午，九龙集团董事长萧正滔来到现场，承诺恢复正常生产经营，用五年时间偿还债务，绝对"不跳楼、不跑路"。

事情发生后，在外地的九龙集团中高层被召集回娄底总部开会，一位参与该会议的中层告诉本报记者，"公司向中高层通报了相关情况，让我们稳定员工情绪。因为我们员工也有不少人，甚至包括员工亲朋都有钱借给公司，因为企业文化原因，多数员工都理解也都能正常上下班。"记者在九龙集团总部看到员工还在正常打卡上下班。

二、资金链问题

"这次公司遇到困难主要是银根收紧之后，公司从银行贷不下来款。"上述九龙集团中层表示，他对公司还是有信心的，他加入公司近10年了，是公司里的老员工，从基层干起的，现在是九龙集团旗下子公司的一副总。他介绍，他家亲朋加在一起也有上百万元放在集团里面。娄底市委宣传部副部长袁华荣则告诉本报记者，据他了解的情况，是债权人挤兑才造成的问题。挤兑不要说是民营企业，就是银行也可能受不了。

九龙集团从2004年开始就一直公开向民间借款，可以说九龙集团的发展与民间借贷脱不了干系。20世纪90年代初，萧正滔从湘中针织厂下岗之后，与人合伙创办了娄底湘中福利校服厂，而真正发家始于1993年6月，萧正滔抓住机会，创办娄底大拇指商业城。直到2003年，萧在娄底的小商品等专业市场和商圈均获得一席之地。

从2003年8月兴建娄底老街九龙环球商业广场开始，九龙集团开始多领域布局，与此同时也开始向民间融资。过去几年，九龙集团还能按时还本付息，但不是没有风险。据了解，2012年九龙集团也遭遇到一场债务危机。

当时，网络流传出九龙集团资不抵债，也引发了债权人的挤兑，不过，这场风波很快就平息了。据一位债权人介绍，政府出面澄清九龙集团的民间借贷是受法律保护的，所以也就没有多想，直到现在还有几十万元在九龙集团。

"公司当时有实力愿意退的可以马上退，所以没有几天就平息了。"娄底当地一位熟悉此事的政府官员表示。然而，这一次则有所不同，这次是九龙集团主动对外摊牌，公司确实是遇到了资金链问题，无法持续付那么高的利息了。

九龙集团提出的最初方案是：本金归还分五年还清，每年20%；利息计算则是2014年4月24日之前，按原约定的利息计算，并转为本金，从2014年4月25日起，月利息按千分之六计算，利息每半年结付一次。

不过，该方案却受到绝大多数债权人的反对。一位债权人表示："1分8的月息年回报是21.6%，如五年还清则每年还20%，相当于只是付给我们的利息。"在九龙集团债权人当中，甚至还有一些人从银行或其他渠道融资过来，吃息差的。如果按千分之六的利息来算，还不够这些债权人支付资金成本的。

三、短融长投

九龙集团到底有多少资产？据九龙集团内刊《九龙人》2014年元旦特刊介绍，已运营的项目有九龙市场，目前总固定资产规模20亿元，经营业主1 300余户；九龙环球商业广场，目前总固定资产5亿余元，经营业主2 500余户；九龙华天酒店，总投资1.8亿元，总建筑面积2万平方米；九龙华天财智大酒店，总投资3.8亿元，总建筑面积3.8万平方米；湖南九龙科技农业股份有限公司，总投资4.8亿元；湖南特邦商业股份有限公司，一家以鞋业批发、零售连锁为主的专业鞋业经营公司；九龙农资大厦，总投资1.2亿元，总建筑面积1.5万平方米。现有子公司58家，固定资产60亿元，年营业额和生产总值100余亿元，员工5 000余人。

不过，在2013年营业额和生产总值100余亿元中，有87%是由集团贸易事业部贡献的。同样在《九龙人》的刊物上，九龙集团执行董事萧雄伟指出，目前贸易收入占到集团收入的87%，是集团主要收入来源。"九龙集团目前真正赚钱的项目不多，九龙市场算一个，每年收租金，有几千万元。"前述中层说。

九龙集团内部的贸易员工告诉本报记者，集团旗下贸易公司主要做钢材贸易，而近年来钢材生意并不好做，而且作为新进入者，要想再挣钱并不容易。公司给员工有两个指标，要么做利润，要么做规模。事实上，要利润几乎不太现实，不亏就不错了。

银行信贷资深人士指出，九龙集团甚至不惜亏本做大贸易额的做法极有可能是为了满足银行的流动资金贷款。现在房地产项目贷款要获批非常难，所以走流动资金贷款。结合来看，短融长投的做法，加上银行收紧银根，造成了九龙集团的资金困局。

在九龙集团原执行总裁黄戈看来，"九龙的危机主要原因是投资战线拉得太长，开发速度又太慢。我已经向他们的党委书记和副总裁转达了我的建议，一是压缩投资规模，收缩经营领域，壮士断腕般地关停并转一些辅助公司；二是精简机构，压缩人员，节约人力成本；三是强化开发班子建设，加速开发成熟项目，集中人财物盘活优质资产。当然，关键还需老板改变观念，不再自以为是，务实抓经营，充分发挥职业经理人的作用才有可能起死回生。"黄戈已经在今年3月份离职。

资料来源：中国经营报，2014-05-19。

第三节 什么是金融

一、金融的内涵

什么是金融？1915年出版的《辞源》称："今谓金钱之融通曰金融，旧称银根"，各种"银行、票号、钱庄"即"金融机关"。20世纪30年代南京中央政治大学赵阑坪教授编写的《货币学》中出现"金融"一词，并提及"金融恐慌""金融状态恶化"等。以后的教科书常将金融定义为"货币资金的融通"，意在表示金融是货币盈余单位和货币短缺单位之间调剂余缺。1990年出版的《金融百科全书》将金融解释为"货币流通和信用活动以及与之相关的经济活动的总称"，其内容包括金融机构、金融工具以及金融市场等与货币信用相关的活动。因此，金融从涵盖的范围来讲可界定为：涉及货币流通，银行与非银行的信用，以证券交易为操作特征的投资，商业保险，以及类似形式进行运作所有交易形式的集合。

西方国家对金融的解释，比较权威的《新帕尔格雷夫货币金融大辞典》（经济科学出版社2000年出版）里"金融以其不同的中心点和方法论成为经济学的一个分支，其中心点是资本市场的运营，资本资产的供给和定价，其方法论是使用相近的替代品给金融契约和工具定价"，其基本内容包括四个方面：有效率的市场、风险和收益、替代物与套利、期权定价和公司金融。这一定义舍弃了货币和信用、金融宏观管理和政策，它意味着金融独立于货币和信用之外，是储蓄者和投资者的行为。

黄达在编写的《金融学》中认为，界定"金融"的概念，首先涉及的问题是由汉字的"金融"与英语"Finance"的语义区别与选择问题。汉语的"金融"有宽、窄二个口径。宽口径是：泛指银行、保险、证券、信托及相关活动。窄口径则把"金融"界定在资本市场运作与金融资产供给与价格形成的领域。而英语中的"Finance"则有宽、中、窄三个口径。宽口径是指：一切与钱有关的活动。不仅包含了汉语的"金融"，而且还包括了"政府财政""公司财务""家庭理财"等与汉语"金融"泾渭分明的概念。窄口径则专指资本市场，尤其是股票市场。中口径是指银行、证券公司、保险公司、储蓄协会、住宅贷款协会，以及经纪人等中介服务等。可见汉语"金融"的宽、窄口径分别相当于"Finance"的中、窄口径，而宽口径的"Finance"则是我国"政府财政""公司财务""家庭理财"和"金融"的总称。本教材中的"金融"指宽口径的汉语"金融"概念。

二、货币、信用与金融

从金融产生的过程来看，它是货币范畴和信用范畴长期互相渗透形成的新范畴。纸币产生之前，货币以实物和铸币形式存在，不依赖信用的创造，而信用一直以实物借贷和货币借贷两种形式存在。货币和信用之间各自独立，属于两个范畴。

当货币流通和信用活动联系日趋加强，实物形态的借贷仍大量存在，货币借贷的扩展，使原来不流动的货币流动起来，货币流通速度加快，货币流通工具的创造替代了铸币流通，在一定程度上弥补了金属货币的不足。信用促进了货币流通，货币流通活动和信用开始互相渗透，两者的联系加强。金融活动开始出现萌芽，但是并未从其中独立出来。

随着货币流通和信用活动紧密结合，现代银行业在欧洲出现，银行允许发行银行券兑换金融铸币，银行券流通规模迅速扩大，越来越多地取代铸币，执行流通手段和支付手段职能。在银行存款业务的基础上，形成了转账结算体系和在体系中流通的存款货币——用以结清大额交易的主要货币形态。20世纪30年代可兑换的银行券发展为不可兑现的银行券，此时的信用活动均是货币的流通，信用资金的调剂影响着货币流通的速度和货币供给的分布。货币流通和信用活动密不可分。伴随着货币和信用相互渗透形成新的金融范畴，金融活动也覆盖投资和保险领域，一方面金融机构作为社会中介服务性作用得到增强，另一方面基于微观主体资产选择和避险的需求出现：如期权、期货、互换等金融衍生品的出现，进一步扩展了金融范畴。

一般认为，20世纪60年代美国经济学家马科维茨的资产组合理论和夏普的资本资产定价模型是传统金融和现代金融的分水岭。随着经济发展，直接融资在经济活动的比重增大，间接融资的比重缩小，融资活动和投资活动呈现一体化的趋势。

从金融与货币、信用的关系，可以将金融定义为货币流通和信用活动以及与之相联系的经济活动的总称。广义的金融泛指一切与信用货币的发行、保管、兑换、结算，融通有关的经济活动，狭义的金融专指信用货币的融通。需要注意的是，金融专指信用货币的融通，而信用既包括货币形式的借贷，也包括实物形式的借贷。

三、直接融资和间接融资

融资方式可以分为"直接融资"和"间接融资"。直接融资通常指股票和债券融资，间接融资通常指银行贷款。

直接融资和间接融资的概念最早起源于1955年一篇发表在《美国经济评论》上的题为《从金融角度看经济增长》的论文。"直接融资"定义为资金盈余者与短缺者相互之间直接进行协商，或者在金融市场上由前者购买后者发行的有价证券的资金融通活动。"间接融资"定义为资金盈余者通过存款等形式，将闲置的资金提供银行，再由银行贷款给短缺者的资金融通活动。1996年，朱镕基同志兼任中国人民银行行长时提出"扩大直接融资规模"，首次将此概念引入中国。

四、金融体系构成要素

在现代经济生活中，金融体系是一个综合体系。概括地说，现代金融体系有五个部分构成要素：

（1）由货币制度所规范的货币流通。这是金融体系运行的基础。

（2）金融机构。进行金融业务经营、管理的统一整体，包括功能各异、规模不一的机构。按照是否接受公众存款，可以分为存款类金融机构和非存款类金融机构。按照活动领域可以分为直接金融机构和间接金融机构，直接金融机构从事证券发行、经纪、清算、登记等服务，间接金融机构活跃于间接融资领域，充当投资者和筹资者的中介，同时充当债权人和债务人的角色，按照金融机构在金融体系中的地位和职能分为中央银行、商业银行、政策性银行及其他金融机构。

（3）金融市场。通常包括资本市场、货币市场、外汇市场、保险市场、金融衍生品市场等。金融市场是直接融资的场所，是金融工具发行和交易的场所，利率、汇率及指数等构成市场交易信号。金融市场亦是金融体系运行的渠道之一。

（4）金融工具。金融工具也称信用工具，是金融资产的外在表现形式。金融体系存在多种类型的金融工具，有为金融市场服务的，有为金融机构服务的。融资的实现依托金融市场和金融机构的各类金融工具。金融工具在信用活动中产生，是一种载明资金供求权力和义务关系的合法凭证。金融工具既包括一般讲的商业票据、银行票据、股票、债券、保单和衍生合约，也包括存款、贷款、可转让存单等。

（5）金融制度和调控机制。市场经济体系中，存在国家对金融运行的管理和在金融领域进行的政策性调节。国家对金融运行的管理由一系列制度构成，包括货币制度、汇率制度、信用制度、利率制度、支付清算制度以及金融机构与金融市场的监管制度。制度体系涉及金融活动的各个方面和各个环节，体现为有关的国家的法规、条例、行业公约、约定俗成的惯例等。金融的宏观调控则通过货币政策及各种金融政策实施，实现政府对经济的干预。金融体系的监管和调控是金融体系运行的保障。

五、金融功能

金融功能是由金融机构和金融市场的运作来实现的。在现实世界中，一个国家的金融体系必然同时包括这两个部分。但在不同的国家，在一个国家的不同历史时期，这两者的重要性却不尽相同。也就是说，这两者在金融体系中所占地位的对比有不同的格局。例如，目前美国的金融体系中，直接融资所占比重高，把这种类型的金融体系称为"市场主导型"；而德国和日本的金融体系中，间接融资主导，这种类型的金融体系称为"银行主导型"。银行主导型和市场主导型的金融体系都能实现风险分担、信息传递和公司治理这三个核心功能。

1. 风险分担与管理。很久以来人们就认识到，金融市场的主要功能之一就是提供风险分担的机会。金融市场允许个人根据自己的风险承受能力调整资产组合的风险大小，可以对冲各种特定风险，进行风险互换。美国金融体系一个显著的特点，就是可以为一般投资者提供大量不同的金融产品，因而提供了大量分散风险的机会。而在德国，股票交易的种类和数量相对较少，可供分散风险的机会较少。但是银行也可以提供风险分担。通常长期投资收益高、流动性差，短期投资收益低、流动性强。但是投资者因担心流动性不足，不愿意接受较高的长期投资收益，银行可将大量具有不确定性的短期流动性需求的投资者集中起来，进行长期投资，使分散的存款人分享长期投资的收益，金融市场则不具备这种能力。

2. 信息传递。上市公司一般被要求对公众公开信息，以便于公众的投资决策。其他企业决定是否进入行业进行投资，也取决于获得可靠信息的多少，金融市场在配置资源方面发挥了重要作用。而间接融资占主导地位的国家，银行在与企业的长期合作中，拥有了企业大量信息，可以直接给企业提供建议，也可间接决定是否给企业提供贷款。当然金融市场形成的价格信息：利率、汇率和股市行情，这是金融中介无法取代的。

3. 公司治理。在企业规模较小、经理人和所有者合为一的时期，银行可以利用自己的信息优势去估价借款人（企业家）的风险、对其定价和分散，并受投资者的委托对借款人行使事后的监督。而当企业实现所有权和经营权分离，金融市场在动员、配置金融资源、风险经营和管理以及公司控制方面起着主要作用。极端的控制方式是通过资本市场的运作，实现敌意性收购。金融体系在为企业提供融资的过程中也在逐渐地完善自己的功能。

【延伸阅读 2-3】

P2P 网络借贷平台

P2P 网络借贷平台，是 P2P 借贷与网络借贷相结合的金融服务网站。P2P 借贷是 Peer to Peer Lending 的缩写，Peer 是个人的意思。网络借贷指的是借贷过程中，资料与资金、合同、手续等全部通过网络实现，它是随着互联网的发展和民间借贷的兴起而发展起来的一种新的金融模式，这也是未来金融服务的发展趋势。

据 2015 年 5 月份中国 P2P 网贷指数运行月度快报显示：5 月份，全国 P2P 网贷平均综合年利率 13.65%，环比上升 0.37 个百分点，中止了从去年 3 月份开始，率先降息、连续 14 个月的大幅度下降；成交额为 669.36 亿元，增长 13.76%，再创历史新高；网贷期限 5.67 个月，环比增长 5.19%；参与人数日均 19.01 万人，再创历史新高；新发生问题 P2P 网贷平台 67 家，环比增长 26.41%。截至 2015 年 5 月末，全国 P2P 网贷平台 3 349 家。

业内专家指出：2015 年以来，党中央、国务院采取的一系列稳增长政策措施，逐步显效。"大众创业、万众创新"新引擎，逐渐激发市场活力和社会创造力，民间投资创业热情逐渐增加，民营经济企稳迹象出现，中国 P2P 网贷指数及时捕捉。不过，经济是否真正企稳，还有待进一步观察。未来经济要想真正走上回升态势，更需要依靠亿万群众的创新创业驱动，P2P 网贷的明天会更好。

截至 2015 年 11 月底，全国新增问题平台 82 家，环比 10 月大幅增加 60.8%，其中，跑路平台多达 64 家，环比上月激增 433%。截至 11 月底，全国问题平台数累计为 1 248 家，占全部平台的比例高达 34.5%，也就是说每三个平台中就有一个出现了问题。

金融的本质就是对风险进行定价。失败的风险控制足以导致一家大型公司倒闭，甚至会引发连锁反应造成金融危机。P2P 网贷平台对于中国正在迅速成长的大量中小型互联网金融公司，对于市场风险更是敏感。对风险控制稍有疏忽，就有可能造成公司资金链的断裂，甚至引发倒闭潮。在身份户口正确的基础上，还有一个重要数据就是学历学位信息，P2P 网贷公司的目标客户基本限定在接受过本科以上学历教育的群体，基于这个限定的原因是认可教育制度的筛选，这个群体的人相对有较高的还款能力和接受过基本的信用教育。

长时段来看，互联网金融才大潮初起，难免泥沙俱下，但潮涨潮落，不改一浪高过一浪的发展趋势。当前的鱼龙混杂、良莠不齐的情况一定不会长期持续下去。P2P 健康发展的前提可能是要经历一些风雨，淘汰一批经营不善的网贷公司，甚至要打击掉一批借着 P2P 平台进行违法犯罪活动的团伙。我相信，经过洗牌之后，一些巨型的、有实力的网贷公司或许将兼并一些中小型网贷公司，并且专注做平台的 P2P 公司将引进和培育一批金融服务机构进行合作，链接网贷行业的上下游，优化产业链，形成一个巨大的互联网金融产业集群。以近年互联网金融的发展趋势推测，如果政策法律环境没有显著恶化，我预计再过个三到五年，我国或许将成长出几家巨型的线上、线下结合的 P2P 公司，可能通过连锁加盟的方式，与本轮金融改革试点地区合作，并且与资本市场相结合，拿到投资后做进一步的区域扩张和功能优化。

资料来源：中国经济网，2015-06-01。

本章小结

一、重要概念

信用　　商业信用　　银行信用　　消费信用　　国家信用　　金融　　直接融资　　间接融资

二、思考题

1. 经济学上的信用是指什么？传统道德意义上的信用又指什么？
2. 信用是如何产生和发展的？
3. 信用的形式有哪些？
4. 商业信用和银行信用分别有何优缺点？
5. 信用有何作用？
6. 网络借贷作为一种新的金融模式，有何好处和风险？
7. 什么是金融？
8. 比较直接融资与间接融资。

第三章 利息、收益与风险

本章核心内容

1. 利息是借贷关系中借入方支付给贷出方的报酬,它是伴随着信用关系的发展而产生的经济范畴,并构成信用的基础。

2. 按照不同的标准,可以将利率划分为不同的种类。

3. 利息的计算有两种基本方法:单利法和复利法。单利法简单易算,但复利法更能反映利息的本质。

4. 利率水平的决定及其影响因素是金融理论中一个极重要的课题。具有影响力的利率决定理论主要包括:马克思的利率决定理论、古典学派的实际利率理论、凯恩斯的流动性偏好理论、新古典学派的可贷资金利率理论以及 IS – LM 模型对利率决定的分析等。

5. 在涉及利率问题的分析中,会遇到与利率并行使用的收益率或回报率的概念。从本质上讲,收益率实质上就是利率,但在实际投资的过程中,收益率却是能够更加准确衡量一定时期内投资人获得收益多少的指标。

6. 在金融决策和金融市场的运作中,收益和风险是一对非常重要的概念。收益和风险形影相随,收益以风险为代价,风险用收益来补偿。

第一节 利息的来源和本质

利息属于信用范畴,和信用一样,在不同的社会生产方式下,它所反映的经济关系也不同。考察利息的本质,即其所反映的经济关系,必须结合其来源进行分析。

一、利息的来源和本质

利息是借贷关系中借入方支付给贷出方的报酬,它是伴随着信用关系的发展而产生的经济范畴,并构成信用的基础。

在远古时代,物物交换时期,就有了借贷行为,利息作为一种占有物品使用权的报酬就已经出现了。当时,以实物形式,如谷物、布匹等进行利息的支付。随着商品货币经济的发展,利息的支付逐渐过渡到货币形式上。

(一) 西方经济学者关于利息来源和本质的学说

1. 利息报酬论。英国古典政治经济学之父威廉·配第(1623~1687)认为,利息是因暂时放弃货币的使用权而获得的报酬。因为当贷者贷出货币后,在约定的时间内,不论自己怎样迫切需要货币,也不能使用他自己的货币,这就会给他带来某种损失,因而需要补偿。英国伟大的思想家、哲学家和著述家约翰·洛克(1632~1704)认为,利息是因为贷款人

承担了风险而获得的报酬。英国经济学家达德利·诺思（1641~1691）则说，利息不过是资本的租金。18世纪英国经济学家约瑟夫·马西在《论决定自然利息率的原因》著作中指出，贷款人所贷出的只是货币资本的使用价值。因此，利息就是借者为获得这种使用价值而付出的代价，它来源于货币或资本在适当使用时能够生产的利润。

2. 资本生产力论。由法国资产阶级庸俗政治经济学的创始人萨伊（1767~1832）提出，资本、劳动、土地是生产的三要素，在生产中它们各自提供了服务，资本具有生产力，利息是资本生产力的产物。美国经济学家约翰·贝茨·克拉克（1847~1938）也认为，利息来源于资本的边际生产力。

3. 节欲论。英国著名古典经济学家纳索·威廉·西尼尔（1790~1864）认为，利息是借贷资本家节欲的报酬。资本来自储蓄，要储蓄就必须节制当前的消费和享受，利息来自对未来享受的等待，是对未积累资本而牺牲现在消费的一种报酬，是资本家节欲行为的报酬。

4. 时差利息论。奥地利学派经济学家，奥地利学派的主要代表人物之一庞巴维克（1851~1914）认为，利息是未来财富对现在财富的时间贴水。新古典经济学的创始人和主要代表人物阿弗里德·马歇尔（1842~1924）认为，利息从贷者来看是等待的报酬，从借者来看是使用资本的代价，融合了利息报酬论与时差利息论。美国经济学家欧文·费雪（1867~1947）则认为，利息是由供给方自愿延迟消费的倾向和投资机会或资本的边际生产率两因素共同决定的，融合了资本生产力论与进差利息论。

5. 流动性偏好论。英国经济学家、"宏观经济学之父"凯恩斯（1883~1946）对利息的解释则是人们在一特定时期内，放弃货币的周转灵活性的报酬，即利息是放弃流动性偏好的报酬。

（二）马克思主义的利息来源学说

马克思的劳动价值论认为，一切价值都是劳动创造的，节欲、等待，对财、货时间价值的主观评价以及资本本身，都不会使价值增大。货币如果不是参加资本的运动，而是被贮藏或购买生活消费品就不可能有货币的增值。借款人之所以愿意支付利息，是他将借来的货币作为资本投入生产可取得一定的利润，利息只是利润的一部分。利润是剩余产品的价值形态，因此，利息来源于剩余产品。马克思曾经指出："利息不是直接以剩余价值为前提，而是直接以利润为前提，利息本身只是被归入特殊范畴，特殊项目内的一部分利润。"这里所说的"特殊范畴，特别项目"的利润是指平均利润。利息直接以利润为前提，是指平均利润，不是以个别企业的利润为前提。把利息确定为剩余价值的转化形式，是利润的一部分，其意义在于：

（1）说明利息是由劳动者创造的价值。

（2）指出了利息与利润之间的量的关系。利息既然是利润的一部分，所以，利润本身就成为利息的最高界限。

二、利息独立化和收益资本化

收益资本化趋势，是指在利息作为独立范畴存在的条件下，人们把每一个固定的有规则的收入都看成一定资本带来的利息。正如马克思所指出的："人们把每一个有规则的会反复取得的收入按平均利息率来计算，把它算作按这个利息率贷出的资本会得到的收入，这样就把这个收入资本化了"。

利息独立化是收益资本化的基础。如前面马克思理论中所述，利息是利润的一部分。对那些使用借入资本从事生产经营的生产者来说，他所取得的利润总要分成两部分，一部分以利息形式支付给货币资本的所有者；另一部分，即总利润减去利息的剩余部分，则作为企业收入，归他所有。这样，利息就作为资本所有权的果实，归货币资本的所有者所有；而企业收入则作为生产者在再生产过程中所起的能动作用的果实，归货币资本的使用者所有。当总利润分割为利息和企业收入两部分独立化以后，就对整个资本和资本生产产生了影响：利息被人们看作收入的一般形态，每一个规则的、反复取得的收入被看成按平均利息率计算的一定量资本带来的收入。于是，那些完全用自有资本进行经营的生产者，也要把自己的利润分成利息和企业收入，即，一部分作为资本所有权的成果，另一部分才是他在生产过程中经营的成果。利息的独立化，使人们的思想观念产生了变化：无论资金是否贷出，利息都被看作资金所有者理所当然的收入——可能取得的或将会取得的收入；无论在生产经营中是否使用借入资金，经营者总要把利润分为资本所有权的成果——利息，和自己经营的成果——企业收入。

利息转化为收益的一般形态在现代经济中发挥着非常重要的作用。可以将任何有收益的事物通过收益与利率的对比，倒算出该事物相当于多大的资本金额，这便是收益的资本化。如：地价＝土地年租金/年利率，人力资本价格＝年薪/年利率，股票价格＝股票收益/市场利率。

收益资本化规律作用的领域非常广泛，土地交易、证券买卖、人力资本的衡量等，都是这一规律发挥作用的场所。以土地交易为例，假设某地市场年利率为10%，在该地的僻远地区有100亩土地，没人愿意租用它，年租金为0元，所以这块土地的资本价格即地价为0元；随着该地区的经济不断发展扩张，这100亩土地有人愿意以年租金1万元租用它，那么这块土地的资本价格涨为10万元；当这100亩土地发展成为该地区的经济繁华地带时，有人愿意以年租金20万元租用它，那么这块土地的资本价格就涨为200万元。收益资本化是商品经济发展的产物，只要利息成为收益的一般代表，这个规律就发挥作用。

第二节 利率的种类和计算

利率又叫"利息率"，是衡量利息高低的指标，是一定时期内利息额同本金的比率。如存款利息与存款额之比为存款利率；贷款利息与贷款额之比为贷款利率；因购买证券而获得的收益与购买时的本金之比为购买证券的收益率。利率作为一种重要的经济杠杆，对宏观经济运行和微观经济运行都有着极其重要的调节作用。

一、利率的种类

在现实生活中，利率都是以某种具体的形式存在的。比如1年期存款利率，活期存款利率，5年期贷款利率等。随着金融活动的日益发达，金融活动方式的日益多样化，利率的种类也日益繁多。

（一）年利率、月利率和日利率

年利率、月利率和日利率是按计算利息的时间长短来划分的。年利率是以年为时间单位计算利息，通常以百分之几表示，俗语叫"分"；月利率是以月为时间单位计算利息，通常以千分之几表示，俗语叫"厘"；日利率，习惯叫"拆息"，是以日为时间单位计算利息的，通常以万分之几表示，俗语叫"毫"。它们之间的简单换算关系是：

年利率 = 月利率 × 12

月利率 = 日利率 × 30

在我国老百姓的习惯称呼中，无论是年利率、月利率还是日利率，都称作"厘"，如年息 3 厘，月息 2 厘，日息 5 厘，分别指的是年利率 3%，月利率 0.2%，日利率 0.05%。

（二）固定利率和浮动利率

以借贷期内利率是否调整为标准，利率可分为固定利率和浮动利率。固定利率是指整个借贷期限内，利率不随借贷资金的供求状况而变动的利率，它适宜短期借贷。浮动利率是指在借贷期限内随市场利率的变化而定期调整的利率。根据借贷双方的协定，由一方在规定的时间依据某种市场利率进行调整，一般调整期为半年。浮动利率尽管可以为债权人减少损失，但手续繁杂、计算依据多样，从而增加费用开支，所以它一般适宜借贷时期较长、市场利率多变的借贷关系。

（三）市场利率和官定利率

以利率是否按市场规律自由变动为标准，利率分为市场利率和官定利率。市场利率是指由借贷资金的供求关系决定的利率，供大于求，市场利率下跌，供小于求，市场利率上升。因此，市场利率高低由借贷资金的供求均衡点决定。官定利率是由政府金融管理部门或者中央银行确定的利率，它是当局出于政策推行上的考虑而确定的，它的升降变动更多地顺应政策意图，体现着国家对融资市场的控制。所以利率是国家为了实现宏观调节目标的一种政策手段。与市场利率和官定利率相对应的是利率市场化和利率管制。

（四）名义利率和实际利率

在经济活动中，区分名义利率和实际利率是很重要的，实际利率才是人们更应该看重的。因为在借贷过程中，债权人不仅要承担债务人到期无法归还本金的信用风险，还要承担货币贬值的通胀风险。名义利率和实际利率的划分，正是从这个角度引起的。

1. 名义利率是指借贷契约和有价证券上载明的利率，对债权人来说，是应按此利率向债务人收取的利息。对债务人来说，应按此利率向债权人支付利息。

2. 实际利率是指名义利率减去通货膨胀率。通常有两种形式：一种是事后的实际利率，它等于名义利率减去实际发生的通货膨胀率；一种是事前的实际利率，它等于名义利率减去预期的通货膨胀率。

（五）平均利率和基准利率

1. 平均利率是指一定时期不断波动的市场利率的平均水平。平均利率只能是平均利润的一部分，这是由利息的性质决定的。平均利率不是市场利率波动的中心，相反，平均利率是从市场利率中引申出来的。平均利率不是市场利率的简单加总的算术平均，而是报告期内某档次利率的存（贷）款余额的加权平均值。

2. 基准利率是金融市场上具有普遍参照作用的利率，其他利率水平或金融资产价格均可根据这一基准利率水平来确定。基准利率是利率市场化的重要前提之一，在利率市场化条件下，融资者衡量融资成本，投资者计算投资收益，以及管理层对宏观经济的调控，客观上都要求有一个普遍公认的基准利率水平作参考。所以，从某种意义上讲，基准利率是利率市场化机制形成的核心。其中，以同业拆借利率为基准利率的国家有英国的伦敦同业拆放利率（Libor）、美国的美国联邦基准利率（FFR）、日本的东京同业拆借利率（Tibor）、欧盟的欧元银行同业拆借利率（Euribor）等；以回购利率为基准利率的国家有德国（1W 和 2W 回购利率）、法国（1W 回购利率）、西班牙（10D 回购利率）等。在我国，一般普通民众把银行一年定期存款利率作为市场基准利率，银行则是把隔夜拆借利率作为市场基准利率。

二、利息的计算

（一）单利和复利

单利和复利是两种不同的计息方式。单利是指以本金为基数计算利息，所生利息不再加入本金计算下期利息，其特点是对利息不再付息。如我国发行的国库券和银行存款的利息多采用单利法。其计算公式是：

$$S = P + I = P(1 + rn) \tag{3.1}$$

式中：P 表示本金，I 表示利息额，r 表示利率，n 表示时间，S 表示本金与利息之和。

例如，王先生的存款账户上有 100 元，现在的年利为 2.25%，第一年末，账户上的金额应该是：

$S_1 = 100 \times (1 + 0.0225) = 102.25$（元）

第二年末，账户上的金额应该是：

$S_2 = 100 \times (1 + 2.25\% \times 2) = 104.50$（元）

依次类推，第 n 年末的存款账户总额为 $100 \times (1 + 2.25\% \times n)$。

但是，在现实生活中，更有意义的往往是复利。复利也称利滚利，计算时，要将每一期的利息加入本金一并计算下一期的利息。其特点是上一期的利息要作为下一期的本金，也要计算利息。其计算公式为：

$$S = P(1 + r)^n \tag{3.2}$$

$$I = S - P$$

式中：P 表示本金，I 表示利息额，r 表示利率，n 表示时间，S 表示本金与利息之和。

若将上述实例按复利计算，则第一年末，账户上的金额是：

$S_1 = 100 \times (1 + 2.25\%)^1 = 102.25$（元）

第二年末，账户上的金额是：

$S_2 = 100 \times (1 + 2.25\%)^2 = 104.55$（元）

依次类推，第 n 年末，该账户上的金额是：

$S_n = 100 \times (1 + 2.25\%)^n$

（二）现值和终值

因为利息成为收益的一般形态，所以任何一笔货币资金，无论将做怎样的投资，甚至还没有考虑将做怎样的运用，都可根据利率计算出在未来的某一时点上的金额。这个金额就是前面所说的本利和，也称为"终值"。如果年利率是 6%，现有资金为 10 000 元，在 5 年后的终值将是 13 382.256 元。如果把这个过程倒过来，知道 5 年后的某一个时点上将有 13 382.256 元，在年利率为 6% 的情况下，折回为现在的同一时点上应为多少金额？假设现在的金额为 10 000 元，则 5 年后终值的计算式为：

$$S_5 = 10\,000 \times (1+6\%)^5 = 13\,382.256 \text{（元）}$$

若知道终值为 13 382.256 元，要计算现值 P，则计算式为：

$$P = \frac{13\,382.256}{(1+6\%)^5} = 10\,000 \text{（元）}$$

这个逆算出的本金称为"现值"。从计算现值的过程可以看出，现在的一元钱将比将来的一元钱价值大。因为现在可以把一元钱存入银行，一年以后连本带利肯定大于一元钱。如果有通货膨胀，一年以后的一元钱就更不值钱了。现代银行收买票据的业务，其收买的价格就是根据票据金额和利率倒算出来的现值，这即是"贴现"业务，现值也称贴现值。

类似上面的推断，若贴现中采用利率用 r 表示，则 r 被称为贴现率，n 年后 1 元钱的现值可以用下式表示：

$$PV = \frac{1}{(1+r)^n} \tag{3.3}$$

当 $n=10$，$r=6\%$，即 10 年后 1 元钱的现值为：

$$PV = \frac{1}{(1+6\%)^{10}} = 0.5584 \text{（元）}$$

按贴现率为 6% 计算的话，10 年以后的 1 元钱相当于现在的 0.56 元。通常称 1 元的现值为贴现系数。一般来说，贴现率越高，贴现系数越小。如果未来某个时点有一笔货币资金，就用其金额乘以贴现系数，便可以求得它的现值。

（三）系列现金流的现值和终值

在现实经济生活中，有很多时候遇到一系列的现金流的情况，如分期付款赊购、分期偿还贷款、发放养老金、分期支付工程款、每年相同的销售收入等。经济学上，把这种定期定额的系列收支称为年金。那么这个问题就是年金现值和年金终值的计算。

如果设这系列的现金流为 A，即每期支付 A，利率为 r，期数为 n，则按复利计算的每期支付的终值之和，也就是年金终值的问题，所以年金终值为：

$$S = A + A(1+r) + A(1+r)^2 + A(1+r)^3 + \cdots + A(1+r)^{n-1}$$

根据等比数列的求和公式，则：

$$S = A \frac{(1+r)^n - 1}{r} \tag{3.4}$$

若知道 A、r、n，可以通过查阅年金终值系数表得到 S 的值。

同样，若知道每期的支付额为 A，利率为 r，期数为 n，若要按复利计算这一系列的现金流的现值之和，则就是计算年金现值的问题，所以现值为：

$$P = \frac{A}{(1+r)^1} + \frac{A}{(1+r)^2} + \frac{A}{(1+r)^3} + \cdots + \frac{A}{(1+r)^n}$$

仍然根据等比数列的求和公式，则：

$$P = A \times \frac{1-(1+r)^{-n}}{r} \tag{3.5}$$

若知道 A、r、n，可以通过查阅年金现值系数表得到 P 的值。

例如，某人打算从现在起每年等额存入银行一笔钱以便 5 年后偿还债务。若银行存款利率为 10%，每所存入银行 100 元钱，5 年后一共能存多少钱？

这实际上是一个系列现金流，即年金问题，每年支付 A 为 100，利率 r 为 10%，期限 n 为 5，所以这一系列现金流到 5 年后的终值为

$$S = 100 + 100(1+10\%) + 100(1+10\%)^2 + \cdots + 100(1+10\%)^5 - 1$$

$$= 100 \times \frac{(1+10\%)^5 - 1}{10\%}$$

$$= 610.51 \text{（元）}$$

再如，某人打算在 5 年内还清目前借的一笔债务，从现在起每年等额存入银行 100 元。若银行存款利率为 10%，现在借的这笔钱是多少？

根据年金现值的公式可以得到：

$$P = \frac{100}{(1+10\%)} + \frac{100}{(1+10\%)^2} + \cdots + \frac{100}{(1+10\%)^5}$$

$$= 100 \times \frac{1 - (1+10\%)^{-5}}{10\%}$$

$$= 100 \times 3.7908$$

$$= 379.08 \text{（元）}$$

【延伸阅读 3-1】

现值的应用

现值的计算方法不仅可以用于银行贴现票据等类似业务方面，而且还有很广泛的运用领域。比如，用来比较各种投资方案时，现值的计算是不可缺少的。实际的项目投资中，很少是一次性的投资，大多是连续多年陆续投资。不同方案不仅投资总额不同，而且投资在年度之间的分配比例也不同。若不运用求现值的方法，把不同时间、不同金额的投资换算为统一时点的值，则根本无法比较。例如，有一项工程需要 10 年建成。有甲、乙两个投资方案。甲方案第一年初需投入 5 000 万元，以后 9 年每年年初再追加投资 500 万元，共需投资 9 500 万元；乙方案是每一年年初平均投入 1 000 万元，共需要投资 1 亿元。从投资总额看，甲方案少于乙方案；但从资金占用时间看，乙方案是较甲方案好一些，不过也不是很肯定。现值的观念则可以帮助解决这个问题。假设市场利率为 5%，这样，两方案的现值分别如表 3-1 所示。

表 3-1　　　　　　　　不同投资方案现值比较　　　　　　　　单位：万元

甲方案			乙方案		
年份	每年年初投资额	现值	年份	每年年初投资额	现值
1	5 000	5 000	1	1 000	1 000
2	500	454.55	2	1 000	909.09
3	500	413.22	3	1 000	826.45
4	500	375.66	4	1 000	751.31
5	500	341.51	5	1 000	683.01
6	500	310.46	6	1 000	620.92

续表

	甲方案			乙方案	
年份	每年年初投资额	现值	年份	每年年初投资额	现值
7	500	282.24	7	1 000	564.47
8	500	256.58	8	1 000	513.16
9	500	233.25	9	1 000	466.51
10	500	212.04	10	1 000	424.10
合计	9 500	7 879.51		10 000	6 759.02

从表3-1中可以清楚地看出，采用乙方案比甲方案可以节约投资1 000多万元。如果其他条件类似，决策就有了明确的依据。

第三节 利率的决定及其影响因素

在现代经济中，由于资金的流动支配着实物资源的流动，利率作为货币资金的价格，其高低是否合理自然会对资金流动和资源配置产生重要影响。因此，利率水平如何决定，哪些重要因素会导致利率的变化，是金融理论中极重要的内容。

一、利率决定理论

利率究竟由什么因素决定？经济学史上有许多种解释，影响较大的有以下几种：

（一）马克思的利率决定理论

马克思对利率决定的研究是以剩余价值在不同资本家之间的分割作为起点的。他认为利息是贷出资本的资本家从借入资本的资本家那里分割出来的一部分剩余价值，而利润是剩余价值的转化形式。利息的这种质的规定性决定了它的量的规定性，即利息量的多少取决于利润总额，利息率取决于平均利润率。正如马克思所说："因为利息只是利润的一部分，所以利润本身就成为利息的最高界限，达到这个最高界限，归职能资本家的部分就会等于零。"可见，平均利润率构成了利息率的最高界限。至于利息率的最低界限，从理论上说是难以确定的，它取决于职能资本家与借贷资本家之间的竞争。但不管怎样总不会等于零，否则借贷资本家就不会把资本贷出。因此，利息率的变化范围在零与平均利润率之间。当然，也不排除利息率超过平均利润率的偶然情况。

马克思的理论对于说明社会化大生产条件下的利率决定问题具有理论指导意义。

（二）古典学派的实际利率理论

由于古典经济学关注非货币的实际因素对利率决定的影响，因此人们也将这一时期的利率理论称为实际利率理论。该理论认为：投资流量导致的资金需求是利率的减函数，储蓄流量导致的资金供给则是利率的增函数，而利率的变化则取决于投资流量与储蓄流量的均衡。利率决定中的这种关系如图3-1所示。

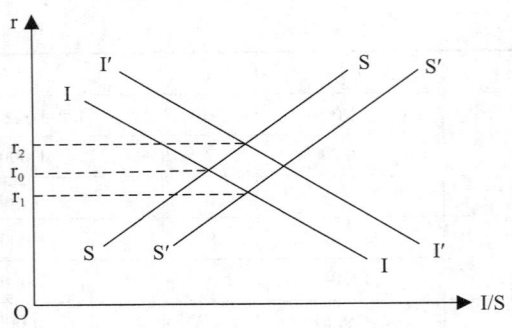

图 3-1 古典学派实际利率理论

图中，II 为投资曲线，SS 为储蓄曲线。II 曲线向下倾斜，表明投资流量是利率的减函数；SS 向上倾斜，表明储蓄流量是利率的增函数。投资曲线和储蓄曲线的交点意味投资流量和储蓄流量正好相等，对应的利率水平为均衡利率 r_0。在投资需求不变的情况下，储蓄意愿增强会导致 SS 曲线右移至 S′S′，新的均衡利率随之下降为 r_1；在储蓄意愿不变的情况下，如果投资意愿增强，会导致 II 曲线上移至 I′I′，新的均衡利率也随之提高至 r_2。

（三）凯恩斯的流动性偏好理论

凯恩斯的流动性偏好理论更加重视货币因素对利率决定的影响。凯恩斯认为，利率取决于货币供求数量的对比，货币供给量由货币当局决定，而货币需求取决于人们的流动性偏好。在货币供给不变的情况下，人们的流动性偏好增强，意愿持有的货币数量（即货币需求）随之上升，利率也会随之走高；反之，人们的流动性偏好减弱，会导致意愿持有的货币数量下降，利率也会随之走低。

如图 3-2 所示，货币供给曲线是由货币当局决定的外生变量，它是一条垂直于横轴的直线，货币供给量增加会导致供给曲线右移和均衡利率走低，货币供给量减少则会导致供给曲线左移和均衡利率走高。流动性偏好曲线即货币需求曲线，它是一条向右下方倾斜的曲线，流动性偏好增强会导致货币需求曲线上移和均衡利率走高，流动性偏好减弱则会导致货币需求曲线下移和均衡利率走低。凯恩斯认为，随着利率不断下降至非常低的水平，以至于不可能再下降时，人们就会产生利率将会上升、债券价格将会下跌的预期，人们对流动性的偏好就会趋于无穷，货币需求的利率弹性也会变得无限大，此时无论增加多少货币供给，都会被人们储存起来，这就是著名的流动性陷阱假说。图 3-2 中流动性偏好曲线右方趋于平行的部分即为"流动性陷阱"，此时供给再多的货币也无法使利率进一步下降。

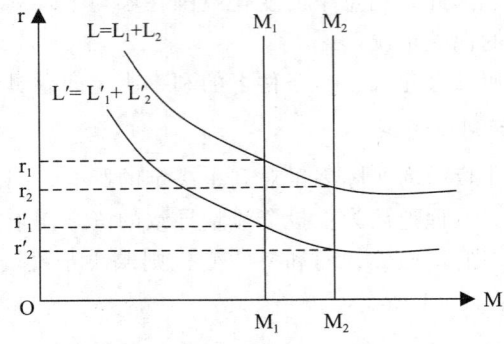

图 3-2 凯恩斯的"流动性偏好"理论

与实际利率理论关注投资和储蓄的角度不同,流动性偏好利率论是从货币供求对比的视角来分析利率的变化趋势。由于货币供求受短期因素的扰动较大,该理论在分析短期利率走势的变化时更具说服力。

(四) 新剑桥学派的可贷资金利率理论

可贷资金利率理论是在批判并综合实际利率理论和流动性偏好理论的基础上提出来的。该理论认同实际利率理论提出的储蓄和投资决定利率的观点,但认为完全忽视货币因素是不当的。同时认为凯恩斯指出货币因素对利率决定的影响是可取的,但完全否定实际因素却是错误的。可贷资金利率理论试图在实际利率理论的框架内,纳入货币供求变动的因素,在利率决定问题上同时考虑货币因素和实质因素的影响。

该理论认为利率是借贷资金的价格,因而取决于可贷资金的供求状况。可贷资金的供给 F_s 来自某一时期的储蓄流量 S 和货币供给的增量 ΔM_s,与利率水平正相关;借贷资金的需求 F_d 则取决于同一时期的投资流量 I 和人们希望保有的货币余额的变化 ΔM_d,与利率水平负相关。因此,均衡式可以表达为:

$$F_s = F_d$$
$$S + \Delta M_s = I + \Delta M_d \tag{3.6}$$

该理论认为,在投资和储蓄这对实际因素保持不变的情况下,货币供求力量的对比将会导致利率的变动。从这一意义上讲,利率变动在一定程度上是一种货币现象。由于可贷资金总量在很大程度上受制于中央银行,货币政策也就成了利率决定中必须考虑的重要因素。

(五) IS–LM 模型与利率决定

IS–LM 模型是由英国经济学家约翰·希克斯根据凯恩斯宏观经济理论框架创建,后经美国经济学家汉森加以完善和发展的一个经济模型,也称希克斯—汉森模型。

IS–LM 模型将市场划分为商品市场和货币市场,认为国民经济均衡是商品市场和货币市场同时出现均衡。该模型在进行利率分析时,加入了国民收入这一重要因素,认为利率是在既定的国民收入下由商品市场和货币市场共同决定的。

如图 3–3 所示,IS 曲线是商品市场均衡时利率 r 与收入 Y 的组合,由于利率与市场需求呈负相关,从而 r 与 Y 负相关。LM 曲线为货币市场均衡时利率与收入 Y 的组合。货币需求与 Y 正相关,与 r 负相关,在货币供给为外生变量的假设前提下,必须使 Y 和 r 同向变动才能保持货币市场的均衡,亦即在 LM 曲线上 r 与 Y 正相关。

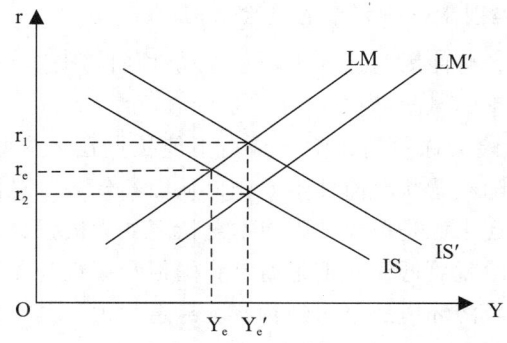

图 3–3　新古典综合派的 IS–LM 模型

将 IS 曲线和 LM 曲线放到同一图上，二者的交点即为商品市场和货币市场同时达到均衡时的利率和收入水平，这对宏观经济问题的分析具有非常重要的意义。当 IS 曲线和 LM 曲线发生移动时，均衡利率也必然会发生变动。由于 IS 曲线的移动是由投资和储蓄变动引起的，LM 曲线的移动是由货币供求的变化引起的，因此这些变量的变动都将改变均衡利率的位置，并引起均衡收入的变化。

二、影响利率变动的其他因素

上述理论讨论的是最基本和最重要的利率决定因素。除此之外，还有一些因素对利率的变化具有重要影响。主要有宏观经济周期、风险因素、时间及期限因素以及一国对利率进行管制的规定等。

（一）宏观经济周期对利率的影响

在宏观经济周期的波动中，社会再生产过程会表现为危机、萧条、复苏、繁荣四个往复循环的阶段。而在经济周期的不同阶段，商品市场和资金市场的供求关系会发生相应的变化，包括财政货币政策在内的宏观经济政策也会随之作出相应调整，从而会对利率高低及其走势产生重要影响。

在危机阶段，工商企业由于商品销售困难导致库存增加、资金紧张的局面，严重时会导致无法按期偿还债务，甚至会造成支付关系紧张并引起货币信用危机。此时企业可以赊销方式出售商品的意愿大幅降低，要求现款支付的比率大幅提高，从而导致资金需求急剧增加、借贷资金供不应求、利率不断走高的局面。

在萧条阶段，一方面由于企业和居民对经济前景缺乏信心，对资金的需求大幅降低；另一方面由于针对危机推出的扩张性财政货币政策，则会导致市场上出现大量游资。这两方面作用都会使利率不断走低，一些国家在极端情况下甚至会出现零利率的情况。

在复苏阶段，随着企业和居民信心的逐渐恢复，消费和投资需求都逐步回升，对借贷资金的需求也相应增加，利率水平逐渐提高。

在繁荣阶段，生产迅速发展，利润急剧增长，新企业不断成立，对借贷资金的需求很大，利率水平也会因此而不断上升。在经济繁荣和高涨时期，货币当局为抑制经济过热而不得不采取的紧缩性货币政策，也会在一定程度上抑制货币供给的增加，加大利率上升的压力，并为下轮危机的到来埋下伏笔。

（二）影响利率的风险因素——利率的风险结构

相同期限的金融资产，可能因为违约风险、流动性风险和税收风险等方面的差异，从而形成不同的利率，亦称利率的风险结构。

1. 违约风险。违约风险又称信用风险，是指不能按期偿还本金和支付利息的风险。债务人的收入及盈利能力会随经营状况而发生变化，从而给债务本息能否及时偿还带来不确定性。例如，政府债券的偿还来源是税收，因而本息偿还能力极强，违约风险极低，尤其是中央政府发行的债券违约风险就更低，这也是通常将国债利率视为无风险利率的主要原因。公司债券的偿还能力与宏观经济环境及公司经营状况息息相关，具有较大的不确定性，因而具有较高的违约风险。违约风险可分为两部分：违约概率和违约后的损失挽回比率。一般来说，违约风险的高低与违约概率正相关，而与损失挽回比率负相关，不同公司债券的违约风险高低取决于其发行主体的资质。

一般来说,违约风险低的债务,其利率也较低,违约风险高的债务其利率也相对较高。有违约风险的债务与无违约风险的债务之间的利率之差,称为违约风险溢价,它是债务风险溢价的重要组成部分。

2. 流动性风险。流动性风险是指因资产变现能力弱或者变现速度慢而可能遭受的损失。一般来说,金融工具的利率会与流动性风险同方向变化,即流动性风险越大,利率也会越高。一般将同一信用级别的低流动性金融工具与高流动性金融工具之间的利率差异称为流动性风险溢价,它也是债务风险溢价的一个重要组成部分。

3. 税收风险。根据各国的规定,债权人获得的利息收益通常必须纳税。因此,债权人真正关心的是税后的实际收益率。由于各国政府在税收上采取不同的政策,税率也会进行调整,这会给债权人造成税收风险。一般来说,税率越高的债券,其税前利率也应该越高,而低税率或者免税债券的利率支付则可以相对低些。例如,与美国国债相比,美国地方政府债券具有较高的违约风险,流动性也较差,但美国地方政府债券却可以支付较低的利率,这主要是因为地方政府债券的利息收入享有免税待遇。为了使免税债券与纳税债券的收益率具有可比性,通常需要计算出税后收益率,然后和免税债券的利率进行比较。

(三)购买力风险与"费雪效应"

在黄金非货币化以后,经常发生通货膨胀,物价上涨导致纸币贬值、购买力下降,资金的贷出者不仅面临着本金贬值的损失,利息也会因为购买力的下降而面临贬值损失,即面临着购买力风险。通货膨胀程度越严重,资金贷出方面临的损失也越严重,为了弥补本金和利息的损失,在确定借贷利息时需要考虑通货膨胀预期对本金和利息的影响,并采取提高名义利率的方式来降低预期的通货膨胀损失。

对于通货膨胀预期与名义利率之间的关系,著名经济学家欧文·费雪认为,当预期通货膨胀上升时,利率也将上升,这就是著名的费雪效应。因此,由于通货膨胀预期所导致的名义利率上升的部分,也可以被视为对购买力风险的补偿。

(四)影响利率的时间因素——利率的期限结构

各种利率都会与不同的期限相关联。如有1年期的存款利率,也有3年期的存款利率,后者一般要高于前者,这便是存款利率的期限结构。再如国债利率,也因期限长短不同而有高有低,从而形成了国债利率的期限结构。由于市场利率是不断变化的,所以利率的期限结构表现为某一时点上因期限差异而有所不同的一组利率所构成的利率体系,同一类金融工具不同期限的利率构成了该类金融工具利率的期限结构。需要注意的是,利率期限结构只能是与某种同质的债务相关的利率,或就同一发行人的债务相关的利率来讨论,若加入包括信用品质差异在内的其他因素,利率期限结构则不再具有可比性。

在关于利率的期限结构方面,有三个重要的事实:债券的期限不同,其利率随着时间一起波动;如果短期利率低,收益率曲线更倾向于向上倾斜;如果短期利率高,则收益率曲线更可能向下倾斜;收益率曲线总是向上倾斜的。对这些现象的解释,主要有预期理论、分割市场理论、流动性溢价理论、期限优先理论等。

(五)利率管制

以利率管制为代表的制度性因素也是直接影响利率水平的重要因素。利率管制的基本特征是由政府有关部门或中央银行直接制定利率或规定利率的上下限。

由于管制利率具有高度的行政干预力和很强的法律约束力,会弱化甚至排斥各类经济因素对利率决定和变动的影响,能够直接决定利率水平与结构。在发达的市场经济国家,尽管也可能实行利率管制,但其范围通常会相当有限,而且经济非常时期一旦结束就会很快解除利率管制。相比之下,发展中国家由于经济落后、资金严重不足,多通过利率管制的方式来促进经济发展,一般都是通过压低居民储蓄存款利率的方式为企业提供低成本的投资资金,以促进经济增长。但在市场经济体制中,管制利率有诸多不良影响,因此,很多人主张利率市场化。

总之,现代市场经济的环境错综复杂,许多因素都与利率息息相关。从宏观上看,利率主要受储蓄投资、货币供求、货币政策、经济周期、利率管制和世界利率水平的影响;从微观层面考察,期限、风险、担保品、信誉、预期等都会对利率的变动产生影响。

第四节 利率的作用及其发挥

一、利率的一般作用

在现代市场经济中,利率作为重要的经济杠杆,具有牵一发而动全身的效应,对一国经济的发展具有极重要的影响。利率不仅在宏观方面影响经济运行,而且在微观层面直接对企业及个人的经济活动产生重要影响。

(一) 利率对储蓄和投资的影响

对个人而言,储蓄是其可支配收入减去消费以后的剩余部分。利率的高低会对居民部门的储蓄产生重要影响。合理的利率能够增强居民部门的储蓄意愿,不合理的利率则会削弱其储蓄热情。因此,利率变动会在一定程度上调节居民消费和储蓄的相对比重。居民可用多样化的方式保有其储蓄:既可以持有实物资产,也可以持有金融资产,而在金融资产中,既可以选择货币类的资产,也可以选择股票、债券等各种非货币类资产。而通货膨胀率和各种金融资产收益率的差异,会在很大程度上影响人们的资产持有结构。

利率对投资的规模和结构都具有非常直接的影响。企业在进行投资时,往往需要大量借用外部资本,利率作为企业借款的成本,自然也就成了影响企业借款规模的重要因素。当投资项目收益既定时,社会投资规模会与利率的升降反向变化。利率走低会降低企业借款成本,企业会倾向于增加投资,整个社会的投资规模会随之增长;反之,利率走高则会缩减整个社会的投资规模。此外,由于利率是借贷资本的"价格",其变动会影响资本流动的方向与规模,从而会对投资结构产生重要影响。因此,政府可以通过差别化的利率政策去调节国民经济的产业结构。如对那些符合产业规划方向的企业,可以通过优惠利率促进其发展,而对那些需要限制的产业,则可对相关企业实施惩罚性的利率。

(二) 利率与借贷资金供求

在前述利率决定理论的分析中,我们充分阐释了借贷资金供求对利率的影响:资金供给增加会导致利率走低,资金需求增加会导致利率走高。但反过来看,利率的高低也会对资金供求产生影响。就利率对资金需求的影响来看,二者存在负相关关系,即高的利率增加了企业和个人获取资金的成本,从而会抑制其资金需求;低的利率则鼓励企业和个人的借贷资金需求,从而导致资金需求的增加。就利率对资金供给的影响来看,利率水平高低不仅会影响居民消费和储蓄的选择,而且会影响居民持有现金和储蓄存款的比例。高的利率有利于储蓄的动员,也有利于借贷资金供给的增加。低的利率不利于储蓄的动员,会导致借贷资金供给的减少。但在现实生活中,利率升降对借贷资金供给的影响却极为有限,借贷资金供给的利率弹性通常较低。这主要是因为,一国借贷资金供给主要取决于该国经济发展和积累的规模以及中央银行的货币政策操作。

(三) 利率与资产价格

无论在实物资产还是金融资产的定价中,利率都是一个极重要的变量。由于资产价格等于该资产未来现金流或收益的贴现,在未来现金流或收益既定的情况下,用来代表贴现率的利率水平越低,该资产的价格也就越高,贴现率或者利率水平越高,资产价格也就越低。在人们的投资活动中,加息被视为利空房地产价格和证券行市,降息则被看作利因素。正是基于这一分析逻辑,随着我国房地产和证券市场规模的扩展及其市场化程度的提高,利率变动对其价格的影响将会变得越来越明显,利率变动也会越来越受到各类投资者的关注。

(四) 利率与社会总供求的调节

要达到经济持续增长的目标,一国须保证社会总供求保持一种动态的平衡。而利率则会对社会总供求起着重要的调节作用。利率对社会总供求的调节,主要体现在短期内易于调节的总需求上。利率降低,一方面会增强居民部门的消费动机,另一方面会导致企业投资需求的增加,从而导致总需求的增长。在短期内总供给不易调节且相对稳定的情况下,总需求的增长会导致供求压力的增加。反之,提高利率会抑制居民消费需求和企业投资需求,从而起到缓解供求压力的作用。

需要说明的是,利率水平降低尽管会在短期内增加供求压力,但从长期来看,低利率导致的企业投资规模扩张会倾向于增加总供给,这会在一定程度上缓解由此导致的供求压力;反之,利率上升会导致短期需求的下降,但同样也会在长期导致总供给的下降。因此,利率升降对社会总供求及其平衡状况的影响更需要从动态的视角来加以把握。

(五) 利率水平与资源配置效率

在现代经济中,货币资本作为经济发展的核心要素,对经济发展的重要性日益彰显。经济行为主体只有拥有了货币资本,才可能将各种生产要素组织起来进行生产活动。也正是在这一意义上认为现代经济具有"资金流动决定物质流动,即物随钱走"的典型特征。作为货币资金的价格,利率水平的高低是否合理,能否真实反映资金的机会成本,其作为价格杠杆能否将资金引入那些优质高效的企业,将会对实物资源流动和配置效率产生重要影响。

在市场经济国家,企业作为自负盈亏的行为主体,需要为自己的投资决策承担责任。由于利息成本支付是企业盈利的最低界限,利率水平高低也就会直接影响企业的盈利能力,从而影响企业的投资决策。高的利率水平,不仅会抑制企业投资的积极性,而且首先会将那些经营效率低、盈利能力弱的企业淘汰出局,优质企业的资金可得性随之增加,资源更多地集中于优质高效企业。尽管这会导致经济增长率的下降,但却会导致资源耗费速度下降和资源配置效率的提高,对环境破坏的压力也随之降低。反之,维持低的利率水平,即使那些经营效率低、盈利能力弱的企业也能够维持生存，延缓了资源向优质高效企业集中的进程。众多企业都能够加入生产过程，尽管可能导致更高的经济增长和就业，但却意味着更快的资源耗费速度和更低的资源配置效率，对环境的破坏也更加严重。

（六）利率与金融市场

就利率与金融市场的关系而言，利率是金融工具定价的基本要素。利率水平合理与否，将直接决定金融工具的定价是否合理，以及通过该金融工具导致的资金流动是否合理。不能反映资金稀缺程度的、扭曲的、不合理的利率水平，自然会导致金融工具定价的扭曲，从而导致不合理的资金流动以及低效率的资源配置。这也是我国利率体制改革进程中需要重点关注的问题。

二、利率发挥作用的环境与条件

从上面的论述中，我们了解到了利率对经济方方面面都存在影响作用，但作用的大小则依赖于市场经济环境。

（一）利率发挥作用的基础性条件

1. 独立决策的市场主体。利率要想发挥应有的作用，首先需要各个微观行为主体是能够独立决策、独立承担责任的市场行为主体，当他们面临两种以上的选择时，总会选择对自己更有利的方案，实现自己的效用最大化，即微观行为主体是所谓的理性经济人。只有高度关心自身利益的市场参与者的投资决策与其自身利益息息相关，且需要为决策所导致的后果承担责任时，利率高低才能够通过其对市场参与者投资收益和利润的影响，对其行为产生激励和约束，其投资决策才会对利率水平具有高度的敏感性。如果市场参与者无法满足这一基本条件，他们无法享受到投资成功所带来的收益，也无须为投资失败承担责任。利率的高低及其升降变化也就无法对其产生相应的影响，利率的作用也就无法得到有效发挥。

2. 市场化的利率决定机制。市场化的利率体系与利率决定机制，意味着资金供求状况能够对利率水平产生影响，利率变动也会反过来调节资金供求。此时，利率高低能够真实地反映资金的稀缺程度及其机会成本。具有理性经济人特征的市场参与者，也就可以根据自身情况和市场利率高低作出理性的决策：资金盈余方向可以根据自己投资所能获得的收益率与出让资金的市场利率，来决定是自己去投资还是将资金贷放出去；企业也可以根据目标项目的投资收益和借款成本，决定是否需要投资，并在权衡投资的边际收益与借款的边际成本的基础上决定是否需要扩大投资规模。此时，通过利率信号，就能够有效地筛选优质项目，从而将资金配置给那些最需要资金、具有良好经济效益的投资项目。

3. 合理的利率弹性。所谓利率弹性，就是其他经济变量对利率变化的敏感程度，通常用单位百分比的利率变化所导致的其他经济变量变化的百分比来表示。该比率越大，亦即某经济变量对利率富有弹性，该经济变量就会对利率的变化越敏感，通过利率变动引导其朝着预期目标变化的意图也就更容易实现；反之，如果经济变量对利率缺乏弹性，对利率变动不敏感，利率变动对经济变量的影响就极其微弱，通过利率变动就很难达到预期目标。

（二）经济制度与经济环境对利率作用发挥的影响

除了以上影响利率作用发挥的基础性条件，还有些经济制度与经济环境因素影响利率作用的发挥。

1. 市场货币改革与利率作用的发挥。对于实行计划经济的国家，市场化改革是利率发挥作用的前提。因为市场化改革以后才有独立决策、独立承担责任的市场行为主体，他们才会对利率及其变化做出反应。例如，我国实行严格的计划经济时期，企业不是关心自身利益的市场行为主体，无权决定生产什么以及生产的规模，利率自然也就不能发挥其应有的作用。随着市场化改革的推进，企业成为独立的经济主体，再加上改制后国有企业的预算约束相对硬化，对利润追求和自身利益诉求逐渐增强，利率在资金配置和资源配置中的杠杆作用也就逐步得到强化。

2. 市场投资机会与资金的可得性。在西方发达国家，市场充分竞争导致的投资机会减少和盈利空间收窄，使得利息成本成为制约企业投资及其利润状况的重要影响因素，利率的升降也就会直接影响企业的投资决策。相对于发达国家而言，包括中国在内的众多发展中国家，由于市场竞争不充分以及大量投资机会的存在，使得不少项目都具有很高的投资收益率，利息成本尽管也会对投资决策产生影响，但却不是决定项目是否值得投资的主导因素。在满足其他外部条件的情况下，对投资具有真正影响的是能否获得足够的资金，亦即资金的可得性问题。也就是说，发展中国家相对较高的投资收益率和较严格利率管制导致的低利率，使得相对于利率高低而言，资金的可得性对项目投资决策来说是一个更具有实质性的约束。

3. 产权制度与利率作用的发挥。如前所述，微观经济主体是否为自我约束、自负盈亏的市场行为主体，对利率作用的发挥具有至关重要的作用。在不同的产权制度下，微观行为主体面临的激励和约束明显不同，其行为方式也会具有本质差异。在公有产权和国有企业制度下，由于预算约束软化，对管理者的激励和约束不仅明显不足，也非常不到位，管理者往往会具有资源掌控最大化与成本费用最大化的动机，而对利润水平的关注明显不足，这也是导致这类企业往往具有"投资饥渴"特征的重要原因。产权制度的改革，在规范和发展非公有产权制度的同时，还通过诸多制度设计明显强化了公有产权背景下的激励和约束，微观行为主体的逐利动机明显增强，其对利率变化的敏感性也自然会随之提高。

三、我国利率市场化改革

新中国成立之初，针对严重通货膨胀、囤积居奇和高利贷盛行的状况，政府采取了包括利率管制在内的经济管制措施，收到了较理想的效果。随着高度集中的中央计划经济管理体制的建立，管制利率的做法得到了进一步强化。这一阶段利率管制具有"利率档次少、利率水平低、利差小、管理权限高度集中"的典型特征。由于计划经济体制下的生产、销售、分配和资金供求均基本上取决于国民经济计划，利率高低对经济变量几乎不起作用。在当时的政治和经济背景下，利率作为国家可控制、可管理的经济杠杆，成为体现政策意图和实施计划的重要工具。例如，新中国成立后至改革开放之前，我国长期实行低利率政策，对于稳定物价、稳定市场和促进工农业生产的发展发挥过积极的作用。

改革开放以后，随着我国经济体制从计划逐步向市场转轨，利率对宏观经济和微观行为主体的影响逐步增强，利率体制改革问题也逐渐变得迫切。尤其是在我国现代企业体制改革全面推进并取得实质性进展，利率体制僵化逐渐成为经济优化和良性发展的严重障碍时，利率市场化问题日益凸显。因为从市场经济的内在要求看，利率控制一方面不利于储蓄的动员和资本的形成，另一方面又会导致企业对资金的过度需求，甚至会诱导并强化企业的"投资饥渴症",甚至向资金提供者进行寻租导致腐败。而且利率管制导致的低利率,尽管能够通过刺激投资以保证经济的较快增长,但却是以资源配置效率低下、环境压力过大为代价的,因为低利率无法淘汰劣质企业,导致大量低水平的重复建设,行业集中度过低以及企业之间的过度竞争,不利于经济协调发展。

在市场经济中,市场利率是一个重要的价格信号,不仅能够反映市场资金的供求状况,也应能够作为重要的价格杠杆去引导资金的流动和资源的配置,还能为货币当局的宏观经济决策提供依据,而且利率本身就是金融工具定价的基础。在管制利率体系下,利率作为市场资金供求指针的作用几近丧失,金融工具的定价也因此出现扭曲,而这可能导致资金错配和实物资源的错配。因此,随着改革开放的推进,利率市场化改革势在必行。

所谓利率市场化,是指通过市场和价值规律机制,在某一时点上由供求关系决定的利率运行机制,它是价值规律在起作用的结果。利率市场化实际上就是将利率的决策权交给金融机构,由金融机构自己根据资金供求状况及其对金融市场走势的判断,自主调节利率水平,最终形成以中央银行基准利率为基础,以货币市场利率为中介,由市场供求决定金融机构存贷款利率和金融市场利率的市场化利率形成机制和市场化利率体系。

与我国渐进式改革战略相应,利率市场化也具有渐进式改革的特征。根据十六届三中全会精神,结合我国经济金融发展和加入世界贸易组织后开放金融市场的需要,中国人民银行将按照"先外币、后本币,先贷款、后存款,先大额长期、后小额短期"的基本步骤,逐步建立由市场供求决定金融机构存、贷款利率水平的利率形成机制,中央银行调控和引导市场利率,使市场机制在金融资源配置中发挥主导作用。

【延伸阅读 3-2】

中国利率市场化改革的主要进程

第一阶段:货币市场利率市场化,贷款利率开始上浮(1993~1999年)

按照一般经验,在放松存贷款利率管制之前,先要借助货币市场找到一个能够较好反映市场上资金供需情况的均衡利率,以此作为其他利率的参考,或称为"锚"。因此,利率市场化首先是从货币市场开始的。

1996年6月:放开银行间同业拆借市场利率,实现由拆借双方根据市场资金供求自主确定拆借利率。

1997年6月:银行间债券市场正式启动,同时放开了债券市场回购和现券交易利率。

1998年3月:改革再贴现利率及贴现利率的形成机制,放开了贴现和转贴现利率。

1998年9月:放开了政策性银行金融债券市场化发行利率。

1999年9月:成功实现国债在银行间债券市场利率招标发行。

第二阶段:贷款利率完全放开,存款利率开始浮动(1999~2013年)

第一阶段的基础上,央行开始稳步扩大存贷款利率浮动区间。

1999年10月:对保险公司大额定期存款实行协议利率,对保险公司3 000万元以上、5年以上大额定期存款,实行保险公司与商业银行双方协商利率的办法。

2000年9月:实行外汇利率管理体制改革,放开了外币贷款利率;300万美元以上的大额外币存款利率由金融机构与客户协商确定。

2002年1月:扩大农村信用社利率改革试点范围,进一步扩大农信社利率浮动幅度;

统一中外资外币利率管理政策。逐步扩大金融机构贷款利率浮动权，简化贷款利率种类，取消了大部分优惠贷款利率，完善了个人住房贷款的利率体系。

2002年3月：将境内外资金融机构对中国居民的小额外币存款纳入人民银行现行小额外币存款利率管理范围，实现中外资金融机构在外币利率政策上的公平待遇。

2003年4月：放开人民币各项贷款的计息、结息方式，由借贷双方自行商定。

2003年6月：放开境内英镑、瑞士法郎、加拿大元的小额存款利率，同时对美元、日元、欧元、港元的小额存款利率实行上限管理。

2004年1月：扩大金融机构贷款利率浮动区间，商业银行、城市信用社上限可为基准利率的1.7倍，农村信用社可达2倍；下限为0.9倍。

2004年3月：实行再贷款浮息制度，在再借款基准利率基础上适时加点。

2004年10月：放开金融机构人民币贷款利率上限，但城乡信用社除外，允许其上限可扩大为基准利率的2.3倍。金融机构贷款利率浮动区间的下限仍然为0.9倍。

2004年11月：放开小额外币存款2年期的利率档次，由商业银行自行确定并公布。

2005年3月：放开金融机构同业存款利率，修改和完善人民币存、贷款计息和结息规则，允许金融机构自行确定除活期和定期整存整取存款外的其他存款种类的计息和结息规则。

2005年5月：中国人民银行宣布全国银行间债券市场债券远期交易管理规定，债券远期交易正式登陆全国银行间债券市场。

2005年7月：实行以市场供求为基础的、参考一篮子货币进行调节、有管理的浮动汇率以后，我国利率市场化改革又注入了新的内容。

2006年9月：中国人民银行决定建立报价制的中国货币市场基准利率SHIBOR。

2012年6月：中国人民银行将金融机构存款利率浮动区间上限调整为基准利率的1.1倍；金融机构贷款利率浮动区间的下限调整为基准利率的0.8倍。这也是中国人民银行首次允许存款利率浮动。

2013年7月：中国人民银行决定自7月20日起全面放开金融机构贷款利率管制，取消票据贴现利率管制。利率市场化又迈出崭新的一步。

2013年10月25日，贷款基础利率（LPR）集中报价和发布机制正式运行，首日一年期贷款基础利率5.71%，LPR成为银行贷款的参考利率。

第三阶段：存款利率完全放开（2014年至今）

2014年11月：中国人民银行将金融机构存款利率上限扩大到基准利率的1.2倍。

2015年3月：中国人民银行将金融机构存款利率上限扩大到基准利率的1.3倍。

2015年5月：中国人民银行将金融机构存款利率上限扩大到基准利率的1.5倍。

2015年10月：中国人民银行决定，对商业银行和农村合作金融机构等不再设置存款利率浮动上限。这是中国经济改革的历史性突破，标志着历时多年的利率市场化改革迈出了最重要也最艰巨的一步，中国利率市场化改革"形式上"基本完成。

而之所以说这是"形式上"基本完成，而不是"实质上"完成，是因为部分银行实质上仍未具备存款、贷款的定价能力，为防止银行在存款上恶性竞争，全行业继续实施存款利率行业自律，不同地区不同类型银行约定存款利率上浮的自律上限，对存款利率继续构成了一个无形的天花板。此外，由于种种非市场因素的存在，也尚未完全形成通畅的货币政策传导机制。

资料来源：根据互联网资料整理。

第五节 收益与风险

所有的金融决策和金融市场的运作，非常重要的两个概念是收益与风险。投资者投资的目的是得到收益，与此同时，又不可避免地面临着风险。

一、收益与收益率

亚当·斯密在《国富论》中，将收益定义为"那部分不侵蚀资本的可予消费的数额"，把收益看作财富的增加。后来，大多数经济学家都继承并发展了这一观点。1890年，马歇尔在其《经济学原理》中，把亚当·斯密的"财富的增加"这一收益观引入企业，提出区分实体资本和增值收益的经济学收益思想。20世纪初期，美国著名经济学家费雪发展了经济收益理论，在其《资本与收益的性质》一书中，提出了精神收益、实际收益、货币收益三种不同形态的收益。通过第一节可知，作为货币时间价值的外在表现形式，利息通常被人们看作收益的一般形态——利息是货币资金所得者理所当然的收入。

收益率是收益额与投资额的比率，是反映收益水平高低的指标，通常用来表示投资的回报率，一般以年度百分比来表达。从本质上讲，收益率就是利率，但在实际投资的过程中，收益率却是能够更加准确衡量一定时期内投资人获得收益多少的指标。在某种意义上，如存款和贷款的利率可以等同于收益率；但对于债券的票面利率与收益率则不相同。到期收益率是一种常用的收益率形式，下面重点介绍到期收益率的计算方法。

二、到期收益率的计算

在金融市场上，存在着各种各样的债务工具，这些债务工具的计息方式各不相同。为了便于比较，需要有一个统一的衡量利息率高低的指标，这个指标就是到期收益率。它是指从债务工具上获得回报的现值与其今天的价值相等的利率。

（一）普通贷款的到期收益率的计算

就普通贷款的到期收益率而言，以一个例子加以说明。如农业银行某支行贷给王先生1 000元，这1 000元就是农业银行今天所贷出的本钱，一年以后王先生还给所借款的农业银行支行1 100元。那么就这笔贷款来说，其到期收益率是多少？又是如何计算呢？根据到期收益率的概念，即从债务工具上获得的回报的现值与其今天的价值相等的利率。假设这一利率，即到期收益率为r，那么可以列一方程式：

$$1\ 000 = \frac{1\ 100}{1+r}$$

可以得到$r = 0.1$，即这笔普通贷款的到期收益率为10%。

（二）定期定额偿还贷款到期收益率的计算

这种贷款在整个贷款期内定期都要偿还相同的金额。由于定期定额偿还贷款，就涉及多次的偿付额，因此，在计算现值时，要将所有偿付额的现值加总起来。例如，王先生向银行借了 1 000 元的定期定额偿还贷款,分 25 年还清,每年还 126 元,若在这 25 年实行固定利率,问这笔贷款的到期收益率是多少?同样,假设到期收益率为 r,根据到期收益率的概念和现值的有关知识,可以得到如下方程式:

$$1\,000 = \frac{126}{(1+r)} + \frac{126}{(1+r)^2} + \frac{126}{(1+r)^3} + \cdots + \frac{126}{(1+r)^{25}}$$

即每年偿付额的现值之和等于银行最初所贷出的本钱。通过查年金现值系数表,可以得到 $r = 0.12$。这 12% 就是银行在这笔贷款上的到期收益率。

由此例可以推断一般,对任何一笔定期定额清偿贷款,有

$$LOAN = \frac{EP}{1+r} + \frac{EP}{(1+r)^2} + \frac{EP}{(1+r)^3} + \cdots + \frac{EP}{(1+r)^n} \tag{3.7}$$

式中,$LOAN$ 为贷款余额;EP 为固定的年偿付额;n 为贷款年限。

(三) 息票债券到期收益率的计算

息票债券持有人在到期前的定期(每年、每半年或每季)要得到定额的利息,待到期时要得到当年的利息以及债券的票面额的支付。根据同样的道理,可以得到息票债券到期收益率的计算公式为:

$$P = \frac{C}{(1+r)} + \frac{C}{(1+r)^2} + \frac{C}{(1+r)^3} + \cdots + \frac{C}{(1+r)^n} + \frac{F}{(1+r)^n} \tag{3.8}$$

式中,r 是到期收益率;P 是息票债券的市场价格;F 是息票债券的面值;C 是息票债券的年收入,它等于息票债券的面值 F 乘以票面利率;n 是债券的到期期限。

在式 (3.7) 中,在债券的面值、票面利率和期限已知的条件下,如果知道债券的市场价格,就可以求出它的到期收益率;反之,如果知道债券的到期收益率,便可以求出债券的价格。从公式和计算中可以看出,债券的市场价格越高,其到期收益率就越低;反过来,债券的到期收益率越高,则其市场价格就越低。由此可见,债券的市场价格与其到期收益率呈负相关的关系,即到期收益率上升,则债券价格下降;到期收益率下降,则债券价格上升。

(四) 贴现发行债券到期收益率的计算

贴现发行债券即零息债券,每期不支付利息,而是到期支付票面额给持有者,相当于折价出售。如果按年复利计算,则其到期收益率计算公式为:

$$P = \frac{F}{(1+r)^n} \tag{3.9}$$

式中,P 为债券价格,F 为面值,r 为到期收益率,n 是债券期限。

例如,以一年期满时偿付 1 000 元面值的某种贴现发行债券为例,如果当期买入价格为 900 元,根据上式可以得到以下方程:

$$900 = \frac{1\,000}{1+r}$$

求解得到 $r = 0.111 = 11.1\%$。

所以,对任何 1 年期的贴现发行债券,到期收益率可以写作:

$$r = \frac{F - P}{P} \tag{3.10}$$

(五) 永久债券到期收益率的计算

永久债券的期限无限长,实际上是一种没有到期日、不偿还本金、永远支付固定金额 C

息票利息的永久债券,又称为统一公债。例如在拿破仑时代,英国财政部发行了统一公债,时至今日仍有交易。

对于统一公债,假定每年末的利息支付额为 C,债券的市场价格为 P,则其到期收益率的计算公式为:

$$P = \frac{C}{1+r} + \frac{C}{(1+r)^2} + \frac{C}{(1+r)^3} + \cdots$$

根据无穷递减等比数列的求和公式可以得到 $P = \frac{C}{r}$,也可以得到:

$$r = \frac{C}{P} \tag{3.11}$$

例如,某人用 100 元购买了某种永久公债,每年得到的利息为 10 元,则到期收益率为:

$$r = \frac{10}{100} = 0.1 = 10\%$$

从永久债券的到期收益率的计算公式可以看出,债券价格与到期收益率也呈负向相关。这与前面的结论是一致的。

在某种意义上,优先股可以被看作一种永久债券。比如一个公司的优先股面值为 100 元,每年的股息率为 8%,现在的市场利率为 10%,则这种优先股的市场价格为:

$$P = \frac{8}{10\%} = 80 \text{(元)}$$

通过对多种债务工具的到期收益率进行计算,可以得出一个重要的结论:当期债券价格与利率呈负相关,利率上升,债券价格下降;利率下降,债券价格上升。

三、风险与收益

与收益紧密相关的概念是风险。风险有狭义和广义两个层面的理解。狭义的风险是指损失的可能性;广义的风险是指未来收益的不确定性,风险产生的结果可能带来损失、获利或是无损失也无获利。通常讲的风险是指狭义的风险。金融风险是指任何有可能导致企业或机构财务损失的风险。常见的金融风险有市场风险、信用风险、流动性风险、操作风险、法律风险、战略风险等。

风险与收益如影随形,收益以风险为代价,风险用收益来补偿。投资往往围绕着如何处理两者的关系而展开。收益与风险的基本关系是:收益与风险相对应。也就是说,风险较大的投资对象,其要求的收益率相对较高;反之,收益率较低的投资对象,风险相对较小。收益与风险相对应的原理揭示了收益与风险的内在本质关系:收益与风险共生共存,承担风险是获取收益的前提,收益是风险的成本和报酬。但要注意的是,影响收益的因素很多,投资过程中并不是选择风险较大的投资对象,就一定能获得较高收益。一个成功的投资者,需要在风险和收益之间相互平衡,以期在一定的风险下使收益达到较高的水平;或在收益一定的情况下,使风险维持在较低的水平。

本章小结

一、重要概念

利率　　货币时间价值　　现值　　终值　　利率市场化　　到期收益率

二、思考题

1. 如何认识利息的来源与本质？什么是收益的资本化？
2. 利率和收益率之间存在怎样的关系？
3. 阐述各利率决定理论的理论核心。
4. 利率作为经济杠杆具有哪些经济功能？
5. 什么是利率市场化？我国为什么要进行利率市场化改革？
6. 风险和收益的关系是怎样的？风险越大，收益就一定越高吗？

第四章 外汇与汇率

本章核心内容

1. 外汇和汇率的相关概念。动态外汇、静态外汇，广义外汇、狭义外汇。教材中的概念是静态狭义外汇，指用外币表示的、在国际结算中可以直接使用的支付手段。

2. 汇率是两种货币之间兑换的比率。汇率标价分为直接标价法和间接标价法，世界上绝大部分国家的货币采用直接标价法。按照不同的标准，汇率可以有很多种分类，比如基准汇率和套算汇率，买入汇率和卖出汇率，即期汇率和远期汇率，固定汇率和浮动汇率等。

3. 关于汇率决定的分析，这里重点介绍了两种，长期决定理论的购买力平价说和短期决定理论的利率平价说。除此之外，还有很多不同的理论分析了汇率的决定，在本门课程中不作详细的介绍，留待其他课程中学习。

4. 汇率的变动也会对很多方面产生影响。汇率是重要的价格指标，影响经济主体的行为，影响本国（及贸易伙伴）的国际竞争水平，影响进出口、资本流出入和国际收支状况，影响一国的产出和就业，进而对整体的宏观经济状况都产生重要影响。

5. 固定汇率制度和浮动汇率制度，两种不同汇率制度的概述。并介绍了我国人民币汇率制度的发展阶段和现阶段的特点。

第一节 外汇与汇率

一、外汇

外汇是什么？日常生活中很多人认为"外汇就是外国货币"，这样的概念在金融学中显然不适用。金融领域的外汇概念有广义和狭义之分。广义的外汇泛指一切以外国货币表示的资产。国际货币基金组织把外汇定义为："外汇是货币行政当局以银行存款、财政部库券、长短期政府债券等形式保存的，在国际收支逆差时可以使用的债权。"这个定义就是从广义角度做出的。广义的外汇定义通常用于各国管理外汇的法令中。如《中华人民共和国外汇管理条例》中对外汇的解释就是依此定义：外汇是指下列以外币表示的可以用作国际清偿的支付手段和资产，具体包括：①外国货币，包括纸币、铸币；②外币支付凭证，包括票据、银行存款凭证、邮政储蓄凭证等；③外币有价证券，包括政府债券、公司债券、股票等；④特别提款权、欧洲货币单位；⑤其他外汇资产。

狭义的外汇是指以外币表示的可直接用于国际间结算的支付手段。依此概念，外国货币、外币有价证券、特别提款权以及其他外汇资产由于不能直接用于国际间的结算支付，因此都不能算作外汇，而只有存放在国外银行的外币资金，以及将对银行存款的索取权具体化了的各种外币票据才是外汇。具体来说，狭义的外汇包括以外币表示的汇票、支票、本票、银行付款委托书、银行存款凭证、邮政储蓄等。狭义的外汇概念对我们理解外汇市场的运行和汇率的形成是有帮助的，因为外汇市场的交易大多数情况下就是以不同货币计值的银行存款之间的交易，我们在外汇市场中看到的汇率报价通常也就是以此交易为基础所形成的汇率。

从外汇的定义可以看出，外汇具有三个突出的特点：一是普遍接受性，即外汇必须是在国际上被普遍认可和接受的资产；二是可偿性，即外汇债权应该保证能够得到货币发行国的偿付；三是可兑换性，即某种形式的外汇应该可以自由地兑换为其他外币资产。

二、汇率

汇率，也称汇价、外汇牌价或外汇行市，是指一国货币用另一国货币表示的价格，或以一个国家的货币折算成另一国货币的比率。

（一）汇率标价法

汇率可以有两种表示方法，既可以用本国货币来表示外国货币的价格，也可以用外国货币来表示本国货币的价格，并以此分为直接标价法和间接标价法。

1. 直接标价法，是指以一定单位的外国货币作为标准，折算成若干单位的本国货币来表示汇率。目前，除英美等少数国家外，大多数国家都采用这类标价法。在直接标价法下，如果本国货币数量增加，说明买入（或卖出）某固定单位数量的外国货币需支付（或得到）较多的本国货币，即表示外币增值或本币贬值，称为外汇汇率上升或本币汇率下降；反之，如果本国货币数量减少，则称为外汇汇率下降或本币汇率上升。

2. 间接标价法，是指以一定单位的本国货币作为标准，折算成若干单位的外国货币来表示汇率，即本币数量不变，用外国货币的数量变化来表示汇率的变化。当外国货币数量减少，说明本币贬值或外币升值；反之，则说明本币升值或外币贬值。在本书中，如无特殊说明，均采用直接标价法。

（二）汇率的种类

按不同的标准，可以对汇率进行分类。

1. 按照制定方法的不同，可以分为基准汇率和套算汇率。

（1）基准汇率，是本币与对外经济交往中最常用的主要货币之间的汇率。由于外币种类繁多，要制定出本币与每一种外币之间的汇率有许多不便，因此，需要选定基准汇率。目前，各经济体的货币一般以美元为基本外币来确定基准汇率。2006年8月以后我国基准汇率有五种：人民币兑美元、欧元、日元、港元和英镑的汇率。

（2）套算汇率，又称交叉汇率，是根据本币基准汇率套算出来的本币兑非主要货币的其他外币的汇率或套算出其他外币之间的汇率。人民币兑美元、欧元、日元、港元、英镑以外的其他外币的汇率均为套算汇率。

2. 按照银行买卖外汇的角度，可划分为买入汇率和卖出汇率。

（1）买入汇率，是外汇银行买进外汇（结汇）时所使用的汇率，也称买入价。卖出汇率，是银行售出外汇（售汇）时所使用的汇率。买入汇率与卖出汇率间的差额即为银行买卖外汇的利润。

（2）买入汇率和卖出汇率的算术平均数为中间汇率，中间汇率不是实际交易中的汇率，它的主要用途包括汇率分析和预测、各种报告和论文中的理论分析。目前我国外汇管理局公布的兑五种主要货币的基准汇率均为中间汇率。

3. 按照外汇买卖的交割期限，可以划分为即期汇率和远期汇率。

（1）即期汇率，是买卖双方成交后，在两个营业日内办理交割时所使用的汇率。

（2）远期汇率，是买卖双方事先约定的，据以在未来一定时期（或时点）进行外汇交割时所使用的汇率。远期汇率的存在，为国际贸易中的套期保值、规避汇率风险的操作提供了工具。

远期汇率和即期汇率之间的价差可以用绝对数或相对数表示。

远期汇率高于即期汇率叫升水（在直接标价法下，升水意味着本币贬值、外币升值），远期汇率低于即期汇率叫贴水，二者相等称为平价。

4. 按照汇兑方式可分为电汇汇率、信汇汇率和票汇汇率。

（1）电汇汇率，是银行卖出外汇后，以电信方式通知国外行或代理行付款时所使用的一种汇率。目前国际支付大多以电信方式进行，所以电汇汇率是外汇市场的基准汇率，是其他汇率制定的基础。

（2）信汇汇率，是以信函解付的方式买卖外汇时所使用的汇率。信汇速度慢于电汇，银行可以占用汇兑资金生息，所以信汇汇率低于电汇汇率，二者差额相当于汇兑在途的外汇资金产生的利息。

（3）票汇汇率，是以票据作为支付工具进行外汇买卖时所使用的汇率。票汇汇率因其速度慢而低于电汇汇率。

5. 按照汇率制度可以分为固定汇率和浮动汇率。

（1）固定汇率，是指一国货币的汇率基本固定，汇率的波动幅度被限制在较小的范围内，中央银行有义务维持本币币值的基本稳定。

（2）浮动汇率，则是不规定汇率波动的上下限，汇率随着外汇市场的供求关系自由波动。如果本币盯住关键外币，汇率随之浮动，则被称为联系汇率或盯住的汇率制度。

6. 按照是否考虑一种货币所在经济体与其他经济体之间物价差异的因素，可以分为名义汇率和实际汇率。

（1）名义汇率是指在市场上观察到的挂牌交易使用的汇率。

（2）实际汇率是在名义汇率的基础上，考虑到一种货币所在经济体与其他经济体之间物价差异因素的汇率。实际汇率无法直接观察得到，需要测算。

7. 按照货币当局对汇率进行管理的角度可分为官方汇率和市场汇率。

（1）官方汇率，是一国外汇管理当局制定并公布实行的汇率。

（2）市场汇率，则是由外汇市场供求关系决定的汇率。

8. 按照外汇银行的营业时间可分为开盘汇率和收盘汇率。

（1）开盘汇率，是外汇银行在一个营业日开始时进行首批外汇买卖时使用的汇率。

（2）收盘汇率，是外汇银行在一个营业日结束时所使用的汇率。

【延伸阅读 4-1】

全球外汇市场日均交易量飙升至 6.6 万亿美元

国际清算银行（BIS）周一（2019.9.16）公布的数据显示，全球外汇市场的交易额已经攀升至 6.6 万亿美元的历史最高水平，4 月份的平均每日交易额较 2016 年同月的 5.1 万亿美元增长了 29%。外汇衍生品交易（主要是掉期）的增长超过现货市场，目前占全球外汇交易量的近一半。

一、外汇掉期占据半壁江山　现货交易萎缩

外汇总成交量的增加主要是由于外汇掉期的增加，外汇掉期主要被市场参与者用于流动性管理和对冲货币风险。根据国际清算银行的调查，这一数字在 2019 年达到 3.2 万亿美元，比 2016 年公布的上一份报告增加了 8 000 亿美元或 34%。

二、纽约市场份额缩水伦敦意外上涨　中国才是最大赢家

国际清算银行在一份有关 24 小时外汇市场的最全面报告中表示，就成交量的地理分布而言，外汇交易继续集中在全球最大的金融中心。报告指出，外汇市场交易活动（包括现货，直接远期，外汇掉期和期权交易）越来越集中在全球主要的金融中心，包括伦敦，纽约，东京，香港和新加坡，这五大金融中心的外汇交易活动份额从三年前的 77% 上升至 79%。

值得注意的是，与 2016 年相比，前几大金融中心的排名变化不大，纽约外汇市场的每日交易量从 2018 年的 9 935 亿美元的峰值下跌至 2019 年 4 月的 8 199 亿美元，降幅约为 18%，占全球外汇交易总量的比重从 2016 年的 20% 下降至 17%。

相比之下，英国伦敦外汇市场的日均交易量则出现了上涨，尽管脱欧困局一直困扰着英国。截至 2019 年 4 月份，伦敦外汇市场的份额上涨了 6% 至 43%。

亚洲的主要金融中心，即中国香港、新加坡和东京，它们在全球外汇交易总额中所占的比重从 21% 略微下降至 20%，可以说保持相对稳定。

变化最大的应该是中国大陆，中国场外外汇工具的日均交易量在 2019 年跃升近 90%，达到 1 360 亿美元，目前排名第八，2016 年的时候排在第 13 位。

三、美元交易量仍居首位　人民币市场份额上升至 4.3%

虽然纽约在外汇市场的份额远低于纽约，但从货币品种来看，美元依然是占比最大的货币，外汇交易中近 88% 的货币对涉及美元，与上一次的调查基本持平。

资料来源：金投网，https://forex.cngold.org/c/2019-09-17/c6580205.html。

第二节　汇率的决定理论

一、长期汇率决定理论——购买力平价说

汇率在长期内是如何决定的？著名的购买力平价理论提供了一种比较好的解释。瑞典学者卡塞尔于 1922 年第一次系统地阐述了购买力平价的思想和理论体系。他指出，人们之所以需要外币，是因为外币在其发行国具有购买力；相应地，人们需要本币也是因为其在本国

具有购买力,因此两国货币汇率的决定基础应是两国货币所代表的购买力之比。货币购买力是用价格反映的,价格越高,货币的购买力越低,两者之间呈反向关系,货币的购买力是价格的倒数。因此,两国货币的汇率就表现为两国国内价格之比,即购买力平价。

汇率变动的原因在于两国货币购买力的变动。一价法则成立是购买力平价理论的逻辑出发点和重要假设前提。对于可贸易品,在自由交易条件下,由于套利行为的存在,同一种商品在不同市场应同价。即在不考虑交易成本的条件下,以同一货币衡量的不同国家的某种可贸易商品的价格应是一致的。例如,当英镑与美元的汇率为 1 英镑 = 5 美元。

当所有商品均满足一价定律时,绝对购买力平价成立。在某一时点上,两国货币之间的兑换比例就取决于两国物价总水平之比。即

$$E = P_a/P_b \tag{4.1}$$

其中,E 表示以 A 国货币为本币的直接标价法下的汇率,即 1 单位 B 国货币以 A 国货币表示的相对价格;P_a 为 A 国的一般物价水平;P_b 为 B 国的一般物价水平。

例如,一篮子商品和劳务在英国的价格总水平为 400 英镑,相同的商品和劳务篮子在德国的价格总水平如果是 600 欧元,则汇率 600/400 = 1.5,即 1 英镑 = 1.5 欧元。

一价定律的假设过于苛刻而偏离现实。假如,伦敦的理发费用比纽约的贵,由于种种条件的限制套利难以完全实现,理发劳务的价格在这两地不可能完全一致。并且,两国的价格水平难以确定和比较。为此,在绝对购买力平价的基础上,又可推导出相对购买力平价:

$$E_1 = \frac{P_{a1}/P_{a0}}{P_{b1}/P_{b0}} \cdot E_0 \tag{4.2}$$

其中,P_{a0}、P_{b0} 分别为 A、B 两国在基期的价格水平;P_{a1}、P_{b1} 分别为 E 时期之后的价格水平;P_{a0}/P_{b0}、P_{a1}/P_{b1} 分别代表了两国在 E 时期之后的价格相比基期的上涨幅度。如果能够找到一个符合绝对购买力平价的基期汇率 (E_0),那么就可以根据期间两国的价格变动情况,推算出汇率的变动,当然,也可以确定汇率的水平了。

相对购买力平价认为:以 A 国货币为本币的直接标价法下的汇率在一定时期内的变化是由两个国家在这段时期内的通货膨胀率的差异决定的。例如,本国的通货膨胀率若持续地高于外国,则本币汇率趋于贬值。与绝对购买力平价相比,相对购买力平价更具有实用性。

购买力平价理论提出后,受到了很高的评价。但是,由于现实世界存在非完全竞争市场、贸易壁垒与交易费用、不可贸易品(服务)以及各国计算价格指数包含的商品种类不一致等因素,购买力平价理论的基本前提条件往往不能得到充分满足,购买力平价与现实观察到的名义汇率之间往往存在偏离,在发展中经济体尤为突出。

二、短期汇率决定理论——利率平价说

在第二次工业革命后,资本的国际流动趋势逐渐明显,基于此时代背景,德国经济学家沃尔瑟·洛茨在 1889 年论及维也纳远期外汇市场上德国马克的汇率中指出,德国马克的远期升水是由于德国特有的低利率所导致的。第一次世界大战之后,凯恩斯对利率平价理论进行了全面的论述,最终使利率平价理论成为一个比较完整的理论。

利率平价理论认为,某种货币的远期汇率和预期的未来即期汇率是由两个国家金融市场上的利率差异所导致的。两国利率水平的不一致,必然导致汇率发生变化。利率水平变动导致汇率发生变动的重要原因,就在于资本市场有和商品市场一样的特征,即通过资本流动进

行套利。由于资本频繁地流入、流出，使一国投资者投资在不同国家货币市场上的收益最终会趋于一致，外汇汇率也最终达到均衡。也就是说，两国之间利率差异所形成的资本收益差异最终会由于即期汇率和远期汇率的变动而消失。

通过公式的推导，得到的利率与汇率的关系是：利率高的国家货币在远期外汇市场上贴水，利率低的国家货币在远期外汇市场上升水。

利率平价理论的研究角度从商品流动转移到资本流动，指出了一国利率变化对汇率的影响。在当今国际资本流动频繁的背景下，利率平价理论为我们分析汇率变化提供了一个全新的视角，它明确指出了远期汇率的变动主要取决于两国利率的差异，并将汇率决定因素扩展到了资本市场，这有助于认识汇率的形成机制，对我们的经济活动具有很强的指导意义。但该理论成立的前提条件过于苛刻，使得其成立的必然性降低，而且它忽略了影响汇率的其他因素，包括一国的生产结构、贸易结构、国际贸易制度、国际货币制度等，这必然对汇率的变动无法进行全面的分析。

购买力平价理论和利率平价理论都是早期的分析汇率决定的重要理论，是汇率决定理论中两块基石。在此基础上或从其他的视角进行探讨的关于汇率的决定理论也有很多，包括法国学者阿夫特里昂于1927年提出的汇兑心理学说；1975年，以色列经济学家弗兰克时最早提出了资产市场法的简单模型：弹性货币分析法；美国经济学家多恩布什在1976年提出粘性价格货币分析法；20世纪70年代，以普林斯顿大学教授布朗森为代表的经济学家提出的资产组合分析法等等，这些理论留待我们到其他的课程中继续探讨。

三、影响汇率变动的其他因素

（一）货币流通状况

在影响汇率变动的诸因素中，货币流通状况是最主要的因素，对汇率的基本水平起着决定性的作用。因为在纸币流通条件下，纸币所代表的价值量几乎完全取决于货币流通状况，货币流通状况直接影响到货币价值量的变动，从而会引起汇率基本水平即真实汇率的变动。

一般来说，货币供给和货币需求这两个方面中，货币需求相对稳定，它与国民收入和经济结构等因素保持着比较稳定的函数关系。因此，纸币价值量的变化主要取决于货币的供给量。当一国因货币供给增加过多而发生通货膨胀时，会使其货币的真实汇率下降，从而引起该国货币的名义汇率下降；反之，则会发生相反的变化。

（二）国际收支差额

各种因素对于名义汇率变动的影响，都是通过影响国际收支和外汇供求关系而实现的。国际收支是一国居民的一切对外经济、金融关系的总结。一国的国际收支状况反映着该国在国际上的经济地位，也影响着该国的宏观与微观经济的运行。国际收支状况的影响归根结底是外汇的供求关系对汇率的影响。例如，某项经济交易（如出口）或资本交易（如外国人对本国的投资）引起了外汇的收入，由于外汇通常不能自由在本国市场上流通，所以需要把外币兑换成本国货币才能投入国内流通，这就形成了外汇市场上的外汇供给。而由于某项经济交易（如进口）或资本交易（到国外投资）则引起了外汇支出，需要以本国货币兑换成外币方能满足各自的经济需要，在外汇市场上便产生了对外汇的需要。

把这些交易综合起来，全部记入国际收支统计表中，便构成了一国的外汇收支状况。如果外汇收入大于支出，则外汇的供应量增大；如果外汇支出大于收入，则对外汇的需求量增大。外汇供应量增大，在需求不变的情况下，直接促使外汇的价格下降，本币的价值就相应的上升；当外汇需求量增大时，在供给不变的情况下，直接促使外汇的价格上涨，本币的价值就相应地下跌。

(三) 实际经济增长率和社会劳动生产率

实际经济增长率和社会劳动生产率的相对差异，对汇率变动会产生长期的重要影响。在其他条件不变的情况下，相对较高的实际经济增长率通常意味着国民收入增加较快，或者反映了由于过度投资引起的经济过热，会使一国增加国内支出和进口商品与劳务的支出，从而增加该国对外汇的需求，导致本币汇率趋于下跌，本币有贬值的趋势。然而，这里又存在种种复杂的情况。如果实际经济增长是由劳动生产率的提高引起，会导致出口增长超过进口增长，则该国汇率也可能不是下跌而是上升。

与实际经济的总量增长相比，一国社会劳动生产率的相对提高会导致本国真实汇率上升，本币有升值的趋势。因为社会劳动生产率的相对提高会降低该国商品和劳务的成本价格，提高该国货币的购买力，或者会使该国保持较低的通货膨胀率，从而提高其真实汇率。

(四) 政府干预

政府为了将汇率的变动控制在其希望的范围内，往往会采取种种措施直接或间接干预汇率，这些干预措施对短期汇率的波动有很大的影响。政府不仅可通过外汇买卖干预市场汇率，必要时还可能采取外汇管制和贸易管制，甚至直接规定官方汇率，干预长期汇率的走势。

(五) 心理预期

在外汇市场上，如果人们预期某种货币汇率可能下跌，就会大量抛售该种货币；如果预期某种货币汇率可能上升，就会大量购入该种货币，从而引起汇率的急剧波动。在某些情况下，心理因素甚至会诱发大规模的资金移动，从而成为短期偶发性汇率变动的主要原因。

(六) 其他因素

除了上述各种因素外，其他因素如突发的重大国际政治和经济事件、地震等自然灾害事件甚至气候等季节性的因素，都会对汇率波动产生重要的影响。

总之，影响汇率变动的原因错综复杂，各种因素对汇率的影响作用常常交织在一起，因而不能单纯地用某一种因素来解释汇率的变动。然而从根本上讲，影响汇率变动的最主要因素，还是货币流通状况和国际收支差额。货币本身具有或实际代表的价值量的对比形成货币的真实汇率，决定了名义汇率的基本水平。在此基础上，各种因素通过影响国际收支差额和外汇供求关系，导致名义汇率偏离真实汇率，并围绕真实汇率上下波动。

第三节 汇率变动对经济的影响

一、汇率的主要影响

汇率是重要的价格指标，影响经济主体的行为，影响本国（及贸易伙伴）的国际竞争水平，影响进出口、资本流出入和国际收支状况，影响一国的产出和就业，进而对整体的宏观经济状况都产生重要影响。

（一）汇率与进出口

一般来说，本币贬值，意味着可以提高本国商品的国际竞争力，能起到促进出口、抑制进口的作用；若本币升值，则有利于进口，不利于出口。下面以一个本币名义汇率升值的例子来说明其影响过程：

假设中国某厂商制造并出口玩具，在中国的出口成本是6.5元人民币；出口到美国，可卖1美元。按1美元兑6.9元人民币的汇率，可把在美国销售的1美元在国内换成6.9元人民币，出口一件玩具可赚人民币0.4（6.9-6.5）元，成本利润率是61.5%。如果人民币相对于美元升值到1美元换6.6元人民币，那么，这时出口一件这种玩具则可赚人民币0.1元，成本利润率下降至1.54%。利润率下降，必然会抑制出口。相反，本币汇率的升值意味着进口商品相对便宜了，有利于进口。

然而，汇率变化对进出口的影响有一个伴随的条件，即进出口需求有价格弹性——进出口品价格的变动对进出口品的需求会有所影响。概括地说，如果进出口需求对汇率和商品价格变动的反应灵敏，即需求弹性大，那么，一国汇率贬值和相应降低出口商品价格，则可以有效刺激出口；而由于进口商品国内价格上涨，则可以有效抑制对进口商品的需求，从而减少进口数量。

就出口商品来说，也有一个出口供给弹性的问题，即汇率贬值后出口商品量能否增加，还要受商品供给扩大的可能程度所制约。

（二）汇率与物价

从进口商品和原材料来看，本币的名义汇率贬值可能引起进口商品在国内的价格上涨。至于它对物价总指数影响的程度，则取决于进口商品和原材料在国民生产总值中所占的比重。反之，本币的名义汇率升值，其他条件不变，进口商品的价格有可能降低，从而可以起到抑制物价总水平的作用。

从出口商品看，汇率贬值有利于扩大出口，但在出口商品供给弹性小的情况下，出口扩大会引发国内市场对此类商品的抢购，从而抬高其国内价格，甚至有可能进一步波及国内的物价总水平。若出口商品由于汇率贬值引起国内收购价格提高，那么，对于这类出口商品而言，汇率贬值刺激出口增加的作用将会部分乃至全部被抵消。这就意味着物价变动抵消了汇率变动的作用。

本币汇率的变动导致物价总水平的波动，其后果就不仅限于进出口，而是将影响整体经济。例如，消费品主要依靠进口的经济体，如果进口消费品因本币贬值而上涨，那不仅会引起物价总水平的上涨，可能还会引发社会矛盾。由此可见，单纯从进出口角度考虑汇率政策是不够全面的。

（三）汇率与资本流动

由于长期资本的流动主要以利润和风险为转移，汇率的变动对长期资本流动的影响较小。

短期资本流动则常常受到汇率的较大影响。在存在本币对外贬值的趋势下，本国投资者和外国投资者持有以本币计值的各种金融资产的意愿降低，并会将其转兑成外汇，发生资本外流现象。这又进一步增加对外汇的需求,会使本币汇率进一步下跌。反之,当存在本币对外升值的趋势时,本国投资者和外国投资者就力求增加持有以本币计值的各种金融资产,并引发资本的内流。同时,由于外汇纷纷转兑本币,外汇供过于求,会促使本币汇率有进一步升值的压力。

根据利率平价理论,若本国货币具有升值趋势或压力,则国内可以而且应该保持较低的利率水平应对。这也正是进入新世纪以来为应对人民币的升值压力,在大多数时候国内的利率水平低于以美国为代表的一些国家的利率水平的主要原因。

(四) 汇率与金融资产选择

汇率变动对金融资产的选择有重要影响。由于汇率的变动影响本外币资产的收益率,因此本币汇率升值,将促使投资者更加倾向于持有本币资产;相反,外币汇率的升值,则会导致投资者将本身资产转换成外币资产。值得注意的是,除了汇率的实际变化对金融资产的选择会产生影响外,对汇率预期的变化也将影响投资者对金融资产的选择。如果市场上预期某种货币升值,投资者持有该货币计价资产的意愿就会增加,他们就会将一部分其他货币计价资产转换成该货币计价资产以期获得更高的未来收益,市场上的这种投资行为普遍时,将促使该种货币如期升值。

(五) 汇率与经济增长和就业

一般而言,汇率变动对经济增长和就业都会带来影响,主要表现在:一方面,本币汇率上升会抑制本国出口生产及有关行业的发展,同时打击国内生产进口替代产品的弱小企业;另一方面,由于其对资本输出的鼓励效应,会在某种程度上缩小国内的投资规模。因此,一般来说,本币汇率上升具有减少国内生产和国民收入,并加重失业率的效应。本币汇率下降则有相反的影响,即具有扩大国内生产,提高国民收入和降低失业率的效应。

二、汇率发挥作用的约束条件

汇率作为一种特殊的价格机制,一方面对社会经济生活具有重要的信息传递功能和调节功能;另一方面其功能的发挥又受到诸多外部环境因素和条件的制约。制约汇率机制发挥作用的基本约束条件是:

(一) 社会经济形态和经济体制

汇率在市场经济条件下能发挥更大的作用。一般来说,汇率的作用,在市场经济下比在计划经济下要有效得多。一国经济市场化程度越高,汇率发挥的作用也就越大。

(二) 一国经济对外开放的程度

汇率主要通过对外经济活动来发挥作用,并通过影响对外经济来影响国内经济。因此,一国经济对外开放程度越高,对外经济依赖程度越深,对外经济活动越多、范围越广,汇率的作用就越大;反之则越小。

(三) 国家干预经济的程度

国家干预经济生活会扭曲汇率的作用,破坏汇率机制的正常运行。因此,实行严格外汇管制和其他管制措施,以及政府干预经济较多的国家,汇率机制的影响较小;反之则影响较大。

(四) 进出口商品的价格弹性

汇率变动主要通过影响进出口商品的相对价格来影响国际收支和国内经济,因此,进出口商品供求的价格弹性也制约着汇率的作用。进出口商品价格弹性较大的国家,汇率变动对经济的影响较大;反之,影响较小。

【延伸阅读 4-2】

2016 年人民币汇率贬值给老百姓带来的影响

2016 年下半年,人民币汇率波动引起了广泛关注,普通人的生活会受到哪些影响呢?有理财专家认为,人民币汇率波动使得美国市场相对的购物、旅游、留学和海外资产购买成本提高,打算近期出国旅游的消费者可以等汇率稳定以后再考虑出游计划。

一、出游:影响超九成网友计划

有调查数据显示,由于汇率影响出游成本,超九成网民表示出游计划受到影响。其中,45.7% 的网民表示将转战国内游,47.8% 的网民则表示将减少海外旅游购物支出。

理财专家认为,美国市场相对的购物、旅游、留学和海外资产购买成本提高,打算近期出国旅游的消费者可以等汇率稳定以后再考虑出游计划。

随手记理财社区特意发起调查。据调查结果显示,约有 25.9% 接受调查的网民担心会影响房价,仅有 7.4% 的网民表示不受影响,准备买房。

该公司理财专家认为:"北上广深等海外资产参与度高的城市的房地产市场很有可能会受到人民币贬值的冲击,但是由于海外热钱一般投资的是商业地产,所以对限购限贷的商品房影响并不会太大。"

对于股市,占比 59.5% 接受调查的网民都表示将减仓观望,占比 23.8% 接受调查的网民则表示看好股市,继续加仓。该专家分析称,今年 6 月以来 A 股一直处于不稳定阶段,汇率波动将会对航天航空、石油等板块形成冲击,外贸等与美元挂钩的则为受利行业。但是他提醒,汇率在股票市场的体现只是其中一个维度,大盘的走势还有很多不确定因素的影响,人民币贬值只能作为参考因素,不能作为主要依据。

二、理财:家常理财短期不必妄动

而据调查结果也显示,仅有 5.6% 接受调查的网民打算加大美元资产的投资,超七成网民都选择减少活期存款比例,谋求更高收益率。

"目前汇率波动并不意味着要将手中的人民币换成美元。理由包括:第一,要考虑流动性因素,除了短期内有境外旅游、购物、留学等美元支出的情况外,持有本币能保障流动性和频繁货币转换带来的汇兑损失;第二,要考虑资产收益率因素,目前国内美元理财产品的平均预期收益率在 2% 左右,并不比人民币理财产品更具吸引力。"他说。

三、购物:代购利润减少生意难做

对于进口商品的影响,走秀网 CEO 纪文泓表示,汇率发生变化,对中国消费者来说,无论是在国外买,还是在国内买,都会受到影响,毕竟中国人持有最多的还是人民币。所以在哪里买都是一样的,购买力都会受到影响。

他说,一直追求的是全球同价,所以对我们来说,我们这种情况会自己吸收掉 2% 的差价,在任何情况下都要保证网站的价格与全球的价格保持一致。

汇率变化对海外代购影响最大,他们可能卖100元赚20元,贬值幅度直接影响利润空间,售价也会随之而涨,但有些跨境电商不是代购,能做到全球同价,比如以欧洲当地零售价的六折进货,最后网站上的价格与欧洲同价甚至更低,所以用户其实节省了机票钱和住宿费。

走秀网一位海外招商总监补充说:"我们对成本价的调整是能够接受的。汇率的调整是否会影响奢侈品固定调价的节奏和幅度才是我们理应最关心的。"

资料来源:百度百科。

第四节 汇率制度

汇率制度,也称汇率安排,是指一国货币当局对本国汇率变动的基本方式所作的一系列安排或规定。如规定本国货币的对外价值,规定汇率的波动幅度,规定本国货币与其他货币的汇率关系,规定影响和干预汇率变动的方式等。传统上,汇率制度分为固定汇率制和浮动汇率制两类。1973年以后,汇率制度日益多样化,国际货币基金组织重新将汇率制度分为钉住汇率制和弹性汇率制两种,后者包括各类类型的浮动汇率制。

一、固定汇率制度

固定汇率制度,是指两国货币具有法定兑换比率且基本保持固定,现实汇率只能围绕该比率在很小的范围内上下波动的汇率制度。从19世纪中后期金本位制在西方主要国家确定到1973年为止,世界各国的汇率制度基本上都属于固定汇率制度,包括金本位制下的固定汇率和纸币流通条件下的固定汇率。

(一) 金本位制下的固定汇率制度

典型的金本位制是金币本位制。在金币本位制下,每一国的金币都有其法定的含金量,黄金可以自由铸造成金币,自由输出入,银行券可以自由兑换成金币或黄金。两国货币的含金量之比即铸币平价构成两国货币汇率的基础,但外汇市场上的现实汇率与铸币平价并不完全一致,因为现实汇率还要受外汇供求关系的影响而上下波动。不过,由于黄金在国与国之间可以自由输出入,因此市场汇率的波动又是有限的,要受到黄金输送点的限制。当汇率的波动超过黄金输送点的上限或下限时,外汇的交易就会被黄金输出入所代替。

黄金输送点分为黄金输出点和黄金输入点,前者是指铸币平价加上单位外汇所含黄金量在两国之间的运送费,后者是铸币平价减黄金运送费。当一国外汇的市场价出现上升并超过黄金输出点时,该国居民将宁愿以本币向本国货币当局兑换黄金,然后将黄金运送到国外去清偿外国债务,而不愿在市场上以高价购买外汇。这样一方面黄金大量外流,另一方面,外汇市场上的外汇需求量又急剧减少,外汇需求量的减少会缓和外汇汇率的上升势头,最终使汇率不会超出黄金输出点的高度。相反,如果外汇汇率下降并降至黄金输入点以下,本国居民将宁愿用收取外汇的形式收回国外的债权,再以外汇向外国货币当局兑换黄金并将黄金运回国内。这样一方面黄金会大量流入国内,另一方面,外汇市场上的外汇供给量会减少,外汇供给量的减少会遏制外汇汇率下跌的势头,使汇率不致跌到黄金输入点以下。

因此,在金本位制下,市场汇率总是围绕着铸币平价在小幅波动,波动幅度以黄金输出点为上限，以黄金输入点为下限。

（二）纸币流通条件下的固定汇率制度

金币本位制在20世纪30年代的大危机中彻底崩溃以后，各国普遍实行了纸币流通制度。在纸币流通制度下，各国货币虽然也有名义上的含金量，但却不能自由兑换黄金，政府发行货币也没受黄金的限制，因此经常存在纸币的过量发行，通货膨胀盛行。货币对内价值的不稳定导致了其对外价值即汇率的不稳定。为了保持汇率的相对稳定，从20世纪30年代到第二次世界大战结束期间，以英国、美国、法国为首的三国建立了相应的货币集团，即英镑集团、美元集团和法郎集团，试图在各货币集团内部保持固定的汇率制度。如规定集团内各国货币对其关键国货币保持固定比价，集团内各国之间的贸易清算要使用关键国的货币；集团内各国货币之间可以自由兑换，资金在集团各国之间的转移不受限制；集团内各国的黄金外汇储备部分或全部地由关键国保管。这实际上是在各集团内部实行一种钉住汇率制度，但是在各货币集团之间实行的却是浮动汇率，所以这样的汇率安排并不能从根本上维持世界货币体系的稳定。

1944年7月，在第二次世界大战即将结束之际，世界上44个国家的代表在美国新罕布什尔州的布雷顿森林召开会议，通过了"国际货币基金组织协定"。从此，以美元为中心的固定汇率制度——布雷顿森林体制开始实行。其基本内容大致有两点：一是所谓的"双挂钩"，即美元与黄金挂钩，其他国家的货币与美元挂钩；二是人为维持汇率的稳定。外汇市场上的实际汇率波动幅度不得超过法定平价的±1%，如果超过了这一界限，各有关国家的货币当局有义务采取各种干预措施，如动用外汇平准基金，进行公开市场操作等，将市场汇率的波动控制在规定的范围之内。

虽然同为固定汇率制度，但两个时期的固定汇率制是存在明显不同的。首先，汇率决定的基础不同。在金本位制下，汇率由铸币平价决定，但是在布雷顿森林体系下，汇率是由法定平价决定；其次，汇率的维持机制不同。在金本位制下，汇率的波动幅度要受黄金输送点的限制，通过黄金在国与国之间自由输出入的自动调节机制，而在布雷顿森林体系下，汇率的波动是人为规定的，并需要通过各国政府的干预来加以维持，所以它实际上是一种通过人为力量将汇率稳定在一定范围内的固定汇率制；再次，汇率是否可以调整的规定不同。在金本位制下，只要法定含金量不变，汇率就可以保持稳定。而在布雷顿森林体系下，当一国国际收支出现根本性的不平衡时，法定平价是可以调整的，只是要经过货币基金组织的认可，因此，此种固定汇率制度实际上是一种可调整的钉住汇率制。

二、浮动汇率制度

布雷顿森林体系下的固定汇率制虽然对第二次世界大战后世界贸易和经济的发展起到了一定的积极作用，但这一国际货币体系也存在着不少缺陷，随着时间的推移，这些缺陷逐渐暴露，进入20世纪60年代以后就开始不断地出现危机，到1973年3月前后，西方各主要工业国纷纷被迫放弃了固定汇率制度而选择了浮动汇率制度，布雷顿森林体制解体。

浮动汇率制是指现实汇率不受平价的限制，随外汇市场供求状况变动而波动的一种汇率制度。在浮动汇率制下，一国货币不再规定金平价，不再规定对外货币的中心汇率，不再规定现实汇率的波动幅度，货币当局也不再承担维持汇率波动界限的义务。目前，各国实行的浮动汇率制有多种类型。

（一）按照政府是否对汇率采取一定的干预措施分为自由浮动和管理浮动

1. 自由浮动也称清洁浮动，是指汇率完全按照外汇市场供求变化自行调节、自由涨落，货币当局不进行任何干预。这是一个纯理论的概念，因为在现实中，各国政府为了本国的经济利益，没有不对汇率进行干预的，只不过干预程度不同而已，那种纯粹的自由浮动都是暂时的，不可能长期存在。

2. 管理浮动也称肮脏浮动，是指政府或一国货币当局为使市场汇率向有利于本国的方向浮动，避免汇率波幅过大影响对外贸易和国际收支，而对市场汇率的升降幅度进行公开或隐蔽的干预。使用的干预措施可以是由政府在外汇市场上直接进行外汇买卖的直接干预方式，也可以是通过调整本国银行利率或贴现率等间接方式。

（二）按照汇率浮动的形式，可分为单独浮动、联合浮动和钉住浮动

1. 单独浮动，是指一国货币不与任何外国货币发生固定联系，其汇率根据外汇市场的供求状况独立浮动。采用这种制度的最初主要是发达国家，现在越来越多的工业化国家和发展中国家也开始选用这一方式。

2. 联合浮动，是指一些国家为了某种共同的需要，组成某种形式的经济联合体或货币集团，在汇率方面实行内外有别的方针，对集团内部实行固定汇率制，对集团外部的其他国家则采取共同浮动。历史上联合浮动的典型例子是欧洲经济共同体，随着1999年1月1日欧元的诞生，和其后两年的细致工作，它已由联合浮动成功过渡为在欧元区内以欧元作为唯一的流通货币。

3. 盯住浮动。有些国家由于历史、地理等诸方面的原因，其对外贸易、金融往来主要集中于某一工业发达的国家，或主要使用某一外国货币。为了使这种贸易、金融关系稳定发展，以免遭受相互间汇率频繁变动的不利影响，这些国家通常会将本国货币钉住该工业发达国家的货币，使本国货币汇率随该国货币汇率的浮动而浮动。

三、人民币汇率制度

（一）人民币汇率制度的四个阶段

第一阶段是人民币内部结算价与官方汇率并存时期（1981～1984年）。改革以前，人民币汇率长期低于出口创汇成本，但高于国内外消费物价之比。为了扩大出口，人民币需要贬值，不过人民币贬值对非贸易外汇收入不利。从兼顾贸易和非贸易两方面的需要出发，1979年8月政府决定自1981年1月1日起在官方汇率之外实行贸易内部结算汇率，它以全国出口平均换汇成本加一定幅度的利润计算出来，明显低于官方汇率。

第二阶段是取消内部结算汇率，进入官方汇率与外汇调剂市场汇率并存时期（1985～1993年）。双重汇率体制明显调动了出口企业的积极性，国家外汇储备也有所增加。但是这种安排存在明显的问题：第一，从对外关系来看，IMF将双重汇率看作政府对出口的补贴，发达国家威胁要对我国出口商品征收补贴税。第二，从国内角度来看，双重汇率造成外汇管理工作中的混乱，而且它在外贸部门仍然吃大锅饭的情况下不能有效抑制进口。所以，从1985年1月1日起取消了内部结算价，人民币又恢复到单一汇价。

为了配合外贸改革和推行承包制，我国逐步取消财政补贴，从1988年起增加外汇留成比例，普遍设立外汇调剂中心，放开调剂市场汇率，形成官方汇率和调剂市场汇率并存的

局面。

第三阶段是汇率并轨与有管理的浮动汇率制时期（1994~2005年）。1994年国家外汇体制改革的总体目标是"改革外汇管理体制，建立以市场供求为基础的、单一的、有管理的浮动汇率制度和统一规范的外汇市场，逐步使人民币成为可兑换的货币"。具体措施包括：第一，实行以市场供求为基础的、单一的、有管理的浮动汇率制。1994年1月1日实行人民币官方汇率与外汇调剂价并轨。第二，实行银行结售汇制，取消外汇留成和上缴。第三，建立全国统一的、规范的银行间外汇交易市场，央行通过参与该市场交易管理人民币汇率，人民币对外公布的汇率即为该市场所形成的汇率。1996年12月我国实现人民币经常项目可兑换，从而实现了人民币自由兑换的重要一步。

1994年以后，我国实行以市场供求为基础的管理浮动汇率制度，但人民币对美元的名义汇率除了在1994年1月至1995年8月期间小幅度升值外，始终保持相对稳定状态。亚洲金融危机以后，由于人民币与美元脱钩可能导致人民币升值，不利于出口增长，中国政府进一步收窄了人民币汇率的浮动区间。1999年，IMF对中国汇率制度的划分也从"管理浮动"转为"钉住单一货币的固定钉住制"。

第四阶段是有管理的浮动汇率制不断完善时期（2005年7月至今）

2005年7月21日，我国对完善人民币汇率形成机制进行改革。人民币汇率不再盯住单一美元，而是选择若干种主要货币组成一个货币篮子，同时参考一篮子货币计算人民币多边汇率指数的变化。实行以市场供求为基础、参考一篮子货币进行调节、有管理的浮动汇率制度。人民币汇率形成机制改革以来，以市场供求为基础，人民币总体小幅升值。允许人民币兑美元汇率以中间价为基准每日±0.3%的波动，而中间价就是前一天的收盘价。人民币兑换银行间市场交易的其他外币（欧元、港币和日元）的汇率，允许在更宽范围内波动，即每日±1.5%。央行将"根据市场的发展，经济和金融的形势，对人民币汇率区间做出必要的调整"。

此后，中国的汇率制度经历了持续的渐进式改革，保持了人民币汇率在合理均衡水平上的基本稳定，充分证明了"以市场供求为基础、参考一篮子货币进行调节、有管理的浮动汇率制度"符合我国汇制改革主动性、可控性、渐进性的要求。

（二）当前汇率制度的特点

1. 市场供求为基础。新的人民币汇率制度，以市场汇率作为人民币对其他国家货币的唯一价值标准，这使外汇市场上的外汇供求状况成为决定人民币汇率的主要依据。根据这一基础确定的汇率与当前的进出口贸易、通货膨胀水平、国内货币政策、资本的输出输入等经济状况密切相连，经济的变化情况会通过外汇供求的变化作用到外汇汇率上。

2. 有管理的汇率。我国的外汇市场是需要继续健全和完善的市场，政府必须用宏观调控措施来对市场的缺陷加以弥补，因而对人民币汇率进行必要的管理是必需的。主要体现在几方面：国家通对外汇市场进行监管、国家人民币汇率实施宏观调控、中国人民银行进行必要的市场干预。

3. 浮动的汇率。浮动的汇率制度就是一种具有适度弹性的汇率制度。中国人民银行于每个工作日闭市后公布当日银行间外汇市场美元等交易货币对人民币汇率的收盘价，作为下一个工作日该货币对人民币交易的中间价格。现阶段，每日银行间外汇市场美元对人民币的交易价在人民银行公布的美元交易中间价上下2%的幅度内浮动，非美元货币对人民币的交易价在人民银行公布的该货币交易中间价3%的幅度内浮动率稳定。

4. 参考一篮子货币。一篮子货币,是指按照我国对外经济发展的实际情况,选择若干种主要货币,赋予相应的权重,组成一个货币篮子。同时,根据国内外经济金融形势,以市场供求为基础,参考一篮子货币计算人民币多边汇率指数的变化,对人民币汇率进行管理和调节,维护人民币汇率在合理均衡水平上的基本稳定。篮子内的货币构成,将综合考虑在我国对外贸易、外债、外商直接投资等外经贸活动占较大比重的主要国家、地区及其货币。参考一篮子表明外币之间的汇率变化会影响人民币汇率,但参考一篮子货币不等于盯住一篮子货币,它还需要将市场供求关系作为另一重要依据,据此形成有管理的浮动汇率。这将有利于增加汇率弹性,抑制单边投机,维护多边汇。

【延伸阅读4-3】

人民币汇率制度改革大事记(2015年至今)

2005年7月21日:人行正式宣布,废除原先盯住单一美元的货币政策,开始实行以市场供求为基础、参考一篮子货币进行调节的浮动汇率制度。当天,美元兑人民币官方汇率由8.27调整为8.11,人民币升幅约为2.1%。

2007年1月11日:人民币对美元7.80关口告破,自1994年以来首次超过港币。

2007年5月21日:人行决定,银行间即期外汇市场人民币兑美元交易价浮动幅度,由0.3%扩大至0.5%。

2008年4月10日:人民币对美元汇率中间价突破7.00。

2008年中期至2010年6月:人民币自2005年汇改以来已经升值了19%,但受到2008年美国金融危机的影响,人民币停止了升值走势;同时,在危机爆发后,人民币开始紧盯美元。

2010年6月19日:人行宣布,重启自金融危机以来冻结的汇率制度,进一步推进人民币汇率形成机制改革,增强人民币汇率弹性。

2012年4月14日:人行决定自2012年4月16日起,银行间即期外汇人民币兑美元交易价浮动幅度,由0.5%扩大至1%,为5年来首次。

2014年3月15日:人行决定自2014年3月17日起,银行间即期外汇市场人民币兑美元交易价浮动幅度由1%扩大至2%,即每日银行间即期外汇市场人民币兑美元的交易价可在中国外汇交易中心对外公布的当日人民币兑美元中间价上下2%的幅度内浮动。外汇指定银行为客户提供当日美元最高现汇卖出价与最低现汇买入价之差不得超过当日汇率中间价的幅度由2%扩大至3%,其他规定仍遵照《中国人民银行关于银行间外汇市场交易汇价和外汇指定银行挂牌汇价管理有关问题的通知》。

2015年8月11日:"811汇改"是人民币汇率形成机制改革过程中的"里程碑"式事件,对汇率本身及国内外资产价格均造成巨大影响。中国人民银行完善人民币兑美元汇率中间价报价机制,"做市商在每日银行间外汇市场开盘前,参考上日银行间外汇市场收盘汇率,综合考虑外汇供求情况以及国际主要货币汇率变化向中国外汇交易中心提供中间价报价。"这一举措增强了人民币兑美元汇率中间价的市场化程度和基准性。

2015年12月11日:中国外汇交易中心发布"CFETS人民币汇率指数",人民币汇率形成机制开始转向参考一篮子货币、保持一篮子汇率基本稳定。

2016年2月：中间价形成机制转向"前收盘价+夜盘一篮子货币变动"的"透明"规则。

2016年10月1日：人民币正式加入SDR（特别提款权）。这是人民币国际化的重要一步，也是中国经济融入全球金融体系的重要里程碑。

资料来源：根据互联网资料整理。

【延伸阅读4-4】

人民币汇率市场化改革四十年：进程、经验与展望

2013年，党的十八届三中全会通过《中共中央关于全面深化改革若干重大问题的决定》，明确要求完善人民币汇率市场化形成机制。在人民币国际化快速发展，特别是人民币行将加入特别提款权之际，2015年8月11日汇率改革再出发，主要内容是完善人民币兑美元汇率中间价报价机制，以增强中间价市场化程度和基准性。

中间价的定价机制透明化推动了人民币汇率市场化。改革要求做市商报价要参考上一日银行间外汇市场收盘价，并综合考虑外汇供求情况以及国际主要货币汇率变化。中间价定价实际变成上一日收盘价+参考一篮子货币，央行操控中间价的空间被大大压缩。实行新的中间价定价机制以来，中间价和上一日收盘价的价差显著收窄，主要受来自夜盘国际市场上主要货币汇率变化的影响，而且是双向的，中间价的变动基本能反映和吸纳汇率升贬值压力。

人民币离岸市场的发展也推动了境内人民币汇率市场化。人民币国际化在香港等境外形成了人民币离岸市场，其中包括离岸人民币外汇交易。由于离岸市场受到的管制较少，汇率的市场化程度高。此次汇改的另一个约束目标是要促进形成境内外一致的人民币汇率，以增强境内外市场的联动性，改革后境内外市场的价差也逐渐收窄。

保持汇率稳定的目标转向名义有效汇率，参考一篮子货币进行调节被赋予新的内涵。2015年12月11日，中国外汇交易中心发布三种人民币汇率指数，央行引导市场关注人民币汇率指数的走势。人民币汇率指数是根据人民币对一篮子货币汇率加权平均而成，即名义有效汇率。这一方面促动人民币与美元进一步脱钩，另一方面汇率稳定转向名义有效汇率。从实际运行效果来看，人民币对美元有升有贬，波动较大，而人民币汇率指数相对稳定，波动远小于对美元的双边汇率。

汇率改革是我国经济体制改革的有机组成部分，与整体经济体制改革变迁进程基本是一致的，对我国对外开放的深化特别是外贸事业的发展起到了破冰和领航的关键性作用。

资料来源：丁志杰等，《管理世界》，2018年第10期。

一、重要概念

外汇　汇率　直接标价法　间接标价法　远期汇率　固定汇率制度　浮动汇率制度

二、思考题

1. 什么是外汇？什么是汇率？汇率的两种标价方法有什么不同？
2. 决定和影响汇率的因素有哪些？
3. 汇率的波动对一国经济和金融会产生什么样的影响？
4. 比较固定汇率制度与浮动汇率制度。
5. 汇率市场化改革是否意味着一国实现了完全的浮动汇率？

第五章　金融市场

本章核心内容

1. 金融市场是资金供求双方借助金融工具进行货币资金融通和配置的市场。金融市场的参与主体主要有政府部门、中央银行、各类金融机构、工商企业和居民个人。

2. 金融市场的主要功能包括聚敛功能、配置功能、调节功能和反映功能。

3. 金融市场的分类方式很多，可以按照金融工具期限的长短、中介特征、交易的标的物、金融资产的发行与流通、交易对象的交割方式、有无固定交易场所、地域范围等多种标准划分。

4. 金融市场的发展趋势是资产证券化、金融全球化、金融自由化和金融工程化。

5. 货币市场主要包括同业拆借市场、票据市场、回购市场、大额可转让定期存单市场、短期政府债券市场等。

6. 资本市场主要包括股票市场、公司债券市场和中长期国债市场。

7. 基本的金融衍生工具主要包括金融远期合约、金融期货合约、金融期权合约以及金融互换协议。

第一节　金融市场的含义与构成要素

一、金融市场的含义

金融市场是资金供求双方借助金融工具进行货币资金融通和配置的市场。金融市场有广义和狭义之分。资金盈余者和资金供给者形成资金供求双方，二者之间货币余缺的调剂构成金融市场的主要活动内容。他们之间的资金余缺调剂可以采取直接融资与间接融资两种方式进行。直接融资的方式形成的市场被称为直接金融市场。间接融资的方式形成的市场被称为间接金融市场。一般来说，广义金融市场既包括直接金融市场，又包括间接金融市场；狭义的金融市场仅包括直接金融市场。本章主要学习狭义金融市场。

二、金融市场的构成要素

在金融市场中，资金供求双方构成了市场参与主体；市场参与主体间的资金余缺调剂借助于金融工具完成，因此各类金融工具成为市场交易的客体；当市场参与主体间通过买卖金融工具进行资金交易时，会形成一定的交易价格；与商品市场一样，交易价格在金融市场中发挥着重要的作用，合理有效的资金配置通过价格机制完成。因此，金融市场的构成要素主要包括市场参与主体、金融工具、交易价格和交易的组织方式。

(一) 市场参与主体

金融市场的参与主体非常广泛，政府部门、中央银行、各类金融机构、工商企业和居民个人等出于不同的目的广泛地参与着金融市场的交易活动。

政府部门通常是金融市场上主要的资金需求者，通过发行公债和国库券为基础设施建设、弥补财政预算赤字等筹集资金。

中央银行参与金融市场的目的不是为了盈利，而是为了实现货币政策目标。通过在金融市场上买卖证券，进行公开市场操作，达到调节货币供给量、引导市场利率的目的。

各类金融机构是金融市场的重要参与者，他们既是资金的供给者和需求者，同时还是金融市场上最重要的中介机构。以商业银行为例，作为资金的需求者，商业银行通过其负债业务大量吸收居民、企业和政府部门暂时不用的资金；作为资金的供应者，商业银行又通过贷款等资产业务向其他资金需求者提供资金。除此之外，商业银行也广泛地参与直接金融市场的活动，是同业拆借市场、票据市场、政府债券市场等的重要参与者。

企业部门也是金融市场的重要参与者。一方面，它是金融市场主要的资金需求者，既通过市场筹集短期资金维持正常的运营，又通过发行股票或中长期债券等方式筹集资金用于扩大再生产和经营规模；另一方面，它也是金融市场上的资金供应者之一，企业会将生产经营过程中暂时闲置的资金进行短期投资，以获得保值和增值。

居民部门一般是金融市场上的主要资金供应者。居民通常将其收入减去消费之后的储蓄用来进行金融投资，通过在金融市场上合理购买各种金融工具进行组合投资，既满足日常的流动性需求，又能获得资金的保值和增值。

(二) 金融工具

金融市场上所有的货币资金交易都以金融工具为载体，资金供求双方通过买卖金融工具实现资金的相互融通。

1. 金融工具的特征。金融工具种类繁多，具有以下共同特征：

（1）期限性。期限性是指金融工具通常都有规定的偿还期限。当金融工具到期时，债务人有义务按期偿还本金，并按照约定的条件和方式支付相应的利息。一般情况下，金融工具上面都标有该工具的偿还期限，比如政府发行的三年期国债上，会标明其起始日和偿还日。对金融工具的持有者来说，更有现实意义的是从他持有该金融工具日起到金融工具到期日止所经历的时间。例如，偿还期为五年的国债，投资者在发行两年后从债券市场买入这一债券，对于该投资者来说，这一国债的偿还期是三年，他将用此时间衡量其持有该国债所获得的收益率水平。金融工具的偿还期限有两种极端情况：一种是类似于活期存款的零期限，可以随时支取；另一种是类似于股票和永久性债券的无偿还期限，永远没有到期日。

（2）流动性。流动性是指金融工具的变现能力，即转变为现实购买力货币的能力。通常来说，金融工具的变现能力越强，成本越低，其流动性就越强，反之，流动性越弱。偿还期限、发行人的资信程度、收益率水平等是影响金融工具流动性强弱的主要因素。一般来说，偿还期限与金融工具的流动性呈反向变动关系，而发行人的资信程度和收益率水平则与金融工具的流动性呈正向变动关系：偿还期越长，流动性越弱，偿还期越短，流动性越强，因此，短期金融工具的流动性要强于长期金融工具；金融工具发行者的信誉状况越好，金融工具的流动性越强，反之，流动性越弱，因此，国家发行的债券、信誉卓越的大公司签发的商业票据、银行发行的大额可转让存单等都具有很强的流动性；金融工具的收益率水平越高，愿意持有该金融工具的投资者越多，该金融工具的流动性越强。对持有者来说，流动性强的金融工具相当于货币。

（3）风险性。风险性是指购买金融工具的本金和预定收益遭受损失的可能性的大小。购买任何一种金融工具都会有风险。风险主要来源于两个方面：一是金融工具的发行者不能或者不愿履行按期偿还本金、支付利息的约定，从而给金融工具的持有者带来损失的可能性，这种风险被称为信用风险。二是由于金融工具交易价格的波动而给金融工具的持有者带来损失的可能性，这种风险被称为市场风险。金融工具发行者的信用等级越高、经营状况越好，则该金融工具的信用风险越低。金融工具，尤其是长期金融工具的市场风险很难预测，因为政治、经济、政策、市场等诸多方面因素的变动都会影响金融工具的交易价格，使金融工具的交易价格具有很强的不确定性。

（4）收益性。收益性使指金融工具能够为其持有者带来收益的特性。金融工具的持有者之所以愿意将自己的货币资金转让给金融工具的发行者使用，就是因为金融工具有能带来一定收益的可能性。金融工具给其持有者带来的收益有两种：一是利息、股息或红利等收入；二是买卖金融工具所获得的价差收入。

2. 金融工具分类。金融工具按照不同的标准可以划分为不同的种类。每一种金融工具都有其各自的特点和功能，种类丰富的金融工具是发达金融市场的重要标志之一。

以期限的长短作为划分标准，可以将金融工具划分为货币市场工具和资本市场工具。期限在一年以内的金融工具属于货币市场工具，如商业票据、国库券、大额可转让定期存单、回购协议等；期限在一年以上的金融工具属于资本市场工具，如股票、公司债券、中长期公债等。

以当事人所享权利和所担义务作为划分标准，可将金融工具划分为债权凭证和所有权凭证。股票就是一种所有权凭证，债券属于债权凭证。

以是否与实际信用活动直接相关作为划分标准，可分为原生金融工具和衍生金融工具。原生金融工具包括票据、股票、债券等，衍生金融工具包括期货、期权、远期、互换等。

3. 两种重要的金融工具：债券和股票。

（1）债券。债券是政府、金融机构、工商企业等直接向社会借债筹集资金时，向投资者出具的、承诺按约定条件支付利息和到期归还本金的债权债务凭证。债券上通常载明债券的发行机构、面值、利率、付息期、偿还期等要素。

债券是一种重要的筹资工具，种类繁多。按发行主体分类，债券可以分为政府债券、金融债券和公司债券三大类，每类债券又可以进行不同的细分。

①政府债券。政府债券是指中央政府和地方政府发行的债券，它以政府的信誉作保证，因而通常无须抵押品，其风险在各类债券中是最低的，利率水平也低于金融债券和公司债券。中央政府发行的债券统称为国债，因国债以国家财政收入为保证，所以一般不存在风险，故有"金边债券"之称。一年以内的短期债券通常称为国库券，是货币市场的重要工具，一般采取贴现的方式发行；一年期以上的中长期债券通常被称为国家公债，是资本市场的重要工具。国家公债按其还本付息的方式分为分次付息债券和一次性付息债券。分次付息债券是一种附息票债券，即债券券面上附有息票，息票上标有利息额、支付利息的期限和债券号码等内容，债券持有人可以从债券上剪下息票，并据此领取利息，通常每半年或一年付

息一次。一次性付息债券是指到期按票面金额一次还本付息的债券。

在多数国家，地方政府都可以发行债券，被称为地方公债。地方政府发行债券的目的主要是为地方建设筹集资金，因此期限一般较长。地方公债以地方政府财政收入为担保，其信用风险仅低于国债，同时也具有税收优惠特征。

②金融债券。金融债券的发行主体是银行或非银行金融机构。在欧美国家，金融机构发行的债券归类于公司债券，在中国及日本等国家，金融机构发行的债券单独归类于金融债券。金融债券的发行方一般是为了筹集长期资金，它不仅可以为金融机构带来稳定的资金来源，而且金融机构可以根据经营管理的需要，主动选择适当时机发行必要数量的债券以吸收低利率资金，故金融债券的发行通常被看作商业银行资产负债管理的重要手段。由于金融机构的资信度比一般非金融公司要高，因此，金融债券的信用风险要低于公司债券，其利率水平也相应低于公司债券。但金融债券的流动性低于银行存款，因此，一般来说，金融债券的利率要高于同期银行存款利率。

③公司债券。公司债券是由公司企业为筹集资金而发行的债券。按有关的规定，公司企业要发行债券必须先参加信用评级，级别达到一定标准才可发行。因为公司企业的资信水平比不上金融机构和政府，所以公司债券的风险相对较大，其利率水平也高于政府债券和金融债券。公司债券的种类很多，通常按照不同的标准可以分为不同的类别：按抵押担保状况可分为信用债券和抵押债券。信用债券是完全凭公司信誉，不需要提供任何抵押品而发行的债券。一般只有良好声誉的大公司才能发行这种债券，而且期限较短，利率较高。抵押债券是以土地、房屋等不动产为抵押品而发行的一种公司债券。如果公司不能按期还本付息，债权人有权处理抵押品。

按内含选择权可分为可转换债券，可赎回债券、偿还基金债券和带认股权证的债券。可转换债券是指公司债券附加可转换条款，赋予债券持有人在一定的期限内按预先确定的比例将债券转换为该公司普通股的选择权。大部分可转换债券都是没有抵押的低等级债券，并且是由风险较大的小型公司所发行。这类公司筹措债务资本的能力较低，使用可转换债券的方式将增强对投资者的吸引力；可赎回债券是指该债券的发行公司被允许在债券到期日之前以事先确定的价格和方式赎回部分或全部债券。当市场利率降至债券利率之下时，赎回债券或代之以新发行的低利率债券对债券持有人不利，因而通常规定在债券发行后至少五年内不允许赎回；偿还基金债券要求发行公司按发债总额每年从盈利中提取一定比例存入信托基金，定期偿还本金，即从债券持有人的手中购回一定量的债券。这种设立偿还基金的办法无疑是为了使投资者不用担心债券本息的偿还，其最终目的是为了吸引更多的投资者；带认股权证的债券是指公司债券可把认股权证作为合同的一部分附带发行。对于发行人来说，发行附认股权证的公司债券可以起到一次发行、二次融资的作用。带认股权证的债券允许债券持有人按债券发行时规定的条件购买发行人的普通股票。

按债券利率的确定方式可分为固定利率债券、浮动利率债券和指数债券。固定利率债券是将利率印在票面上并按其向债券持有人支付利息的债券，该利率不随市场利率的变化而调整；浮动利率债券的利率水平伴随着市场利率的变动而进行相应的调整，通常是在某一基准利率的基础上增加一个固定的溢价，如100个基点即1%，以防止市场利率变动可能造成的价值损失；指数债券是指将利率与通货膨胀率挂钩来保证债权人不会因物价上涨而遭受损失的公司债券。

（2）股票。股票是股份有限公司在筹集本金时向出资人发行的，用以证明其股东身份和权益的一种所有者凭证。股票一经发行，持有者即为股票发行公司的股东，有权投票决定公司的重大经营决策，如经理的选择、重大投资项目的确定等，有权分享公司收益；同时，股东也要分担公司经营风险，在公司破产的情况下，股东的股本投资通常所剩无几。股票一经认购，持有人不能以任何理由要求退还股本，只能通过股票流通市场将其转让。股票只是代表股份资本所有权的证书，它本身没有价值，不是真实的资本，而是一种独立于实际资本之外的虚拟资本。股票按持有者所享有的权利不同可划分为优先股和普通股两类。

①普通股是股份有限公司的股票。普通股的股东可以出席股东大会，具有表决权、选举权和被选举权等；其股息、红利收益与股份有限公司经营状况紧密相关，在股份有限公司盈利良好的情况下，可以获得丰厚的收益。普通股的股东还具有优先认股权，即当公司增发新的普通股时，现有股东有权按其原来的持股比例认购新股，以保持对公司所有权的现有比例。当然，如果股东认为新发行的股票无利可图时，他也可以放弃这种权利。

②优先股是股份有限公司发行的具有收益分配和剩余资产分配优先权的股票。与普通股相比，优先股股东具有两种优先：一是优先分配权，即在公司分配股息时，优先股的股东分配在先；二是优先求偿权，即在公司破产清算时，分配剩余资产，优先股的股东清偿在先。但优先股的股东没有表决权、选举权和被选举权等，其股息也是固定的，与股份有限公司的经营状况无关。优先股的风险小于普通股，预期收益率也低于普通股。

我国的股票分类具有典型的中国特色。根据股票上市地点和投资者的不同，我国的股票有A股、B股、H股、N股和S股之分。A股即人民币普通股，是由我国境内股份公司发行，供境内机构和个人（不含港、澳、台投资者）以人民币认购和交易的普通股股票；B股是由我国境内股份公司发行，以人民币表明票面价值，以外币购买，在境内证券交易所上市，供境内外投资者买卖的股票，上海证券交易所的B股以美元进行交易，深圳交易所的B股以港币交易；H股、N股和S股分别时我国境内股份公司发行的、在香港、纽约和新加坡上市交易的股票。

此外，由于我国上市公司中很大一部分是由原公有制企业改制而来的，因此，按投资主体的性质不同，我国上市公司的股票还被划分为国家股、法人股和社会公众股。国家股是指有权代表国家投资的部门或机构以国有资产向股份公司投资形成的股票。国家股的股权所有者是国家，其股权由国有资产管理机构或其授权单位、主管部门行使。法人股是指企业法人或具有法人资格的事业单位和社会团体以其依法可支配的资产投入股份公司形成的股票。社会公众股是指社会公众依法以其拥有的财产投入股份公司时形成的可上市流通的股票。

（3）债券与股票的区别。第一，股票一般无偿还期限，股票一经认购，持有人不能以任何理由要求退还股本，只能通过股票流通市场将其转让；而债券具有偿还期限，到期日必须偿还本金，因而对于公司来说若发行过多的债券就可能资不抵债而破产，而公司发行越多的股票，其破产的可能性就越小。第二，股东从公司税后利润中分享股息与红利，普通股股息与红利与公司经营状况紧密相关；债券持有人则从公司税前利润中得到固定利息收入。第三，当公司由于经营不善等原因破产时，债券持有人有优先取得公司财产的权利，其次是优先股股东，最后才是普通股股东。第四，普通股股票持有人具有参与公司决策的权利，而债券持有人通常没有此权利。第五，股票价格波动的幅度大于债券价格波动的幅度，而且股票不涉及抵押担保问题，而债券可以要求以某一或某些特定资产作为保证偿还的抵押，这降低了债务人无法按期还本付息的风险,因此,股票的风险大于债券。第六,在选择权方面,股票主要表现为可转换优先股和可赎回优先股,而债券则更为普遍。一方面多数公司在公开发行债券时都附有赎回条款,在某一预定条件下,由公司决定是否按预定价格提前从债券持有人手中购回债券。另一方面,许多债券附有可转换性,这些可转换债券在到期日或到期日之前的某一期限内可按预先确定的比例或预先确定的价格转换成股票。

(三) 交易价格

交易价格是金融市场的另一个重要构成要素。市场参与主体间买卖金融工具最终是为了进行货币资金的交易,而货币资金交易与一般商品交易不同,货币资金交易大多只是表现为货币资金使用权的转移,而不是所有权的转移。货币资金使用权的价格通常以利率显示,因此,利率便成为金融市场上的一种重要价格。金融市场货币资金供求的变化会引起利率的变动,不同金融工具利率的差异会引导市场资金的流向。债权类金融工具票面利率与市场利率的差异是决定此类金融工具流通市场转让价格的主要因素。股票是一种所有权凭证,没有偿还期限,其交易价格主要地体现为流通市场上的买卖价格,此价格受多种因素的影响,但股票收益率与市场利率的差异依然是影响股票交易价格的重要因素。

(四) 交易的组织方式

如何组织资金供求双方进行交易涉及金融市场的交易组织方式问题。一般来说,金融市场交易主要有两种组织方式:场内交易方式和场外交易方式。

场内交易方式也称交易所交易方式。交易所是由金融管理部门批准建立,为金融工具的集中提供固定场所和有关设施,制定各种规则,监督市场交易活动,管理和公布市场信息。交易所的种类主要有证券交易所、期货交易所等。场外交易方式是相对于交易所方式而言,凡是在交易所之外的交易都可称为场外交易。由于这种交易最早主要在各金融机构的柜台上进行的,因而也被称为柜台交易方式。场外交易方式没有固定的集中场所,分散于各地,规模有大有小,交易主要通过电讯手段完成。场外市场无法实行公开竞价,其价格是通过商议达成的,一般由自营商挂出各种证券的买入和卖出两种价格。场外交易比场内交易所受的管制少,灵活方便,因而为中小型企业和具有发展潜力的新兴公司提供二级市场。

第二节 金融市场的功能、类型及发展趋势

一、金融市场的功能

(一) 聚敛功能

所谓聚敛功能,就是金融市场能够引导小额分散资金,汇聚成能够投入社会再生产的资金集合功能。在这里,金融市场起着资金蓄水池的作用。不同经济部门的资金收入和支出在时间上并不总是对称的,一些部门可能会存有闲置资金,而另一些部门可能会有融资缺口。金融市场为两者的相互融通提供了便利。因此这一功能,又被称作融通功能。金融市场是资金供求双方融通资金的场所;资金融通是金融市场的基本功能,也是金融市场的初级功能。

在金融市场上,有资金剩余的经济主体,即资金供给者,可以通过购买金融产品的方

式，将剩余资金融通给资金短缺的资金需求者；而有资金缺口的经济主体，即资金需求者，可以通过出售金融资产的方式，筹集所需资金。金融市场借助货币资金和金融产品这两种媒介，沟通了资金供给者和需求者，方便其调节资金余缺。在经济中，各经济主体自身的资金是相对有限的，零散的资金是无法满足大规模投资要求的，特别是大型的建设项目以及政府的大额公共开支。这就需要一个能将众多小额资金集合起来，以形成大额资金的渠道，金融市场的聚敛功能就提供了这种渠道。金融市场的聚敛功能，能够将社会储蓄转化为社会投资。这里的储蓄，并非日常生活中的银行储蓄，而是指推迟当前消费的行为，实质上就是社会各经济主体的资金盈余。投资则是经济主体以盈利为目的的，对资本的经营和运用。大额投资往往需要投入资金。一般而言，一个经济主体不会既是资金的盈余者，又同时是资金的需求者，因此，储蓄与投资的主体也并非相同。因此，金融市场在促进储蓄向投资转化时，就必须通过提供多种可供金融市场参与者选择的金融产品来实现。

金融市场之所以具有资金的聚敛功能，在很大程度上是由于金融市场创造了金融资产的流动性。金融市场的这一功能又被称作流动性创造。金融工具的一大特点，就是可以在金融市场上以较低的损失迅速获得现金。流动性是指金融资产迅速转化为现金的能力，如果一项金融资产越容易变现，那么这项资产的流动性就越强。在所有金融资产中，现金的流动性是最强的，它能够随时随地地用来购买其他资产；但现金的收益率是所有金融资产中最低的，而且面对通货膨胀，其购买力还会下降。因此，投资者往往会在金融资产的持有中，尽量做到收益率与流动性两方面都不忽视，保持两者的平衡。金融市场的流动性，是金融市场正常运转的基础。

发达的金融市场是可以提供多种多样的金融工具和交易方式，为金融市场的参与者提供尽可能多的选择，满足他们的各种偏好。在高效的金融市场上，资金需求者可以很方便地通过直接或间接的融资方式获取资金，资金供给者可以根据自己的收益风险偏好和流动性要求选择合适的投资工具，实现收益的最大化。金融市场的聚敛功能，能够挖掘资金的潜力，提高资金的利用效率，加速资金的流通，促进经济的发展。

（二）配置功能

金融市场的配置功能，主要表现在资源配置、财富再分配、风险再分配三个方面。

金融市场的资源配置功能是指金融市场促进资源从低效率的部门转移到高效率的部门，从而使整个社会的经济资源得到最有效的配置，尤其是实现稀缺资源的合理配置和有效利用。金融市场的存在，沟通了资金需求者和资金供给者，为双方提供了投融资的途径，同时有利于降低双方的交易成本。而市场上的闲置资金数量往往是短缺的，为了实现收益的最大化，资金需求者和供给者双方都要通过市场竞争做出抉择。资金供给者，即投资者，要将资金投向收益最好的项目；资金需求者，即筹资者，要选择成本最小的融资方式。这样一来，市场上的资金自然就会流向经济效益高、发展潜力大的部门和企业，以及价格低、收益高的金融工具。金融市场的竞争，使得有限的资金，流向了效益最大化的方向，使得社会资源得到了优化配置。

金融市场也具有财富再分配的功能。财富是指各经济主体持有全部资产的价值之和。当金融产品的市场价格发生变化时，经济主体所持有的金融资产价值就会发生变化，这将最终影响经济主体的财富。金融产品价格波动时，一部分主体的财富随金融产品价格的升高而增加；另一部分主体的财富随金融产品价格的下跌而减少。这样社会财富就通过金融市场的价格波动实现了再分配。

金融市场同时也是风险再分配的场所。金融资产的投资和回报往往不是在同一时期发生的，这一时间间隔的存在，导致了金融资产的投资存在不确定，也即存在风险。各类金融资产，由于其特性、机理的不同，导致了其内在的风险也不尽相同；不同的风险，可以满足不同风险承受能力的投资者的需要。风险规避者可以选择风险较小的资产，风险偏好者可以选择风险较大的金融资产。比如一家上市公司，为了筹集资金，既发行了股票，也发行了债券。较为乐观或偏好风险的投资者可以购买股票，因为股票的收益高，同时风险也大；而较为保守的投资者可以购买债券，因为债券的收益虽然低，但风险也小。这种风险的分配，无论对于投资者而言，还是对于筹资的公司而言，都是有益处的。

金融市场在实现资源分配的同时，也在进行着风险的配置。通过融资将资金供给者的资金提供给需求者，这是金融市场的资源配置功能；伴随着资金的转移，投资活动中的风险从风险承担能力较低的投资者转移到更加乐意承担风险的投资者身上，这是金融市场的风险配置功能。如果有投资者认为所持有的金融资产的风险过高，难以承受，那么他可以将其卖出；如果他希望能够承担更大的风险以获得更高的收益率，那么他可以买入高风险的金融资产。可以说，金融市场上金融资产交易的过程，实际上也是一个将金融资产按照不同风险特征重新分配的过程。

（三）调节功能

金融市场具有调节宏观经济的功能。金融市场通过资金聚敛和资金融通将资金供给者和需求者联系在一起，其运行机制通过对资金供给者和需求者的影响而发挥作用。金融市场对宏观经济，既有直接调节作用，也有间接调节的作用。

社会资源的配置是通过市场机制进行的。社会对某种产品的需求状况首先通过价格信号反映出来，然后又通过价格信号作用于企业，促进其调整产品的价格和数量，从而达到供给和需求的平衡。金融市场的调节功能也是基于这一机制。在金融市场上的直接融资活动中，投资者为了自身的利益，必然会谨慎地选择合适的投资项目。如果投资项目符合市场需求、效益高、有较好的发展潜力，它相应的证券价格就会上涨，这样就会吸引到更多资金的进入，从而继续支持该项目的发展；反之，如果投资项目不符合市场的要求、效益差、缺乏发展潜力，它对应的证券价格就会下跌，这样该项目的筹资就会发生困难，发展就会受到抑制。推而广之，如果某个行业或者部门的发展前景良好，盈利能力强，自然会得到金融市场的支持；某个行业或部门缺乏发展潜力，则难以在金融市场上获得融资。这就是金融市场的直接调节功能。它实际上是金融市场通过其特有的引导资本形成及合理配置资源的机制，首先对微观经济产生影响，进而影响到宏观经济的一种自发调节机制。

此外，金融市场还具有间接调节宏观经济的功能。政府可以通过金融市场的运行，对宏观经济实施间接的调控。首先，金融市场能够为宏观经济的政策制定提供信息。金融市场上的金融交易，能够将各经济主体的金融活动汇集在一起，从而达到信息集中和信息处理的目的，这称作金融市场的信息提供功能。金融市场的运行状况，在经过收集和分析之后，是有关部门制定政策的依据。其次，货币政策的实施离不开金融市场。货币政策，是政府调控宏观经济的重要政策，主要调控工具有存款准备金、再贴现、公开市场操作等。货币政策的实施要以金融市场的存在、金融部门及金融企业成为金融市场的主体为前提。实施货币政策时，通过金融市场可以调节货币供应量、传递政策信息、改善政策实施的效果。再次，财政政策的实施也需要金融市场的配合。政府通过国债的发行及运用等方式对各经济主体的行为进行引导和调节，而国债的流通则需要金融市场的协助。

（四）反映功能

金融市场的反映功能，主要体现在下面四个方面：

1. 反映微观经济的运行状况。证券买卖大部分都在证券交易所进行，因此人们可以随时通过这个有形的市场了解到各种证券的交易行情，并据此做出投资决策。在一个有效市场中，证券价格的变化，反映了企业的经营管理状况和发展前景。市场要求证券上市公司定期或不定期公布经营状况和财务报表，来帮助广大投资者及时有效地了解及推断上市公司及其相关企业、行业发展前景。某一企业的经营状况以及公众的预期，可以很快地从证券价格的变化中反映出来。由此可见，金融市场是反映微观经济运行状况的指示器。

2. 反映国家货币供应量的变动。金融市场的交易价格反映了货币供应量的状况。货币的紧缩和放松均是通过金融市场进行的，货币政策实施时，金融市场也会出现波动，表现出紧缩或放松的程度。总之，金融市场会反馈宏观经济信息，有助于政府部门及时制定和调整宏观经济政策。

3. 反映企业的发展动态。由于证券交易的需要，金融市场有大量专门人员长期从事商情研究和分析，并且他们每日与各类工商业企业直接接触，能够了解企业的发展状态。

4. 了解世界经济发展状况。随着各国经济开放程度的不断扩大，金融市场具有一体化、国际化、全球化趋势，整个世界金融市场联成一体，信息传递四通八达，迅速及时，从而能够及时反映世界各国经济发展、变化动向。

二、金融市场的类型

金融市场是一个大系统，它包括许多相互独立又相互联系的市场，为了能充分理解金融市场，下面从多个角度对金融市场进行分类。

（一）按金融工具的期限长短划分，金融市场可分为货币市场与资本市场

1. 货币市场又称短期金融市场，是指以期限在一年及一年以下的金融资产为标的物的短期金融市场。它满足了筹资者短期资金的需求，与此同时，满足了闲置资金投资的要求。货币市场的主要功能是保持金融资产的流动性。

2. 资本市场被称为长期资金市场，是融通期限在一年以上的中长期资金的市场。与货币市场相比，资本市场除了期限不同之外，融资目的、收益水平、资金来源等方面也不同，它的流动性相对较弱，风险性较高。

（二）按交易的标的物划分，可分为票据市场、证券市场、衍生工具市场、外汇市场、黄金市场

1. 票据市场是指各种票据进行交易的市场，按交易的方式主要分为票据承兑市场和贴现市场。票据市场是货币市场的重要组成部分。

2. 证券市场主要是股票、债券、基金等有价证券发行和转让流通的市场。股票市场是股份有限公司的股票发行和转让交易的市场。债券市场包括政府、公司（企业）债券、金融债券等的发行和流通市场。

3. 衍生工具市场是远期、期货、期权、互换等金融衍生工具进行交易的市场。金融衍

生是在基础性金融工具的基础上创造出来的新型金融工具，一般表现为一些合约，其价值由标的物的价格决定。

4. 外汇市场是以不同种货币计值的两种票据之间的交换市场。外汇市场有广义和狭义之分。狭义的外汇市场指的是银行间的外汇交易，包括各外汇银行间的交易、中央银行与外汇银行间以及各国中央银行之间的外汇交易活动，通常被称为批发市场。广义的外汇市场是指由各国中央银行、外汇银行、外汇经纪人及客户组成的外汇买卖、经营活动的总和，包括上述的批发外汇市场以及银行同企业、个人间外汇买卖的零售市场。

5. 黄金市场是专门集中进行黄金买卖的交易中心或场所。由于黄金仍然是国际储备工具之一，在国际结算中占据重要的地位，因此，黄金市场仍被看作金融市场的组成部分。黄金市场早在19世纪初就已形成，是最古老的金融市场。但随着时代的发展，黄金非货币化趋势越来越明显，黄金市场的地位也随之下降。目前，世界上共有40多个黄金市场。其中伦敦、纽约、苏黎世、芝加哥和香港的黄金市场被称为五大国际黄金市场。

（三）按金融资产的发行与流通特征划分为初级市场、二级市场、第三市场和第四市场

1. 初级市场，也称发行市场或者一级市场，是指资金需求者将金融资产首次出售给公众时所形成的交易市场（见图5-1）。金融资产的发行方式又分为私募发行和公募发行。私募发行的发行对象一般为机构投资者，它又分为包销和代销。包销是指由承销人按照商定的条件把全部证券承接下来负责对公众销售，期满后，不论证券是否已经销完，包销机构都要如数付给发行人应得资金。代销则是发行人自己承担全部的发行风险，只将公开销售事务委托投资机构等办理的一种方式。代销商只收取手续费等费用，不承担任何风险。目前国际上流行的是包销方式。公募发行的发行对象为社会公众。

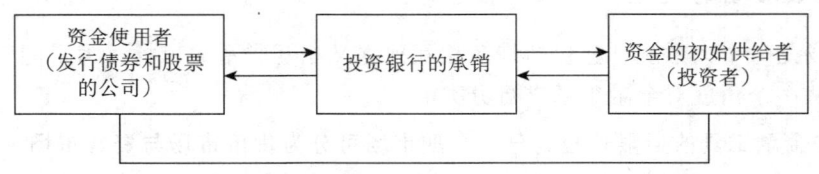

图5-1 初级市场（新的金融资产交易的场所）

2. 二级市场，也称流通市场或者次级市场，是指证券发行后，各种证券在不同的投资者之间买卖流通所形成的市场（见图5-2）。它分为两种：一是场内市场，即证券交易所；二是场外市场。证券交易所是依照国家有关法律规定，经政府主管机关批准设立的证券集中竞价的有形场所。场外交易市场又称柜台交易市场或店头交易市场，是在证券交易所之外进行证券买卖的市场。

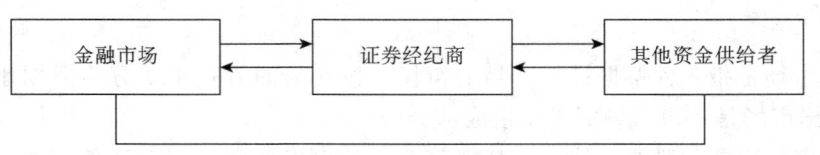

图5-2 二级市场（已发行的金融资产交易的场所）

初级市场是二级市场的基础和前提，二级市场是初级市场存在于发展的重要条件之一，无论是从流动性上还是从价格的确定上，初级市场都要受到二级市场的影响。

3. 第三市场是原来在交易所上市的证券移到场外进行交易所形成的市场，它相对于交易所交易来说，具有限制更少，成本更低的优点。

4. 第四市场是投资者与证券的卖出者直接交易形成的市场，他们之间避开了经纪人，降低了交易成本。第三市场和第四市场实际上都是场外交易的一部分。

（四）按交易对象的交割方式划分为现货市场和期货市场

1. 现货市场也称即期交易市场，是在交易达成确立后，在若干个交易日办理交割的金融交易市场。现货交易包含现金交易、固定方式交易以及保证金交易。现金交易是指成交日和结算日在同一天的交易，固定方式交易是成交日和结算日之间间隔几个交易日，一般是七天以内。保证金交易也称为垫头交易，它是投资者在资金不足又想获得较多投资收益时，采取交付一定比例的现金，其余资金由经纪人贷款垫付，买卖金融工具的交易方式。目前现货市场主要是固定方式交易。

2. 期货交易是指交易双方达成成交协议后，并不立即进行交割，期货市场上成交和交割是分离的，交割要按照成交时的协议价格进行，而成交和交割期间金融工具价格的波动变化可能会使交易者获利或受损，因此，期货市场上交易者需要对市场进行判断，并承担一定的市场风险。期货市场最重要的功能是价格发现和风险管理功能。

（五）按有无固定场所划分为有形市场和无形市场

1. 有形的市场是具有固定场所的市场，一般指证券交易所这一类有固定场地的金融资产交易市场。在证券交易所，投资人需要委托证券交易商买卖证券。

2. 无形市场是指证券交易所外进行的金融资产交易的总称。它的交易一般通过现代化的电信工具在各金融机构、证券商、投资者之间进行。它是一个无形的网络，金融资产和资金可以在其中实现迅速的转移。在现实世界中，绝大部分的金融资产交易都是在无形市场上进行的。

（六）按地域划分为国内金融市场和国际金融市场

按照金融市场作用的地域范围来划分，可以分为国内金融市场和国际金融市场。国内金融市场是指金融交易的作用范围仅限于一国之内的市场。国际金融市场是金融资产交易跨越国界进行的市场，是进行金融资产国际交易的市场。

三、金融市场的发展趋势

（一）资产证券化

资产证券化是指把流动性较差的资产，如金融机构的长期固定利率贷款、企业的应收账款等，通过商业银行或投资银行的集中以及重新组合，以这些资产做抵押发行证券，以实现相关债权的流动性。

资产证券化的最主要特点，是将原来不具有流动性的融资形式变成流动性的市场性融资。资产证券化主要有三大积极作用：首先，对投资者来说，资产证券化为他们提供了更多的投资产品，能够使其投资组合更加丰富，可以根据自己资金额的大小及偏好来进行组合投资；其次，对于金融机构来说，资产证券化可以改善资金周转效率，规避风险，增加收入；最后，资产证券化能够增加市场的活力。

但是，资产证券化也带来了巨大的风险。资产证券化并没有消除原有资产的固定风险，只是将风险分散或者转移到其他机构或投资者而已。资产证券化使得金融市场的风险更加复杂，使投资者的风险管理更加困难，监管者的监管活动也受到考验。以住房抵押贷款的资产证券化为例，尽管证券有抵押房产做支撑，但是一旦经济下滑，居民收入下降，房价下跌，住宅抵押贷款风险增加，相应的证券价值也会大幅缩水。2007年下半年开始席卷全球的金融风暴，从某种意义上讲，就是美国资产证券化泛滥、监管不力带来的恶果。

随着现代交易及清算技术的发展，金融市场的功能将越来越完善，交易成本不断减低，手续更加简便，因此，资产证券化的趋势仍将持续下去。

（二）金融自由化

自20世纪70年代中期以来，西方国家掀起了金融自由化的浪潮。这些国家开始逐渐放松甚至取消对金融活动的一些管制措施，特别是进入20世纪90年代以来更为突出。金融自由化浪潮兴起的原因是多方面的，既是经济自由主义思潮兴起的结果，也有金融创新的推动，也有资产证券化和金融全球化的影响。

金融自由化主要表现在四个方面：一是减少甚至取消国与国之间对金融机构活动范围的限制，国家之间互相开放本国的金融市场；二是放松外汇管制，促进国际资本流动；三是放松对金融机构的限制，推进利率市场化进程，逐渐允许混业经营；四是鼓励金融创新，允许和支持新型金融工具的交易。

金融自由化，导致了金融竞争的进一步加剧，促进了金融业经营效率的提高，降低了交易成本，促进了资源的优化配置。但是，金融自由化也对金融市场的稳定性提出了挑战，对金融机构的稳健经营提出了更高的要求，给货币政策的实施和金融监管带来新的困难。

（三）金融全球化

目前，国际金融市场之间的联系日益密切，正在逐渐形成一个不可分割的整体。金融全球化，既包括市场交易的全球化，也包括市场参与者的全球化。不论是货币市场、资本市场，还是外汇市场，其金融交易的范围都逐渐扩展到世界市场的范围。而且市场参与者也更加丰富，不但有大银行和各国政府，也有普通的金融企业和私人投资者，国际金融交易的准入门槛也越来越低。

金融全球化促进了国际资本的流动，给投资者带来了更加丰富的投资机会，有利于资源在全球范围内的配置，有利于促进全球经济的发展，一个金融工具丰富的市场也为筹资者提供更多的选择机会，有利于其获得较低成本的资金。然而，金融全球化使得金融监管变得十分困难，更使得各国金融市场的联系变得密不可分，一旦某国金融市场出现问题，危机便会很快地传导到世界范围。由于涉及国际性的金融机构及国际资本流动问题，蕴含巨大的金融风险，往往不是一国政府所能左右，这必将给政府的金融监管部门造成一定的困难。

不管怎样，金融全球化是大势所趋，通过国际协调和共同监管，建立新型的国际金融体系，是摆在金融全球化面前必须解决的一项重要课题。

（四）金融工程化

金融工程是指用工程学的思维和工程技术来思考金融问题，是一种对金融问题的创造性解决方式。数学建模、仿真模拟、网络图解，都是金融工程的典型运用。科学技术的进步，特别是电子计算机的运用，是金融工程得以发展的重要保证。金融工程是高科技在金融领域的运用，它能够带动金融创新，最终提高金融市场的效率。

金融工程化来自20世纪70年代以来的社会经济制度的变革和电子技术的进步，金融工程的出现极大地提高了金融市场的效率，同时它也是一把双刃剑：一方面，国际炒家可以利用它设计出精妙的投资策略，从而导致金融局势动荡；另一方面，各国政府为保持金融稳定，必须借助金融工程这种高科技的手段。

第三节 货币市场与资本市场

一、货币市场

货币市场（money market）即短期资金市场，是指融资期限在一年及一以下的金融资产为标的物的短期金融市场。货币市场主要包括同业拆借市场、票据市场、回购市场、大额可转让定期存单市场、短期政府债券市场等。货币市场是公开市场，按照市场价格进行交易，随着其发展，为中央银行有效实施间接调控货币提供了坚实的基础，并促进了中央银行货币调控从行政性向市场化的转变。通过市场形成的同业拆借利率等，不仅为全社会的金融配置提供了重要的基准价格，也为货币当局判断市场资金供求情况，提供了一个相对真实的参照。

（一）货币市场的特点

相对于资本市场来说，货币市场的主要特征是：

1. 交易期限短。这是由金融工具的特点决定的。货币市场中的金融工具一般期限较短，最短的期限只有半天，最长的不超过一年，这就决定了货币市场是短期资金融通市场，即筹资者只能在此市场中筹集短期临时性资金。之所以如此，又是因为货币市场上的资金主要来源于居民、企业和金融机构等暂时闲置不用的资金。

2. 流动性强。金融工具的流动性与其偿还期限呈反向变动关系，偿还期越短，流动性越强。货币市场金融工具偿还期限的短期性决定了其较强的流动性。

3. 安全性高。货币市场是个安全性较高的市场，除了交易期限短、流动性强的原因外，更主要的原因在于货币市场金融工具发行主体的信用等级较高，只有具有高资信等级的企业或机构才有资格进入货币市场来筹集短期资金，也只有这样的企业或机构发行的短期金融工具才会被主要追求安全性和流动性的投资者所接受。

4. 交易额大。货币市场是一个批发市场，大多数交易的交易额都比较大，个人投资者难以直接参与市场交易。

（二）同业拆借市场

同业拆借市场，也可以称为同业拆放市场，是指具有准入资格的金融机构之间进行临时性资金融通的市场。其中，从资金多余的金融机构临时借入款项时，称为拆入；而资金多余的金融机构向资金不足的金融机构贷出款项时，则称为拆出。参与同业拆借市场的主体主要是具有准入资格的金融机构。

从传统的意义上讲，同业拆借市场是金融机构之间进行临时性"资金头寸"调剂的市场，多为"隔夜融通"或"隔日融通"，即今天借入，明天偿还。而从现代意义上讲，同业拆借市场已成为各个金融机构间弥补资金流动性不足和充分、有效运用资金，减少资金闲置的市场，成为金融机构协调流动性与盈利性关系的有效市场。

相对于其他市场而言，由于同业拆借市场上的交易品种期限短、流动性高、信用要求高，它有着不同于其他市场的特点：

（1）融通资金的期限比较短。一般是一天、两天或一个星期，最短为几个小时或隔夜，是为了解决头寸临时不足或头寸临时多余所进行的资金融通。当前同业拆借市场已成为各金融机构弥补短期资金不足和进行短期资金运用的市场，成为解决或平衡资金流动性和盈利性矛盾的市场。

（2）严格的市场准入条件。同业拆借基本上是信用拆借，拆借活动有严格的市场准入条件，一般在金融机构或指定某类金融机构之间进行，而非金融机构包括工商企业、政府部门及个人或非指定的金融机构不能进入拆借市场。有些国家或在某些特定的时期，政府也会对进入此市场的金融机构进行一定的资金限制。

（3）交易手段比较先进，交易手续比较简便，成交的时间也较短。同业拆借市场的交易主要是采取电话协商的方式进行，是一种无形的市场。达成协议后，就可以通过各自在中央银行的存款账户自动划账清算，或者向资金交易中心提出供求和进行报价，由资金交易中心进行撮合成交，并进行资金交割划账。

（4）交易额较大，且一般不需要担保或抵押，完全是一种信用资金借贷交易。在同业拆借市场上进行资金借贷或融通，没有单位交易额限制，一般也不需要以担保或抵押品作为借贷条件，完全是一种协议和信用交易关系，双方都以自己的信用担保，都严格遵守交易协议。

（5）利率由供求双方议定。同业拆借市场上的利率可由双方协商，讨价还价，最后议价成交。因此，同业拆借市场上的利率是一种市场利率，或者说是市场化程度最高的利率，能够充分灵敏地反映市场资金供求的状况及变化。应注意的是，拆借利率应低于中央银行的再贴现率，否则，银行不仅会拒绝向客户办理贴现，而且会争相向中央银行申请再贴现贷款。

（三）票据市场

票据市场是各类票据发行、流通和转让的市场。

1. 商业票据市场。商业票据是大公司为了筹措资金，以贴现方式出售给投资者的一种短期无担保承诺凭证。由于商业票据没有担保，仅以信用作保证，因此，能够发行商业票据的一般都是规模巨大、信誉卓著的大公司。商业票据市场的参与者包括：发行者、投资者、中介机构、中央银行与金融监管机构。

商业票据之所以能够得到迅速发展，主要是源自其不同于其他融资工具的一些特点。无论对发行者还是投资者而言，商业票据都是一种理想的金融工具。对于发行者来说，用商业票据融资主要有以下几个优点：

（1）成本较低。由于商业票据一般由大型企业发行，有此大型企业的信用要比中小型银行更好，因而发行者可以获得成本较低的资金，再加上从市场直接融资，省去了银行从中赚取的一笔利润，因此一般来说，商业票据的融资成本要低于银行的短期贷款成本。

（2）具有灵活性。根据发行机构与经销商的协议，在约定的一段时间内，发行机构可以根据自身资金的需要情况，不定期不限次数地发行商业票据。

（3）提高发行公司的声誉。由于商业票据的发行者多为信用卓著的大型企业，公司发行票据的行动本身也是对公司信用和形象的免费宣传，有助于提高公司声誉。

2. 银行承兑汇票市场。在商品交易活动中，售货人为了向购货人索取货款而签发的汇票，经付款人在票面上承诺到期付款的"承兑"字样并签章后，就成为承兑汇票。经购货人承兑的汇票称商业承兑汇票，经银行承兑的汇票即为银行承兑汇票。由于银行承兑汇票由银行承诺承担最后付款责任，实际上是银行将其信用出借给企业，因此，企业必须交纳一定的手续费。这里，银行是第一责任人，而出票人则只负第二手责任。以银行承兑票据作为交易对象的市场即为银行承兑票据市场。

（1）银行承兑汇票的初级市场。银行承兑汇票的初级市场就是指银行承兑汇票的发行市场，它由出票和承兑两个环节构成，二者缺一不可。

①出票。出票是指出票人签发票据并将其交付给收款人的票据行为。出票行为由两个步骤组成，一是按照法定格式做成票据；二是将票据交付给收款人。汇票做成后，必须经过交付才算完成出票行为。票据设定的权利义务关系因出票行为而发生。其他各种票据行为都须以此为基础。所以，出票是基本的票据行为。

汇票是一种要式凭证，因此各种票据行为必须有一定的款式。出票是基本的票据行为，它的有效与否不仅影响其他票据行为的效力，而且还决定着票据本身是否有效。因此，各国票据法对汇票出票的款式，即汇票签发时的记载事项都作了严格规定。

②承兑。承兑是指汇票付款人承诺在汇票到期日支付汇票金额的票据行为。汇票承兑具有十分重要的意义。汇票的付款人并不因出票人的付款委托而成为当然的汇票债务人，在汇票承兑以前，付款人只处于被提示承兑或被提示付款的地位，只有经过承兑，才对汇票的付款承担法律上的责任，付款人一经承兑，就叫作承兑人，是汇票的主债务人。因此，承兑虽然是在票签发的基础上所做的一种时属票据行为，但它是确定票据的权利与义务关系的重要步骤。

汇票的承兑一般分为三个步骤：提示承兑、承兑及交还票据。

第一，提示承兑。提示承兑是指汇票的持票人在应进行承兑的期限内，向付款人出示汇票，请求付款人予以承诺付款的行为。

第二，承兑。汇票的付款人对向其提示承兑的汇票，应当自收到提示承兑的汇票之日起的一定期间内（我国票据法规定的期限为三天）承兑或拒绝承兑。付款人如欲承兑，则必须作出承兑的意思表示。由于承兑属要式行为，所以各国法律规定付款人的承兑意思表示必须在汇票上作出，一般来说，应当在汇票正面记载"承兑"字样和承兑日期并签章。

第三，交还票据。付款人于有关事项记载完后应将汇票交还持票人。持票人接到付款人归还的汇票或接到了付款人的书面承兑通知后，承兑的程序即告完成。

银行承兑汇票最常见的期限有30天、60天和90天等。另外，还有期限为180天和270天。交易规模一般为10万美元和50万美元。银行承兑汇票的违约风险较小，但有利率风险。

（2）银行承兑汇票的二级市场。经过出票、承兑环节之后，银行承兑汇票作为商业信用的产物形成了，但尚未发挥银行承兑汇票在货币市场中的功能和作用。事实上，汇票持有人为避免资金积压，不会将银行承兑汇票持有至到期日再收款，大多数情况下会立即将银行承兑汇票予以转让，以融通短期资金。而经过银行承兑的汇票其信用程度显著提高，从而作为市场交易对象进入流通。银行承兑汇票的级市场，就是一个银行承兑汇票不断流通转让的市场。它由票据交易商、商业银行、中央银行、保险公司以及其他金融机构等一系列的参与者和贴现、转贴现与再贴现等一系列的交易行为组成。银行承兑汇票的贴现、转贴现与再贴现等票据转让行为都必须以背书为前提。

（四）回购市场

回购市场是指通过回购协议进行短期资金融通交易的市场。回购协议有两种：一种是正回购协议和逆回购协议。正回购协议指的是在出售证券的同时，和证券的购买商签订协议，约定在一定期限后按原定价格或约定价格购回所卖证券，从而获取即时可用资金的一种交易行为。一般讲的"回购协议"是正回购协议。

逆回购协议，实际上与正回购协议是一个问题的两个方面。它是从资金供应者的角度出发相对于正回购协议而言的。在逆回购协议中，买入证券的一方同意按约定期限以约定价格出售其所买入证券。从资金供应者的角度看，逆回购协议是正回购协议的逆进行。

从本质上说，回购协议是一种抵押贷款，其抵押品为证券。

1. 回购协议交易的交易机制。回购协议的期限从一日至数月不等。当回购协议签订后，资金获得者同意向资金供应者出售政府债券和政府代理机构债券以及其他债券以换取即时可用的资金。一般来说，回购协议中所交易的证券主要是政府债券。回购协议期满时，再用即时可用资金做相反的交易。从表面上看，资金需求者通过出售债券获得了资金，而实际上，资金需求者是从短期金融市场上借入一笔资金。对于资金借出者来说，他获得了一笔短期内有权支配的债券，但这笔债券到时候要按约定的数量如数交回。所以，出售债券的人实际上是借入资金的人，购入债券的人实际上是借出资金的人。出售一方必须在约定的日期，以原来买卖的价格再加若干利息，购回该证券。这时，不论该证券的价格是升还是降，均要按约定价格购回。在回购交易中，若贷款或证券购回的时间为一天，则称为隔夜回购，如果时间长于一天，则称为期限回购。

金融机构之间的短期资金融通，一般可以通过同业拆借的形式解决，不一定要用回购协议的办法。但一些资金盈余部门不是金融机构，而是非金融行业、政府机构和证券公司等，它们采用回购协议的办法可以避免对放款的管制。此外，回购协议的期限可长可短，比较灵活，也满足了部分市场参与者的需要。期限较长的回购协议还可以套利，即在分别得到资金和证券后，利用再一次换回之间的间隔期进行借出或投资，以获取短期利润。

2. 回购协议市场的特点。

（1）流动性强。回购协议的交易期限主要以短期为主，最常见的是隔夜回购，但也有期限较长的，最长的回购期限一般不超过一年。由于回购协议的交易期限较短，因此，回购协议市场的流动性往往较强。

（2）安全性高。回购协议的交易场所是经国家批准的规范性场内交易场所，只有合法的机构才可以在场内进行交易，交易的双方以出让或取得证券质押权为担保进行资金拆借，交易所作为证券质押权的监管人承担相应的责任。回购交易的对象是经货币当局批准的最高资信等级的有价证券。

（3）收益稳定且超过银行存款收益。回购利率是市场公开竞价的结果，在一定程度上代表了一定时期的市场利率水平，市场参与者如果将沉淀资金用于证券回购交易，一般可获得高于银行同期存款利率的平均收益。

（4）对于商业银行来说，利用回购协议融入的资金不属于存款负债，不用缴纳存款准备金。由于大型商业银行是回购市场的主要资金需求者，回购交易具有非明显的优势这些银行往往利用回购市场作为筹集资金的重要手段。

（五）大额可转让定期存单市场

大额可转让定期存单（Negotiable Certificates of Deposits，简称 CDS），是 20 世纪 60 年代以来金融环境变革的产物。由于 20 世纪 60 年代市场利率上升而美国的商业银行受《Q 项条例》的存款利率上限的限制，不能支付较高的市场利率，大公司的财务主管为了增加临时闲置资金的利息收益，纷纷将资金投资于安全性较好、又具有收益的货币市场工具，如国库券、商业票据等。这样，以企业为主要客户的银行存款急剧下降。为了阻止存款外流，银行设计了大额可转让定期存单这种短期的有收益票据来吸引企业的短期资金。这种存单形式的发明归功于美国花旗银行。

同传统的定期存款相比，大额可转让定期存单具有以下几点不同：①定期存款记名，不可流通转让；而大额定期存单则是不记名的，可以流通转让。②定期存款金额不固定，可大可小；而可转让定期存单金额较大，在美国向机构投资者发行的 CDS 面额最少为 10 万美元，二级市场上的交易单位为 100 万美元，但向个人投资者发行的 CDS 面额最少为 100 美元。在香港最小面额为 10 万港元。③定期存款利率固定；可转让定期存单利率既有固定的，也有浮动的，且一般来说比同期限的定期存款利率高。④定期存款可以提前支取，提前支取时要损失一部分利息；可转让存单不能提前支取，但可在二级市场流通转让。

大额定期存单一般由较大的商业银行发行，主要是由于这些机构信誉较高，可以相对降低筹资成本，且发行规模大，容易在二级市场流通。商业银行通过发行大额可转让定期存单可以主动、灵活地以较低成本吸收数额庞大、期限稳定的资金，甚而改变了其经营管理理念。在大额可转让定期存单市场出现以前，商业银行通常认为其对于负债是无能为力的，存款人是否到银行存款、存多少取决于存款人的经济行为，商业银行处于被动地位，因而其流动性的保持主要依赖持有数额巨大的流动性资产，但这会影响其盈利性。大额可转让定期存单市场诞生后，商业银行发现通过主动发行大额可转让定期存单增加负债也是其获取资金、满足流动性的一个良好途径，此种状况下其不必再持有大量的、收益较低的流动性资产。于是，大额可转让定期存单市场便成为商业银行调整流动性的重要场所，商业银行的经营管理策略也在资产管理的基础上引入了负债管理的理念。

大额可转让定期存单市场的投资者种类众多，非金融性企业、非银行性金融机构、商业银行、甚至富裕个人都是这个市场的积极参与者。大额可转让定期存单到期前可以随时转让流通，具有与活期存款近似的流动性，但与此同时又拥有定期存款的收益水平，这种特性极好地满足了大宗短期闲置资金拥有者对流动性和收益性的双重要求，成为其闲置资金重要运用的场所。

（六）短期国债市场

短期国债市场，顾名思义即短期政府公债发行和流通的市场。在英美各国，短期公债又称国库券，因而短期国债市场又称国库券市场。国库券是国家政府发行的期限在一年以内的短期债券。高安全性、高流动性是国库券的典型特征。由于有国家信用作为支撑，二级市场发达，流通转让十分容易，投资者通常将国库券看作是无风险债券。国库券市场即为发行、流通转让国库券的市场。

国库券的发行人是政府及政府的授权部门，以财政部为主。政府财政部门发行国库券的主要目的有两个：一是为了融通短期资金调节财政年度收支的暂时不平衡，弥补财政赤字。在一个财政年度内，政府财政状况经常出现上半年支大于收、下半年收大于支的情况，通过发行国库券可以很好地解决这个问题。二是为了调节经济。作为短期债券，国库券通常采取贴现发行方式。

国库券发行后的交易称流通市场或二级市场。国库券的流通市场非常发达，市场参与主体十分广泛，中央银行、商业银行、非银行金融机构、企业、个人及国外投资者等都广泛地参与到国库券市场的交易活动中。

二、资本市场

资本市场，又称长期资金市场，是指期限在一年以上的货币资金融通和金融工具交易的总和。广义地讲，资本市场可以包括中长期存贷市场、股票市场和债券市场。本节讲述的资本市场，主要指股票市场和债券市场。资本市场的主要特点是：①交易期限至少在一年以上，最长可达数十年。②交易目的主要是解决长期投资性资金供求矛盾、充实固定资产。③资金借贷量大，以满足大规模长期项目的需要。④作为交易工具的有价证券与短期金融工具相比收益率高，但流动性差，风险也较大。

（一）资本市场交易的主要内容

资本市场分为初级市场和交易市场。

1. 初级市场。初级市场活动范围主要是围绕着有价证券（股票、债券等）的发行而进行的。参加者主要是发行人、认购人和中介人，中介人只作为包销人或委托人参与活动。

有价证券发行是一种非常复杂的金融活动，发行市场活动的主要内容有：①证券种类的选择。选择哪种证券发行人和认购人有不同的角度。认购者选择的因素主要是安全性，流动性和盈利性，发行人选择发行种类时，需要考虑的因素是证券的适用范围、发行成本收益水平、向认购者提供的权利以及发行的难易程度，如发行股票必须向认购者直接提供参与经营活动的权利，而债券则需提供按期索取本息的权利。②债券偿还期的选择。证券期限长短是发行市场需要选择的一个因素，发行者和认购者也各有不同的选择角度，发行者选择期限时主要考虑资金投向的需要，例如，投资项目建成投产所需要的时间的未来利率的预期，如果预测未来利率收入将下降，那么就尽可能缩短债券期限，投资环境一般在经济不景气的情况下发行长期债券难以推销。认购人选择期限长短时，主要考虑的因素是变现能力，认购人所持闲置资金的性质，期限还有个人心理消费倾向等。③债券还本付息条件。还本付息主要有分期还款，一次性偿还，提前偿还和延期偿还等几种。计息的方法有单利、复利、贴现计息三种。选择计息方法的原则是发行者主要考虑在降低成本的同时，要有利于吸引投资人。认购人考虑还本付息的原则是在提高收益率的情况下同时保持一定的流动性，发行方式的选择发行人需要做两种选择：一是选择认购人已决定私募或公募。私募是向内部员工和金融机构预先商量的出售，公募是在市场上公开发行；二是选择推销人以决定自销发售或代销发售。

2. 二级市场。二级市场的交易活动有两个特点：一是证券的转让与流通，为投资人和筹资人提供种种融资便利，但不能直接为筹资人筹集新的资金，信用总规模不变；二是交易活动的主要操作者是经纪人和证券商。二级市场的交易活动比较复杂。这里仅对二级交易市场的价格形成和交易方式作简要介绍。

（1）证券行市。证券行市市值股票债券等有价证券，在二级市场上买卖时的实际交易价格，在一般情况下证券买卖的实际交易价格往往高于或低于名义价格（即票面金额）。众所周知，有价证券之所以能够进行交易的重要原因之一是能够给购买者带来一定的股息利息收入，因此，证券行市就是证券收益的资本化。通常情况下人们购买证券的目的是获取证券收益而不是对发行人进行投资，故他们考虑的重点不是票面额，而是证券收益的多少，并希望获得高于市场平均利率水平的证券收益，因此证券行是取决于：一是证券的收益率，二是当时市场利率证券行市与证券收益率成正比，与市场利率成反比。

（2）证券交易所。证券交易所是有价证券转让市场的一种组织形式，是专门的有组织的证券买卖的集中交易的场所，在西方国家证券交易所是一些由证券经纪人公司和证券交易公司结合的会员制组织。

证券交易所的特点是：①只有交易所成员才有权在交易所内参加交易活动，投资人不得直接从事交易，只能委托交易所成员的经纪人代办证券的买卖。②具有很大的投机性。

证券交易所的业务分为两种：一是现货交易即以现金买卖证券，证券在成交后次日钱货两清完成交割手续。二是期货交易即证券在成交后的一定时间内进行交割，在西方的期货买卖中，买卖双方并不真正进行证券的买进和卖出，而是根据自己的预测对行市的涨落进行买卖。结算时也只支付有价证券行市涨落的差额。在这种情况下卖出的行为叫"卖空"，购买的行为叫"买空"。因此，出现了交易所中"空头"和"多头"的投机者，"空头"是指投机者预计价格将下降时抛出期货，到期再以低价买进，从贵卖贱买中赚取差价。"多头"则是预计某种证券价格会上涨，先买进期货到期时高价卖出。从贱买贵卖中获利这种买卖都没有实物转手指示交付少数保证金，称为"买空卖空"，按照规定进入交易所内进行买卖的证券，必须经过有关政府部门的上市审查，经批准后才能上市买卖。

（二）三种主要的资本市场

1. 股票市场。股票市场是指经营股份公司股票的发行和买卖的市场。股票发行的方法有两种：一是由发行股票的企业公司自己发行，一种是委托一家或几家银行承包发行。发行以后的股票经批准后即可买卖进入流通和二级市场。股票交易主要集中在证券交易所，为了慎重起见，上市股票一般与发行时间有一定时滞，一般在半年左右。现在这种实质在缩短甚至无时滞，一些小企业信誉较低，发行数量较小，其股票交易则在场外进行，称店头交易或直接市场交易。

2. 公司债券市场。公司债券市场担负着为企业、公司发行和买卖债券、筹集资金的任务。公司债券的发行或由公司自己承担，或由公司委托银行、金融公司包销，一般以包销居多，其好处是不妨碍公司计划业务的扩展，公司债券可以在市场上流通。债券的流通转让方式，一种是在证券交易所进行，一种是以证券公司柜台为中心的店头交易。

3. 中长期国债市场。中长期国债市场是中长期国债发行和流通的市场。中期国债偿还期限在一年至十年之间，通常以五年期和十年期较为常见；长期国债的期限一般为十年至三十年之间。政府发行中长期债券的目的是获得长期稳定的资金。我国政府发行的债券主要是中期债券，集中在3~5年这段期限。1996年，我国政府开始发行期限为十年的长期债券。

第四节 金融衍生产品市场

金融衍生产品市场的兴起和发展是近 40 年来国际金融市场出现的最为突出的变化之一。金融衍生产品的迅速扩散和广泛应用,把自 20 世纪 70 年代出现的金融创新推向了高潮,也给整个金融市场带来了深刻影响。随着金融创新的发展,金融衍生产品经过衍生再衍生,组合再组合的螺旋式发展,现在种类已经十分繁多。

金融衍生产品(Derivative),也称金融衍生工具,是指其价值依赖于标的资产价值变动的合约。基本的金融衍生产品有:金融远期合约、金融期货合约、金融期权合约以及金融互换协议。

一、金融远期合约

金融远期合约是一种最为简单的金融衍生工具。它是在确定的未来某一日期,按照确定的价格买卖一定数量的某一种资产的协议。在远期合约中,双方约定的买卖的资产称标的资产,约定的成交价格称协议价格,同意以约定的价格卖出标的资产的一方称作空头,同意以约定的价格买入标的资产的一方称作多头。远期合约在外汇市场上十分普遍,因为它能够有效防范汇率波动的风险。

二、金融期货合约

金融期货合约是在远期合约的基础上发展起来的一种标准化的买卖合约。和远期合约一样,期货合约的双方也是约定在未来某一日期以确定的价格买卖一定数量的某种资产。但是,期货合约和远期合约还有很大的不同。

1. 合约的性质不同。期货合约是由交易所推出的标准化的合约,同种类型的每张合约所包含的标的资产的种类、数量、质量、交货地点、交货时间都是一样的,而远期合约则是由买卖双方自行协商制定的,其标的物的种类、数量、质量、交货地点和时间均由双方自行决定。

2. 交易方式不同。期货合约的交易在期货交易所内集中进行,由交易所负责制定交易规则,维持交易秩序,并由交易所保证合约的履行。而远期交易则是由双方私下交易进行的。

3. 交易的参与者不同。由于远期交易是在私下进行,所以合约的履行完全依赖于双方的信用,因此只在一些大银行、金融机构、以及大企业之间进行;而期货合约的履行是由交易所保证的,因此一些中小企业也能够参与。

4. 实际交割的比例不同。绝大多数的期货合约在到期日之前就被相互冲销、预先买入(或卖出)合约的一方通过在合约到期之前卖出(或买入)同等数量的同种合约来消除自己的多头(或空头)位置,从而不必真正进行合约标的资产的收付,而只需进行差额结算。只有很少的一部分(大约 1%~2%)期货合约会进行实际的交割,但是 90% 以上的远期合约到期后都会进行实际的交割。因此,远期交易主要还是一种销售活动,而期货交易则主要是一种投资(机)活动。

三、金融期权合约

金融期权合约是指期权的买方有权在约定的时间,按照约定的价格买进或卖出一定数量的相关资产,也可以根据需要放弃行使这一权利。为了取得这一权力,期权合约的买方必须向卖方支付一定数额的费用,即期权费。和前两种衍生金融工具不一样的地方是,期权合约交易双方的权利和义务是不对称的:期权的购买者只有交易的权利,而没有交易的义务,而期权的出售者则只有应期权购买者的要求进行交易的义务,而没有要求期权购买者进行交易的权利。期权购买者可以根据价格变动的情况决定是否进行交易。当价格变化对其有利时,可以要求对方进行交易;在价格变动不利的情况下,则可以放弃行使其期权,此时损失的是购买期权的费用。

期权分看涨期权和看跌期权两个基本类型。看涨期权的买方有权在某一确定的时间以确定的价格购买相关资产;看跌期权的买方则有权在某确定时间以确定价格出售相关资产。期权又分为美式期权和欧式期权。按照美式期权,买方可以在期权的有效期内任何时间行使或放弃行使权利;按照欧式期权,期权买方只可以在合约到期时行使权利。由于美式期权赋予期权买方更大的选择空间,因此较多的被采用。

四、金融互换协议

金融互换协议主要分为货币互换协议和利率互换协议两种。货币互换又可以分为外汇市场互换和资本市场互换。外汇市场互换是指交易方按照既定的汇率交换两种货币,并约定在原来的期限内按照该汇率相互购回原来的货币。资本市场互换的操作过程和外汇市场互换基本相同,也是双方按照一个相同的汇率相互出售和回购两种货币,不过其期限一般较长,通常为五至十年,而且在协议期间内,交易双方要向对方支付自己所购入币种的利息(实际上说,货币互换的双方实际上是相互借贷了两种不同的货币)。

利率互换是指交易双方将自己所拥有的债权(务)的利息收入(支付)同对方所拥有的债权(务)的利息收入(支付)相交换。这两笔债权(务)的本金价值是相同的,但利息支付条款却是不同的,从而通过交换,可以满足交易双方的不同需要(例如,某银行拥有的浮动利率资产大于浮动利率负债,为使这二者相互匹配,以消除利率变动所可能带来的不利影响,该银行可能希望将它的一部分浮动利率资产的利息收入换成固定利率的利息收入)。和货币互换不同的是,利率互换涉及的仅仅是利息支付的互换,而不涉及本金的互换。

【延伸阅读】

未来中国金融科技十大发展趋势分析

云计算、大数据、人工智能和区块链等新兴技术与金融业务不断融合,科技对于金融的作用被不断强化,在政策的大力支持下,金融机构、科技企业对金融科技的投入力度持续加大,数据价值持续不断地体现并释放出来,金融业务环节的应用场景更加丰富,金融解决方案创新推陈出新。开发银行、无人银行、资产证券化、数字票据、不良资产处置等方面业务在科技的赋能下由概念逐步变为现实,随着第五代移动通信技术(5G)、量子计算等前沿技术由概念阶段到实际应用,金融作为最先拥抱技术的领域,也会摩擦出新的火花。未来,金融科技发展趋势体现在十个方面：

一、开放银行

开放银行是银行通过开放应用编程接口（API）对外开放服务。即指银行把自己的金融服务，通过开放平台（OpenAPI）等技术方式开放给外部客户（企业或个人），客户可以通过调用 API 来使用银行的服务，而不需要直接面向银行。银行通过 API 的开放开展跨界融合，实现银行与银行、银行与非银金融机构、银行与跨界企业间的数据共享与场景融合，极大拓展了银行服务的生态。

开放银行成为近年来国内外银行转型的新浪潮。"开放银行"概念起源于英国，2018 年 1 月英国 9 家银行共享数据，首次落地开放银行理念。2018 年 7 月，浦发银行在北京率先发布"APIBank"无界开放银行，标志着国内"开放银行"的首家落地。随后，工商银行、建设银行、招商银行、兴业银行、光大银行等纷纷展开探索，通过开放 API，实现金融和生活场景的链接。

以 APIBank 为代表的开放银行 4.0 时代即将到来。未来，银行的商业模式将从 B2C 变为 B2B2C，服务标准也将从标准 NPS 升级为整合型 NPS。随着金融服务嵌入生活与生产的方方面面，"场景在前，金融在后"的跨界生态圈将成为主流。虽然目前开放银行应用仍处于早期阶段，但未来，银行的账户功能、支付功能、理财产品、贷款产品等将势必形成标准化的 API 集中输出，成为打通跨界生态的接口。

二、无人银行

无人银行是指通过科技手段减免传统银行的人力使用。通过运用生物识别、语音识别、数据挖掘、人工智能、VR、AR、全息投影等科技手段，替代传统银行的柜员、大堂经理、引导员等岗位，为客户提供全自助式的智能银行服务。

银行人力减少是目前大势所趋。目前大部分银行都实现了人力的部分替代，少数银行试点几乎实现了厅店全替代。至 2018 年 5 月 28 日，我国银行物理网点共退出 4 591 家，从 2017 年下半年开始银行退出网点数目同比增速平均是 55%。截至 2018 年 6 月底，四大行员工数与 2017 年底相比，减少已超过 3.2 万人。

短期内无人银行将仍处在试点阶段。目前建设银行已经开启了无人银行试点，通过更高效率的智能柜员机替代柜员、保安、大堂经理，刷脸刷身份证替代人工验证的方式，覆盖 90% 以上现金及非现金业务。尽管无人银行为银行网点转型打开探索新路径，但目前银行业务还难以实现百分之百无人化，例如需要安排保安值班；客户在智能终端上开卡、汇款时，出于安全风险考虑，也会安排工作人员现场服务。因此，未来的一段时间内，无人银行仍将作为探索性的试点存在。

三、量子计算与金融

量子计算是一种遵循量子力学规律的新型计算模式。普通计算机使用比特（bit）中 0 与 1 的两种状态存储数据，而量子计算机的存储单位量子比特，除 0 和 1 外，同时还可以实现多个状态的相干叠加态。所以，基于量子计算的量子计算机就可以通过控制原子或小分子的状态，记录和运算信息，其存储和运算速度都能远远超越传统通用计算机。例如使用超级计算机分解一个 400 位的数字，需要 60 万年，而用量子计算机只需要几小时甚至几十分钟。

量子计算的应用能极大提升金融服务效率。量子计算由于其超强大的计算能力，可应用于金融业多个方面。例如金融高频交易，利用算法根据预先设定好的交易策略自动执行股票交易，在达到相同结果的前提下，量子计算比传统计算机的速度要快得多。再比如诈骗检测，利用量子计算机快速学习的特点，能大大加速神经网络学习速度，迅速打击新兴的诈骗方式。

量子计算也可能会为金融业带来巨大风险。量子计算在计算速度上的飞跃式提升，也可能会对现有金融体系带来威胁。例如目前正在使用的许多公钥密码系统，在量子计算极大的计算性能下，很有可能会遭到破解，这些将严重影响互联网及各地数字通信的保密性和完整性，对现有的安全系统和管理机制造成大范围和系统性的破坏。因此，在量子计算机瓦解当前密码体系并实现商业化之前，必须建立量子安全解决方案形成安全的过渡。

四、5G与金融

5G是第五代移动通信技术，是4G之后的延伸。5G概念由标志性能力指标"Gbps用户体验速率"和一组关键技术组成。5G技术创新主要来源于无线技术和网络技术两方面。在无线技术领域，大规模天线阵列、超密集组网、新型多址和全频谱接入等技术已成为业界关注的焦点；在网络技术领域，基于软件定义网络（SDN）和网络功能虚拟化（NFV）的新型网络架构已取得广泛共识。

5G将进一步优化金融服务，实现金融场景的再造，为金融行业注入新的生机。5G技术的热点高容量场景，将为用户提供极高的数据传输速率，满足网络极高的流量密度需求，该技术场景将有效提升移动端金融服务的速率，减少因网络延迟造成的支付卡顿等情况，同时速率的提升也有助于通过AR/VR技术进一步丰富支付模式，提供更加真实的场景体验；5G技术的连续广域覆盖场景还可有助于银行无人网点的部署，通过AR/VR技术将金融服务带到此前网点无法覆盖的偏远地区，实现普惠金融服务。此外，5G面向物联网业务的低功耗大连接和低时延高可靠场景还将通过实现万物互联，获取海量、多维度、相关联的人、物、企业数据，进一步优化供应链金融、信用评估、资产管理等相关金融服务，实现更多丰富场景的探索。

5G及相关产业的发展带来广阔投资空间，引发金融高度关注。5G一方面提供更快的速率和更高的带宽，促进移动互联网进一步的蓬勃发展和人机交互新模式的创新，另一方面还将实现机器通信，千亿量级的设备将接入5G网络。5G还将与云计算、人工智能、AR/VR、无人驾驶等技术相结合在车联网、物联网、工业互联网、移动医疗、金融等领域带来更加丰富的应用场景，此外，5G网络还将是能力开放的网络，通过与行业的结合，运营商将构建以其为核心的开放业务生态，拓展新的业务收入模式，目前中国移动已经联合战略伙伴打造了百亿级规模的5G投资基金，国内外险资、券商、阳光私募、风投等众多机构，也早在2017年成立了数十支5G产业专项投资基金，未来5G及相关产业将持续引发金融高度关注。

五、移动金融安全

移动金融指的是使用移动智能终端及无线互联技术处理金融企业内部管理及对外产品服务的解决方案的总称，移动金融安全指的是移动金融业务开展过程中的安全。当前移动智能终端的普及加速了金融信息化建设，越来越多的金融服务向移动化逐步转型。移动金融丰富了金融服务的渠道，为金融产品和服务模式的创新、普惠金融的发展提供了有效途径。央行印发《关于推动移动金融技术创新健康发展的指导意见》将"安全可控"作为移动金融的健康发展的重要原则之一，强调了移动金融安全的对于移动金融技术创新发展的保驾护航的地位。

移动金融在创新与安全的博弈中发展,安全问题愈发引起重视。随着金融产业的发展,金融行业移动应用日渐成为金融服务及产品的重要支撑手段,移动金融未来将继续在规模和创新上发展。金融科技快速发展给移动金融带来了无限生机,但同时也滋生了诸多风险。移动金融应用中频发木马病毒、支付安全、敏感信息泄露、身份认证绕过、仿冒等安全问题,引发了监管部门乃至社会的广泛关注,移动金融安全成为金融创新发展中至关重要的保障。

个人信息安全是移动金融安全的重中之重。近年来,移动互联网应用程序(App)越界获取用户隐私权限、超范围收集个人信息的现象频发。移动金融应用中隐私窃取类恶意应用占比最高,用户个人信息受到极大威胁。为保障个人信息安全,维护网民合法权益,中央网信办、工业和信息化部、公安部、市场监管总局开展"App违法违规收集使用个人信息专项治理",加强个人信息保护,推动移动信息安全建设。

生物特征识别兼顾安全与便捷,成为移动金融安全关注的热点。目前,生物特征识别技术已经基本成为移动智能终端的标准配置,逐渐成为了金融业务中新型用户身份核实和认证的发展方向。中国人民银行于2018年10月颁布金融行业首个生物识别技术标准《移动金融基于声纹识别的安全应用技术规范》,将安全性和个人隐私保护摆到了突出位置,规范如声纹等生物特征识别的安全应用。

六、数字票据

数字票据是一种将区块链技术与电子票据进行融合,实现自动安全交易的新型票据。数字票据借助区块链具有分布式账本、去中心化、集体维护、信息不可篡改等特点,使数字票据更具安全性和信息公开性,更加智能交易,更加便捷使用。

数字票据可以实现全程高效真实的信息传递,全程自动化交易,以及交易过程全程追踪,提高用户隐私保护。区块链具有点对点传输,采用去中心化的信任机制的优势,保证数字票据的数据安全性、完整性和不可篡改性。数字票据利用区块链提供可编程的智能合约,实现票据的自动抵押、清付和偿还,避免交易风险。并且,所有交易都被记录在完整的"时间链"上,一旦有违约行为发生,可以追溯其责任,并且通过隐私保护算法保护参与者隐私,可实现参与者在区块链上的匿名性。

上海票据交易所数字票据实验性生产系统成功上线,工行中行浦发等银行参与其中。数字票据交易平台实验性生产系统已在2018年1月25日成功上线试运行,工商银行、中国银行、浦发银行和杭州银行在数字票据交易平台实验性生产系统顺利完成基于区块链技术的数字票据签发、承兑、贴现和转贴现业务。数字票据交易平台实验性生产系统结合区块链技术和票据业务实际情况,对前期数字票据交易平台原型系统进行了全方位的改造和完善,使结算方式更加创新,业务功能更加完善,系统性能不断提高,安全防护不断加强,隐私保护更加优化,实现实时监控管理。

七、数字资产证券化

数字资产证券化是将数字资产转化为证券的过程。将域名、商标、品牌、数字货币、游戏装备、账户号码等相关缺乏市场流动性的数字资产,转换为在金融市场上可以自由买卖的证券的行为。

数字资产证券化目的在于获取融资,以最大化提高资产的流动性。数字资产是文化产业的创新蓝海,是互联网+文化产业的新业态,是"文化互联网+"的文化大产业下的商业模式创新。域名、商标等数字资产缺乏市场流动性,通过数字资产证券化,有效打破刚性兑付,有效盘活巨大的金融资产和社会的存量资产,能把缺乏流动性但有收益性的数字资产设计成证券化产品卖出去,收回现金,提高流动性,进而获得融资。

数字资产证券化是区块链的最佳实践场景。我国央行货币研究所也在不断探索数字资产证券化区块链平台,借助区块链的分布式数据储存、去中心化的特点,保证了底层数字资产数据真实性,且不可篡改,降低了信息不对称性,增强了信息的透明及可靠程度,有效解决了机构间费时费力的对账清算问题,降低数字资产的融资成本,提高融资效率。

八、消费金融

消费金融是为满足消费者具体消费需求的现代金融服务方式。是金融机构向消费者提供用于购买装修、旅游、电子产品、教育、婚庆等具体的消费需求的个人消费贷款服务。除银行提供的贷款服务外,接触较多的消费金融服务有京东金融的"京东白条"、蚂蚁金服的"花呗"、苏宁的"任性付"等以及被大众接受的P2P小额理财服务。根据银监会发布的《消费金融公司试点管理办法》中定义,消费贷款是指消费金融公司向借款人发放的以消费(不包括购买房屋和汽车)为目的的贷款。

未来中国消费金融行业迎来巨大发展空间。2018年,国家出台了多项鼓励消费金融发展的政策。特别提到"加快消费信贷管理模式和产品创新、不断提升消费金融服务的质量和效率。"作为消费主体的80、90后,更愿意通过借贷的方式满足产品购买需求。同时,随着消费金融规模的不断扩大,消费金融会向二三线城市下沉,各类金融应用场景需求增多。

金融科技助力消费金融产品创新和风控体系建设。目前,我国消费金融存在监管机制有待完善、企业产品创新不足、风险防控体系不健全等问题。金融科技的发展为消费金融开发更多的产品应用场景,提升消费者体验,激活和拓展市场空间;同时,利用金融科技建立构建完善的风控运营体系,解决消费金融面临的征信记录缺失、运营经验缺乏,降本增效。在科技的驱动下,消费金融将不断提升风险防控能力,不断提升运营能力与科技创新能力,科技驱动下的产品创新和风控体系的建立将为消费金融迎来更大的发展空间。

九、智能客服

智能客服可以显著提高金融服务效率。智能客服系统是利用机器学习、语音识别和自然语言处理等人工智能技术,处理金融客户服务中重复率高、难度较低且对服务效率要求较高的事务,如服务引导、业务查询、业务办理以及客户投诉等业务。目前应用的智能客服场景有智能客服机器人、智能语音导航、智能营销催收机器人、智能辅助和智能质检等。

金融机构及互联网企业都在加大智能客服的探索和应用。金融机构在线上线下对智能客服系统应用广泛,网站、App客户端等线上智能客服服务系统能够实现自动理解客户问题并进行解答和办理简单业务。在线下网点的智能化进程加速,逐步推广无人银行,智能机器人、智慧柜员机、VTM机、外汇兑换机等大量智能自助终端,大幅减少人工服务成本,使客户获得更满意和周到的服务体验。同时,互联网企业在智能机器人方面的研发投入力度不断加大,为这些金融客户提供个性化的智能客户服务。

智能客服系统逐渐渗透到金融业务的售前、售中、售后全流程。目前,智能客服系统已经能够代替人工客服为客户解决许多简单、重复的问题,为金融机构节约了大量的人工成本。随着社会的发展,客户对服务的及时性、移动性、多渠道性提出更多的要求,智能客服的应用为金融机构留住更多客户,提供全天候及时、便捷的服务,增强客户黏性。在智能客服的应用过程中,大量用户数据通过智能客服积累和沉淀下来,为精准营销和业务流程优化提供参考。同时，智能客服系统利用大量完备的用户数据，逐渐承担起更多售前、售中、售后全流程的金融业务。

十、不良资产处置的科技运用

科技带来不良资产处置方式创新发展。不良资产可分为股权类资产、债券类资产和实物类资产。不良资产处置有破产清算、拍卖、招标、协议转让、折扣变现，以及债转股、债务重组、资产证券化、资产重组、实物资产出租、实物资产投资等方式。近年来，随着云计算、大数据、人工智能、区块链技术的发展应用，出现了以互联网为基础的创新处置模式，如不良资产综合处置平台、众筹投资、撮合催收等。

经济新常态背景下对不良资产处置任务艰巨。不良资产率的持续攀升，政府鼓励不良资产处置的市场化。据银保监会称，2018 年中国商业银行的不良贷款率为 1.89%，为 10 年新高，截至 12 月底，商业银行不良贷款总额为 2 万亿元。在经济新常态下，风险和各种不确定因素增多，对不良资产处置的效率和处置效益提出更高的要求。近年来，银行机构、资产管理公司等纷纷与互联网企业合作，通过网络平台模式进行不良资产的拍卖，涉及股权、债权和各种实物抵押物，取得良好效果。

金融科技已经在多个环节开发实际应用场景。科技运用可以快速发现资产价值，减少错配情况的发生，同时，可以显著提高信息互通，提升效率，提高不良资产处置回收率。目前，金融科技已经在多个环节开发应用场景。如在运用自然语言处理和机器学习技术优化催收策略，同时，实现催收业务流程自动化，缩短处置的时间周期；通过大数据分析实现信用风险的精准定价；区块链分布式记账解决信用机制、信息不对称等问题，优化不良资产证券化流程，缩短处置周期，保证信息的真实有效性。

资料来源：前瞻产业研究院《2019 年中国金融科技行业市场现状及发展前景分析　未来十大发展趋势分析》2019－03－27，https：//bg.qianzhan.com/trends/detail/506/190327－85f579c4.html。

一、重要概念

金融市场　　货币市场　　同业拆借市场　　回购协议　　资本市场　　股票　　债券
投资基金　　金融衍生工具

二、思考题

1. 金融市场有哪些构成要素？金融工具的基本特征是什么？
2. 简述金融市场的主要类型。
3. 简述金融市场的功能。
4. 简述金融市场的发展趋势。
5. 试比较股票与债券两种金融工具。
6. 试述货币市场的主要类型。

第六章 金融机构

本章核心内容

1. 金融机构是从事货币、信贷经营活动的机构。
2. 金融机构的功能主要有提供支付结算服务、促进资金融通、降低交易成本、提供金融服务便利、改善信息不对称、转移与管理风险。
3. 我国的金融机构体系主要可分为金融监督管理机构、商业银行体系、政策性银行体系、农村中小金融机构和非银行金融机构。
4. 国际金融机构主要指各国政府或联合国建立的国际金融机构组织,分为全球性国际金融机构和区域性国际金融机构。

第一节 金融机构的产生、分类与功能

一、金融机构的产生

金融机构是商品经济不断发展的伴随物,是逐步适应社会经济融资、投资需求及转移、管理风险的必然产物。

最早的金融机构是银行,它起源于古代的银钱业和货币兑换业,货币兑换业规则是现代银行业的先驱。古代银钱业及货币兑换交易大多发生在寺庙周围,及在中世纪西欧数月一次的定期集市上。从商人阵营中逐渐分离出来的货币兑换商,最初只为各国的朝拜者和国际贸易兑换货币,并收取一定的手续费。随着商品生产和交换的持续扩大和发展,为避免自己保管货币和长途携带货币的不便和风险,部分异地贸易商和国际贸易商便将货币交由拥有良好保管设施的货币兑换商保管,并委托后者办理异地支付、结算业务。此时的货币兑换商就转变为货币经营商,他们在从事收取手续费的货币兑换、保管、异地划拨等业务中,积聚了大量货币,并利用商人货币存、取或汇之间的稳定余额,开展放贷业务,牟取更多利润。

现代意义上的银行起源于文艺复兴时期的意大利。当时,地中海沿岸各国和地区经济发展较快,贸易也异常活跃,处于地中海中心的意大利成为当时世界的贸易和金融中心,产生了世界上最早的银行。此后,随着世界商业贸易、金融中心逐步北移至荷兰的阿姆斯特丹,银行业扩展至西北欧其他国家。

社会的日趋细密,市场经济不断发展及其引致的多元金融需求,促成了其他金融机构的产生和发展。各类专业银行,如投资银行、不动产抵押银行、进出口银行等逐步出现;信托投资公司、证券公司、保险公司、金融公司、典当行等专业化金融机构,也渐次出现并在各自领域发挥重要作用。但德国等国家推行的全能银行制,则使商业银行的业务覆盖所有金融

领域。因此，现代各国都建立了分工精细、种类多样、规模庞大的金融机构体系。

对于金融机构的概念，目前有两种说法：①金融机构即从事金融活动的机构。②金融机构是从事货币、信贷经营活动的机构。这两种说法大同小异，没有本质分别。前者比较概括，后者比较具体，即把金融活动的基本内容表现出来了，更便于理解。

金融活动是在经济发展或运行中自然产生的。开始产生的金融机构都是为了牟利，也就是在经营货币与信贷。后来，随着商品货币经济的发展，金融机构发生了分化，大部分金融机构活动的目的仍然是为了牟利，但有的金融机构已为国家所控制，作为干预调节经济活动的杠杆了。这些由国家控制的金融机构，有的完全不以牟利为目标，有的则在牟利中为国家担负着一定的经济调控任务。但不管目标如何，凡从事金融活动的机构就是金融机构。

二、金融机构的种类

（一）按业务性质和功能划分

按照业务性质和功能的不同，将金融机构分为管理性金融机构、商业性金融机构和政策性金融机构。

管理性金融机构是在一个国家或地区具有金融管理监督职能的机构，主要有中央银行、金融管理局、证监会、保监会等。商业性金融机构是指以经营存放款、证券交易与发行、资金管理等一种或多种业务，以追求利润为主要经营目标，自主经营、自负盈亏的金融企业，包括商业银行、商业性保险公司、投资银行、信托公司、投资基金、租赁公司等。政策性金融机构的业务经营不以盈利为目的，主要是贯彻落实政府的经济政策，如中国农业发展银行、国家开发银行、中国进出口银行。

（二）按业务内容划分

按照业务内容不同，将金融机构分为银行类金融机构和非银行类金融机构。

银行类金融机构是指可以发行存款凭证的金融机构，包括中央银行、商业银行、政策性银行以及信用合作社等存款机构；非银行类金融机构则包括保险公司、证券公司、信托公司、投资基金等。

（三）按业务活动范围划分

按照业务活动的地理范围，将金融机构分为国际性金融机构、全国性金融机构和地方性金融机构。

国际性金融机构主要指业务活动跨越不同国家和地区的金融机构，如花旗银行、汇丰银行等。此外，国际货币基金组织、世界银行以及区域性的开发银行也可以归为此类，但基本从事政策性金融业务。全国性金融机构的业务活动局限在一国的范围之内。地方性金融机构的业务活动的地域范围更加狭小，主要局限在某一地域内，如一个省或一个城市。目前，我国大多数的城市商业银行都属于地方性金融机构。

金融机构还有其他的分类方法，如依据资本和业务规模等可以分为大、中、小型金融机构，需要指出的是，不同的分类是从不同的角度认识金融机构，实际生活中的某一种金融机构可能分属上述不同类别的金融机构，例如商业银行可以同时属于银行类金融机构、商业性金融机构、国内或国际金融机构、大型或中小型金融机构等。可见，金融机构的分类是相对的，各类金融机构之间以及每一类金融机构内部是相互关联的。

三、金融机构的功能

（一）提供结算服务

金融机构提供支付结算服务功能是指金融机构通过一定的技术手段和流程设计，为客户之间完成货币收付或清偿因交易引起的债权债务关系服务。提供有效地支付结算服务是金融机构适应经济发展需求而较早产生的功能。银行业的前身是货币兑换商，最初提供的主要业务之一就是汇兑，金融机构尤其是商业银行为社会提供的支付结算服务，对商品交易的顺利实现、货币支付与清算和社会交易成本的节约具有重要意义。金融机构提供支付结算功能的强弱主要通过效率来体现，一般可以从办理支付结算的安全性大小、便利度高低、时速性快慢和成本多少等来评价。

（二）促进资金融通

资金从盈余单位向赤字单位的流动与转让就是资金融通，简称融资。融通资金是所有金融机构都具有的基本功能。不同的金融机构会利用不同的方式来融通资金。例如，银行类机构一方面作为债务人发行存款类金融工具和债券等动员和集中社会闲置的货币资金；另一方面作为债权人向企业、居民等经济主体发放贷款；保险类金融机构通过提供保险服务来吸收保费，而后在支付必要的出险赔款和留足必要的理赔准备金外，将吸收到的大部分保险资金直接投资于金融资产；基金类金融机构则作为受托人接受投资者委托的资金，将其投入资本市场或特定产业；信托类金融机构在接受客户委托管理和运用财产的过程中，将受托人的闲散资金融通给需求者。可见，借助特定的资金融通方式，各类金融机构可以在全社会范围内集中闲置的货币资金，并将其运用到社会再生产过程中去，促进了储蓄向投资转化，从而提高了社会资金的利用效率，推动了经济发展。

（三）降低交易成本

交易成本包括对资金商品的定价、交易过程中的费用和时间的付出、机会成本等。对于个体借贷者而言，个体贷款者提供的资金数量有限、期限相对较短，与借款人对资金的数量、期限要求难以一致，因此，融资交易的单位成本较高，资金供应也比较紧张，这样的融资基础使高利贷极易产生。当极高的贷放利率超过社会生产的平均利润率时，借款人的资金需求就会受到抑制，社会融资就会受到阻碍。此外，融资交易的完成需要经调查、谈判、签约等环节才能最终完成，在每一个环节都要有一定的费用和时间的支出成本。对个体投资者来说，需要付出大量的时间和成本支出用于搜集、掌握、分析和评估与投资有关的信息；而借款人在考虑借入资金时，除了资金商品价格的高低因素外，也还需要考虑其他费用支出等成本因素，投资者就可能放弃这笔交易，借款人也会终止向他人融资。因此，能否以较低的融资交易成本完成融资活动，成为社会融资活动顺畅进行的关键。

金融机构利用筹集到的各种期限不同、数量大小不一的资金进行规模经营，可以合理控制利率、费用、时间等成本，使投融资活动最终以适应社会经济发展需要的交易成本来进行，从而满足不断增长的投融资需要。

（四）提供金融服务便利

提供金融服务便利功能是指金融机构为各部门的投融资活动提供专业性的辅助与支持性的服务，主要表现在对各种企业和居民家庭、个人开展广泛的理财服务以及对发行证券融资的企业提供融资代理服务。比如，投资者或筹资者必须花费一定时间来掌握投资或筹资的知识和技能，要花时间搜寻必要的相关信息，由于个人资金实力或能力有限，其投资或融资效果往往不佳。如果金融机构出面为各种客户提供投资或者筹资方面的服务，则会大大提高投资效果或筹资效率，因为金融机构中都有专业的投融资经理人，能够比个人或企业更加胜任投资或筹资工作，而且通过日常对资金的运用，更加强了获取信息能力和操作资金的能力，便于降低投融资的单位成本。

（五）改善信息不对称

信息不对称是指交易中的双方拥有的信息不同。例如，对于贷款项目存在的潜在收益和风险，借款者通常比贷款者了解得更多一些。要避免由信息不对称而产生的风险问题，就需要尽可能地收集信息、筛选信息，只有拥有更多的信息，越强的辨识、筛选信息的能力，才越可能改善信息不对称现象。

金融机构可以改善信息不对称正是由于其具有强大的信息收集、信息筛选和信息分析优势。首先，在提供支付结算的服务过程中，金融机构可以通过客户开立的账户了解客户的个性化信息，如信用历史、基本财务状况等，从而可以掌握客户发展的基本动态；其次，金融机构从业人员的专业知识和素质，使其具有较强的信息筛选和信息分析能力；最后，金融机构的规模经营能够使获得信息的单位成本大大降低。由此可见，金融机构利用自身的优势能够及时搜集、获取比较真实完整的信息，通过专业分析，选择合适的借款人和投资项目，对所投资的项目进行专业化的监控，从而有利于投融资活动的顺利进行，不仅节约了信息处理成本，而且可以提供专业化的信息服务。

（六）转移与管理风险

金融机构转移与管理风险的功能是指金融机构通过各种业务、技术和管理，分散、转移、控制或减轻金融、经济和社会活动中的各种风险。金融机构转移与管理风险的功能主要体现为它在充当金融中介过程中，为投资者分散风险并提供风险管理服务。如商业银行的理财业务及信贷资产证券化活动、信托投资公司的信托投资、投资基金的组合投资、金融资产管理公司的资产运营活动都具有该功能。此外，通过保险和社会保障机制对经济与社会生活中的各种风险进行的补偿、防范或管理，也体现了这一功能。

第二节 中国金融机构体系

随着商品经济发展，金融需求的扩大和多样化，种类繁多的金融机构逐渐产生并发展起来。从世界范围来看，一个国家建立怎样的金融机构体系，主要取决于该国一定时期的经济发展水平和基本的经济管理制度，同时也受到社会公众对金融服务的需求变化、法律法规制度的完善、新技术发展变化的影响，因此，国家金融机构体系是一个动态演进变化的过程，不同时期、不同社会制度下的金融机构体系存在着较大的差异。我国金融机构的历史演变明显体现了这一点。

一、新中国成立前的金融机构体系

我国在西周时期就有专司政府信用的机构"泉府"，西汉时期有私营高利贷机构"子前家"。唐朝之后，金融业有了进一步的发展。到了明末清初，以票号、钱庄为代表的旧式金融业已十分发达。但数千年的封建社会使我国的商品经济发展十分缓慢，内生的金融需求少，当西方资本主义国家先后建立起现代的金融机构体系的时候，我国的典当行、钱庄、票号等仍停留在高利贷性质的旧式金融机构。

19世纪中叶，随着我国东南沿海门户被打开，资本主义大工业生产经营方式在我国的推进，票号、钱庄等旧式的金融业已不能适应生产方式发展的需要。为适应中外贸易和民族资本主义工商业发展的需要，1845年英商东方银行在香港和广州设分行和分理处，1847年设立上海分行，即丽如银行，成为我国第一家外商新式银行。1897年，我国民族资本自建的第一家股份制银行——中国通商银行在上海设立，标志着中国现代银行信用制度的开端，我国首家民族保险业是1865年华商设立的义和公司保险行。1882年，首家民族证券公司——上海平准股票公司成立。之后，各类现代金融机构陆续建立起来。

二、新中国金融机构体系的建立与发展

新中国金融机构体系的建立与发展大致可分为以下几个阶段：

（一）初步形成阶段（1948~1953年）

1948年12月1日，在原华北银行、北海银行、西北农民银行的基础上建立了中国人民银行，它标志着新中国金融机构体系的开始。新中国成立以后，中国人民银行接管和没收了官僚资本银行，将革命根据地和解放区的银行分别改造为中国人民银行的分支机构，并对民族资本主义银行、私人钱庄进行了社会主义改造。通过这些措施，中国人民银行逐渐成为全国唯一的国家银行，奠定了国有金融机构居于支配地位的新中国金融机构体系的基础。

（二）高度集中的金融机构体系（1953~1978年）

1953年，我国开始大规模、有计划地进行经济建设，在经济体制与管理方式上实行了高度集中统一的计划经济体制及计划管理方式。与之对应，金融机构体系也实行了高度集中的模式。这个模式的基本特征为：中国人民银行是全国唯一一家办理各项银行业务的金融机构，集中央银行和普通银行于一身，其内部实行高度集中管理，利润分配实行统收统支。这种模式对当时的经济发展起到了一定的促进作用，但统得过死，不利于有效地组织资金融通，不利于调动各级银行的积极性。

（三）初步改革和突破高度集中金融机构体系（1979~1983年）

1979年开始的经济体制改革客观上要求改变高度集中的金融机构体系。1979年中国银行从中国人民银行中分列出来，作为外汇专业银行，负责管理外汇资金并经营对外金融业务；同年，恢复中国农业银行，负责管理和经营农业资金；1980年，我国实行基建投资"拨改贷"后，中国建设银行从财政部分设出来，最初专门负责管理基本建设资金，1983年开始经营一般银行业务。这些金融机构各有明确的分工，打破了人民银行一家包揽的格局。但人民银行仍然集货币发行和信贷于一身，不能有效地对专业银行和金融全局进行领导、调控与管理。因此，我国有必要建立真正的中央银行和商业银行相分离的二级银行体制。

（四）多样化的金融机构初具规模（1983~1993年）

在此期间，我国进行一系列的改革：1983年9月，国务院决定中国人民银行专门行使中央银行职能；1984年1月，单独成立中国工商银行，承担原来由中国人民银行办理的信

贷和储蓄业务；1986年以后，交通银行、中信银行、广东发展银行、招商银行等陆续出现；与此同时，一些非银行金融机构如中国人民保险公司、光大金融公司、各类财务公司、城乡信用合作社及金融租赁公司等被批准成立。

（五）社会主义市场金融机构体系的逐步完善阶段（1994年至今）

1994年，国务院决定进一步改革金融体制。逐步建立了中央银行宏观调控下的政策性金融与商业性金融分离、以国有商业银行为主体的多种金融机构并存的金融机构体系。1994年，开始分离政策性金融与商业性金融，成立三大政策性银行。1995年，成立了第一家民营商业银行即中国民生银行。与此同时，清理整顿城市信用社，在各大中城市组建城市合作银行，1998年，更名为城市商业银行。为了加强对金融机构的监管，1992年，成立了中国证券业监督管理委员会，1998年，成立了中国保险业监督管理委员会，2003年，成立了中国银行业监督管理委员会，这一分业经营、分业监管的金融机构体系目前仍处在完善过程中。

三、我国现行金融体系

（一）金融监督管理机构

2017年7月，第五次全国金融工作会议上确立了中央为主、地方为辅的双层金融监管体制。中央层面是由中国人民银行、中国银保监会、中国证监会、组成的"一行两会"。2023年3月，中共中央、国务院印发了《党和国家机构改革方案》。组建国家金融监督管理总局。国家金融监督管理总局在中国银行保险监督管理委员会基础上组建，将中国人民银行对金融控股公司等金融集团的日常监管职责、有关金融消费者保护职责，中国证券监督管理委员会的投资者保护职责划入国家金融监督管理总局。国家金融监督管理总局工作人员纳入国家公务员统一规范管理，执行国家公务员工资待遇标准。至此，中国金融监管体系从"一行两会"迈入"一行总局一会"新格局。

地方层面即各地的地方金融监督管理局（由"金融办"升级组建）。地方政府监管的对象包括"7+4"类金融机构，7类机构指小额贷款公司、融资担保公司、区域性股权市场、典当行、融资租赁公司、商业保理公司、地方资产管理公司，4类机构指辖区内投资公司、农民专业合作社、社会众筹机构、地方各类交易所。

下面重点介绍"一行两会"。

1. 中国人民银行。中国人民银行，简称央行，是我国的中央银行。所谓中央银行，是指专门制定和实施货币政策、统一管理金融活动并代表政府协调对外金融关系的金融管理机构。

中央银行是"发行的银行"，对调节货币供应量、稳定币值有重要作用。中央银行是"银行的银行"，它集中保管银行的准备金，并对它们发放贷款，充当"最后贷款者"。

中央银行是"国家的银行"，它是国家货币政策的制订者和执行者，也是政府干预经济的工具；同时为国家提供金融服务，代理国库，代理发行政府债券，为政府筹集资金；代表政府参加国际金融组织和各种国际金融活动。

中央银行所从事的业务与其他金融机构所从事的业务的根本区别在于，中央银行所从事的业务不是为了营利，而是为实现国家宏观经济目标服务，这是由中央银行所处的地位和性质决定的。

中央银行是国家最高的货币金融管理组织机构，在各国金融体系中居于主导地位。国家赋予其制定和执行货币政策，对国民经济进行宏观调控，对其他金融机构乃至金融业进行监督管理权限，地位非常特殊。

依照相关法律、法规，中国人民银行的主要职责为：

（1）拟订金融业改革和发展战略规划，承担综合研究并协调解决金融运行中的重大问题、促进金融业协调健康发展的责任，参与评估重大金融并购活动对国家金融安全的影响并提出政策建议，促进金融业有序开放。

（2）起草有关法律和行政法规草案，完善有关金融机构运行规则，发布与履行职责有关的命令和规章。

（3）依法制定和执行货币政策；制定和实施宏观信贷指导政策。

（4）完善金融宏观调控体系，负责防范、化解系统性金融风险，维护国家金融稳定与安全。

（5）负责制定和实施人民币汇率政策，不断完善汇率形成机制，维护国际收支平衡，实施外汇管理，负责对国际金融市场的跟踪监测和风险预警，监测和管理跨境资本流动，持有、管理和经营国家外汇储备和黄金储备。

（6）监督管理银行间同业拆借市场、银行间债券市场、银行间票据市场、银行间外汇市场和黄金市场及上述市场的有关衍生产品交易。

（7）负责会同金融监管部门制定金融控股公司的监管规则和交叉性金融业务的标准、规范，负责金融控股公司和交叉性金融工具的监测。

（8）承担最后贷款人的责任，负责对因化解金融风险而使用中央银行资金机构的行为进行检查监督。

（9）制定和组织实施金融业综合统计制度，负责数据汇总和宏观经济分析与预测，统一编制全国金融统计数据、报表，并按国家有关规定予以公布。

（10）组织制定金融业信息化发展规划，负责金融标准化的组织管理协调工作，指导金融业信息安全工作。

（11）发行人民币，管理人民币流通。

（12）制定全国支付体系发展规划，统筹协调全国支付体系建设，会同有关部门制定支付结算规则，负责全国支付、清算系统的正常运行。

（13）经理国库。

（14）承担全国反洗钱工作的组织协调和监督管理的责任，负责涉嫌洗钱及恐怖活动的资金监测。

（15）管理征信业，推动建立社会信用体系。

（16）从事与中国人民银行业务有关的国际金融活动。

（17）按照有关规定从事金融业务活动。

（18）承办国务院交办的其他事项。

2. 中国证券监督管理委员会。1992年10月，国务院证券委员会（简称国务院证券委）和中国证券监督管理委员会（简称中国证监会）宣告成立，标志着中国证券市场统一监管体制开始形成。国务院证券委是国家对证券市场进行统一宏观管理的主管机构。中国证监会是国务院证券委的监管执行机构,依照法律法规对证券市场进行监管。1998年4月,根据国务院机构改革方案,决定将国务院证券委与中国证监会合并组成国务院直属正部级事业单位。经过这些改革,中国证监会职能明显加强,集中统一的全国证券监管体制基本形成。中国证监会依照法律、法规和国务院授权,统一监督管理全国证券期货市场,维护证券期货市场秩序,保障其合法运行。

依照相关法律、法规,中国证监会的主要职责为:

(1) 研究和拟订证券期货市场的方针政策、发展规划;起草证券期货市场的有关法律、法规,提出制定和修改的建议;制定有关证券期货市场监管的规章、规则和办法。

(2) 垂直领导全国证券期货监管机构,对证券期货市场实行集中统一监管;管理有关证券公司的领导班子和领导成员。

(3) 监管股票、可转换债券、证券公司债券和国务院确定由证监会负责的债券及其他证券的发行、上市、交易、托管和结算;监管证券投资基金活动;批准企业债券的上市;监管上市国债和企业债券的交易活动。

(4) 监管上市公司及其按法律法规必须履行有关义务的股东的证券市场行为。

(5) 监管境内期货合约的上市、交易和结算;按规定监管境内机构从事境外期货业务。

(6) 管理证券期货交易所;按规定管理证券期货交易所的高级管理人员;归口管理证券业、期货业协会。

(7) 监管证券期货经营机构、证券投资基金管理公司、证券登记结算公司、期货结算机构、证券期货投资咨询机构、证券资信评级机构;审批基金托管机构的资格并监管其基金托管业务;制定有关机构高级管理人员任职资格的管理办法并组织实施;指导中国证券业、期货业协会开展证券期货从业人员资格管理工作。

(8) 监管境内企业直接或间接到境外发行股票、上市以及在境外上市的公司到境外发行可转换债券;监管境内证券、期货经营机构到境外设立证券、期货机构;监管境外机构到境内设立证券、期货机构、从事证券、期货业务。

(9) 监管证券期货信息传播活动,负责证券期货市场的统计与信息资源管理。

(10) 会同有关部门审批会计师事务所、资产评估机构及其成员从事证券期货中介业务的资格,并监管律师事务所、律师及有资格的会计师事务所、资产评估机构及其成员从事证券期货相关业务的活动。

(11) 依法对证券期货违法违规行为进行调查、处罚。

(12) 归口管理证券期货行业的对外交往和国际合作事务。

(13) 承办国务院交办的其他事项。

3. 国家金融监督管理总局。由原银保监会与证监会合并成立。2023年3月7日,根据国务院关于提请审议国务院机构改革方案的议案,组建国家金融监督管理总局。国家金融监督管理总局在中国银行保险监督管理委员会基础上组建。7月20日,国家金融监督管理总局31家省级监管局和5家计划单列市监管局、306家地市监管分局统一挂牌。10月12日,《中共中央办公厅 国务院办公厅关于调整中国人民银行职责机构编制的通知》将对金融控股公司等金融集团的日常监管职责,划入国家金融监督管理总局。将建立健全金融消费者保护基本制度职责,划入国家金融监督管理总局。

依照相关法律法规,国家金融监督管理总局的主要职责为:

（1）依法对除证券业之外的金融业实行统一监督管理，强化机构监管、行为监管、功能监管、穿透式监管、持续监管，维护金融业合法、稳健运行。

（2）对金融业改革开放和监管有效性相关问题开展系统性研究，参与拟订金融业改革发展战略规划。拟订银行业、保险业、金融控股公司等有关法律法规草案，提出制定和修改建议。制定银行业机构、保险业机构、金融控股公司等有关监管制度。

（3）统筹金融消费者权益保护工作。制定金融消费者权益保护发展规划，建立健全金融消费者权益保护制度，研究金融消费者权益保护重大问题，开展金融消费者教育工作，构建金融消费者投诉处理机制和金融消费纠纷多元化解机制。

（4）依法对银行业机构、保险业机构、金融控股公司等实行准入管理，对其公司治理、风险管理、内部控制、资本充足状况、偿付能力、经营行为、信息披露等实施监管。

（5）依法对银行业机构、保险业机构、金融控股公司等实行现场检查与非现场监管，开展风险与合规评估，查处违法违规行为。

（6）统一编制银行业机构、保险业机构、金融控股公司等的监管数据报表，按照国家有关规定予以发布，履行金融业综合统计相关工作职责。

（7）负责银行业机构、保险业机构、金融控股公司等的科技监管，建立科技监管体系，制定科技监管政策，构建监管大数据平台，开展风险监测、分析、评价、预警，充分利用科技手段加强监管、防范风险。

（8）对银行业机构、保险业机构、金融控股公司等实行穿透式监管，制定股权监管制度，依法审查批准股东、实际控制人及股权变更，依法对股东、实际控制人以及一致行动人、最终受益人等开展调查，对违法违规行为采取相关措施或进行处罚。

（9）建立除货币、支付、征信、反洗钱、外汇和证券期货等领域之外的金融稽查体系，建立行政执法与刑事司法衔接机制，依法对违法违规金融活动相关主体进行调查、取证、处理，涉嫌犯罪的，移送司法机关。

（10）建立银行业机构、保险业机构、金融控股公司等的恢复和处置制度，会同相关部门研究提出有关金融机构恢复和处置意见建议并组织实施。

（11）牵头打击非法金融活动，组织建立非法金融活动监测预警体系，组织协调、指导督促有关部门和地方政府依法开展非法金融活动防范和处置工作。对涉及跨部门跨地区和新业态新产品等非法金融活动，研究提出相关工作建议，按要求组织实施。

（12）按照建立以中央金融管理部门地方派出机构为主的地方金融监管体制要求，指导和监督地方金融监管相关业务工作，指导协调地方政府履行相关金融风险处置属地责任。

（13）负责对银行业机构、保险业机构、金融控股公司等与信息技术服务机构等中介机构的信息科技外包等合作行为进行监管，依法对违法违规行为开展调查，并对金融机构采取相关措施。

（14）参加金融业相关国际组织与国际监管规则制定，开展对外交流与国际合作。

（15）完成党中央、国务院交办的其他任务。

（二）商业银行体系

在我国的金融机构体系中，银行业一直占据着主要地位，商业银行业是我国金融业的主体。我国商业银行主要包括国有商业银行、股份制商业银行、城市商业银行。

1. 国有商业银行。国有商业银行也称国有控股大型商业银行，是指由国家（财政部、中央汇金公司）直接控股的商业银行，现在主要有：中国工商银行、中国农业银行、中国银行、中国建设银行、交通银行、邮政储蓄银行。

（1）中国工商银行，全称为中国工商银行股份有限公司（Industrial and Commercial Bank of China Limited，简称ICBC，工行），成立于1984年，是中国最大的商业银行。

（2）中国农业银行（Agricultural Bank of China，简称ABC，农行）是国际化公众持股的大型上市银行，最初成立于1951年，是新中国成立的第一家国有商业银行，2009年，中国农行由国有独资商业银行整体改制为现代化股份制商业银行，是中国金融体系的重要组成部分。

（3）中国银行，全称中国银行股份有限公司（Bank of China Limited），成立于1912年2月5日，是五大国有商业银行之一。中国银行作为中国国际化和多元化程度最高的银行，在中国内地、香港、澳门、台湾省及37个国家为客户提供全面的金融服务。主要经营商业银行业务，包括公司金融业务、个人金融业务和金融市场业务等多项业务。

（4）中国建设银行（China Construction Bank，简称建行）成立于1954年10月1日（当时行名为中国人民建设银行，1996年3月26日更名为中国建设银行），简称建设银行或建行，是国有五大商业银行之一。中国建设银行主要经营领域包括公司银行业务、个人银行业务和资金业务，在香港、台湾省、墨尔本等地设有分行，拥有建信基金、建信租赁、建信信托、建信人寿、中德住房储蓄银行、建行亚洲、建行伦敦、建行俄罗斯、建行迪拜、建银国际等多家子公司，为客户提供全面的金融服务。

（5）交通银行（Bank of Communications）始建于1908年（光绪三十四年），是中国早期四大银行之一，也是中国早期的发钞行之一。1986年7月24日，作为金融改革的试点，国务院批准重新组建交通银行。1987年4月1日，重新组建后的交通银行正式对外营业，成为中国第一家全国性股份制商业银行。交行分别于2005年、2007年先后在香港联合交易所、上海证券交易所上市，是第一家在境外上市的国有控股大型商业银行。中华人民共和国财政部、香港上海汇丰银行有限公司、全行社保基金理事会是交通银行前三大股东，截至2015年末共持有交通银行59.44%的股份。

（6）中国邮政储蓄银行（Postal Savings Bank of China，简称PSBC，邮储银行）可追溯至1919年开办的邮政储金业务，至今已有百年历史。2007年3月，在改革原邮政储蓄管理体制基础上，中国邮政储蓄银行正式挂牌成立。2012年1月，整体改制为股份有限公司。2016年9月，在香港联交所挂牌上市。2019年12月10日，在上海证券交易所上市。中国邮政储蓄银行是中国领先的大型零售商业银行，定位于服务社区、服务中小企业、服务"三农"，致力于为中国经济转型中最具活力的客户群体提供服务。邮储银行在全国31个省（市、自治区）全部设立了省级分行，在大连、宁波、厦门、青岛、深圳设有5个计划单列市分行。

2. 股份制商业银行。我国现有的全国性中小型股份制商业银行：招商银行、浦发银行、中信银行、中国光大银行、华夏银行、中国民生银行、广发银行、兴业银行、平安银行、恒丰银行、浙商银行、渤海银行等。这些银行成立之初就采取了股份制的企业组织形式，股本金来源除了国家投资外，还包括境内外企业法人投资和社会公众投资。

3. 城市商业银行。城市商业银行是中国银行业的重要组成和特殊群体，其前身是20世纪80年代设立的城市信用社，当时的业务定位是：为中小企业提供金融支持，为地方经济搭桥铺路。从20世纪80年代初至20世纪90年代，全国各地的城市信用社发展到了5 000多家。然而，随着中国金融事业的发展，城市信用社在发展过程中逐渐暴露出许多风险管理方面的问题。城市信用社已逐步转变为城市商业银行，为地方经济及地方居民提供金融服务。截至2017年末，全国共有的城市商业银行134家，营业网点近万个，遍及全国各个省（市、自治区），资产规模达到31.72万亿元，负债规模为29.53万亿元。

【延伸阅读】

我国商业银行上市时间表

一、上海（A股）

1987年，深圳特区6家信用社联合改制，成立深圳发展银行，5月10日以自由认购形式首次向社会公开发售人民币普通股，并于1987年12月22日正式宣告成立，成为国内第一家上市的银行。

1999年9月23日，浦发银行正式在上海证券交易所（A股）上市交易，是国内第二家上市交易的银行。

2000年12月19日，中国民生银行正式在上海证券交易所（A股）上市交易，是国内第三家上市交易的银行。

2002年3月，招商银行正式在上海证券交易所（A股）上市交易，是国内第四家上市交易的银行。

2003年7月21日，华夏银行正式在上海证券交易所（A股）上市交易，成为国内第五家上市银行。

2006年7月5日，中国银行在上海证券交易所（A股）上市交易。

2006年10月27日，中国工商银行A+H股同步上市。

2007年4月19日，中信银行在上海证券交易所（A股）上市交易。

2007年5月15日，交通银行在上海证券交易所（A股）上市交易。

2007年7月，南京银行成功在上海证券交易所（A股）上市交易，成为国内第一家登陆上交所的城市商业银行。

2007年9月19日，北京银行成功在上海证券交易所（A股）上市交易。

2007年9月25日，中国建设银行在上海证券交易所（A股）上市交易。

2010年7月15日，中国农业银行在上海证券交易所（A股）上市交易。

2010年8月19日，中国光大银行在上海证券交易所（A股）上市交易。

2016年8月2日，江苏银行在上海证券交易所（A股）上市交易。

二、深圳（B股）

2007年7月19日，宁波银行在深圳证券交易所（B股）挂牌上市。

三、香港（H股）

2005年6月23日，交通银行在香港证券交易所（H股）上市交易。

2005年10月27日，中国建设银行在香港证券交易所（H股）上市交易。

2006年6月1日，中国银行在香港证券交易所（H股）上市交易。

2006年9月22日，招商银行在香港证券交易所（H股）上市交易。

2006年10月27日，中国工商银行A+H股同步上市。

2007年4月19日,中信银行在香港证券交易所(H股)上市交易。

2009年11月26日,中国民生银行在香港证券交易所(H股)上市交易。

2010年7月16日,中国农业银行在香港证券交易所(H股)上市交易。

(三)政策性银行体系

政策性银行(policy lender/non-commercial bank)是指由政府发起、出资成立,为贯彻和配合政府特定经济政策和意图而进行融资和信用活动的机构。

政策性银行不以营利为目的,专门为贯彻、配合政府社会经济政策或意图,在特定的业务领域内,直接或间接地从事政策性融资活动,充当政府发展经济、促进社会进步、进行宏观经济管理工具。

1994年3月17日,国家开发银行在北京成立,主要承担国内开发型政策性金融业务,主要将资金投向国家基础设施、基础产业和支柱产业项目以及重大技术改造和高新技术产业化项目。

1994年7月1日,中国进出口银行在北京成立,主要承担大型机电设备进出口融资业务,主要为成套设备、技术服务、船舶、单机、工程承包、其他机电产品和非机电高新技术的出口提供卖方信贷和买方信贷。

1994年11月8日,中国农业发展银行在北京成立,主要承担农业政策性扶持业务,主要向承担粮棉油收储任务的国有粮食收储企业和供销社棉花收储企业提供粮棉油收购、储备和调销贷款。

国家开发银行、中国进出口银行、中国农业发展银行均直属国务院领导。

(四)农村中小金融机构

农村中小金融机构包括农村信用合作社、农村合作银行、农村商业银行和村镇银行等。农村信用合作社,指由社员入股组成、实行民主管理、主要为社员提供金融服务的农村合作金融机构。农村合作银行是由辖内农民、农村工商户、企业法人和其他经济组织入股组成的股份合作制社区性地方金融机构。农村信用合作社和农村合作银行都属于合作性金融机构。

农村商业银行是由辖内农民、农村工商户、企业法人和其他经济组织共同入股组成的股份制的地方性金融机构。农村合作银行和农村商业银行都是由农村信用合作社发展而来。符合条件的农村信用合作社和农村合作银行正在逐步改制为农村商业银行。

村镇银行是指由境内外金融机构、境内非金融机构企业法人、境内自然人出资,在农村地区设立的主要为当地农民、农业和农村经济发展提供金融服务的银行业金融机构。中国从2006开始启动村镇银行试点。村镇银行的建立,有效地填补了农村地区金融服务的空白,增加了农村地区的金融支持力度。

截至2018年初,中国有957家农村信用社、35家农村合作银行、1 289家农村商业银行和1 587家村镇银行。

(五)非银行金融机构

1. 证券机构。证券机构包括证券交易所、证券公司、证券登记结算机构、证券投资咨询公司、投资基金管理公司等。

(1)证券交易所。证券交易所是为证券集中交易提供场所和设施,组织和监督证券交易,实行自律管理的法人。证券交易所有公司制和会员制之分。中国的证券交易所是不以营利为目的,仅为证券的集中和有组织的交易提供场所、设施,并履行国家有关法律、法规、规章、政策规定的职责,实行自律性管理的会员制的事业法人。

中国内地有两家证券交易所,即 1990 年 12 月设立的上海证券交易所和 1991 年 7 月设立的深圳证券交易所。证券交易所的设立和解散,由国务院决定。

根据证券法的相关规定,证券交易所具有以下职能:

①为组织公平的集中竞价交易提供保障,公布证券交易即时行情,并按交易日制作证券市场行情表,予以公布。

②依照法律、行政法规的规定,办理股票、公司债券的暂停上市、恢复上市或者终止上市的事务。

③因突发性事件而影响证券交易正常进行时,证券交易所可以采取技术性停牌的措施;因不可抗力的突发性事件或者为维护证券交易的正常秩序,证券交易所可以决定临时停市;证券交易所采取技术性停牌或者决定临时停市,必须及时向中国证监会报告。

④对在交易所进行的证券交易实行实时监控,并按照国务院证券监督管理机构的要求,对异常的交易情况提出报告;对上市公司披露信息进行监督,督促上市公司依法及时、准确地披露信息。

⑤依照证券法律、行政法规制定证券集中竞价交易的具体规则,制定证券交易所的会员管理规章和证券交易所从业人员业务规则,并报国务院证券监督管理机构批准。

⑥对违反证券交易所交易规则的证券交易人给予纪律处分;对情节严重的,可撤销其交易资格,禁止其入场进行证券交易。

(2) 证券公司。证券公司又称券商,在中国是指依照公司法的规定并经国务院证券监督管理机构审查批准而成立的专门经营证券业务,具有独立的法人地位的金融机构。证券公司的设立必须经中国证监会依照法定的程序审查批准,未经中国证监会批准,不得经营证券业务。而且,如果证券公司需要设立或撤销分支机构、变更业务范围或者注册资本、变更公司章程、合并、分立、变更公司形式或解散,也必须经中国证监会批准。

(3) 证券登记结算机构。券登记结算机构是为证券交易提供集中登记、存管与结算服务、不以营利为目的的法人。证券登记结算机构履行的职能:①证券账户、结算账户的设立。②证券的托管和过户。③证券持有人名册登记。④证券交易所上市证券交易的清算和交收。⑤受发行人的委托派发证券权益。⑥办理与上述业务有关的查询。⑦国务院证券监督管理机构批准的其他业务。

(4) 证券投资咨询公司。证券投资咨询公司又称证券投资顾问公司,是指对证券投资者和客户的投融资、证券交易活动和资本运营提供咨询服务的专业机构。

(5) 投资基金管理公司。投资基金管理公司是基金产品的募集者和管理者,其主要职责是按照约定的基金合同,负责基金资产的投资运作,通过发售基金份额,将众多投资者的资金集中起来,形成独立财产,通过专家理财即科学的投资组合,在控制风险的基础上为基金的投资者争取利益最大化。

2. 保险公司。保险公司是经营保险业务的企业,是金融机构的一个重要组成部分。保险公司经营的基础是集中多数单位和个人的风险,用收取保险费的形式,建立保险基金,用于弥补投保人因自然灾害或意外事故造成的损失,或对个人因伤残死亡等给予物质补偿。

保险业务是建立在科学经营管理基础上的综合性经营活动,要求按照社会客观经济规律、自然规律、技术规律和保险业务本身规律，合理有效地组织经营活动。保险公司的保费收入是建立在大数法则和概率论基础上的，保险户数越多，承保范围越大，风险就越分散，既可以扩大保险的范围，提高社会保险的效益，也可以保证保险公司本身稳定；但也不是越大越好，若形成绝对垄断，也会把保险事业引向极端。

3. 金融资产管理公司。中国的金融资产管理公司是经国务院决定设立的收购国有独资商业银行不良贷款，管理和处置因收购国有独资商业银行不良贷款形成的资产的国有独资非银行金融机构。金融资产管理公司以最大限度保全资产、减少损失为主要经营目标，依法独立承担民事责任。

中国有四家资产管理公司，即中国华融资产管理公司、中国长城资产管理公司、中国东方资产管理公司、中国信达资产管理公司。分别接收从中国工商银行、中国农业银行、中国银行、中国建设银行剥离出来的不良资产。中国信达资产管理公司于1999年4月成立，其他三家于1999年10月分别成立。目前，金融资产管理公司正逐步发展成为以处置银行不良资产为主业、具备投资银行功能和国有资产经营管理功能的全能型金融控股公司。

4. 信托投资公司。"受人之托，代人理财"是信托的基本特征。信托是以信任为基础，委托人将其财产权委托给受托人，受托人按委托人的意愿，为受益人的利益或特定目的对信托财产进行管理或者处分，因此，信托的实质是一种财产管理制度，它与银行信贷、保险并称为现代金融业的三大支柱。中国的信托投资公司的主要业务有：经营资金和财产委托、代理资产保管、金融租赁、经济咨询、证券发行以及投资等。根据国务院关于进一步清理整顿金融性公司的要求，信托投资公司的业务范围主要限于信托、投资和其他代理业务，少数确属需要的经中国人民银行批准可以兼营租赁、证券业务和发行一年以内的专项信托受益债券，用于进行有特定对象的贷款和投资，但不准办理银行存款业务。

5. 财务公司。财务公司又称金融公司，是为企业技术改造、新产品开发及产品销售提供金融服务，以中长期金融业务为主的非银行机构。中国的财务公司不是商业银行的附属机构，是隶属于大型集团的非银行金融机构。我国财务公司的产生既是我国企业集团发展到一定程度的客观要求，又是我国经济体制改革和金融体制改革的必然产物。自1987年5月中国第一家企业集团财务公司，即东风汽车工业集团财务公司成立以来，截至2011年末，全国能源电力、航天航空、石油化工、钢铁冶金、机械制造等关系国计民生的基础产业和各个重要领域的大型企业集团几乎都拥有了自己的财务公司。

经银监会批准，中国财务公司可从事下列部分或全部业务：
（1）吸收成员单位三个月以上定期存款。
（2）发行财务公司债券。
（3）同业拆借。
（4）对成员单位办理贷款及融资租赁。
（5）办理集团成员单位产品的消费信贷、买方信贷及融资租赁。
（6）办理成员单位商业汇票的承兑及贴现。
（7）办理成员单位的委托贷款及委托投资。
（8）有价证券、金融机构股权及成员单位股权投资。
（9）承销成员单位的企业债券。
（10）对成员单位办理财务顾问、信用鉴证及其他咨询代理业务。

（11）对成员单位提供担保。
（12）境外外汇借款。
（13）经银监会批准的其他业务。

6. 金融租赁公司。金融租赁公司（Financial leasing companies）是指经中国银行业监督管理委员会批准，以经营融资租赁业务为主的非银行金融机构。所谓融资租赁业务，是指出租人根据承租人对租赁物和供货人的选择或认可，将其从供货人处取得的租赁物按合同约定出租给承租人占有、使用，向承租人收取租金的交易活动。

经中国银行业监督管理委员会批准，金融租赁公司的经营业务有：
（1）融资租赁业务。
（2）吸收股东1年期（含）以上定期存款。
（3）接受承租人的租赁保证金。
（4）向商业银行转让应收租赁款。
（5）经批准发行金融债券。
（6）同业拆借。
（7）向金融机构借款。
（8）境外外汇借款。
（9）租赁物品残值变卖及处理业务。
（10）经济咨询。
（11）中国银行业监督管理委员会批准的其他业务。

第三节　国际金融机构体系

国际金融机构主要指各国政府或联合国建立的国际金融机构组织，分为全球性国际金融机构和区域性国际金融机构。

一、全球性国际金融机构

全球性的国际金融机构主要有国际货币基金组织、世界银行集团、国际清算银行。

（一）国际货币基金组织（International Monetary Funds，IMF）

国际货币基金组织是根据布雷顿森林会议通过的《国际货币基金协定》成立的为协调国际间的货币政策和金融关系，加强货币合作的全球性金融机构，成立于1945年12月17日，总部设在华盛顿，目前，全世界绝大多数国家都加入了这一组织，中国是该组织的创始国之一，1980年4月17日国际货币基金组织正式通过决议恢复我国合法席位。国际货币基金组织的宗旨是：促进国际贸易的扩大和平稳发展；组织成员国共同研究和协商国际货币问题，增进国际货币合作；推动各国货币自由兑换，稳定汇率，避免竞争性的货币贬值；协助成员国建立多边支付制度，消除妨碍世界贸易增长的外汇管制；协助成员国克服国际收支困难；努力缩短和减轻国际收支不平衡的持续时间及程度。

国际货币基金组织的最高权力机构是理事会，由成员国选派理事和副理事各1人组成，理事会对有关国际金融重大事务的方针、政策作出决策，并就一些重大问题提交国际货币基金组织的常设机构——执行董事会处理。执行董事会由22人组成，董事由占有基金份额最多的国家和地区推选任命，其中7人分别由美、英、德、法、日、沙特和中国单独指派。

必要的资金来源是国际国币基金组织从事业务活动的基础，主要来自于成员国认缴的基金份额、借款、信托基金、捐赠款等方面。其中成员国认缴的基金份额是国际货币基金组织最主要的资金来源。份额多少决定了一国的地位和投票权，认缴的份额越大，投票权就越大，进而一国在决定重大国际金融事务中就具有重要的影响作用。份额的多少还会决定成员国能获得基金组织贷款的多少。借款也是国际货币基金组织的重要资金来源，但一般不向市场借款，国际货币基金组织曾多次向各国政府或政府集团或其他金融机构借款。除此之外，信托基金是一项临时性的资金来源，以及某些成员国的捐赠款或认缴的特种基金。

（二）世界银行集团（World Bank，WB）

世界银行集团由世界银行、国际金融公司、国际开发协会、国际争端处理中心、多边投资担保机构五个机构构成。

世界银行又称国际复兴开发银行，是根据布雷顿森林会议上通过的《国际复兴开发银行协定》于1945年12月成立的政府间国际金融机构，于1946年6月正式营业，总部设在华盛顿，世界银行历任行长都是美国人。

世界银行的宗旨是：促进生产性投资，协助成员国恢复受战争破坏的经济和鼓励不发达国家的资源开发；通过提供担保和参与私人投资，促进私人对外投资；通过鼓励国际投资，促进国际贸易长期均衡发展，国际收支平衡，生产能力提高，生活水平和劳动条件改善；对有用而急需的项目提供贷款和担保；注意国际投资对成员国商业情况的影响。

世界银行的最主要资金来源是成员国认缴的份额。其次，世界银行可以通过借款，即在国际资本市场发行债券，或将贷出款项的债权转让给商业银行等方式进行业务活动。

国际金融公司的宗旨是通过向成员国私人企业投资或提供没有政府的担保的贷款，促进不发达或转型国家私人企业的发展和资本市场的发育。1956年成立，总部设在华盛顿，属世界银行集团，是世界上为发展中国家提供贷款最多的多边金融机构。资金来源主要是成员国认缴的股本、借入资本和营业收入；资金运用主要是提供长期的商业融资。其业务宗旨是促进发展中国家私营部门投资，从而减少贫困，改善人民生活。国家金融公司利用自有资源和在国家金融市场上筹集的资金为项目融资，同时向政府和企业提供技术援助和咨询。

多边担保机构成立于1988年，其宗旨是通过向外国私人投资者提供包括征收风险、货币转移限制、违约、战争和内乱风险在内的政治风险担保，并通过向成员国政府提供投资促进服务，加强其吸引外资的能力，从而促使外国直接投资流入发展中国家。

国际开发协会是世界银行专门为发展中国家提供赠款和长期优惠贷款而于1960年9月设立的附属机构，总部设在华盛顿。其宗旨是专门向不发达国家提供优惠的长期信贷，促进其经济发展和国内居民生活水平的提高，推动世界银行目标的实现。这种贷款具有援助性质，我国曾是这种贷款的承受国，但随着综合国力的提高，于1999年7月1日不再接受国际开发协会这类贷款。

（三）国际清算银行（Bank for International Settlement，BIS）

国际清算银行是于1930年5月17日根据《海牙国际协定》，由英国、法国、德国、意大利、比利时和日本六国的中央银行以及美国摩根保证信托公司、花旗银行共同出资组建的国际金融机构，总部设在瑞士巴塞尔。其宗旨是促进国际货币金融领域的合作并为各国中央银行服务，增进成员国中央银行之间的合作，目标就是促进货币金融稳定。国际清算银行以股份公司方式建立，其最高权力机构是股东大会。其85%的股权由成员国中央银行持有，其余15%为私人股权。日常业务由董事会负责，董事会下设三个主要机构：秘书处、货币经济部和银行部。其主要职能包括：为各国中央银行提供各种金融服务，帮助各国中央银行管理外汇储备；研究货币与经济问题，并协调国家间的货币政策；协助执行各种国际金融协定。

二、区域性的金融机构

（一）亚洲开发银行（Asian Development Bank，ADB）

亚洲开发银行是西方国家与亚洲太平洋地区发展中国家合办的政府间的金融机构，1966年在东京成立，总行设于菲律宾的首都马尼拉。其最高权力机构是理事会，由每个成员国指派1名理事组成，下设董事会，执行理事会授予的权力，负责银行的经营管理。成员国的投票权由两部分组成：基本投票权占股权的20%，按成员国平均分配；比例投票权按每认购1万美元增加1票的方式分配。目前在亚洲开发银行中拥有最多投票权的国家是日本、美国和中国。

亚洲开发银行的宗旨是通过向成员国提供贷款、投资和技术援助，协调成员国在经济、贸易和发展方面的政策，并与联合国及其专门机构进行合作，促进亚太地区经济的发展。

亚洲开发银行的资金来源主要是成员国认缴的股本，其次是借款、发行债券以及某些国家的捐赠款和由营业收入累积的资本。其主要业务是向亚太地区的成员国政府及其所属机构、境内公私企业以及与发展本地区有关的国际性或地区性组织提供长期贷款。贷款分为普通贷款和特别基金贷款两种。涉及众多部门，其中农业和农产品加工业、能源及交通运输业是亚行发放贷款的重点部门。

（二）非洲开发银行（African Development Bank，AFDB）

非洲开发银行是在联合国非洲经济委员会的帮助下于1963年9月成立的，1966年7月正式开业，是非洲国家政府合办的互助性国际金融机构。行址设在科特迪瓦首都阿比让。非洲开发银行原本规定只有非洲国家才能认缴股本，1980年通过了欢迎非洲以外国家入股的决议。1985年5月，我国正式参加了非洲开发银行。

非洲开发银行的宗旨是为成员国经济和社会发展提供资金，促进成员国的经济发展和社会进步，帮助非洲大陆制定发展的总体规划，协调各国的发展计划。资金主要来源是成员国认缴的股本，主要任务是向成员国提供普通贷款和特别贷款。特别贷款条件优惠，期限很大，最长可达50年，贷款不计利息，主要用于大型工程项目建设，贷款对象仅限于成员国。

（三）泛美开发银行（Inter-American Development Bank，IADB）

泛美开发银行，也称美洲开发银行，是由美洲及美洲以外的国家联合建立、主要向拉丁美洲国家提供贷款的金融机构，是根据美洲国家组织1959年在华盛顿达成的协议，于1960年10月正式营业。20世纪70年代以后一些欧洲国家和亚洲国家也参加了该银行，它的贷款主要分为四类：①普通贷款，贷款利率比其他种类高，以所借货币偿还。②特种业务基金，其利率较低，可部分用本国货币偿还。③社会进步信托基金，用于资助低收入地区的住房建设、乡村开发、高等教育等。④其他基金，这是发达国家转给该行管理的款项，主要用于能源、工矿业和农渔业。

泛美开发银行的宗旨是集中美洲各国财力，对中、南美洲发展中成员国的经济和社会发展提供资金和技术援助。该银行的资金来源有成员国认缴的股本和银行借款两大部分，资金运用主要是向成员国提供贷款。

（四）亚洲基础设施投资银行

亚洲基础设施投资银行（Asian Infrastructure Investment Bank，简称亚投行，AIIB）是一个政府间性质的亚洲区域多边开发机构，重点支持基础设施建设，成立宗旨是促进亚洲区域的建设互联互通化和经济一体化的进程，并且加强中国及其他亚洲国家和地区的合作，是首个由中国倡议设立的多边金融机构，总部设在北京，法定资本1 000亿美元。截至2019年7月13日，亚投行有100个成员国。

1. 亚投行的主要宗旨：通过在基础设施及其他生产性领域的投资，促进亚洲经济可持续发展、创造财富并改善基础设施互联互通；与其他多边和双边开发机构紧密合作，推进区域合作和伙伴关系，应对发展挑战。

2. 主要职能：为履行其宗旨，银行应具备以下职能：

①推动区域内发展领域的公共和私营资本投资，尤其是基础设施和其他生产性领域的发展。

②利用其可支配资金为本区域发展事业提供融资支持，包括能最有效支持本区域整体经济和谐发展的项目和规划，并特别关注本区域欠发达成员的需求。

③鼓励私营资本参与投资有利于区域经济发展，尤其是基础设施和其他生产性领域发展的项目、企业和活动，并在无法以合理条件获取私营资本融资时，对私营投资进行补充。

④为强化这些职能开展的其他活动和提供的其他服务。

本章小结

一、重要概念

金融机构　　商业性金融机构　　银行类金融机构　　政策性银行

二、思考题

1. 简述金融机构的含义及其功能。
2. 简述我国现行的金融机构体系。
3. 我国金融管理机构有哪几家？各自的职责是什么？
4. 简要介绍国际金融机构体系。

第七章　商业银行

本章核心内容

1. 商业银行是随着商品经济的发展而产生和发展的。商业银行作为最重要的金融企业，是现代金融体系的主体。商业银行具有信用中介、支付中介、信用创造、金融服务、调节经济等职能，能对整个社会经济活动产生重要影响。

2. 商业银行的业务通常可以分为三大类：负债业务、资产业务和表外业务。

3. 商业银行在经营管理中应坚持流动性、安全性和盈利性的"三性原则"。

4. 商业银行管理理论经历了资产管理、负债管理、资产负债综合管理、资产负债表内表外统一管理四个阶段。

商业银行是现代金融体系的主体，是金融服务业务中历史最悠久、业务范围最广泛的金融组织形式。商业银行在商品交易和市场经济的发展中孕育、演变和发展，经过几百年的演进，现代商业银行已经成为各国经济活动中最主要的资金集散机构和金融服务机构，在现代市场经济运行中具有无法替代的作用。

第一节　商业银行概述

一、商业银行的产生与发展

汉语中的"银行"是指专门从事货币信用业务的机构。鸦片战争以后，西方金融机构开始进入中国，"银行"一词就成了英语 Bank 的中文译名。我国早在 11 世纪就出现了"银行"一词。当时，人们习惯把各类从事商业或生产小商品的机构称作"行"，即行业之意，如"布行""米行"等，"银行"即从事银器铸造与交易的行业。当外国金融机构进入我国后，人们又根据我国长期使用白银作为货币材料这一情况，将当时专门从事货币信用业务的外国金融机构——Bank 达意又形象地翻译为"银行"。

西方银行业的原始状态，可溯及公元前的古巴比伦时期。据大英百科全书记载，早在公元前 6 世纪，在巴比伦已有一家"里吉比"银行。考古发现，在公元前 2000 年以前，巴比伦的寺院已对外放款，而且放款是采用由债务人开具类似本票的文书，交由寺院收执，且此文书可以转让。公元前 4 世纪，希腊的寺院、公共团体、私人商号，也从事各种金融活动。但只限于货币兑换业性质，还没有办理放款业务。罗马在公元前 200 年也有类似希腊银行业的机构出现，但较希腊银行业又有所进步，它不仅经营货币兑换业务，还经营放贷、信托等业务，同时对银行的管理与监督也有明确的法律条文。罗马银行业所经营的业务虽不属于信用贷放,但已具有近代银行业务的雏形。

人们公认的早期银行的萌芽,起源于文艺复兴时期的意大利。"银行"一词英文称之为"Bank",是由意大利文"Banca"演变而来的。在意大利文中,Banca 是"长凳"的意思。最初的银行家均为祖居在意大利北部伦巴第的犹太人,他们为躲避战乱,迁移到英伦三岛,以兑换、保管贵重物品、汇兑等为业。在市场上人各一凳,据以经营货币兑换业务。倘若有人遇到资金周转不灵、无力支付债务时,就会招致债主们群起捣碎其长凳,兑换商的信用也即宣告破碎。英文"破产"为"Bankruptcy",即源于此。

早期银行业的产生与国际贸易的发展有着密切的联系。中世纪的欧洲地中海沿岸各国,尤其是意大利的威尼斯、热那亚等城市是著名的国际贸易中心,商贾云集,市场繁荣。但由于当时社会的封建割据,货币制度混乱,各国商人所携带的铸币形状、成色、重量各不相同,为了适应贸易发展的需要,必须进行货币兑换。于是,单纯从事货币兑换业并从中收取手续费的专业货币商便开始出现和发展了。随着异地交易和国际贸易的不断发展,来自各地的商人们为了避免长途携带而产生的麻烦和风险,开始把自己的货币交存在专业货币商处,委托其办理汇兑与支付。这时候的专业货币商已反映出银行萌芽的最初职能:货币的兑换与款项的划拨。随着接受存款的数量不断增加,商人们发现多个存款人不会同时支取存款,于是他们开始把汇兑业务中暂时闲置的资金贷放给社会上的资金需求者。最初,商人们贷放的款项仅限于自有资金,随着代理支付制度的出现,借款者即把所借款项存入贷出者之处,并通知贷放人代理支付。可见,从实质上看,贷款已不仅限于现实的货币,而是有一部分变成了账面信用,这标志着现代银行的本质特征已经出现。

现代商业银行的最初形式是资本主义商业银行,它是资本主义生产方式的产物。随着生产力的发展,生产技术的进步,社会劳动分工的扩大,资本主义生产关系开始萌芽。一些手工场主同城市富商、银行家一起形成新的阶级——资产阶级。由于封建主义银行贷款具有高利贷的性质,年利率平均在 20% ~ 30%,严重阻碍着社会闲置资本向产业资本的转化。另外,早期银行的贷款对象主要是政府等一批特权阶层而非工商业,新兴的资产阶级工商业无法得到足够的信用支持,而资本主义生产方式产生与发展的一个重要前提是要有大量的为组织资本主义生产所必需的货币资本。因此,新兴的资产阶级迫切需要建立和发展资本主义银行。

资本主义商业银行的产生,基本上通过两种途径:一是旧的高利贷性质的银行逐渐适应新的经济条件,演变为资本主义银行。在西欧,由金匠业演化而来的旧式银行,主要是通过这一途径缓慢地转化为资本主义银行。二是新兴的资产阶级按照资本主义原则组织的股份制银行,这一途径是主要的。这一建立资本主义银行的历史过程,在最早建立资本主义制度的英国表现得尤其明显。1694 年,在政府的帮助下,英国建立了历史上第一家资本主义股份制的商业银行——英格兰银行。它的出现,宣告了高利贷性质的银行业在社会信用领域垄断地位的结束,标志着资本主义现代银行制度开始形成以及现代商业银行的产生。从这个意义上说,英格兰银行是现代商业银行的鼻祖。继英格兰银行之后,欧洲各资本主义国家都相继成立了商业银行。从此,现代商业银行体系在世界范围内开始普及。

与西方的银行相比,中国的银行则产生较晚。中国关于银钱业的记载,较早的是南北朝时的寺庙典当业。到了唐代,出现了类似汇票的"飞钱",这是中国最早的汇兑业务。北宋真宗时,由四川富商发行的"交子",成为中国早期的纸币。到了明清以后,当铺是中国主要的信用机构。明末,一些较大的经营银钱兑换业的钱铺发展成为银庄。银庄产生初期,除兑换银钱外,还从事贷放。到了清代,才逐渐开办存款、汇兑业务,但最终在清政府的限制和外国银行的冲击下,走向衰落。中国近代银行业,是在19世纪中叶外国资本主义银行进入之后才兴起的。最早到中国来的外国银行是英商东方银行,其后各资本主义国家纷纷来华设立银行。在华外国银行在客观上对中国银行业的发展起了一定的刺激作用。为了摆脱外国银行支配,清政府于1897年在上海成立了中国通商银行,标志着中国现代银行的产生。

商业银行发展到今天,与其当时因发放基于商业行为的自偿性贷款从而获得"商业银行"的称谓相比,已相去甚远。今天的商业银行已被赋予更广泛、更深刻的内涵。特别是第二次世界大战以来,随着社会经济的发展,银行业竞争的加剧,商业银行的业务范围不断扩大,逐渐成为多功能、综合性的"金融百货公司"。

二、商业银行的性质

商业银行是以追求利润最大化为目标,通过多种金融负债筹集资金,以多种金融资产为其经营对象,能利用负债进行信用创造,并向客户提供多功能、综合性服务的金融企业。

(一) 商业银行具有一般的企业特征

商业银行是企业,具备企业的一般特征。如商业银行必须具备业务经营所需的自有资本,并达到管理部门所规定的最低资本要求;必须照章纳税;实行独立核算、自主经营、自担风险、自负盈亏、自我约束;以获取利润为经营目的和发展动力。

(二) 商业银行是特殊的企业

商业银行不是一般的企业,而是经营货币资金的金融企业。商业银行的经营对象不是普通商品,而是货币、资金;商业银行业务活动的范围不是生产流通领域,而是货币信用领域;商业银行不是直接从事商品生产和流通的企业,而是为从事商品生产和流通的企业提供金融服务的企业。

(三) 商业银行不同于其他金融机构

商业银行作为特殊银行,首先在经营性质和经营目标上,与中央银行和政策性金融机构不同。商业银行以盈利为目的,在经营过程中讲求盈利性、安全性和流动性原则,不受政府行政干预。其次商业银行与各类专业银行和非银行金融机构也不同。商业银行的业务范围广泛、功能齐全、综合性强,尤其是商业银行能够经营活期存款业务,它可以借助于支票及转账结算制度创造存款货币,使其具有信用创造的功能。

三、商业银行的职能

商业银行在现代经济活动中所发挥的职能主要有五个方面:信用中介、支付中介、信用创造、金融服务和调节经济。

(一) 信用中介

信用中介是指商业银行通过负债业务,把社会上的各种闲散资金集中到银行,再通过资产业务,把它投向需要资金的各部门,充当有闲置资金者和资金短缺者之间的中介人,实现资金的融通。商业银行在发挥这一信用中介职能时,充当了买卖"资本商品使用权"的角色。一方面通过支付利息吸收存款,另一方面又通过贷放货币资本或购买有价证券等投资活动收取利息和投资收益。这种收益与支出之间的差额便形成商业银行利润。只不过商业银行买卖的不是商品资本的所有权,而是商品资本的使用权。所以我们把商业银行的这种买卖活动称为信用中介。

信用中介是商业银行最基本、最能反映其经营活动特征的职能。发挥商业银行的信用中介职能,有利于社会闲置资本得到充分利用;使闲散货币转化为资本;也有利于续短为长,满足社会对长期资本的需要。

(二) 支付中介

支付中介是指商业银行利用活期存款账户,为客户办理各种货币结算、货币收付、货币兑换和转移存款等业务活动。商业银行通过存款在账户上的转移,代理客户支付,在存款的基础上,为客户兑付现款等,成为工商企业、团体和个人的货币保管者、出纳者和支付代理人。以商业银行为中心,形成经济过程中无始无终的支付链条和债权债务关系。

商业银行在发挥支付中介职能时,一方面有利于商业银行持续拥有稳定的资金来源;另一方面也有利于节约社会流通费用,加速资金周转。

(三) 信用创造

商业银行在信用中介职能和支付中介职能的基础上,产生了信用创造职能。商业银行能够吸收各种存款,并利用其所吸收的各种存款发放贷款,在支票流通和转账结算的基础上,贷款又转化为存款,在这种存款不提取现金或不完全提现的基础上,就增加了商业银行的资金来源,最后在整个银行体系,形成数倍于原始存款的派生存款。所以商业银行可以通过自己的信贷活动创造和收缩活期存款,而活期存款是构成货币供给量的主要部分,因此商业银行具有了信用创造功能。

(四) 金融服务

随着经济的发展,工商企业的业务经营环境日益复杂化,银行间的业务竞争也日益剧烈化。商业银行由于联系面广,信息灵通,特别是电子计算机在银行业务中的广泛应用,使其具备了为客户提供信息服务的条件。工商企业生产和流通专业化的发展,又要求把许多原来属于企业自身的货币业务转交给银行代为办理,如发放工资,代理支付其他费用等。个人消费也由原来的单纯钱物交易,发展为转账结算。随着金融市场的发展,企业和个人的金融投资也给商业银行提出了更多金融服务的要求。在强烈的业务竞争压力下,各商业银行也不断开拓服务领域,通过金融服务业务的发展,进一步促进资产负债业务的扩大,并把资产负债业务与金融服务结合起来,开拓新的业务领域。财务咨询、代理融通、信托、租赁、计算机服务、理财服务、金融衍生产品交易服务等各种金融服务应运而生。在现代经济生活中,金融服务已成为商业银行的重要职能。通过提供这些金融服务,商业银行一方面扩大了其社会联系面和市场份额;另一方面也为银行取得了可观的服务收入,同时,也加快了信息传播,提高了信息技术的利用价值,促进了信息技术的发展。

(五) 调节经济

调节经济是指商业银行通过其信用中介活动,调剂社会各部门的资金余缺,同时在中央银行货币政策的引导下,在国家其他宏观经济政策的影响下,实现调节经济结构、调节投资与消费比例,引导资金流向,实现产业结构的调整,发挥消费对生产的引导作用。有时,商业银行还可以通过在国际市场上的投资与融资活动,来调节本国的国际收支状况。

四、商业银行在国民经济中的地位

由于商业银行业务内容的广泛性，使得它对整个社会经济活动产生显著影响，并在国民经济中居于重要地位。

（一）商业银行是整个国民经济活动的中枢

商业银行的服务对象为全体社会成员，包括政府机构、各种类型的企业与社会组织、家庭与个人。它与全体社会成员之间存在着密切的资金借贷关系，并通过各种形式的结算业务为社会经济活动实现绝大部分的货币周转。它的存贷款业务活动直接影响并在相当大的程度上制约着企业和个人的经济活动和经营范围，影响着经济结构的变化。它的结算业务又可以加速社会资金流转，提高资金使用效率，并为企业的经营活动和个人日常生活带来极大的便利。在提供这些服务的过程中，商业银行也就自然成为整个国民经济活动的中枢。

（二）商业银行的业务活动对全社会的货币供给具有重要影响

由于商业银行是各种金融机构中唯一能接受活期存款的机构，于是商业银行通过为企业、个人和政府开设活期存款账户，一方面大量吸收活期存款，并提供转账结算服务；另一方面利用贷款、投资业务和支票转账结算服务引来派生存款，并通过派生存款的创造与消减影响社会货币供给，从而影响社会货币供给的规模。

（三）商业银行已成为社会经济活动的信息中心

商业银行通过其日常业务活动，详细地掌握了各行业、部门、企业及家庭个人等全面而准确的经济信息，并在此基础上为各部门、企业和个人提供投资咨询和财务咨询服务，从而成为社会经济活动的信息中心。

（四）商业银行已成为国家实施宏观经济政策的重要途径和基础

政府通过财政政策、货币政策等宏观经济政策对国民经济实行宏观调控时，商业银行是政策传导的重要途径和基础。当政府利用财政信用调节经济时，它所发行的政府债券有很大一部分是销售给商业银行的。当政府通过产业政策调整经济结构时，商业银行就会相应调整其贷款投向，以支持政府的产业政策。中央银行通过货币政策调节信贷规模、调节货币供应量，也主要是通过商业银行的业务活动具体进行的。

（五）商业银行已成为社会资本运动的中心

现代市场经济中，货币关系与信用关系广泛存在于经济和社会体系之中，银行业务使货币和信用活动与贸易和工商业活动紧密结合起来，商业银行和借贷资本运行、企业资本运动以及其他社会资本运动都有着密切的联系。商业银行的借贷资本是工商企业经营活动不可缺少的资金来源，企业的流动资金和固定资本缺口都需要向银行借贷。个人投资者在投资于不动产或有价证券等金融产品时，也常会因为资金短缺而向银行借贷。这样，便形成一种关系：商业银行通过存款吸收企业再生产过程中暂时闲置的货币资本和社会各部门的货币储蓄，然后通过贷款又转化为企业和个人的借入资本，加入社会资本的循环与周转。商业银行利用这种关系，无论贷与不贷，都将直接影响社会资本运动的速度与规模，并进而影响整个社会再生产进程，对扩大社会再生产规模起制约作用，对产业结构调整起引导作用。商业银行也因此成为社会资本运动的中心与社会资本集散地。

第二节　商业银行业务

商业银行业务通常可以分为三大类：负债业务、资产业务和表外业务。一般将商业银行的负债业务和资产业务统称为信用业务，表外业务则是信用业务的派生业务。了解商业银行业务最简便的途径是分析其资产负债表。表 7-1 为商业银行资产负债表简表，下面就以该表为基础介绍商业银行的业务构成。

表 7-1　　　　　　　　　　商业银行资产负债表简表

资产	负债和股东权益
现金	负债：
存放同业	各类存款
投资性证券	短期借款
各类贷款	债务资本
减：贷款损失准备	股东权益：
固定资产	普通股股本
其他资产	优先股股本
	资本盈余
	留存收益
总资产合计	负债和股东权益合计

一、负债业务

负债业务是商业银行筹措资金、借以形成资金来源的业务。负债业务是商业银行开展资产业务和其他业务的基础，是银行经营的先决条件。

商业银行的资金来源可分为银行资本和吸收外来资金两大类。

银行资本由普通股、优先股、资本盈余、资本性票据、资本性债券以及各项储备构成。根据《巴塞尔协议》的规定：实际缴足的、永久性的股东权益属于一级资本或核心资本，债务资本属于二级资本或附属资本。而吸收外来资金又包括主动负债和被动负债两部分，其中被动负债是指存款业务，主动负债是指商业银行其他短期借款和长期借款。

（一）存款业务

存款是银行负债业务中最重要的业务，是商业银行资金的主要来源。吸收存款是商业银行赖以生存和发展的基础，一般银行的存款都占到负债总额的 70% 以上。

商业银行的存款种类可以按不同的标准来划分：按性质可划分为活期存款、定期存款、储蓄存款等；按期限长短可划分为短期存款、中期存款、长期存款；按存款的经济来源可划分为工商业存款、农业存款、财政性存款、同业存款等。

1. 活期存款。活期存款是指可由存款人随时存取和转让的存款。它没有确切的期限规定，存款人可以开出支票、本票、汇票，转账，使用自动取款机或其他手段提取存款。在各种取款方式中,最传统的是支票取款,因此活期存款又称为支票存款。活期存款构成了商业银行的重要资金来源,也是商业银行创造信用的重要条件。因存款人可随时存取,活期存款的稳定性较低,商业银行只向客户免费或低费提供服务,一般不支付或较少支付利息。

2. 定期存款。定期存款是存款人一次存入、有一定期限的存款。期限有一个月、三个月、六个月和一年的短期存款,也有二至五年甚至更长的。存款期限越长,往往利率越高。与活期存款相比,定期存款具有较强的稳定性,且营业成本较低。因此,定期存款的资金利用率高于活期存款。定期存款款项稳定,是银行利用外来资金中可靠的构成部分,对于长期放款和投资业务具有重要意义。

3. 储蓄存款。储蓄存款主要是为居民个人积蓄货币收入和取得利息收入而开立的存款账户。储蓄存款业务多属于个人存款,一般不使用支票,而是采用存折、存单或银行卡,手续较简单。储蓄存款也可分为活期和定期两种,活期储蓄存款利率较低。近年来,随着银行业务的联网和自动存取款机的 24 小时不间断服务,使活期储蓄存款业务有了更广阔的发展前景。储蓄存款品种不断创新,有电话转账服务账户,自动转账账户,银证联网账户及个人退休金账户等。这些新型账户能为客户带来更便捷的服务。

(二) 其他负债业务

商业银行除了主要靠吸收存款形成资金来源外,还通过其他短期借款和长期借款开展负债业务,如同业拆借、向中央银行借款、转贴现、回购协议、发行金融债券等。

1. 同业拆借。同业拆借是指商业银行之间以及商业银行与其他金融机构之间的短期资金融通。主要用于支持日常性资金周转,它是商业银行解决短期资金余缺、调剂法定存款准备金头寸而融通资金的重要渠道。同业拆借期限一般较短,利率主要由资金市场供求状况决定。

2. 向中央银行借款。中央银行是金融体系中的"最后贷款人",当商业银行资金紧张时,可向中央银行借款。主要有两种形式:一是再贴现,即商业银行将其贴现买入的尚未到期的票据向中央银行再次贴现,票据的债权转移给中央银行,商业银行提前取得资金;二是再贷款,即商业银行以借款人的身份向中央银行申请贷款。

3. 转贴现。转贴现是指商业银行在资金临时不足时,将已贴现且未到期的票据,交给其他商业银行或贴现机构给予贴现,以取得资金融通。转贴现的期限一律从贴现之日起到票据到期日止,按实际天数计算。利率可由双方议定,也可以参照再贴现率为基础来确定。

4. 回购协议。回购协议是指商业银行在出售证券等金融资产时签订协议,约定在一定期限后按原定价格或约定价格购回所卖证券,以获得即时可用资金;协议期满时,再以即时可用资金作相反交易。回购协议有两种:一种是正回购协议,上面讲的回购协议即正回购协议;另一种是逆回购协议,是指商业银行买入证券一方同意按照约定期限和价格再卖出证券的协议。

5. 发行金融债券。前几种借款形式,形成商业银行主要的短期负债。商业银行的长期负债主要采用发行金融债券的方式。金融债券突破了商业银行原有存贷关系的束缚,它面向国内外金融市场筹资,筹资范围广泛,既不受银行所在地区资金状况的限制,也不受银行自身网点与人员数量的束缚;金融债券作为商业银行长期资金来源的主要途径,也能使银行能根据资金运用的项目需要,有针对性地筹集长期资金,使资金来源和资金运用在期限上保持对称。

二、资产业务

商业银行资产业务是指资金运用的业务。它是商业银行获得利润的主要途径。商业银行的资产业务主要包括现金资产、贷款、证券投资三大类。

(一) 现金资产

1. 现金资产的含义。现金资产是商业银行持有的库存现金以及与现金等同的可随时用于支付的银行资产。现金资产是商业银行所有资产中流动性最强的。商业银行作为高负债经营的金融企业,必须持有一定比例的现金等高流动性资产,以随时满足客户及自身的现金需要。

2. 现金资产的构成。商业银行的现金资产主要由以下四部分构成:

(1) 库存现金。库存现金是指商业银行保存在金库中的现钞和硬币。其主要作用是银行用来应付客户提现和银行本身的日常零星开支。库存现金是一种非盈利资产,不但不能直接给银行带来收益,还会花费银行大量的防护等费用。因此从经营的角度讲,库存现金不宜保存太多。库存现金的经营原则是保持适度的规模。

(2) 在中央银行存款。在中央银行存款是指商业银行存放在中央银行的资金,即存款准备金。商业银行在中央银行的存款准备金由两部分构成:一是法定存款准备金;二是超额存款准备金。

法定存款准备金是按照法定比率向中央银行缴存的存款准备金。规定缴存存款准备金的最初目的是为了银行备有足够的资金,以应付客户提现,避免因流动性不足而产生清偿力危机,导致银行破产。目前,存款准备金已经演变成中央银行调节信用的一种政策手段,在正常情况下一般不得运用,缴存法定比率的准备金具有强制性。超额存款准备金是指商业银行在中央银行的存款准备金账户中超过了法定存款准备金的那部分存款,主要用于支付清算、头寸调拨或作为资产运用的备用资金。法定存款准备金率即商业银行的法定存款准备金占其存款总额的比率。超额存款准备金率则指商业银行的超额存款准备金占其存款总额的比率。

(3) 存放同业存款。存放同业存款是指商业银行存放在代理行和相关银行的存款。在其他银行保持存款的目的,是为了便于银行在同业之间开展代理业务和结算收付。由于存放在同业的存款属于活期存款性质,可以随时支用,因而可以视同银行的现金资产。

(4) 在途资金。在途资金也称托收未达款或托收中现金。是指本行通过对方银行向外地付款单位或个人收取的票据款项。在途资金在收妥之前,是一笔占有的资金,又由于通常在途时间较短,收妥后即成为存放同业存款,所以也可以将其视同现金资产。

(二) 贷款

1. 贷款的含义。贷款也称放款,是商业银行作为贷款人按照一定的贷款原则和政策,以还本付息为条件,将一定数量的货币资金按一定的利率提供给借款人使用,并按约定到期收回本息的一种信用行为。贷款是商业银行的传统业务,是商业银行最主要的资产业务,也是商业银行利润的主要来源。

2. 贷款的分类。按不同的标准,商业银行贷款可以分成不同种类。参照我国《贷款通则》,对商业银行贷款按照以下几种标准划分:

(1) 按贷款期限分为短期、中期和长期贷款。短期贷款是指贷款期限在1年以内(含1

年）的贷款。中期贷款是指贷款期限在1年以上（不含1年）5年以下（含5年）的贷款。长期贷款是指贷款期限在5年以上（不含5年）的贷款。

（2）按贷款方式分为信用贷款、担保贷款和票据贴现。信用贷款是指商业银行完全凭借客户的信誉而无须抵押物或第三者担保而发放的贷款。

担保贷款分为保证贷款、抵押贷款和质押贷款。保证贷款是指按《中华人民共和国担保法》规定的保证方式以第三人承诺在借款人不能偿还贷款时，按约定承担一般保证责任或者连带责任而发放的贷款。抵押贷款是按《中华人民共和国担保法》规定的抵押方式以借款人或第三人的财产作为抵押物发放的贷款。质押贷款是指按《中华人民共和国担保法》规定的质押方式以借款人或第三人的动产或权利作为质押物发放的贷款。抵押贷款的抵押物主要是房产、机器设备、存货等；而质押贷款中的质押物主要是存单、有价证券等动产。

票据贴现是指贷款人以购买借款人未到期商业票据的方式发放的贷款。

（3）按信贷资金来源分为自营贷款、委托贷款和特定贷款。自营贷款是指贷款人以合法方式筹集的资金自主发放的贷款，其风险由贷款人承担，并由贷款人收回本金和利息。委托贷款是指由政府部门、企事业单位及个人等委托人提供资金，由贷款人（即受托人）根据委托人确定的贷款对象、用途、金额、期限、利率等代为发放、监督使用并协助收回的贷款，贷款人（受托人）只收取手续费，不承担贷款风险。特定贷款是指经国务院批准并对贷款可能造成的损失采取相应补救措施后责成国有股份为主的商业银行发放的贷款。

（4）按贷款的质量或占用形态分为正常、关注、次级、可疑和损失五类。正常类贷款是指借款人能够履行合同，有充分把握按时足额偿还本息。关注类贷款是指尽管借款人目前有能力偿还贷款本息，但存在一些可能对偿还产生不利影响的因素。次级类贷款是指借款人的还款出现明显问题，依靠其正常经营收入已无法保证足额偿还本息。可疑类贷款是指借款人无法足额偿还本息，即使执行抵押或担保，也肯定要造成一部分损失。损失类贷款是指在采取所有可能的措施和一切必要的法律程序之后，本息仍然无法收回，或只能收回极少部分。后三种是不良贷款。从2002年起，我国商业银行全面实行贷款五级分类制度，并按不同风险类型贷款提取准备金。

（三）证券投资

1. 商业银行证券投资的含义。商业银行证券投资是指商业银行运用其资金购买有价证券的业务活动。

2. 证券投资业务与贷款业务的区别。证券投资业务与贷款业务均属于商业银行的资产业务，但二者存在一些差异：

（1）贷款是基于借款的申请而办理，银行处于相对被动的地位；而证券投资则是银行的一种主动行为。对在金融市场上可以转让流通的各种有价证券，银行可以根据自身的资金实力和资产管理需要，主动选择和购买相应证券。

（2）贷款所涉及的是银行和借款人之间的双边关系，具有个性化的性质；而证券投资则是非个性化的，纯粹是一种社会化、标准化的市场交易行为。

（3）银行为了减少贷款风险，往往需要借款人提供抵押或担保；而证券投资作为一种市场行为，有法律和规定程序的保障，银行作为投资人不存在抵押或担保问题。

（4）在贷款交易中，银行一般总是处于主债权人地位；而在证券投资活动中，银行往往只是众多债权人或所有权人之一。

(5) 贷款大多不能流通转让,用于贷款的资金一般期满后才能收回;而证券投资则具有较高的流动性,银行所持有的证券可随时在证券市场上自由买卖和转让。

3. 商业银行证券投资的目的。商业银行从事证券投资的目的主要有三个:

(1) 获取收益。一般来说,商业银行持有的证券是其资产负债表中除贷款资产外的最大资产,因此,证券投资业务已成为商业银行获取收益的主要资产业务之一。商业银行通过证券投资增加收益有三种来源:一是通过购买有高利息的债券来实现,在贷款需求低迷时,证券就可以成为另一种收益来源;二是资本利得,当商业银行投资于以很高贴现价格出售的债券,其息票利率相对较低时,主要是通过资本利得来增加收益;三是通过合理避税来增加收益,商业银行投资的证券大都集中在国债和地方政府债券上,由于地方政府债券的信用等级比国债低,地方政府债券往往具有税收优惠(如对投资市政债券所获利息减免所得税等),因此,银行可以利用证券组合来进行合理避税,以增加收益。

(2) 进行风险管理,提高商业银行资产的安全性。商业银行可利用证券投资来有效管理利率风险、流动性风险、信用风险。在利率市场化环境下,商业银行常常利用缺口(包括资金缺口和持续期缺口)来控制利率风险。商业银行调整缺口的能力主要取决于其资产的流动性,在很多情况下贷款资产很难调整,而证券资产则可以在证券市场上买卖,很方便地进行调整,以实现商业银行的缺口管理战略。

(3) 保持资产的流动性。保持资产的流动性是商业银行业务的经营方针之一,流动性高低是衡量商业银行经营是否稳健的一个重要标志。由于证券能在活跃的二级市场交易,持有证券不仅可获得一定的收入,在必要时也可以迅速变现以满足银行的流动性需求,因此,保持资产的流动性也是商业银行证券投资的重要目的。

近年来,随着我国经济与金融的不断发展,我国商业银行的经营规模越来越大,资产与负债都在迅速增长。表7-2为我国商业银行近年来总资产、总负债统计表。

表7-2 我国商业银行近年来总资产、总负债统计表 单位:亿元

年份	总资产	总负债
2004	315 989.8	303 252.5
2005	374 696.9	358 070.4
2006	439 499.7	417 105.9
2007	525 982.5	495 675.4
2008	623 912.9	586 015.6
2009	787 690.5	743 348.6
2010	942 584.6	884 379.8
2011	1 132 873	1 060 779
2012	1 336 224	1 249 515
2013	1 480 467	1 379 242
2014	1 723 355	1 600 222
2015	1 993 454	1 841 401
2016	2 262 557	2 089 230
2017	2 524 040	2 328 704
2018	2 682 401	2 465 777
2019	2 825 146	2 582 396

资料来源:中国银行监督管理委员会,www.cbrc.gov.cn。

三、表外业务

(一) 表外业务的含义

表外业务指商业银行从事的，按通行会计准则不列入资产负债表内，不影响其资产总额，但能影响银行当期损益，改变银行资产报酬率的经营活动。商业银行通过代理客户办理收款、付款和其他委托事项，不需动用自己的资金，只是依托业务、技术、机构、信誉和人才等优势，提供各种金融服务并据以收取手续费。表外业务在银行的资产负债信用业务的基础上产生，并可以促使银行信用业务的发展和扩大。

广义上的表外业务是指不计入资产负债表的所有商业银行业务，包括两大类：一类是或有资产和或有负债类业务；一类是金融服务类业务。狭义的表外业务就是第一类或有资产和或有负债类业务。

或有资产和或有负债类业务是指那些未列入资产负债表，但同表内资产业务和负债业务关系密切，并在一定条件下会转为表内资产业务和负债业务的经营活动。主要包括担保或类似的或有负债、承诺或类似的或有资产及金融衍生业务等。

金融服务类业务是指商业银行以代理人的身份为客户办理的各种业务，目的是为了获取手续费收入。主要包括：支付结算类业务、银行卡业务、代理类中间业务、基金托管类业务和咨询顾问类业务等。

(二) 表外业务的种类

1. 支付结算类业务。是指由商业银行为客户办理因债权债务关系引起的与货币支付、资金划拨有关的收费业务。结算业务借助的主要结算工具包括银行汇票、商业汇票、银行本票和支票。结算方式，主要包括同城结算方式和异地结算方式。具体包括：

（1）汇款业务，是由付款人委托银行将款项汇给外地某收款人的一种结算业务。汇款结算分为电汇、信汇和票汇三种形式。

（2）托收业务，是指债权人或售货人为向外地债务人或购货人收取款项而向其开出汇票，并委托银行代为收取的一种结算方式。

（3）信用证业务，是由银行根据申请人的要求和指示，向收益人开立的载有一定金额，在一定期限内凭规定的单据在指定地点付款的书面保证文件。

（4）其他支付结算业务，包括利用现代支付系统实现的资金划拨、清算，利用银行内外部网络实现的转账等业务。

2. 银行卡业务。银行卡是由经授权的金融机构（主要指商业银行）向社会发行的具有消费信用、转账结算、存取现金等全部或部分功能的信用支付工具。

银行卡有多种类型，按是否可以透支，可分为借记卡和贷记卡两大类。借记卡又称为储蓄卡，持卡人只能在已存入卡内的资金额度内消费、转账或取现，不能透支。贷记卡也称信用卡，有一定的透支额度，当持卡人信用卡账户上的存款余额小于其消费支出额时，差额将自动转成持卡人对发卡单位的负债，透支超过一定期限后，持卡人要支付利息。发卡单位一般只向持卡人收取少量年费，其主要收入来源于持卡人的透支利息和特约商号的回扣费。特约商号之所以愿意接受信用卡支付方式，并向发卡单位支付回扣费，是因为可以借此扩大销售。

3. 代理类中间业务。代理类中间业务指商业银行接受客户委托、代为办理客户指定的经济事务、提供金融服务并收取一定费用的业务,包括代理政策性银行业务、代理中央银行业务、代理商业银行业务、代收代付业务、代理证券业务、代理保险业务、代理其他银行银行卡收单业务等。

(1) 代理政策性银行业务,指商业银行接受政策性银行委托,代为办理政策性银行因服务功能和网点设置等方面的限制而无法办理的业务,包括代理贷款项目管理等。

(2) 代理中央银行业务,指根据政策、法规应由中央银行承担,但由于机构设置、专业优势等方面的原因,由中央银行指定或委托商业银行承担的业务,主要包括财政性存款代理业务、国库代理业务、发行库代理业务、金银代理业务。

(3) 代理商业银行业务,指商业银行之间相互代理的业务,例如,为委托行办理支票托收等业务。

(4) 代收代付业务,是商业银行利用自身的结算便利,接受客户的委托代为办理指定款项的收付事宜的业务,例如,代理各项公用事业收费、代理行政事业性收费和财政性收费、代发工资、代扣住房按揭消费贷款还款等。

(5) 代理证券业务是指银行接受委托办理的代理发行、兑付、买卖各类有价证券的业务,还包括接受委托代办债券还本付息、代发股票红利、代理证券资金清算等业务。相关有价证券主要包括国债、公司债券、金融债券、股票等。

(6) 代理保险业务是指商业银行接受保险公司委托代其办理保险业务的业务。商业银行代理保险业务,可以受托代个人或法人投保各险种的保险事宜,也可以作为保险公司的代表,与保险公司签订代理协议,代保险公司承接有关的保险业务。代理保险业务一般包括代售保单业务和代付保险金业务。

(7) 其他代理业务,包括代理财政委托业务、代理其他银行银行卡收单业务等。

4. 担保及承诺类中间业务。担保类中间业务指商业银行为客户债务清偿能力提供担保,承担客户违约风险的业务。主要包括银行承兑汇票、备用信用证、各类保函等。

(1) 银行承兑汇票,是由收款人或付款人(或承兑申请人)签发,并由承兑申请人向开户银行申请,经银行审查同意承兑的商业汇票。

(2) 备用信用证,是开证行应借款人要求,以放款人作为信用证的收益人而开具的一种特殊信用证,以保证在借款人破产或不能及时履行义务的情况下,由开证行向收益人及时支付本利。

(3) 各类保函业务,包括投标保函、承包保函、借款保函等。

(4) 其他担保业务。

承诺类中间业务是指商业银行承诺在未来某一日期按照事前约定的条件向客户提供约定信用的业务,主要指贷款承诺,包括可撤销承诺和不可撤销承诺两种。

(1) 可撤销承诺附有客户在取得贷款前必须履行的特定条款,在银行承诺期内,客户如没有履行条款,则银行可撤销该项承诺。可撤销承诺包括透支额度等。

(2) 不可撤销承诺是银行不经客户允许不得随意取消的贷款承诺,具有法律约束力,包括备用信用额度、回购协议、票据发行便利等。

5. 交易类中间业务。交易类中间业务指商业银行为满足客户保值或自身风险管理等方面的需要,利用各种金融工具进行的资金交易活动,主要包括金融衍生业务。

（1）远期合约，是指交易双方约定在未来某个特定时间以约定价格买卖约定数量的资产，如利率远期合约和远期外汇合约。

（2）金融期货，是指以金融工具或金融指标为标的的期货合约。

（3）互换，是指交易双方基于自己的比较利益，对各自的现金流量进行交换，一般分为利率互换和货币互换。

（4）期权，是指期权的买方支付给卖方一笔权利金，获得一种权利，可于期权的存续期内或到期日当天，以执行价格与期权卖方进行约定数量的特定标的的交易。按交易标的分，期权可分为股票指数期权、外汇期权、利率期权、期货期权、债券期权等。

6. 投资银行业务。投资银行业务主要包括证券发行、承销、交易、企业重组、兼并与收购、投资分析、风险投资、项目融资等业务。

7. 基金托管业务。基金托管业务是指有托管资格的商业银行接受基金管理公司委托，安全保管所托管的基金的全部资产，为所托管的基金办理基金资金清算款项划拨、会计核算、基金估值、监督管理人投资运作。包括封闭式证券投资基金托管业务、开放式证券投资基金托管业务和其他基金的托管业务。

8. 咨询顾问类业务。咨询顾问类业务指商业银行依靠自身在信息、人才、信誉等方面的优势，收集和整理有关信息，并通过对这些信息以及银行和客户资金运动的记录和分析，并形成系统的资料和方案，提供给客户，以满足其业务经营管理或发展需要的服务活动。

（1）企业信息咨询业务，包括项目评估、企业信用等级评估、验证企业注册资金、资信证明、企业管理咨询等。

（2）资产管理顾问业务，指为机构投资者或个人投资者提供全面的资产管理服务，包括投资组合建议、投资分析、税务服务、信息提供、风险控制等。

（3）财务顾问业务，包括大型建设项目财务顾问业务和企业并购顾问业务。大型建设项目财务顾问业务指商业银行为大型建设项目的融资结构、融资安排提出专业性方案。企业并购顾问业务指商业银行为企业的兼并和收购双方提供的财务顾问业务，银行不仅参与企业兼并与收购的过程，而且作为企业的持续发展顾问，参与公司结构调整、资本充实和重新核定、破产和困境公司的重组等策划和操作过程。

（4）现金管理业务，指商业银行协助企业科学合理地管理现金账户头寸及活期存款余额，以达到提高资金流动性和使用效益的目的。

9. 其他类中间业务。包括保管箱业务以及其他不能归入以上八类的业务。

第三节　商业银行经营管理

商业银行是一个盈利性金融企业，与其他企业一样，其基本管理目标是实现银行价值的最大化。但是，由于商业银行是经营货币资金的借贷、交易并提供各种金融服务的特殊企业，其资金来源主要是各种存款和其他负债，因此在经营管理上有其特殊性。除以盈利为基本目标外，商业银行的经营活动还必须保证安全性和流动性。安全性、流动性和盈利性共同构成了商业银行的经营管理原则。这些原则贯穿于银行的各项业务活动，并在不同时期演化成不同的银行经营管理理论。

一、商业银行的经营原则

商业银行的经营面临着各种风险，如何在稳健经营的前提下保持适度的流动性，以实现银行利润最大化和银行市场价值最大化或股东利益最大化，是商业银行经营管理的最终目标。这就要求银行在经营管理中贯彻流动性、安全性和盈利性的"三性原则"。

（一）流动性

流动性是指银行能够随时收回资金或者付出资金的能力。流动性之所以成为商业银行三大经营原则之一，是由商业银行的经营特点所决定的。商业银行的现金流动最为频繁，整个经营活动都要经过现金收付来进行，因此银行资产必须保持足够的流动性。商业银行的资金来源大部分是存款和借款，定期存款和储蓄存款必须按期支付，活期存款必须随时满足客户的提取。银行资金来源的不稳定，要求其必须保持资产的流动性，以便在必要时，通过出售资产来满足提取存款和归还借款的资金需要。流动性是盈利性和安全性之间的平衡杠杆，商业银行不仅要面对随时要求付款的负债，还要面对许许多多的贷款要求，而银行的资产流动性差，就可能给银行带来经营危机。所以，商业银行要稳健运行，必须坚持流动性的经营原则。

（二）安全性

安全性是指银行的资产免遭风险，保障安全的可靠性程度。安全性原则对于商业银行的经营管理来说有其特殊的作用。因为商业银行经营的条件和对象特殊，商业银行的经营对象是货币，货币受许多复杂的客观因素的影响，又受中央银行的人为干预，资本成本、利率的变动基本无法预测。而且商业银行自有资本比较少，基本上是负债经营，只能利用较多的负债来维持其资本运转，因此就要特别注意其经营活动中的安全性。要想在竞争激烈的市场经济中发展壮大，商业银行就必须加强内部经营管理，严格遵循安全性原则。坚持安全性原则，有助于商业银行减少或者避免资产流失，也有利于在客户和公众中树立良好的形象，提高企业信誉，而且坚持安全性的原则，从宏观上来说有利于整个国民经济的稳定。要保持社会安定，就要稳定经济，要稳定经济就要稳定金融，要稳定金融就要稳定商业银行的信誉，要稳定商业银行的信誉就要坚持银行经营管理的安全性原则。

（三）盈利性

盈利性是指银行获得利润的能力。银行利润指各项收入减去各项支出的余额，具体地说，银行收入包括：贷款利息收入、同业拆借利息收入、中央银行存款利息收入、各种利差补贴收入、各项结算手续费收入、金银外汇业务收入等。银行支出包括：存款利息支出、同业拆借利息支出、各项业务费支出、职工工资支出、固定资产折旧支出、营业性支出等。其中对银行利润影响较大的因素是存贷款利差、其他业务手续费收入和管理费用。商业银行作为独立的企业法人，追求经济效益是其经营的核心目标，是银行经营的内在动力。因为，充足的盈利对商业银行的经营管理将发挥重要作用。首先，盈利水平的提高有利于银行充实资本，使银行扩大经营规模，从而赚取更多的利润。其次，较高的盈利水平，增加了银行的实力，提高了银行对客户的吸引力，增强了银行的信誉，有利于提高银行的竞争能力。商业银行的盈利性原则不仅对其自身管理意义重大，而且影响宏观经济活动。在市场经济环境下，商业银行提高效益的各项措施最终反映到经济规模、经济速度、经济结构、市场利率水平等宏观经济的诸多方面。所以说盈利性原则是商业银行重要的经营原则。

商业银行的流动性、安全性、盈利性是矛盾的统一体，相互对立又相互依存，不能单纯追求一个方面，也不能忽略一个方面。单纯追求盈利性而忽略安全性与流动性可能导致破产的危险，单纯追求安全性与流动性而不追求盈利性则可能在竞争中无法生存，也不安全。因此，应当三者统筹兼顾，也就是说在保证安全性和流动性的前提下，追求最大限度的收益。

二、商业银行经营管理理论

从现代商业银行产生至今，商业银行走过了漫长的历史过程。为了贯彻商业银行的经营原则，实现经营目标，商业银行非常注重经营管理。在长期的经营实践中，商业银行管理理论也在不断发展，经历了资产管理、负债管理、资产负债综合管理、资产负债表内表外统一管理四个阶段。

（一）资产管理理论

资产管理是商业银行的传统管理办法，主要研究如何把筹集到的资产恰当地分配到现金资产、证券投资、贷款和固定资产等不同资产上。商业银行的资产管理理论以资产管理为核心，早在17世纪和18世纪，资产管理就成为商业银行管理遵循的原则。商业银行资产管理理论历史上依次经历了由商业性贷款理论向资产转移理论和预期收入理论发展的演变过程。

1. 商业性贷款理论。商业性贷款理论是早期的资产管理理论，源于亚当·斯密的《国富论》一书。其基本观点为：存款是银行贷款资金的主要来源，而银行存款的大多数是活期存款，这种存款随时可能被提取，为了保证资金的流动性，商业银行只能发放短期的与商业周转有关的、与生产物资储备相适应的有偿性贷款，而不能发放不动产等长期贷款。银行贷款应该以商业行为为基础，以商业票据为凭证。

商业性贷款理论存在一定的局限性：①这种带有自偿特征的放款理论，不能满足经济发展对银行长期资金的需求，也限制了银行自身的发展。②忽视了银行存款的相对稳定性，没有充分利用长期负债。③忽视了短期贷款的风险性，且使银行的发展受制于经济周期及其带来的风险。

2. 资产转移理论。也称为可转换理论，最早由美国的莫尔顿于1918年在《政治经济学杂志》上发表的一篇论文中提出。其基本观点为：为了保持足够的流动性，商业银行最好将资金用于购买变现能力强的资产。这类资产一般具有以下条件：①信誉高，如国债或政府担保债券以及大公司发行的债券。②期限短，流通能力强。③易于出售。

资产转移理论的局限性：①证券价格受市场波动的影响很大，当银根紧缩时，资金短缺，证券市场供大于求，银行难以在不受损失的情况下顺利出售证券。②当经济危机发生使证券价格下跌时，银行大量抛售证券，却很少有人购买甚至不购买，这与银行投资证券以保持资产流动性的初衷相矛盾。

3. 预期收入理论。该理论是一种关于商业银行资产投向选择的理论，最早是由美国的普鲁克诺于1949年在《定期放款与银行流动性理论》一书中提出。其基本观点为：银行的流动性应着眼于贷款的按期偿还或资产的顺利变现，而无论是短期商业贷款还是可转让资产，其偿还或变现能力都以未来收入为基础。只要未来收入有保证就可以保证银行资产的流动性。

预期收入理论的局限性：①把预期收入作为资产经营的标准，而预期收入状况由银行自已预测，不可能完全精确。②在贷款期限较长的情况下，不确定性因素增加，债务人的经营情况可能发生变化，到时并不一定具有偿还能力。

(二) 负债管理理论

负债管理理论产生于 20 世纪 50 年代末期，盛行于 60 年代。该理论是以负债为经营重点，即以借入资金的方式来保证流动性，以积极创造负债的方式来调整负债结构，从而增加资产和收益。这一理论认为，银行保持流动性不需要完全靠建立多层次的流动性储备资产，一旦有资金需求就可以向外借款，只要能借款，就可通过增加贷款获利。负债管理理论历史上依次经历了由存款理论向购买理论和销售理论发展的三个阶段：

1. 存款理论。该理论曾今是商业银行负债的主要正统理论。其主要特征是它的稳健性和保守性，强调应按照存款的流动性来组织贷款，将安全性原则摆在首位，反对盲目存款和贷款，反对冒险谋取利润。其基本观点为：①存款是商业银行最主要的资金来源，是其资产业务的基础。②银行在吸收存款过程中是被动的，为保证银行经营的安全性和稳定性，银行的资金运用必须以其吸收存款沉淀的余额为限。③存款应当支付利息，作为对存款者放弃流动性的报酬，付出的利息构成银行的成本。

存款理论的局限性：①没认识到银行在扩大存款或其他负债方面的能动性。②没认识到负债结构、资产结构以及资产负债综合关系的改善对于保证银行资产的流动性、提高银行盈利性等方面的作用。

2. 购买理论。该理论是继存款理论之后出现的另一种负债理论，它对存款理论作了很大的否定。购买理论的基本观点为：①商业银行对存款不是消极被动，而是可以主动出击，购买外界资金。②商业银行购买资金的基本目的是为了增强其流动性。③商业银行吸收资金的适宜时机是在通货膨胀的情况下。直接或间接抬高资金价格，是实现购买行为的主要手段。

购买理论的局限性：助长商业银行片面扩大负债，加深债务危机，导致银行业恶性竞争，加重通货膨胀负担。

3. 销售理论。该理论是产生于 20 世纪 80 年代的一种银行负债管理理论。其基本观点为：银行是金融产品的制造企业，银行负债管理的中心任务就是迎合顾客的需要，努力推销金融产品，扩大商业银行的资金来源和收益水平。该理论给银行负债管理注入了现代企业的营销观念，即围绕客户的需要来设计资产类或负债类产品及金融服务，并通过不断改善金融产品的销售方式来完善服务。它反映了 20 世纪 80 年代以来金融业和非金融业相互竞争和渗透的情况，标志着金融机构正朝着多元化和综合化发展。

销售理论的局限性：未能很好地解决如何使银行盈利性与流动性和安全性统一的问题。

(三) 资产负债综合管理理论

资产负债综合管理理论产生于 20 世纪 70 年代末 80 年代初。无论是资产管理还是负债管理，都只是从一个侧面来对待银行的安全性、流动性和盈利性。因此很难避免顾此失彼或重此轻彼现象的发生。比如资产管理过于强调安全性和流动性，往往以牺牲盈利为代价；而负债管理过于强调依赖外部借款，增大了银行经营风险。20 世纪 70 年代，金融管制逐渐放松，银行的业务范围越来越大，同业竞争加剧，使银行在安排资金结构和保证获取盈利方面困难增加，客观上要求商业银行进行资产负债综合管理，由此产生了均衡管理的资产负债管理理论。

该理论的主要特点为：①综合性。即资产和负债管理并重。②适应性。即根据经济环境的变化不断调整自己的经营行为，加强动态管理。

该理论提出的基本经营原则为：①总量平衡原则。即资产与负债规模相互对称，统一平衡。②结构对称原则。即资产和负债的偿还期及利率结构对称。③分散性原则。即资金分配运用应做到数量和种类分散。

目前，各国商业银行在资产负债综合管理中普遍采用缺口管理法和资产负债比例管理法：

（1）缺口管理法。缺口管理是根据期限和利率等指标将资产和负债划分为不同类型，然后对同一类型的资产和负债的差额，即缺口进行分析管理。以利率指标为例，银行的资产和负债可以划分为利率敏感性的和利率非敏感性的。短期和浮动利率的资产或负债为利率敏感性的资产或负债。然后根据这两类资产负债的不同组合，银行可以有三种不同的缺口状态：零缺口、正缺口和负缺口。零缺口是利率敏感性资产数量等于利率敏感性负债数量；正缺口是利率敏感性资产数量等大于利率敏感性负债数量；负缺口是利率敏感性资产数量小于利率敏感性负债数量。利率敏感性缺口管理方法的基本思路是，银行可以根据利率变动的趋势，通过扩大或缩小利率敏感性资产与利率敏感性负债之间缺口的幅度，来调整资产和负债的组合及规模，以达到盈利的最大化。

（2）资产负债比例管理。资产负债比例管理是通过一系列的资产负债比例指标，如资本充足率、存贷款比例、中长期贷款比例、资产流动性比例、拆借资金比例等，来对商业银行的资产负债进行监控和管理，从而实现对银行资产与负债的规模与结构进行控制，以消除和减少风险的一种银行资产负债管理方法。银行通过资产负债比例管理，使银行资产实现合理增长，达到稳健经营，消除和减少风险的目的。资产负债比例不能狭义地理解为银行资产与其负债的比例，它是综合反映商业银行资产负债管理战略目标和工作策略的比例指标体系，同时，其中一些资产负债指标也是各国政府和中央银行监管商业银行运营的核心内容。

（四）资产负债表内表外统一管理

资产负债表内表外统一管理产生于 20 世纪 80 年代末。为了对商业银行的经营风险进行控制和监管，同时也为了规范不同国家的银行之间同等运作的需要，1987 年 12 月巴塞尔委员会通过了《统一资本计量与资本标准的国际协议》，即著名的《巴塞尔协议》。《巴塞尔协议》的目的：一是通过协调统一各国对银行资本、风险评估及资本充足率标准的界定，促使世界金融稳定；二是将银行的资本要求同其活动的风险，包括表外业务的风险系统地联系起来。

《巴塞尔协议》的通过是西方商业银行资产负债管理理论和风险管理理论完善与统一的标志。

本章小结

一、重要概念

商业银行　　信用中介　　负债业务　　资产业务　　贴现　　中间业务　　表外业务

二、思考题

1. 怎样认识商业银行的企业属性？
2. 商业银行的资金来源由哪几部分构成？为什么商业银行需要通过发行债券形成资金来源？
3. 商业银行的资产可分为哪几部分？现金作为基本没有收益的资产，是不是越少越好，为什么？
4. 比较商业银行贷款和证券投资这两类资产业务的异同。
5. 阐述商业银行的经营原则和"三性"之间的关系。
6. 商业银行资产负债综合管理的基本思想是什么？

第八章 中央银行

本章核心内容

1. 中央银行是一国金融体系的核心和最高的金融管理机构。中央银行既是为普通金融机构和政府提供金融服务的特殊金融机构，又是制定和实施货币政策、监督管理金融业的宏观管理部门。

2. 中央银行是"发行的银行""银行的银行""政府的银行"，在现代经济运行中起着特殊的作用。

3. 中央银行的业务活动有特定的业务原则和业务范围。业务项目与商业相似，但具体内容有很大的区别。

4. 中央银行对政府存在相对独立性。

当今世界绝大多数国家都实行中央银行制度。中央银行是一国金融体系的核心和最高的金融管理机构。为了保持经济稳定发展，努力实现国家宏观经济目标，中央银行制定一系列货币金融政策，其行为影响了所有商业银行和其他金融机构以及企业与社会公众，起着不可替代的作用。随着经济、金融和科技的迅速发展，现代经济体系与以往的经济体系相比，不论在运行方面，还是在组织管理方面，都有了极大的不同。中央银行在现代经济体系中的地位与作用已极为突出，它不但是整个金融运行的中心和全社会货币、信用的调节者，而且成为经济与社会稳定、健康发展的主要组织者和保证者。

第一节 中央银行概述

一、中央银行的产生与发展

（一）中央银行产生的原因

中央银行的历史起源大致可以追溯到17世纪中后期。在此之前，商业银行已经存在和发展了相当长的一段时期。17世纪后，随着西欧商品经济的快速发展和资本主义生产方式的兴起，商业银行普遍设立，货币关系和信用关系开始广泛存在于经济和社会体系中，信用制度和银行体系已成为当时商品经济运行体系的重要支撑。但是，当时的信用制度特别是银行体系还很脆弱，缺少有效、稳定的制度保证。因此，建立一种稳定的信用制度和银行体系就成为当时金融和经济发展最为迫切的问题之一。而解决的办法，就是建立中央银行。中央银行产生的历史必然性或导致中央银行产生的基本原因，主要是以下五个方面：

1. 关于银行券的发行问题。与金属货币相比较，银行券从宏观上看，其发行与流通虽然给商品经济带来了比金属货币流通时更为便利的条件,也使银行突破了金属货币量的限制,扩大了银行信用,为经济发展提供了动力,但随之也带来了一些新的问题。如早期的银行券是由不同商业银行发行的,货币不统一发行可能存在一系列问题。如部分银行无法保证兑换,引发信用危机;流通范围较小,影响商品贸易的发展;可能存在恶意欺诈;发行量可能超过客观需要,给经济发展带来不利影响,引起经济和社会的动荡等。因此,客观上要求银行券的发行权走向集中统一,由资金雄厚并且有权威的银行发行能够在全社会流通的货币。于是,国家就以法律限制或取消一般银行的银行券发行权的方式,将其发行权集中到几家以致最终集中到一家大银行。

2. 票据交换和清算问题。商品经济的发展,银行业务的扩大,使得银行收授票据的数量不断扩大,银行之间的债权债务关系日趋复杂,每天都有大量的资金需要清算,客观上要求有一个统一的票据交换和银行间债权债务的清算机构。1770 年,英国的私人银行组建了伦敦票据交换所,同时,许多私人或股份银行因英格兰银行代理国库业务,货币发行范围广、信誉高,也在该行经常保留一些存款。这就为建立统一的票据交换和资金清算奠定了基础。1854 年,各股份银行也参加了伦敦票据所。此后不久,英格兰银行就获得了最终的清算银行的地位。

3. 银行的支付保障能力,即"最后贷款人"问题。随着商品生产流通的扩大,对银行贷款的需求量也不断增加,为了满足借款人的资金需要,客观上对银行形成了减少支付准备、扩大银行券发行量的压力。但是,由于有些贷款不能按期偿还,或者出现突然性的大量提现,一些银行经常发生资金周转不灵、兑现困难的情况。这就在客观上迫切要求有一个信用卓著、实力强大并具有提供有效支付手段能力的机构,充当一般商业银行的最后支持者,即充当银行的"最后贷款人"。

4. 金融监督与管理问题。随着商品货币经济关系的发展,银行和金融业在整个社会经济关系中的地位和作用日益突出,金融运行的稳定成为经济稳定发展的重要条件。金融的稳定运行需要有一个公平、健全的规则和机制。而当时各个银行的运作一般是依据各自的经营原则进行的,尽管在运作过程中各银行之间也形成了某些约定,但这些约束的效力是有限的,这使金融活动经常出现无序甚至混乱状况。因此,要保证金融稳定,经济稳定,减少金融运行的风险,政府对金融业进行监督管理是极其必要的。这便是中央银行产生的又一个基本经济原因。

5. 政府融资问题。在资本主义制度确立的过程中,政府的职能与作用也越来越突出。政府职能的强化增加了开支,政府融资便成为一个重要问题。在各自独立发展的银行体系中,政府融资要与多家银行建立联系,且这种联系是极其松散的,这就为政府融资带来了不便。为了保证和方便政府融资,发展或建立一个与政府有密切联系、能够直接或变相为政府筹资或融资的银行机构,逐步成为政府要着力解决的重要问题。这也是中央银行产生的原因之一。

(二) 中央银行的发展历程

如果从 1656 年成立的瑞典银行算起,中央银行从产生到发展已走过三百多年的历程。中央银行制度的发展可以分为三个阶段:初创期、普遍推广期和强化期。

1. 中央银行的初创期。中央银行制度的初步形成期从 17 世纪末至第一次世界大战前期。这段时期中央银行的产生有两种模式:一是演进式,即由一家资信状况较好的大银行演变而成，以瑞典银行和英格兰银行为代表。二是创建型，即由政府直接建立，以美国联邦储备体系为代表。据不完全统计，这一时期世界上设立的中央银行有29家，设立于17世纪至18世纪的3家，19世纪21家，20世纪初5家。

1656年成立的瑞典银行是中央银行的先驱。瑞典银行最初是一般的私人银行，是欧洲最早发行银行券和办理证券抵押贷款的银行。1668年，政府出面将其改组为国家银行。1897年，瑞典政府又通过法案，将货币发行权集中于瑞典银行。瑞典银行的成立早于英格兰银行，但如果以集中货币发行为衡量中央银行的标志，则远远晚于英格兰银行。

英格兰银行成立于1694年，是现代中央银行的"鼻祖"，是银行发展史上的里程碑。英格兰银行成立后，政府授权其发行银行券和代理国库。1833年，英国议会规定只有英格兰银行发行的银行券具有无限法偿功能。1844年，议会通过《英格兰银行条例》，即《皮尔条例》，给予英格兰银行在货币发行方面更大的特权，逐渐成为英国唯一的发行银行。

美国联邦储备体系成立于1914年，它的产生也经历了一个长期的探索过程。1776年美国独立，1782年美国建立了具有现代意义的第一家银行——北美银行，1791年经国会批准改组为美国第一银行，联邦政府持股五分之一。主要业务为发行货币、接受政府存款，向政府贷款、办理普通银行业务、控制和调节州银行的货币信用规模，于1811年解散。1816年，美国国会特许成立美国第二银行，于1836年关闭。1863年，美国政府决定建立国民银行制度，设立专门监督国民银行的"货币监理署"，建立货币发行制度。1913年，美国国会通过《联邦储备法案》，1914年1月，美联储正式成立。

中央银行在初创期有以下几个特点：主要产生于金融经济较早发达的地区，以演进式为主；政府的需要是直接动因；中央银行职能在逐步完善。

2. 中央银行制度的普遍推广期。中央银行制度的普遍推广期是指从第一次世界大战开始到第二次世界大战结束这段时期。第一次世界大战后，很多国家出现恶性通货膨胀，货币信用稳定和社会经济发展对中央银行提出了更高要求。以1920年召开的布鲁塞尔国际金融会议为主要推动力，全球出现了设立中央银行的高潮。这一时期各国改组或设立的中央银行有43家。在20世纪30年代经济大危机后，新老中央银行都开始建立准备金制度，并以重点管理其他金融机构为己任。

中央银行在普遍推广期有以下几个特点：依靠政府的力量，发展快；区域扩大，欠发达的美、亚、非也纷纷设立；央行职能逐步扩展。

3. 中央银行制度的强化期。中央银行制度的强化期从第二次世界大战结束至今。第二次世界大战后，一批经济落后的国家获得独立，它们皆视中央银行的建立为巩固民族独立和国家主权的一大标志，纷纷建立本国的中央银行。随着经济的发展，人们对中央银行的认识逐步加深。特别是金本位制崩溃、各国普遍实行信用货币制度，作为货币发行机构的中央银行在货币信用稳定和经济发展中的作用就更为重要。另外，凯恩斯主义的出现成为中央银行调节宏观经济的理论基础。在这一时期，政府通过中央银行的国有化逐渐实现了中央银行由一般的发行银行向真正的发行银行的转化；由一般的代理国库款项向政府的银行的转化；由集中保管准备金向银行的银行转化；由货币政策的一般运用向综合配套运用的转化。在1945年布雷顿森林会议上，国际货币基金组织和世界银行成立，1974年巴塞尔银行监督委员会成立，中央银行的国际合作进一步加强。

中央银行在强化期有以下几个特点：绝大多数国家的中央银行实现了国有化，国家对中央银行的控制加强;强化了中央银行货币政策的宏观调控功能;中央银行的国际间合作加强;以欧洲中央银行为代表的跨国中央银行出现。

二、中央银行的性质与地位

(一) 中央银行的性质

中央银行的性质是指中央银行自身所具有的特有属性。从中央银行业务活动的特点和发挥的作用看,中央银行既是为商业银行等普通金融机构和政府提供金融服务的特殊金融机构,又是制定和实施货币政策、监督管理金融业、规范与维护金融秩序、调控金融和经济运行的宏观管理部门。这可以看作为对中央银行性质的基本概括。具体可以从以下两方面分析。

1. 中央银行是经营金融业务的特殊金融机构。虽然中央银行也经营存款、贷款、结算等银行业务,但中央银行作为金融机构,是不同于商业银行、投资银行、保险公司、信托公司等各种金融企业的特殊金融机构。中央银行的特殊性主要表现在以下几个方面:

(1) 中央银行是国家实现宏观经济调控的主体,而商业银行等商业性金融企业则是宏观金融调控的对象。中央银行可以根据国家经济发展的情况,相应地制定和执行货币政策,控制货币供应总量,并调节信贷的投向和流量,把国家宏观经济政策和宏观经济调节的信息,向各商业银行和其他金融机构以及国民经济的各部门、各单位传递。

(2) 与商业银行等一般金融企业不同,中央银行不以盈利为目的。中央银行以金融调控为己任,以稳定货币、促进经济发展为宗旨。虽然中央银行在业务活动中也会取得利润,但盈利不是目的。如果中央银行以盈利为目的,将会与商业银行等金融企业处于不平等的竞争地位,势必导致为追求利润而忽略甚至背弃宏观金融管理和调控的主旨。

(3) 中央银行作为特殊的金融机构,一般不经营商业银行和其他金融机构的普通金融业务。商业银行和其他金融机构的业务对象是工、商、农企业及其他单位、城乡居民个人等,而中央银行在一般情况下不与这些对象发生直接的业务关系。中央银行通常只与政府与商业银行等金融机构发生资金往来关系。

(4) 中央银行享有货币发行的特权,商业银行和其他金融机构则没有这些特权。中央银行虽然也吸收存款,但其吸收存款的目的不同于商业银行等金融机构,即不是为了扩大信贷业务规模,而是为了在全国范围内有效地调控信贷规模,调节货币供应量。

2. 中央银行是管理金融事业的国家机关。中央银行自始至终都是管理金融事业的国家机关。虽然早期中央银行的股份大多为私人持有,但在第二次世界大战后,多数国家中央银行进行国有化改革,私人股份被转化为国有。有些新建立的中央银行如中国人民银行,一开始就由政府出资。即使继续维持私有或公私合营的中央银行,也都加强了国家的控制。因此,各国的中央银行实质上都是国家机构的一部分。

中央银行作为管理金融事业的国家机关,产要表现在:①中央银行是全国金融领域的最高管理机构,是代表国家管理金融的部门。②中央银行代表国家制定和执行统一的货币政策,监管全国金融机构的业务活动。③中央银行的主要任务是代表国家运用货币政策对经济活动进行直接或间接干预。④中央银行代表国家参加国际金融组织和国际金融活动。

中央银行虽然是国家机关的组成部门,但又明显不同于一般的国家机关。这是因为中央银行不是单凭行政权力行使其职能,而是通过运用经济的、法律的和行政的等多种手段,对商业银行和其他金融机构进行引导和管理，以达到对整个国民经济的宏观调节和控制。中央银行的管理职责大都寓于金融业务的经营过程之中，如通过对法定存款准备金率、利率、汇率的控制，引导和影响商业银行的存贷款业务、外汇业务和公开市场的有价证券交易等业务。因此，中央银行的管理职能在很大程度上是建立在它所拥有的经济手段的基础上的，这是区别一般行政权力机构的本质特征。中央银行区别于一般行政机关的另一个表现是中央银行的独立性。这一问题会在本章第三节具体介绍。

(二) 中央银行的在现代经济体系中的地位

从与中央银行相关的方面分析，现代经济的运行具有如下几个突出特点：实体经济的运行与金融运行交织在一起，金融渗透到经济运行的各个方面，已成为现代经济的核心；经济全球化与金融的国际化相伴而生；各国政府对经济和金融运行的干预程度不断增强，国际间的宏观调控成为各国政府的重要职责。在这种背景下，现代中央银行在经济运行中的地位和作用，就比中央银行产生和发展的早期更突出了。具体表现在以下几个方面：

1. 中央银行是现代经济发展的推动力。现代经济本质上是一种货币信用经济，货币资金是社会经济增长的第一推动力和持续推动力。随着社会经济的发展和生产与流通规模的扩大，经济体系对货币的需求也在不断增长。在金属货币制度下，由于金币可自由铸造，当市场上对货币需求增加时，便会有相应的金块被铸造成金币进入流通，这个过程是自发完成的。但在中央银行垄断货币发行的信用货币制度下，经济体系对货币的需求就必须通过中央银行来实现，中央银行成为唯一的货币供应者。尽管在现代信用货币制度下，商业银行等存款货币银行也参与货币创造，但源头仍然是中央银行。从理论上说，除了经济增长的适度性制约外，中央银行具有无限供应货币的能力。中央银行根据经济发展对货币增长的客观需要增加和控制货币发行，可以充分发挥货币对扩大再生产的第一推动力和持续推动力作用。同时，中央银行作为全国货币信用制度的枢纽，通过"最后贷款人"职能的发挥，满足经济发展对扩大信用的需求，支持和促进企业、单位和个体经营者的生产、流通和发展，形成现代社会经济高速发展的巨大支撑力量。

2. 中央银行是社会经济和金融运行的稳定器。中央银行在为经济发展不断创造货币和信用条件从而促进经济增长的同时，还能为社会经济体系和金融的正常运行提供保障。中央银行作为管理全国金融事业的国家机关，对各商业银行和其他金融机构加强监管，使之能合规经营和稳健经营，发挥着社会经济和金融运行的稳定器的作用。首先，中央银行制定的金融政策、法令和管理条例，强调的是稳健经营原则，侧重于流动性、安全性目标，因此，能够有效防范和减少各商业银行和其他金融机构片面追求盈利而增加的经营风险，通过强化稳健经营而提高金融体系的稳定性。其次，中央银行运用金融监管手段，通过市场准入、监督检查、紧急救援、关闭有严重问题的金融机构等措施，可以有效维护良好的金融秩序。最后，随着经济和金融全球一体化的发展，金融风险很容易在国家之间传播和扩散，中央银行在维护好国内秩序的同时，还能通过与有关国家的金融监管当局和国际金融组织密切合作，将金融领域的多种隐患消灭在萌芽状态，以充分发挥本国经济、金融稳定运行的稳定器作用。

3. 中央银行是国家调节宏观经济的工具。金融是现代经济的核心，所有经济活动均伴随着货币的流通和资金的运动，中央银行则是一国金融体系的中心环节。中央银行作为全国货币金融活动的最高权力机构，可以根据本国经济、金融的发展情况和国家的金融政策意图,运用多种金融手段控制货币发行,调节货币的投量和投向,以维持本国经济的持续发展。在现代市场经济中,国家对宏观经济的调节,越来越依靠经济手段,货币政策和财政政策就是国家最重要的宏观经济政策。中央银行作为货币政策的制定者和执行者,当然成为了国家最重要的宏观经济调控部门。如在经济过热、发展速度过快、通货膨胀加剧的情况下,中央银行可以通过提高利率、提高法定存款准备金率、在公开市场出售有价证券等金融手段,降低社会货币需求,减少商业银行的贷款供给,缩减派生存款能力,紧缩货币供给,进而达到缓和经济发展、抑制通货膨胀的目的。相反,如果出现经济萎缩、增长滞缓、物价低迷等通货紧缩状况,中央银行则可以通过降低利率、降低存款准备金率、在公开市场购进有价证券等政策措施扩大货币信用供给,以刺激经济增长。

4. 中央银行是对外联系的重要纽带。从对外经济金融关系看,中央银行是国家对外联系的重要纽带。随着国际贸易、国际投资、国际经济技术合作和跨国公司的发展,现在的世界是各国相互依存、相互交流的开放世界,整个世界已逐渐连为一个整体。由于中央银行与促进世界融合的诸多要素如贸易、资本流动等有极强的相关性,因此,在日益紧密的国际联系中,中央银行发挥着桥梁或纽带的作用。首先,在国际交往中,货币是不可缺少的必要手段,不同国家的政府、企业、其他组织、个人的贸易、投资和其他的政治、社会、经济往来,都需要货币这一手段。中央银行作为一国货币的供给者和管理者、外汇与汇率政策的制定者,以及国际间货币支付体系的参与者和维护者,起着十分关键的作用。其次,在经济全球化过程中,金融起着先导作用,而中央银行代表国家参与国际间金融谈判、磋商和签约,对国际间的联合起着重要的推动作用,在国家之间金融关系中发挥着协调作用。最后,在各国经济相互依存、共同发展的大格局下,世界经济的宏观管理越来越重要。对世界经济的管理需要各国政府的相互协调和密切配合,以共同建立和维护新的国际秩序,保证世界经济健康稳定地发展。而中央银行就成为担负这一职责的重要国家部门。

总之,中央银行虽然从一产生就在经济体系中扮演着重要角色,但在现代经济体系中,中央银行的地位已经空前提高,它已经成为现代经济体系中最重要的组成部分,成为经济运行的轴心。

三、中央银行的职能

中央银行的职能是指中央银行应该担负和履行的职责,它既是中央银行性质的具体体现,也是中央银行作用发挥的重要依据。中央银行职能是在经济与金融不断发展中慢慢演变并完善的。

(一) 20 世纪 30 年代经济大危机以前的中央银行职能

到 20 世纪 30 年代经济危机前,中央银行制度在全世界已普遍建立,各国中央银行逐渐拥有"发行的银行、银行的银行、政府的银行"这三大基本职能。其特点是中央银行服从于政府的需要,为政府和金融机构服务。主要任务包括:发行银行券、保持币值稳定;建立对银行的监管制度;组织票据的交换与清算;充当最后贷款人;实行存款准备金制度等。这一阶段中央银行能够有效地发挥服务职能和管理职能,但还不具备运用货币政策对宏观经济进行调控的能力。

1. 发行的银行。中央银行是发行的银行,是指中央银行逐渐垄断货币发行权,是一国或某一货币联盟唯一授权的货币发行机构。统一货币发行是货币正常有序流通和币值稳定的保证。

2. 银行的银行。银行的银行职能是指中央银行能为商业银行等其他金融机构提供各种银行服务，如吸收商业银行的准备金存款、为商业银行提供贷款、办理结算等。特别是充当商业银行和其他金融机构的最后贷款人。这一职能体现了中央银行是特殊金融机构的性质，是中央银行作为金融体系核心的基本条件。

3. 政府的银行。政府的银行职能是指中央银行为政府提供服务，是政府管理国家金融的专门机构。具体体现在代理国库、为政府融通资金、代理政府债券发行、为国家持有和经营管理国际储备、代表政府参加国际金融活动、为政府提供经济金融情报和决策建议等方面。

（二）20世纪30年代至80年代中央银行的职能

20世纪30年代经济大危机的爆发给中央银行制度建设提出了新课题，即如何适应政府干预调节经济的需要，如何避免金融机构破产、维持金融秩序的稳定。对这些问题的解决使中央银行在有效执行货币政策、调节宏观经济、进行金融监管、维护金融体系稳定等方面的职能突出出来。这一时期中央银行的职能得到了全面的发展，特别是在中央银行的宏观调控职能和金融监管职能方面。第二次世界大战后，随着各国对中央银行实行国有化改革，作为政府的银行，宏观调控职能和金融监管职能成为中央银行的两大重要职能。

经济大危机后中央银行管理职能在不断强化，内容逐渐扩大。中央银行不仅依据有关法律法规对金融机构的日常活动进行有效管理，而且随着第二次世界大战后金融市场的兴起与发展，中央银行又将对金融市场的管理纳入自己的监管范围中，以便为经济发展提供稳定的筹融资场所。此外，中央银行的监管方式和力度都在加强，除了预防性的事前管理外，更加注重对金融机构的风险管理，而且形成了一套有效的金融风险管理措施，如建立存款保险制度，评定金融机构信用等级，进行资本充足性管理和清偿能力管理等。随着金融国际化的发展，国际金融市场剧烈动荡而产生的风险加大等因素也促使了各国中央银行进一步加强银行业的国际监管。

（三）20世纪80年代以来中央银行职能的新变化

20世纪80年代以来，中央银行职能变化主要表现在两个方面：第一，货币政策职能与金融监管相分离，突出货币政策调控职能；第二，强调金融稳定职能，维护金融体系的安全。

1. 货币政策与金融监管职能分离。1980年代以来，金融自由化、金融创新和商业银行的混业经营，导致金融风险问题开始突出，而传统的货币政策工具调控能力开始下降。为提高货币政策的有效性，一些国家开始对中央银行职能调整，即成立专门对银行等金融机构实施监管的机构，中央银行的货币政策职能和金融监管职能开始分离。

1946年，英国将英格兰银行收归国有后，授权英格兰银行管理商业银行，并享有建议权、要求权和一定条件的命令权；1979年《英格兰银行法》和1987年《英格兰银行法》的主要内容是授予英格兰银行更多的监管权力，可以说金融监管曾是英格兰银行的主要职能。1986年，前英国首相撒切尔夫人实行了史称"金融大爆炸"（BigBang）的金融改革。为了适应金融结构的变化，1997年英国政府推出了一系列金融改革措施，其中的一个重要举措是颁布了《1998年英格兰银行法》，分拆英格兰银行，成立金融服务管理局（FSA）。2000

年 6 月，英国又通过了《金融市场与服务法案》，从法律上进一步确认金融监管体制的改变。目前，FSA 已成为世界上监管范围最广的综合性超级监管机构，负责对各领域金融活动的监管。英格兰银行在职能分拆后主要侧重于货币政策职能。2003 年 4 月，中国银行业监督管理委员会成立，中国也实行了货币政策与金融监管职能的分离。

部分国家货币政策与金融监管职能的分离，并不表明货币政策与金融监管之间没有关系，这种职能的分离是为了使中央银行更好地履行宏观调控、维护金融市场的稳定。

2. 强调金融稳定职能。金融稳定是指金融机构、金融市场和市场基础设施运行良好，抵御各种冲击而不会降低储蓄向投资转化效率的一种状态。美国经济学家弗雷德里克·S. 米什金认为，金融稳定是指源于建立在稳固的基础上、能有效提供储蓄向投资转化的机会而不会产生大的动荡的金融体系。

金融稳定是一个动态、不断发展的概念，其标准和内涵随着经济金融的发展而发生相应的改变，并非是一成不变而固化的金融运行状态。金融稳定作为金融运行的一种状态，需要采取不同的政策措施及方式（包括货币政策和金融监管的手段等）作用或影响金融机构、市场和实体经济才能实现。中央银行在维持金融稳定中居于主导地位。中央银行应通过货币政策合理调控宏观经济，以保证社会经济和金融的稳定。作为金融机构的"最后贷款人"和支付清算体系的提供者和维护者，中央银行应立足于维护整个宏观金融体系的稳定，在密切关注银行业运行态势的同时，将证券、保险等领域的动态及风险纳入视野，重视关键性金融机构及市场的运营状况，注意监测和防范金融风险的跨市场、跨机构乃至跨国境的传递，及时采取有力措施处置可能酿成全局性、系统性风险的不良金融机构，保持金融系统的整体稳定。

第二节 中央银行业务

中央银行的各项职责主要是通过各种业务活动来履行的。虽然中央银行的业务类型与商业银行相似，都有负债业务、资产业务和表外业务，但是，中央银行的业务活动有特定的业务原则和业务范围。中央银行的资产负债表有特定的格式，其项目内容与商业银行有很大的区别。

一、中央银行业务活动的原则

现代中央银行作为宏观金融管理机构，可以行使特殊权力，其业务活动带有一定的强制性特征，对经济和金融有重大影响力和作用力。所以当代国家的中央银行业务，都是通过法律来规范的。各国都制定有《中央银行法》，中央银行的业务必须依法进行，也依法得到保障。从总体上讲，目前各国中央银行业务活动的最基本原则都是必须服从于履行职责的需要。因为中央银行的业务活动主要是为其履行职责服务的，是行使其特定职权的必要手段。所以，中央银行的各种业务必须围绕各项法定职责展开，必须以有利于履行职责为最高原则。

在具体的业务经营活动中，中央银行一般奉行非盈利性、流动性、主动性、公开性四个原则。

（一）非盈利性

中央银行业务的非盈利性，是指中央银行的一切业务活动都不以盈利为目的。中央银行特殊的地拉和作用，决定了中央银行是国家的宏观金融管理机构，而非营利性金融机构，中央银行只能以调控宏观经济、稳定货币、稳定金融、为其他金融机构和政府服务为己任，不能以盈利为目标。因此，在中央银行的日常经营活动中，盈利与否不是其考虑的范围，只要是宏观经济和金融需要的，即使不盈利甚至亏损的业务，也要去做。当然，非营利性并不意味着不讲经济效益，在同等或可能的情况下，中央银行的业务活动也应该获得应有的收益，尽量避免或减少亏损，以降低宏观金融管理的成本。中央银行的业务大都通过市场进行，为保证公平和调控需要，中央银行的业务也会产生一定的利息收入或投资收入，但收益不是中央银行主观追逐的业务活动目的。

（二）流动性

中央银行业务的流动性，主要是指中央银行的资产业务需要保持很强的流动性。因为中央银行在进行货币政策操作和宏观经济调控时，必须拥有相当数量的、可以灵活调度、随时运用的资金，才能及时满足其调节货币供求、稳定币值、稳定汇率、调节经济运行的需要。因此中央的资产业务中，不能形成不易变现的长期资产。如对其他金融机构融资时，一般不能发放长期贷款。我国《中国人民银行法》就规定，中国人民银行对商业银行的贷款期限不得超过一年。

（三）主动性

中央银行业务的主动性，主要是指中央银行应根据经济金融运行情况，在必要时主动采取措施，积极通过具体的业务活动进行调控，实现宏观调控目标。在中央银行与商业银行等金融机构的业务往来中，中央银行是应该始终居于主动地位的。因为中央银行的资产负债业务直接与货币供应相连，如货币发行业务直接形成流通中货币，存款准备金业务不仅直接导致基础货币的变化，还会引起货币乘数的变化，再贴现、公开市场业务是提供基础货币的主要渠道等。另外，货币政策的制定与执行存在一定的时滞性，时滞过长，会影响货币政策效果，所以中央银行也必须随时准确分析和判断经济金融形势，并及时、主动地采取措施，通过主动性的资产负债业务活动来实现政策意图，保证货币政策取得必要的效果。

（四）公开性

中央银行业务的公开性，是指中央银行应该定期、及时地向社会公开其业务与财务状况，向社会提供有关的金融统计资料。中央银行的业务活动保持公开性，有以下几方面的作用：一是可以使中央银行的业务活动置于社会公众的监督之下，有利于中央银行依法规范经营，确保其业务活动公开合理，保持中央银行的信誉和权威。二是有利于增强货币政策的告示效应，提高货币政策效果。因为业务公开可以增强中央银行的透明度，使国内外有关方面及时了解中央银行的政策意图和操作力度，并根据中央银行的政策意图调整其经济行为。三是可以及时准确地向社会提供必要的金融信息，有利于各界分析研究金融和经济形势，也便于他们进行合理预期，调整经济决策和行为。正因为如此，目前各国大多以法律形式规定中央银行必须定期公布其财务状况和金融统计资料，中央银行在业务活动中也必须保持公开性，不能隐匿或欺瞒。

二、中央银行业务活动的分类

按不同标准,中央银行的业务有多种分类。按中央银行的职能可以将其业务分为发行银行的业务、政府银行的业务和银行的银行业务;按是否进入资产负债表,可以分为表内业务和表外业务;按业务活动是否与货币资金的运行相关,可分为银行性业务和管理性业务。相比之下,最后一种更为具体明确。

(一) 银行性业务

银行性业务是中央银行作为发行的银行、银行的银行、政府的银行所从事的业务。这类业务都直接与货币资金相关,都会引起货币资金的运动或数量变化。具体又分为两种:

1. 形成中央银行资金来源和资金运用的资产负债业务。主要有货币发行业务、存款准备金业务、其他存款业务、发行中央银行债券、再贴现和再贷款业务、公开市场业务、黄金外汇业务等 (见表 8-1)。

表 8-1　　　　　　　　　简化的央行资产负债表

资产	负债
净国外资产	基础货币
对非居民债权	流通中的货币
减:对非居民负债	对其他存款性公司负债
国内资产	纳入广义货币的负债
对其他存款性公司债权	其他存款
对中央政府净债权	其他负债与资本
减:对中央政府负债	
对其他部门债权	
其他资产	

2. 与货币资金运动相关但不进入中央银行资产负债表的银行性业务。主要有清算业务、经理国库业务、代理政府发行及兑付债券业务、会计业务等。

(二) 管理性业务

管理性业务是中央银行作为一国最高金融管理当局所从事的业务。这类业务主要服务于中央银行履行宏观金融管理的职责。这类业务的特点:一是与货币资金运动没有直接的关系,不会导致货币资金的数量或结构变化;二是需要运用中央银行的法定特权。管理性业务主要有存款准备金管理业务、货币流通管理业务、金融市场和金融机构监管业务、黄金外汇管理业务、反洗钱和金融安全管理业务、金融调查统计业务、征信管理业务等。

三、中央银行的负债业务

形成中央银行资金来源的负债业务主要包括存款业务、货币发行业务、发行中央银行债券业务三大类。

(一) 存款业务

收存存款是中央银行主要负债业务之一。中央银行的存款主要由商业银行等金融机构的准备金存款、政府存款、非银行金融机构的存款、外国存款、特定机构存款等构成。

中央银行的存款主要来自商业银行等金融机构的法定存款准备金。法定存款准备金是根据法律规定，商业银行必须按某一比例转存中央银行的部分存款。实行存款准备金制度的意义主要有两个方面。一是保证商业银行等金融机构的清偿能力；二是有利于约束商业银行贷款规模，控制信用规模和货币供应量。

中央银行的性质与职能决定其存款业务不同于一般商业银行的存款业务。中央银行的存款业务有四个特点：一是存款原则有特殊性。不同于商业银行的存款自愿原则，法律要求商业银行必须在中央银行存有一定量的存款准备金，具有强制性。二是存款动机有特殊性。商业银行吸收存款是为了扩大资金运用，以更多盈利，而中央银行吸收存款是出自金融宏观调控和监管的需要。三是存款对象有特殊性。中央银行的存款对象主要有两类：一类是政府和公共机构；另一类是商业银行等金融机构。不同于商业银行以普通居民和企业为存款业务对象。四是存款当事人关系有特殊性。商业银行存款当事人之间是平等互利的经济关系，而中央银行与存款人之间除经济关系外，还有管理者与被管理者的关系。

（二）货币发行业务

货币发行是指货币从中央银行的发行库，通过各商业银行的业务库流到社会，或指从央行流出的数量大于从流通中回笼的数量。发行货币是中央银行的基本职能，也形成中央银行的重要资金来源。

当今各国的货币发行，都由各国的中央银行所垄断。中央银行发行的货币是通过贴现、贷款、购买证券、收购金银外汇等方式流出中央银行的，货币发行是基础货币的主要构成部分。中央银行通过货币发行业务，一方面满足社会商品流通扩大和经济发展对货币的需要；另一方面是筹集资金，满足履行中央银行各项职能的需要。

中央银行的货币发行包括货币的经济发行与财政发行。货币的经济发行是指中央银行根据国民经济的客观需要增加现金流通量。财政发行是指因弥补国家财政赤字而进行的货币发行。财政发行是导致通货膨胀的重要原因。理论上讲，中央银行的货币发行应该主要是经济发行，应该以可靠的信用为保证，以维护货币价值的稳定。

（三）发行中央银行债券

中央银行债券是为了调节金融机构多余的流动性，而向金融机构发行的债务凭证。发行中央银行债券是中央银行的一种主动负债业务，其实施对象主要为国内金融机构，通常是在商业银行等金融机构的超额准备过多，而中央银行不便采用其他货币政策工具进行调节的情况下发行的。中央银行发行债券的目的主要有两点：一是针对商业银行等金融机构超额准备过多的情况，发行债券以回笼货币，有效地控制货币供应量。二是以此作为公开市场操作的工具之一，通过中央银行债券的市场买卖行为，灵活地调节货币供应量。一些发展中国家在由直接调控转为间接调控的过程中，由于金融市场不发达，尤其是国债市场不发达，中央银行债券往往成为公开市场操作的主要工具。

我国目前的中央银行债券为"中央银行票据"。

除了以上几种主要负债外，中央银行还可能存在对外负债。中央银行的对外负债业务主要包括从国外银行借款、对外国中央银行的负债、国际金融机构的贷款、在国外发行的债券等。各国中央银行的对外负债主要有三个目的：平衡国际收支、维持本币汇率稳定、应付货币危机或金融危机。

四、中央银行的资产业务

中央银行的资产是指中央银行在一定时点上所拥有的各种债权。中央银行的资产业务主要包括再贴现业务、贷款业务、证券买卖业务、黄金外汇储备业务。

（一）再贴现业务

再贴现业务是指商业银行等金融机构将通过贴现业务所持有的未到期的票据向央行申请转让，央行以贴现方式向商业银行提供资金的业务。再贴现业务开展的对象为在中央银行开立账户的商业银行等金融机构。再贴现利率是一种官定利率，反映中央银行的政策意向。为促进产业结构调整，中央银行通常对所支持的国家重点产业、行业的商业票据规定较低的再贴现率。在多数国家再贴现率作为"基准利率"发挥作用，再贴现率是一种短期利率，对金融市场的影响主要是在货币市场。再贴现率的调整是实现货币政策的手段。中央银行的再贴现能为金融机构提供救助，履行"最后贷款人"职能；并能通过提供和调节货币供给量，履行"发行的银行"职能。

（二）贷款业务

1. 对金融机构的贷款。对金融机构贷款是中央银行贷款的主要种类。中央银行通常定期公布贷款利率，商业银行提出贷款申请后，中央银行审查批准具体数量、期限、利率和用途。中央银行贷款一般期限较短，采用的形式多为政府证券或商业票据为担保的抵押贷款，也有信用贷款的方式。

为商业银行等金融机构融通资金，保证商业银行等金融机构的支付能力，是中央银行作为"银行的银行"最重要的职责之一。贷款是履行这一职责最主要、最直接的手段，也是最能体现中央银行"最后贷款人"职能的业务行为。随着金融市场的发展和金融业务的创新，商业银行的融资渠道不断增多，但中央银行贷款仍是商业银行等金融机构扩大信用能力的重要渠道、保证支付能力的最后手段。

2. 对政府的贷款。在政府收支出现失衡时，中央银行一般都负有向政府提供信贷支持的义务。中央银行向政府贷款一般都是短期的，多为信用贷款。除了直接为政府贷款外，中央银行还可能以透支的方式向政府提供融资，或通过购买政府债券的方式向政府提供融资。为了保证中央银行的独立性，很多国家规定了中央银行向政府提供资金的限制性条件。如部分国家规定政府不能向中央银行透支，中央银行不能直接购买国债。但中央银行在公开市场操作时，可以在二级市场购买国债，事实上间接向政府提供了融资。

3. 其他贷款。其他贷款主要有两类：一是对非金融部门的贷款，这类贷款一般都具有特定的目的和用途，贷款对象比较特殊，各国中央都有事先确定的特定对象。中国人民银行为支持老少边穷地区的经济开发所发放的特殊贷款，即属此类。二是中央银行对外国政府和外国金融机构的贷款。

（三）证券买卖业务

中央银行在公开市场买卖证券的主要目的不是为了盈利，而是为了调节货币供应量。根据经济形势的变化，当中央银行认为需要收紧银根时，便卖出证券，相应地回笼一部分基础货币，减少金融机构可用资金的数量；相反，当中央银行认为需要放松银根时，便买进证券，扩大基础货币供应。

中央银行买卖证券的交易对手是公开市场上的交易商。中央银行公开市场作为一国货币市场的子市场，对进入该市场交易的机构有较高的要求。通常中央银行都会根据各交易商在货币市场的表现，选择那些资金规模大、业务量大、信誉良好的机构作为交易对象。再通过这些机构在其他货币市场的交易，向金融体系的其他交易商传递中央银行的货币政策信号。

中央银行的证券买卖业务与贷款既有相同之处，也有不同之处。相同之处是无论证券买卖还是贷款业务，都是中央银行调节和控制货币供应量的工具，都能对货币供应量的增减产生直接影响。不同之处是主要表现在两个方面：一是资金的流动性不同。中央银行的贷款虽然也是短期的，但也到期才能收回；而证券可以随时买卖，不存在到期问题，所以证券买卖业务的资金流动性更强。二是证券买卖业务对经济和金融环境要求更高，要以该国有发达的金融市场为条件；而从事贷款业务则对经济和金融环境要求较低，任何国家的中央银行都可以从事贷款业务。

(四) 中央银行的黄金外汇储备业务

随着经济全球化，国家之间的经济往来十分频繁，国与国之间的债权债务关系也越来越复杂。清算国际债权债务的手段主要是黄金和外汇。由于黄金和外汇是国际间进行清算的支付手段，各国都把它们作为储备资产，一般由中央银行保管和经营。中央银行保管和经营黄金外汇储备的目的主要有三点：稳定货币币值、稳定汇率、灵活调节国际收支。

中央银行保管和经营黄金外汇储备，应注意确定合理的黄金外汇储备数量。国际储备过多是对资源的浪费，过少则可能影响国家对外支付的能力、影响国家的信誉。因此，中央银行应根据本国国际收支状况和国内经济政策确定合理的国际储备。另外，中央银行还需要从安全性、收益性、可兑现性三个方面合理保持黄金外汇储备的构成比例，外汇储备应从外汇资产多元化入手，争取分散风险、增加收益、获得最大的灵活性。

五、中央银行的支付清算业务

提供支付清算服务是中央银行的基本职责之一，在中央银行的职责体系中占有重要地位。支付体系与中央银行支付清算职责密切相关，中央银行在支付体系中具有核心地位和主导作用。

作为银行的银行，各商业银行等其他金融机构都在中央银行开立账户，它们之间的资金往来和债权债务关系自然就要由中央银行来办理。所谓清算，即指一定经济行为所引起的货币关系的计算和结清，亦称"结算"。清算又分现金清算和转账清算。现金清算是指直接用现金进行支付清算，转账清算是指收付双方通过银行账户将款项从付款人账户划到收款人账户的货币支付行为。随着经济的发展，银行不断增多、银行业务不断扩大，债权债务关系错综复杂，票据交换及清算若不能得到及时、合理处置，会阻碍经济顺畅运行。尽管理论上银行之间可以通过建立双边或多边清算机构来实现相互间的资金清算，但在一个复杂的、拥有许多银行的金融体系中，单纯依靠银行间自行组织的双边或多边清算安排实现巨额的资金划转不仅效率低下，而且不具现实性。为了顺利实现金融机构之间的资金转移，除需要借助专业清算机构、支付系统及支付工具外，还需要中央银行作为银行的银行提供支付清算服务。

中央银行作为一国支付清算体系的核心参与者和管理者，能通过一定的方式、途径，使金融机构之间的债权债务清偿及资金转移顺利完成，并维护支付系统的平稳运行，从而保证经济活动和社会生活的正常进行。所以其组织支付清算系统的职责日益受到重视。中央银行主持一国的资金清算事宜,有利于缩短资金在途时间,加速资金周转,提高资金效益;节约社会劳动;有利于提高银行工作效率,增强银行信誉;有利于中央银行正确制定和执行金融政策,有效地进行金融宏观调控。

第三节 中央银行的独立性

在中央银行与政府的关系中,最基本、最重要的问题就是二者如何保持协调,又要保持各自的独立,寻找二者结合的均衡点,这就是中央银行与政府关系的核心内容。理论上讲,中央银行应对政府保持一定的独立性,但中央银行对政府的独立性是相对的。

一、中央银行独立性的含义

中央银行独立性是指中央银行履行自身职责时法律赋予或实际拥有的权力、决策与行动的自主程度。中央银行的独立性比较集中地反映在中央银行与政府的关系上。从中央银行的产生与发展历程可以看出,毫无疑问,中央银行与政府有着密切的关系。中央银行作为政府的银行,在为政府提供服务的同时,还要接受政府一定程度的控制,体现或实现政府的某些意图,包括在金融管理中承担一定的责任。但作为制定和执行宏观金融政策,为宏观经济服务,保证货币币值稳定才是中央银行最重要的职责,所以中央银行不能完全依附于政府,应相对独立于政府。

从理论到实践,中央银行独立性都有一个慢慢演变的过程。在金本位制度下,由于金融秩序相对稳定,政府对中央银行的控制和干预并不强,中央银行与政府的关系更多体现在业务往来中。第一次世界大战期间,由于战时财政问题,各国政府都开始加强了对中央银行的控制,为政府筹措战争经费一度成为中央银行的主要任务,中央银行在货币发行方面也获得了更多授权。战后经济恢复也往往依靠中央银行的货币发行,致使很多国家出现严重的通货膨胀。1920年,在布鲁塞尔和1922年在日内瓦召开的两次国际经济会议上,许多国家的中央银行提出减少政府干预、实行中央银行独立于政府的主张。这是中央银行发展史上第一次比较集中地提出中央银行独立性问题。由于强调中央银行独立性的观点受到重视,在这之后新设立的中央银行都在法律上给中央银行明确了相对独立的地位,许多原已存在的中央银行也通过修订或制定新的法律加以确定。但在20世纪30年代发生了世界性经济金融危机后,以凯恩斯主义为代表的国家干预主义经济理论兴起,中央银行在经济和金融体系中的重要性日益突出,政府越来越重视通过中央银行来调控宏观经济,因此,政府对中央银行的控制明显加强。到20世纪70年代,国际货币体系发生了很大的变化,经济运行出现了很多新特点,特别是因为凯恩斯主义被长期广泛使用后,很多国家通货膨胀严重,以货币主义为代表的经济自由主义思想兴起,反对国家对经济的干预,中央银行的独立性问题再次被提出。

二、中央银行独立性的内容

一般来说,中央银行的独立性主要体现在以下几个方面:

第一,建立独立的货币发行制度,以维持货币的稳定。具体包括三层含义:一是货币发行权必须高度集中于中央银行，必须由中央银行垄断货币发行，不能搞多头发行、不能由政府和财政来发行，也不能由中央银行和财政及其他部门共同发行。二是一定时期内，中央银行发行多少货币、什么时间发行、货币的地区分布、面额比例等，应由中央银行根据国家的宏观经济政策以及经济发展的客观需要自行决定，而不能受到来自政府或其他部门以及党派、个人的干扰，以保证中央银行独立地发行货币，从而保证货币的稳定。三是中央银行不应在政府的干预和影响下搞财政发行，也没有向财政长期无限地提供资金或为财政透支的义务。也就是说，中央银行应该按经济原则独立地发行货币，中央银行对政府提供信用服务要有制度规定，中央银行对政府融资要有法律方面的限制。中央银行不能代为行使其他应由财政行使的职能。

第二，独立地制定和执行货币政策。具体包括三个内容：一是货币政策的制定权和执行权，必须掌握在中央银行手中，而不是掌握在政府及其他部门的手中。虽然中央银行在制定货币政策时，必须考虑或体现政府的宏观经济政策意图，尽可能地使中央银行的货币政策与国家的宏观经济政策保持一致，但是在货币政策执行过程中，必须保持高度的独立性，不受各级政府和部门的干预。只要中央银行的货币政策没有违反国家的总体经济目标和其他大政方针，政府和其他部门、党派、个人均无权干涉中央银行的政策行动。二是中央银行的货币政策在制定和执行时与政府发生分歧时，政府应充分尊重中央银行的经验和意见，尽可能地相互信任、相互尊重，通过平等讨论问题的方式来解决矛盾，防止因政府对中央银行的行政干预而造成宏观决策的失误。三是在中央银行货币政策执行过程中，各级政府和有关部门应尽可能给予配合，以便货币政策能更有效地发挥作用，而不应采取各种直接或间接的方式来抵消货币政策的作用。

第三，独立地管理和控制金融体系和金融市场。中央银行应在国家法律的授权和法律的保障下，独立地行使对金融体系和金融市场的管理权、控制权和制裁权。所谓管理权，就是指中央银行有权管理金融市场的交易，有权管理金融机构的建立和撤并，有权对金融机构的业务活动、经营状况进行定期或不定期检查，并做出一些具体的规定。所谓控制权，是指中央银行有权把金融体系和金融市场的业务活动置于自己的监督控制之下，使整个金融活动按货币政策的需要而正常进行。所谓制裁权，是指中央银行有权对违反金融法规、抗拒管理的金融活动和金融机构给予经济的、行政的制裁。此外，中央银行在行使上述权力时，不应受到来自政府或其他部门的干扰。

三、中央银行独立性的衡量标准

如何衡量中央银行独立性，存在不同的方法。总体看来，衡量中央银行独立性的标准有以下几个方面：

（一）组织和人事独立性标准

主要看中央银行是否隶属于政府，政府对中央银行高级决策人员和管理人员的任免程序的控制能力。如美联储的最高决策单位理事会的 7 名成员由总统提名，参议院核准，任期 14 年，期满后不再连任，因此，理事不必为争取连任而迎合总统的意见。此外，理事的任命为轮流制，总统一次只能任命部分比例的理事，理事任期相互错开，正常情况下每两年才有 1 人届满，即总统在任期内只能提名 2 名理事，总统想控制整个理事会是不大可能的。通过以上安排，美联储保持了其独立性。而在比利时、意大利等国的央行决策机构中，财政部代表占支配性地位,因此其独立性也小一些。

(二) 职能独立性标准

主要看中央银行是否能独立制定和执行货币政策,如何解决货币政策与财政政策之间的冲突,是否有为政府赤字融资的强制性义务。

关于如何解决货币政策与财政政策之间的冲突,有些国家如美国、瑞士的中央银行和欧洲中央银行可以独立制定货币政策,政府不能干涉货币政策的实施,如果货币政策与政府发生矛盾,只能通过协商解决。而英国、日本等国中央银行虽然受政府干涉,但仍然可以独立制定和执行货币政策。也有部分国家中央银行制定的货币政策必须经过政府的批准,独立性较弱。

在是否有为政府赤字融资的强制性义务方面,为防止中央银行沦为弥补财政赤字的工具,大部分国家均反对政府在一级市场融资,即中央银行在一级市场上购买国债为政府融资。但是对于中央银行在二级市场上购买国债,操作程序与在一级市场上操作不同,中央银行在二级市场上购买国债是公开市场操作,并不违反独立性原则。

(三) 经济独立性标准

主要看中央银行是否有可独立支配的财源,是否依赖于财政拨款。目前,多数国家的中央银行属于国家所有,中央银行资本金的所有权大多由财政部门代表国家持有,中央银行的利润除规定的提成外全部上交国家财政,如有亏损,则全部由国家财政弥补。

美国的中央银行美联储则是私人性质的,其分布在美国各地的12家联邦储备银行的资金,全都来源于会员银行,而这些会员银行大多都是私人的。每家会员银行要按照一定比例向美联储上交存款准备金,存款准备金没有利息,但会员银行可以从中每年享受年收益6%的年末分红。私人股东权益受到严格限制,不像一般所有者那样享有剩余索取权,而且也没有控制权。

四、坚持中央银行相对独立性的必要性

总体来说,当各国社会经济处于相对平衡发展的时候,政府与中央银行的关系是比较协调的。中央银行能够比较自主地履行自己的职责。而在经济、金融出现困难甚至危机的时候,政府与中央银行往往出现不协调的情况。政府较多地考虑就业、保障等社会问题,中央则更多地考虑稳定、秩序等经济问题。虽然政府与中央银行在最终目标上是一致的,但在实现目标的选择措施上往往有不同的考虑。在面对需要解决的重要社会问题时,政府一般认为中央银行应更多地按照政府的安排行事才能实现目标,而中央银行则认为保持自身的独立性才是实现政府最终目标的有效保证。从理论上讲,坚持中央银行相对独立性的必要性表现在以下几点:

第一,避免政治经济周期的出现。政治经济周期理论认为,政治性因素可能导致经济周期性波动,破坏社会经济稳定。比如西方国家每隔几年举行一次大选,竞选双方为了拉选票,往往采取一些经济措施以有利于政治目标的实现。因此,中央银行易于受到某种政治压力的影响,使货币政策偏离原定目标。在大选前,政府往往实现较为宽松的财政与货币政策,刺激经济增长,以争取选票,结果可能导致通货膨胀。如果中央银行有较强的独立性,就可以制定和执行连续稳定的货币政策,避免政治对货币政策的干扰,避免出现政治原因导

致的经济周期性波动。

第二，避免财政赤字货币化。中央银行作为政府的银行，有义务帮助政府平衡财政预算和弥补财政赤字。但财政活动的客观结果并不一定是保持经济的稳定增长和物价稳定。如果财政出现了赤字，中央银行就要无条件地去弥补，就谈不上独立的货币政策。但事实上，在凯恩斯主义盛行时期，货币政策常常要服从于财政政策的需要。如财政需要在市场筹款，中央银行就要想办法降低市场利率，减少财政借款的成本，或者直接对政府贷款、透支。这样就形成了财政赤字货币化，可能导致赤字与通货膨胀之间的恶性循环。中央银行货币政策的主要目标是稳定货币币值，它对财政只能是一般支持，而不是无条件的支持，更不能通过发行货币弥补财政赤字，因为这样只能助长通货膨胀。因此，中央银行保持相对独立性是很有必要的。

第三，有利于增强中央银行的宏观调控能力。中央银行既不是普通的行政部门，也不同于一般的国有化企业，它的业务具有高度的技术性，而且它的政策直接影响国民经济的各个领域。因此，中央银行的最高层管理人员必须掌握丰富的经济学理论和国内外经济运行状况，能运用熟练的技术和经验来制定货币政策。货币政策制定者的专业性是保证货币政策有效性的基础，而中央银行具有一定的独立性，才能保证货币政策的制定不受到非专业人士与部门的干预。

第四，有利于维护社会公众利益。中央银行是负有社会性责任的特殊机构，当政府与社会公众利益和银行综合利益发生矛盾时，中央银行只有具有一定的独立性，才可能进行理性的协调和选择。

五、中央银行独立性的模式

由于各国政治制度不同、生产力水平不同、文化传统和经济运行模式存在较大差异，中央银行与政府之间的关系也存在很大的差异。但是，在全球经济一体化的背景下，随着各国间经济制度、管理制度，特别是其中技术成分的相互渗透、相互学习和交流，中央银行与政府的关系也逐步趋同，形成了几种有代表性的模式，并被各国按照自己的需要，以法律的形式确定其基本框架和运行机制。

（一）独立性较强的中央银行（美国和德国）

这类中央银行直接向国会负责，不接受政府指示，中央银行总裁由总统征得国会同意后任命。中央银行是独立于政府之外的一个机构，中央银行与财政部之间是相互独立、协调配合的关系。

美国联邦储备委员会就是这种模式的典型。美国联邦储备委员会不隶属于政府，只对国会负责，能独立自主地决定货币政策目标以及政策手段的运用，总统不能干预法律授予联邦储备委员会的各项权力。美国联邦储备委员会与财政部完全相互独立，在政策的制定和执行上相互无权干涉。联邦储备委员会作为"政府的银行"，重要职责之一就是代理国库和国债的发行，并有义务支持财政。但财政部在筹款困难时，只能向其短期借款，并受到数量限制。

德国、法国、意大利等欧元区国家的中央银行，在欧洲中央银行成立后，其货币政策方面的权力发生了很大变化，但从这些国家内部中央银行与政府的关系看，仍可纳入不同的中央银行类型。德国是中央银行独立性最强的国家之一，《德国联邦银行法》明确规定中央银行的基本职责是保持货币稳定,在行使权力时不受政府指令的干涉。

(二) 独立性居中的中央银行 (英国和日本)

这类中央银行在行政关系上名义上隶属于政府,但实际上中央银行有较大的决策管理权和独立性。英格兰银行的理事会是最高决策机构,理事会成员都由政府推荐国王任命。按照法律规定,财政部在认为必要时,可在与英格兰银行总裁磋商后直接向英格兰银行发布命令。但实事上财政部从未使用过这一权力,政府一贯尊重英格兰银行有关货币政策的意见。在与政府的资金融通方面,英格兰银行一般不给政府垫款,只提供少量的隔夜资金融通。英格兰银行也有直接决定货币政策工具如调整利率的权力。

日本银行隶属于财务省,日本银行的总裁、副总裁由内阁任命。但1997年修订的《日本银行法》赋予了日本银行独立地制定货币政策及自行决定采取措施、运用政策工具实现货币政策目标的权力,在货币政策制定与执行方面,日本银行具有独立行使权。

(三) 独立性较弱的中央银行 (意大利和法国)

这类中央银行的特点是隶属于政府,不论在名义上还是在实际上,中央银行在制定和执行政策、履行其职责时,都比较多地服从政府或财政部的指令。在体制上,意大利银行受财政部统辖,财政部代表可以出席意大利银行的董事会会议,并且在认为会议做出的决议与政府意图不符时,可以提出暂停决议的执行。意大利银行提出的货币政策措施与政府意见不一致时,一般也要以政府的指令为准。

法国中央银行的独立性也相对较弱,法兰西银行的理事会成员大都由财政部提名,内阁会议通过后由总统任命。

六、中国人民银行的独立性

中国人民银行隶属于国务院,按照通常意义上的标准衡量,属于独立性较弱的中央银行,但实际上近年来其独立性呈不断增强的趋势。

《中国人民银行法》第二条规定,"中国人民银行在国务院领导下,制定和执行货币政策,防范和化解金融风险,维护金融稳定。"该法第五条规定,"中国人民银行就年度货币供应量、利率、汇率和国务院规定的其他重要事项做出的决定,报国务院批准后执行。"第十二条规定,"中国人民银行设立货币政策委员会。货币政策委员会的职责、组成和工作程序,由国务院规定,报全国人民代表大会常务委员会备案。"这些规定都明确了中国人民银行隶属于国务院,是国务院的领导下的宏观调控部门,货币政策重要事项的决定要报国务院批准。但《中国人民银行法》也对中国人民银行的独立性给予了一定范围内的授权。该法第七条规定,"中国人民银行在国务院领导下依法独立执行货币政策,履行职责,开展业务,不受地方政府、各级政府部门、社会团体和个人的干涉。"第二十九条规定,"中国人民银行不得对政府财政透支,不得直接认购、包销国债和其他政府债券。"第三十条规定,"中国人民银行不得向地方政府、各级政府部门提供贷款,不得向非银行金融机构以及其他单位和个人提供贷款。"

从上述法律规定看,中国人民银行在重要事项的决策方面,对政府的独立性是较弱的,但这只是对中央政府而言,对地方政府和各级政府部门等,法律还是赋予了中央银行完全的独立性,在为政府融资的规定方面,中国人民银行的独立性也很强。

从实际运作看，中国人民银行虽然在国务院领导下履行其职责，但其在货币政策制定和实施方面提出的方案，一般都能得到国务院的支持。在具体运作上，国务院也越来越重视其自主操作。因此，中国人民银行的独立性正呈不断增强的趋势。

【延伸阅读 8-1】

2019 年中国人民银行资产负债简表 单位：亿元

资产		负债和资本账户	
项目	金额	项目	金额
国外资产	218 638.72	储备货币	324 174.95
外汇	212 317.26	货币发行	82 859.05
黄金	2 855.63	存款性公司存款	226 023.86
其他外国资产	3 465.84	非金融机构存款	15 292.04
		不计入储备货币的存款	4 775.23
对政府债权	15 250.24	发行债券	1 020.00
对其他存款性公司债权	117 748.86	国外负债	841.77
对其他金融性公司债权	4 623.38	政府存款	32 415.13
		自有资金	219.75
其他资产	14 869.26	其他负债	7 884.49
总资产	371 130.48	总负债	371 130.48

资料来源：中国人民银行，www.pbc.gov.cn。

【延伸阅读 8-2】

中央银行独立性的案例

一、美国联邦储备委员会

美国联邦储备系统是美国经济发展的积极动力之一，美国金融系统在美国经济的历次波动中，特别是在"9·11"事件及其后的动荡日子里经受了考验，显示出随机应变的能力。作为美国中央银行的美联储在应对这些事件时，各个职能部门同心协力、协调一致，包括维持支付系统的正常运转、为受影响的银行机构提供信贷和实行积极的货币扩张政策等。

美联储独特的机构分散而又协调一致的结构模式是其发挥作用的关键。美联储是公认的世界上独立性最强的中央银行之一。

美国把货币政策视为中央银行可以自由运用的独立手段，用以帮助稳定联邦经济的波动。在美联储发展成为一个有国家宏观经济目标、独立和积极的货币政策制定机构的过程中，建立联邦公开市场委员会是关键的一步。1935 年 8 月 24 日，大萧条以后罗斯福总统签署银行法修正案创建了这一机构。该委员会共有 12 名成员，由 7 名联邦储备理事会理事和纽约联邦储备银行总裁以及其他地区联邦储备银行的 4 名总裁组成，这 4 名总裁由 12 个地区储备银行总裁团轮值。由于其成员包括总统任命的官员、理事会成员及从各自董事会选举出来的储备银行总裁，因此，公开市场委员会可谓是为融合国家和地方的私人和公众利益于一体而设计的。公开市场委员会在其决策和执行程序方面也保证了美联储同地区经济保持密切联系。首先，它有一套完善的投票表决程序。12 名投票成员集体制定公开市场委员会的正式决策，7位理事每次都要投票，12位行长中只有5位轮流投票。这样就保证了每个成员平等地参与讨论并达成共识以举行正式的政策表决。因此决策一般是达成共识后制定的，所以一致通过的决策通常是惯例，而不是例外。其次，它有一套完善的执行程序。公开市场委员会决定了联邦资金利率的适当目标水平后，由美联储在纽约联邦储备银行的交易台负责实现目标。为了推动这一过程，公开市场委员会起草了一份政策指示，要求纽约交易台采取适当措施，实现隔夜借贷利率目标。实践证明，公开市场委员会的结构最充分地利用了美联储机构分散的优越性。这种结构能够充分运用各种信息，制定全国性的货币政策，并使美联储能够向全国各地传达决策和政策原则。这种信息的双向交流加强了美联储监督经济和建立政策共识的能力。

美联储有能力把握全美金融活动的脉搏、保障金融稳定，得益于它现行的在地理上分散的组织结构。这种分散式结构对美国中央银行至关重要，它为美联储的政策制定提供了必要的地方环境，同时又能保持各地之间的联系。以付款处理为例，付款处理在美联储业务中占的比重最大。美联储全系统共有2.3万多名雇员，其中大约一半，即1.2万人从事支付业务。多年来，美联储分散的结构使得它在维持支付系统上拥有优势。长期以来，美国是个有着许多小银行服务于各自相对有限地域的国家。美联储成立的原因之一便是建立一个使货币在这些小银行之间有效流动的网络。美联储最早的项目之一就是建立一个支票清算系统。在该系统中，每家储备银行为其分区各银行提供一个本地结算所，并使它们能够通过其他储备银行进入全国结算网络。

美联储大概是美国最为独立的政府机构，美联储虽然对国会负责，但除了立法和提交报告之外，它实际上不受国会的控制。总统可以通过任命理事和理事会主席以及与国会结成立法联盟来影响美联储，但在总统的任期内只能认命一位理事会主席。理事的任期长达14年且不得连任，这在一定程度上消除了理事求宠于国会和总统的动机。支撑其独立性最重要的原因在于美联储不会受国会控制的拨款程序支配，它的经费自理且有大量结余，能够拒绝联邦政府审计机构的审计，因此，这一点比其他任何因素都有利于它的独立性。

独立性就像一把双刃剑，它既意味着权力又意味着责任，它是自相矛盾的。需要指出的是，美联储的独立性并不是无限制的独立。实际上，总统和国会都对美联储有相当大的影响，总统影响的一种方式是道义上的劝告，而美联储也不愿反对总统的观点，如果他们认为总统的要求不会违背自己的职责，一般都会照办。同时，为了制定某种法律或是阻止某种法律，美联储要不断地在国会进行活动，希望得到总统的支持，因而具有与总统保持良好关系的动机。

二、欧洲中央银行

欧洲中央银行是以世界上独立性最强的中央银行——德意志联邦银行为模式创建的，成立以来便拥有了组织、职能和经济三方面的独立性。组织独立性体现在结构定位和人事安排上：一方面，从结构上独立于欧盟其他机构和成员国政府是确保欧洲中央银行体系组织独立性得以实现的首要方面。根据《阿姆斯特丹条约》（1997年）的规定，欧洲中央银行是独立于各成员国的自主机构，与欧洲议会、部长理事会以及欧洲法院等并列于欧盟各机构之列，不受成员国政府监督；各成员国央行是欧洲中央银行体系的不可分割的组成部分，在履行法律赋予的职责时，仅服从于欧洲中央银行的指导。另一方面，人事安排方面的自主程度是衡量中央银行组织独立性的另一重要指标。欧洲中央银行的官员不由某个欧盟机构或成员国政府单独决定；欧洲中央银行体系的官员们的任期比欧盟其他机构或成员国政府官员们的任期要长；执行董事会成员不再具备履行职务所要求的条件或有严重过错行为的，须由欧洲法院应决策理事会或执行董事会的申请强行将其辞退。人事任命程序的严肃性、任期设计的特殊性、罢免程序的复杂规定等都避免了成员国政府或欧盟其他机构借助人事安排对欧洲中央银行体系可能产生的过度影响，从而在一定程度上维护了欧洲中央银行体系的组织独立特点。职能的独立性是指欧洲中央银行体系可以不受约束地追求货币政策的实现，包括可以自主地选择货币政策中介目标和货币政策工具，并拥有足够的权力来排除公共融资压力和汇率政策的影响，以有效贯彻其货币政策。

经济上的独立性对于中央银行至关重要，它的丧失往往意味着来自政府的某种程度的控制。欧洲中央银行体系在经济上的独立性主要表现为其拥有独立的资金来源，而不依赖于成员国政府或欧盟其他机构的拨款。除此之外，欧洲中央银行可以自主选择货币政策中间目标和工具，而且它们都是有《欧洲联盟条约》和《欧洲中央银行体系和欧洲中央银行银行法令》作为保障的。就是说，欧洲中央银行不仅拥有法律上的独立性，而且拥有实质独立性。这些都使欧洲中央银行成为世界上独立性最强的中央银行之一，足以与任何一个国家的中央银行媲美。究其历史渊源，则在于欧盟的成员国大多为联邦制国家，它们在传统上就以民主、自由和分散决策为特征，政府的权威受到较大的制衡，这些构建了欧洲中央银行独立性的基础。

资料来源：MBA 智库百科，https：//wiki.mbalib.com/wiki/中央银行独立性。

本章小结

一、重要概念

中央银行　　发行的银行　　银行的银行　　政府的银行　　中央银行的独立性

二、思考题

1. 分析中央银行产生的原因。
2. 分析第二次世界大战后中央银行制度不断强化的原因。
3. 分析中央银行的性质。
4. 介绍近年来中央银行职能的发展。
5. 中央银行的存款业务和商业银行的存款业务有什么不同？
6. 中央银行不以盈利为目的，为什么还要进行证券投资活动？
7. 为什么中央银行需要有一定的独立性？结合我国中央银行现状分析应如何提高我国央行的独立性。

第九章 货币供求与货币均衡

本章核心内容

1. 货币需求是有条件限制的，存在宏观和微观不同视角的货币需求。
2. 早期的货币需求理论是从宏观角度分析的，包括费雪方程式和剑桥方程式。当代货币需求理论主要存在凯恩斯学派和货币学派的分歧，这为货币政策中介目标的选择、测量及货币政策的制定提供了不同的方法和思路。
3. 理解货币供给要区分货币的不同层次，不同层次的货币对一国经济活动的影响程度不同。
4. 银行体系是货币供给的主体，但不同类型的金融机构在货币供给中的作用和机制是不同的。商业银行具有派生存款的机制和能力，而中央银行主要通过基础货币投放和存款准备金率的调整等手段来影响商业银行的业务经营，进行货币政策的传导。
5. 货币均衡是一种非瓦尔拉斯均衡，正确理解货币均衡需要同社会总供求均衡联系在一起。

第一节 货币需求

一、货币需求的界定

货币作为社会财富的一般代表，任何一个经济行为主体，乃至整个社会的经济运行都会对货币产生一定的需求。货币需求的客观构成可分为两类：一类是商品流通所产生的货币需求，货币执行作为交换媒介的职能；另一类是人们因贮藏财富而产生的货币需求，货币执行贮藏手段职能。基于此，可以将货币需求的内涵定义为：在一定资源约束条件下，微观经济主体或宏观经济运行需要货币来执行货币相关职能的数量。

正确理解货币需求的内涵，需注意以下几点：

1. 货币需求是有条件限制的，是一种能力和愿望的统一。从纯粹主观的心理角度考察，货币是一般等价物，在质上具有无限性，由此派生出人们主观上对货币需求的无限性，这种无约束的货币需求显然是无效需求。"资源约束条件"代表着能力，只有在能力制约下产生的货币需求才是客观真实的货币需求。有能力而不愿意持有货币不会形成对货币的需求。同样，有愿望而没能力获得货币也只是不现实的幻想。

2. 从货币需求理论的发展史看，存在宏观和微观不同视角的货币需求。20世纪以前，经济学者主要从宏观视角对货币需求问题进行研究与探讨，又侧重于分析货币数量与物价水平之间的关系。进入20世纪之后，当现实经济生活中出现货币数量与物价水平之间的关系和传统的宏观货币需求分析不一致的现象时，西方经济学者开始将视角转向微观，在把货币看成交易媒介的同时，更把货币看成一种资产，关注人们的心理因素对货币需求的影响。

宏观视角的货币需求分析主要从国民经济整体出发，强调货币交换媒介的职能，探讨一个国家在一定时期内的经济发展与商品流通所需要的货币量；微观视角的货币需求分析则是从社会经济个体出发，分析各部门（个人、企业等）的持币动机和行为，研究经济个体在既定的收入水平、利率水平和其他经济条件下所需要持有的货币量。

二、西方货币需求理论

（一）早期货币需求理论

西方货币需求理论在古代思想家的著作里已有许多论述，比较系统的论述至少可以追溯到16世纪法国早期重商主义者让·波丹（Jean Bodin），可谓源远流长。此后，约翰·洛克（John Locke）、大卫·休漠（David Hume）、大卫·李嘉图（David Ricardo）、约翰·穆勒（John Stuart Mill）等众多学者从货币数量与商品价格的关系视角，不断丰富并发展了早期的货币需求理论。

欧文·费雪（Irving Fisher）是美国经济学家，于1911年在《货币的购买力》一书中提出现金交易说的货币数量论。它既是对传统货币需求理论的总结，又构成对以后货币数量论发展的一个新起点。关于物价与货币数量的关系，费雪从简单的商品交易入手，认为物价水平决定于流通的货币数量、货币流通速度及商品的交易量三因素。其交易方程式可表述为：$MV = PT$（式中 M 表示同期内货币流通的平均数量、V 表示为货币流通熟读、P 为物价水平、T 为社会交易总量）。如果再考虑存款货币对交易的影响，那么存款货币也影响物价，而且通过银行信用的创造（派生存款），存款货币可达数倍于现金的数量。故存款货币也应引入交易方程。若用 M' 和 V' 分别表示存款货币的总额和流通速度，则交易方程式可改写成：$MV + M'V' = PT$。费雪提出，在交易方程式中，现金和存款的货币流通速度 V 和 V' 受支付制度（包括收入与支出次数、收入与支出的规则、收入与支出在时间上和数量上的配合等）和支付习惯（包括个人节俭与储蓄、支票的使用等）的影响，在短期内不会迅速变化，可看作一个常数。社会交易量 T 在充分就业水平上，也基本保持稳定。于是，在交易方程式中，当 V、V' 和 T 稳定不变时，P 就和 M、M' 同方向变化，而且由于存款货币和现金常保持固定比例。因此，影响物价水平最活跃，最变化无常，因而也是最重要的因素就是货币数量。物价水平会随流通中货币数量变动而正比例变动，物价变动是货币数量变动的结果。

费雪交易方程式的缺陷在于：首先，仅考虑货币的交易媒介职能，未考虑货币的资产职能；其次，假定经济经常处于充分就业状态，T 在短期内不变，与现实经济不符；最后，没有考虑公众心理因素对式中各项特别是对 V 和 V' 的影响，假设 V 和 V' 在短期内不变，与现实不符。例如，当人们预期物价要上涨时，他们会用货币抢购实物，从而导致 V 加快，使 M 的增长同 P 的涨幅不成比例。

早期宏观视角货币需求理论存在的这些缺陷促使一批经济学家另辟蹊径，开始将微观主体的持币动机纳入考察范围，侧重于研究个人、家庭、企业等微观主体对货币的需求，从而使货币需求理论产生了质的变化。

开创微观货币需求分析先河的经济学者是英国剑桥大学的经济学教授阿尔弗雷德·马歇尔（Alfred Marhzl，1923）和亚瑟·庇古（Arthur Cecil Pigou，1917）。他们提出现金余额数量说，指出在一般情况下，人们总是把自己收入和财富的一部分以货币形式保存起来，而另一部分以非货币形式（实物形式或直接消费）保存。一国公民以货币形式保有的收入和财富，成为备用购买力，形成一国通货的总价值。从公众的角度看，如果以货币形式保存起来的财富过多，就必然遭受损失。因此，人们常常将保有货币所得到的收益与所遭受的损失加以权衡，从而决定应该保有的货币量，即应保有的备用购买力数量。从整个社会来看，公众保有货币数量的多少对货币价值和物价有决定性作用。庇古将现金余额理论用数学方程式的形式予以解释，给出了经典的剑桥方程式：$M_d = KPY$。式中，Y 表示真实收入，P 代表价格水平，K 表示以货币形式保有的收入占总收入的比例，M_d 为名义货币需求。

与费雪交易方程式相比，剑桥方程式的创新性在于：第一，在考虑货币交易媒介职能的基础上，开始关注货币的价值贮藏职能——人们选择用货币形式来保存其一部分名义收入，并非仅是满足交易需求，也可以是出于价值储藏的目的；第二，公众心理因素影响 K 的大小——公众通过权衡持有货币的利弊得失决定以货币形式保有的收入占名义总收入的比例，而 K 实际上是 V 的倒数。

总体来说，剑桥方程式的基本思想，还是认为 M_d 和 P 之间的关系非常密切，二者等比变化的趋势最明显，恰如马歇尔所说：从整个生活会来看，公众保有货币数量的多少对货币价值和物价具有决定性作用。

（二）当代货币需求理论

1. 凯恩斯学派的货币需求理论。1929～1933 年的经济大危机否定了传统经济学关于市场经济能够自动实现均衡的理论，危机后各国普遍采取了扩张性货币政策，也没有使 P 和 M 同比例上升，传统的货币需求理论无法解释新的经济现象。在此背景下，凯恩斯在 1936 年出版的《就业、利息和货币通论》中提出"流动性偏好理论"。

他指出，人们之所以需要货币，是因为货币是一种流动性最强且面值固定不变的资产。人们需要货币这种资产，是出于交易、预防和投机三种动机。交易动机的货币需求是指人们为了应付日常交易需要而产生的货币需求，其强度的大小主要取决于经济主体收入的多少和收支时间间隔的长度，另外，影响交易需求的还有支出习惯、金融制度、经济预期等。预防动机的货币需求是指人们为了应付可能突然发生的意外支出而产生的货币需求，其产生主要是因为未来收入和支出的不确定性。在凯恩斯看来，前两类动机所产生的货币需求主要受经济主体收入水平的影响，其特征是相对稳定且对利率变化不太敏感，是收入的递增函数。

投机动机是凯恩斯货币需求理论中最具有创新的部分。投机动机的货币需求是指人们为了捕捉投机的有利时机、赚取利润而产生的货币需求，人们此时持有货币是将其作为一种资产来对待的。凯恩斯假设人们可以以两种形式来持有财富：货币与债券。人们对现存利率水平的估价成为人们在货币与债券两种资产间进行选择的关键。如果人们确信现行利率高于正常值，这就意味着他们预期利率水平将会下降，从而债券价格将会上升，人们就必然会多持有债券；反之，则会倾向于多持有货币。在经济萧条时期，因为利率水平极低，人们预期未来利率只会上升即债券价格必将下降，所以人们无论多少货币都将持有在手，这就是凯恩斯所提出的"流动性偏好陷阱"。可见，投机动机的货币需求其特征是难以预测且对利率变化极为敏感，是利率的递减函数。

用公式表示，凯恩斯的货币需求函数式为：
$$M = M_1 + M_2 = L_1(Y) + L_2(i) = L(Y, i)$$

式中，M_1 代表满足交易动机和预防动机的货币需求，Y 代表收入；M_2 代表投机动机的货币需求，i 代表利率。从式中可以看出，凯恩斯把利率视为货币需求函数中与 Y 具有同等意义的自变量，这是凯恩斯以前的经济学者所没有达到的。

市场利率的多变性导致了货币需求的不稳定性。同时，当利率成为决定货币需求量的重要因素时，费雪交易方程式关于货币流通速度 V 在短期内固定不变的假设也不再成立。原因如下：

由凯恩斯的实际货币需求函数式 $\dfrac{M_d}{P} = f(Y,i)$ 变形可得：

$$\frac{P}{M_d} = \frac{1}{f(Y,i)}$$

将等式两边同时乘以 Y，并考虑货币市场达到均衡时，M_d 就是实有的货币存量 M，于是有：

$$\frac{PY}{M_d} = \frac{Y}{f(Y,i)}$$

等式左边 $\dfrac{PY}{M_d}$ 就是货币流通速度 V。上式表明，货币需求 $f(Y,i)$ 是影响货币流通速度的一个重要变量。当货币需求量随着利率的上升而减少时，货币流通速度将会加快；反之，当货币需求量随着利率的下降而增加时，货币流通速度将会减慢。由此可知，货币流通速度不是固定不变的，它会受利率变动的影响，并与利率呈正向变动关系。在现实经济周期中，货币流通速度在经济高涨时呈现加快趋势，而同时市场利率水平也因投资需求的旺盛而上升；反之亦然。理论推导与实际相符。

由此可以解释危机后 M 与 P 不同比例上升的经济现象：危机时利率水平很低，投机性货币需求量很大，此时中央银行增加货币供给难以降低已经处于很低水平的利率，在不能刺激投资增加的同时，货币流通速度的减慢又部分抵消了货币量的增加，从而未能引起物价的上升和真实收入的增加。

凯恩斯之后，美国经济学者威廉·鲍莫尔（William Baumoi，1952）、爱德华·慧伦（Edward Whalen，1966）、詹姆斯·托宾（James Tobin，1958）等人对凯恩斯的货币需求理论进行了修正与发展，进一步强化了利率对货币需求的影响作用。

2. 货币学派的货币需求理论。始于 20 世纪 60 年代中期的通货膨胀对凯恩斯的货币需求理论又提出了挑战。通货膨胀的直接原因一定是扩大了的货币供给，市场利率水平会伴随着通货膨胀率的提高而上升，如果利率是决定货币需求量的主要因素，货币需求将会随着利率水平的上升而减少，那样货币均衡机制将难以实现。在此背景下，以米尔顿·弗里德曼（Milton Friedman）为代表的货币学派提出了重新强调收入变量对货币需求发挥影响作用的货币需求理论。

一方面，弗里德曼继承了凯恩斯等人把货币看成是一种资产的观点，从而把货币需求当作财富所有者的资产选择行为来加以考察；另一方面，与凯恩斯不同的是，弗里德曼并不把资产选择范围局限于货币与债券之间，而是把债券、股票，以及各种实物都列为可替代货币的资产，从而使资产选择的范围大大扩大，并从中得出了与凯恩斯主义截然不同的结论。

根据弗里德曼的分析，可以把货币需求函数中的各个变量分为四类：

（1）恒久性收入和财富结构。财富总量是制约人们货币需求的规模变量，也就是说，即使人们将其全部财富都以货币形式持有，其货币需求总量也只能等于其拥有的财富总额，而不可能超过。弗里德曼把财富分为人力财富和非人力财富。人力财富也称人力资本，是指人们所具有的为自己获得收入的能力，包括体力、智力以及学习掌握的技巧等，其大小与所受教育的程度密切相关。而非人力财富则是各种能带来收入的实物财富，如房屋、生产资料、耐用消费品以及各种金融资产等。对绝大多数人来说，人力财富均占其财富总量的绝大部分。

由于财富的货币化测量难度很大，而财富又与收入有着密切的关系，所以，人们通常以收入代表财富。但因现期收入易受年度波动的影响，因此，在这里所说的收入是一种恒久性收入，也称恒常收入，是指一个经济主体所拥有的各种财富在相对长时期内所获得收入的平均量，可用能观察到的过去若干年收入的加权平均代表。根据弗里德曼的分析，对于一个经济主体而言，恒久性的实质收入与货币需求是正相关的关系，收入增加，货币需求也会相应增加；收入减少，货币需求也随之减少。

由于人力财富向非人力财富的转化受到种种条件的制约，人力财富的流动性不像债券、股票那样容易变现，因此，人力财富在其总财富中占较大比重者只能通过持有较多货币来增强其流动性。也就是说，非人力财富在总财富中占比越大，货币需求越小，它们是负相关的关系。

（2）持有货币的机会成本。人们持有多少货币，在很大程度上取决于货币和其他资产收益率大小的比较。债券和股票的预期收益率由两部分构成：一是当期的收益，如债券的利息、股票的股息等；二是由于这些资产的价格上涨而获取的资本利得。实物资产的预期收益率用物价水平的变动率表示，因为物价水平的变动会使实物资产的名义收益率发生变动。显然，其他资产的预期收益率与货币需求是负相关的关系。

（3）货币的预期收益率。在弗里德曼看来，货币的预期收益率不为零，因为他所考察的货币不再局限于 M_0（通货），而是扩大到了 M_1 的范畴。货币的预期收益率包括两部分：一是银行支付的存款利息；二是银行为支票存款提供的各种服务。显然，货币的预期收益率与货币需求呈正相关的关系。

（4）其他因素。弗里德曼认为，影响货币需求的因素除了上述三大类外，还有很多因素也会对货币需求产生一定影响，如技术、制度以及人们的主观偏好等。这些综合变量在短期内相对稳定，可能从不同方向对货币需求产生影响。

弗里德曼根据以上影响货币需求的因素提出了货币需求函数：

$$\frac{M_d}{P} = f(Y, w, r_m, r_b, r_e, \frac{1}{P} \cdot \frac{dP}{dt}, u)$$

式中 P 为一般物价水平；

$\frac{M_d}{P}$ 为个人财富持有者保有的货币所能支配的实物量，即实际货币需要量；

Y 为按不变价格计算的实际恒久性收入，用来代表财富；

w 为物质财富（非人力财富）占总财富的比重；

r_m 为货币的预期收益率；

r_b 为固定收益证券（债券）的预期收益率；

r_e 为非固定收益债券（股票）的预期收益率；

$\frac{1}{P} \cdot \frac{dP}{dt}$ 为实物资产的预期收益率；

u 为影响货币需求的其他因素。

弗里德曼认为，货币需求主要取决于恒久性收入的大小和货币与其他资产预期收益率的差额。由于 $r_b - r_m$，$r_e - r_m$，$\frac{1}{P} \cdot \frac{dP}{dt} - r_m$ 很小，因此，利率对货币需求的影响作用不大。恒久性收入是决定货币需求量的关键性变量。弗里德曼利用实证的研究方法，依据美国 1892~1960 近 70 年的资料，验证了在货币需求众多的影响因素中，恒久性收入发挥决定性作用，其货币需求的弹性大于 1。

据此，弗里德曼的货币需求函数可以简化为：$\frac{M_d}{P} = f(Y)$

恒久性收入的稳定性决定了其余货币需求之间函数关系的稳定性，进而货币需求量也具有可测性和相对稳定性的特点。相应地，货币流通速度的稳定性和可测性也比较高。同时，货币流通速度顺经济周期变动的事实也可由恒久性收入的稳定得到解释：由货币流通速度的定义 $V = \frac{Y}{f(Y)}$ 可知，在积极高涨时期，由于即期收入 Y 比恒久性收入增长快，V 将加快；反之，在经济衰退时期，由于即期收入比恒久性收入下降快，V 将减慢。由此可以看出，弗里德曼的货币需求理论最终又回到了传统货币数量说的两个基本观点：决定货币需求的主要因素是收入而不是利率；货币流通速度的稳定性使货币量与物价水平之间有着紧密联系，增加货币供给量的结果主要是物价的上涨。

【延伸阅读 9 – 1】

中国货币需求量估算的演变

新中国成立不久，我国开始学习苏联模式，实行高度集中的计划经济体制。20 世纪 60 年代初，我国的银行该作者在理论界对马克思货币必要量公式研究的基础上，对我国多年的商品流通与货币流通之间的关系进行实证分析，得出了一个经典的"1∶8"经验式。其具体含义是：每 8 元零售商品供应需要 1 元人民币实现其流通。公式表示为：

社会商品零售总额/流通中货币量（现金）

如果按上式计算的值为 8，则说明货币流通正常，否则说明货币供应超过了经济运行对货币的客观需求。应该说，"1∶8"公式反映着商品供给金额与货币需求之间的本质联系，对这种联系就行实证分析，并求得经验数据，在方法论上是成立的。问题在于，1∶8 这个数值本身之所以能够成为一个不变的尺度，是有条件的，那就是经济体制。与之相应的运行机制，乃至一些体现和反映经济体制及其运行机制的性质和要求的重要规章法令，都必须相当稳定。在改革开放之前的 20 多年间，中国具备这样的条件，于是，当时的很多现象都可以用它来解释：第一个五年计划期间货币流通比较正常，这个比值在这几年间均高于 8；20 世纪 60 年代初生产极度紧张，这个比值下降到 5 以下；1963 年后，经济迅速恢复，这个比值恢复到 8；"十年动乱"期间，市场供应紧张，这个比值明显低于 8；粉碎"四人帮"后经济迅速好转，这个比值很快又逼近 8，等等。

1982 年、1983 年，社会零售总额与货币流通中货币的比值下降到 1∶6 之下，之后继续下降，"1∶8"经验式失灵。究其原因，是经济体制改革使得其得以成立的经济条件发生了巨大变化。

改革开放初期,为了取代已过时的经验式,学者们提出一个基本公式:

$M' = Y' + P'$

即货币供应增长率 M' 等于经济增长率 Y' 加上预期物价上涨率 P',旨在解决如何确定年度计划货币供给量的问题。许多人直接将它作为计算货币需求量,进而计算货币供应增长率的算式,用以检验中央银行提供货币供给量的适度性。

20世纪90年代初期,针对中国经济改革过程中货币供应增长率持续高于经济增长率和通货膨胀率之和的现象。不同学者又开始试图从不同角度解释我国的货币需求问题。2000年后,伴随着我国市场经济体制的逐步建立和非银行金融机构、资本市场的快速发展,居民、企业等微观经济主体的金融资产选择日趋多元化,一批学者开始关注机会成本变量对货币需求的影响,实证检验利率、股票市场收益率等变量与货币需求量之间的关系,显现出持币的机会成本因素对我国货币需求的影响日益加强。此外,越来越多的学者开始依据西方经典的货币需求模型,采取各种计量方法,实证检验中国货币需求函数的稳定性和货币需求的可测性,以此判断货币供给量作为货币政策中介目标的适度性。

资料来源:《货币银行学》,岳玉珠、郭慧文,东南大学出版社,2005年。

第二节 货币供给

一、货币供给及性质

(一)货币供给的分类

货币供给是相对货币需求而言的,是指一国经济中货币的投入、创造和扩张(收缩)的过程。具体说,是指一国银行体系通过其自身的业务活动向社会生产生活领域提供货币的全过程。按不同标准可将其划分为不同的种类。

1. 动态货币供给与静态货币供给。动态货币供给是指一定时期内一国货币供给主体通过其业务活动投入、创造、扩张货币的行为。货币供给首先是一个经济过程,即银行系统向经济注入货币的过程,该过程在一定时点上会形成一定的货币数量,即货币供应量。

静态货币供给即货币供应量,是一国经济流通中可用于各种交易的货币总额,是该国经济部门中除中央银行、财政部与金融机构以外的各经济部门和个人在一定时点上所持有的货币量。

货币供应量是一个存量概念,它反映的是一国某一时点上实际存在于整个经济中的货币总量,而不是指一国国家在一定时期中货币流通的总量,后者称为货币流量。货币流量实际上是货币存量与货币流通速度的乘积。

2. 狭义货币供给与广义货币供给。狭义货币供给(窄口径)M_1 是指银行系统以外的通货量(C)与一定时期的活期存款余额(D)之和,即:$M_1 = C + D$。之所以如此,原因在于:

(1)大多数经济学家均十分强调货币的交易职能,因此货币供给量应能包括所有被作为交易媒介使用的物品。

(2)从大多数国家货币当局普遍接受的程度来看,统计实证研究足以证明 M_1 与现代经济运行密切相关。

广义的货币供给（宽口径）M_2是指在窄口径的货币供给量基础上加上同时期的定期存款与储蓄存款的余额（T），即：$M_2 = M_1 + T = C + D + T$

之所以如此，是因为定期存款即储蓄存款均作为暂栖的购买力（弗里德曼）与活期存款无本质区别。弗里德曼对美国货币史的统计实证表明：宽口径的货币供给量更能体现货币与经济运行的相关性。

在宽口径的货币供给量分析中，定期存款与储蓄存款通常比货币存款的流动性要低，故经济学家有时称其为准货币。金融发展已经使货币与准货币之分日趋模糊。如美国商业银行在20世纪70年代开设的自动转账服务账户（ATS）和美国储蓄银行开设的（NOW）账户，使得存户在银行同时开设活期账户与储蓄账户，这样存户的存款金额自动在此两个账户上变化，从而难以划清与准货币的界限。不过，大多数经济学家视ATS、NOW账户的存款为宽口径的货币供给量M_2。通常情况下，各个国家按货币的流动性将货币划分为不同的货币层次，作为其对货币度量和管理的依据。因为不同层次的货币对各国经济产生影响的程度不同，而一个国家的货币供给总量又影响着商品价格、就业和经济活动水平，以及货币本身的价值，因而将货币划分为不同的层次无论在理论研究上还是在实践操作上都十分必要。

3. 名义货币供给与实际货币供给。名义货币供给是指一定时点上不考虑物价影响因素的货币存量；实际货币供给是指剔除了物价影响因素之后的一定时点上的货币存量，可用名义货币供给量除以一般物价水平得到。

（二）货币供给的主体

金属货币时代，货币金属材料的不足是导致货币制度崩溃的主要原因之一，而在信用货币时代货币的创造机制彻底解决了金属货币制度下货币供给不足的问题。由于信用货币主要由现金和银行存款构成，而货币供给的变化是由中央银行和商业银行等金融机构的行为引起的，因而能够向社会提供信用货币（现金和存款）的主体就是二级银行制下的中央银行与商业银行。全社会的货币供给量都是通过这些金融机构的信贷活动形成的。

中央银行根据社会需要发行现金货币，商业银行向企业发放贷款，同时增加企业的存款货币，这样就使流通中的货币增加，货币供给量扩大；反之，当现金货币回笼中央银行，或商业银行收回贷款，企业存款货币减少，货币供给量紧缩。从货币供给全过程看，现金货币供给与存款货币供给是两个相互区别又相互联系的过程，但总的来说，都是中央银行和商业银行共同完成的。

（三）货币供给的性质

货币供给的性质主要是指货币供给具有外生性还是内生性。货币供给的外生性是指货币供给量是经济运行过程的一个外生变量，由中央银行独立自主地决定，其对经济运行和其他经济变量的影响是通过凯恩斯效应或实际余额效应实现的。货币供给的内生性是指货币供给的数量是由经济主体的需要内生决定，中央银行不能有效地控制货币供给量，货币供给量从属或适应于货币需求量。

在20世纪60年代前，包括凯恩斯在内的大多数经济学家都认为货币供应是一个完全取决于货币当局主观行为的外生变量。但是后来，人们逐渐发现货币供给也受到经济自身的强烈影响。目前，多数经济学家认为由于货币发行由中央银行垄断，中央银行可以通过货币政策工具对货币供给量进行扩张或收缩,货币供给具有外生性。但与此同时,货币供给量又受到经济生活中其他经济主体行为的影响,不可避免地具有内生性。因此,货币供给量兼具外生性和内生性。

二、货币供给与银行体系

如前所述,银行体系是货币供给的主体,但不同类型金融机构在货币供给中的作用及机制是不相同的。

(一)中央银行在货币供给中的作用

中央银行作为货币供给的主体,主要通过调整、控制商业银行创造存款货币能力及行为来实现其在货币供给中的作用,其在货币供给过程中处于主动地位。

1. 中央银行提供基础货币。基础货币又称强力货币或高能货币,是指中央银行供应的能够引起货币供给量成倍变动的货币基数。基础货币由两部分组成:一是流通于银行体系之外而为社会大众持有的现金,即通常所讲的通货;二是商业银行的存款准备金①(包括法定存款准备金和超额存款准备金)。各国通常都通过法律保障了中央银行提供基础货币的合法性和唯一性。

2. 中央银行通过货币政策工具对货币供给量进行控制。如中央银行可以调整法定存款准备金而强制改变商业银行的超额存款准备金的大小;也可调整再贴现率影响商业银行从中央银行借款的积极性,改变其超额存款准备金。

(二)商业银行具备派生存款的功能

银行存款可以分为原始存款和派生存款。原始存款是指客户以现金形式存入银行的直接存款。通过银行转账方式发放贷款而创造的存款,就称为派生存款。

商业银行主要通过派生存款的方式实现信用货币供给。作为融资机构,商业银行必须不断吸收存款以发放贷款。在吸收存款过程中,可以将流通中现金纳入银行,其转化为存款后可用来贷款的发放,然后贷款通过转账结算方式又转化为存款……这样一个周而复始下去,就会形成数倍于原始存款的存款量,这样信用货币的供给就会增加。这就是商业银行的存款创造过程。

1. 存款创造的条件。

(1)实行部分准备金制度。部分准备金制度就是商业银行将全部存款的一定百分比保持为现金形态,以应付体现的需要,其余部分可用于贷款或投资。在现代各国,部分准备金制度中法定存款准备金率的高低多由中央银行来确定,其余部分可用于贷款或投资,没有贷放或投资出去的则形成银行的超额存款准备金。法定存款准备金率直接影响银行创造派生存款的能力。法定存款准备金率的高低与商业银行创造派生存款的数量成反比,因而许多国家的中央银行都把调高或降低法定存款准备金率作为紧缩或扩张信用的重要手段。

(2)实行转账结算制度。转账结算是在活期存款的基础上,借助于存款的转移与同业清算来完成货币支付的银行制度。在这种制度下,货币运动形式表现为活期存款从一个存款

---

① 存款准备金是针对存款性金融机构而言的,商业银行是存款创造的主体,因此本章中主要讲商业银行。存款性金融机构还包括储蓄机构、信用合作社等。

账户转移到另一个存款账户的过程。用于支付的货币仍然停留在银行系统内，只是银行的债权人发生了变化。这样商业银行可以通过记账来发放贷款，即使转账结算的双方不再同一银行开户，转出方银行的存款必然转入到转入方银行的存款账户，银行系统的存款余额并没有发生变化。相比较而言，现金结算只能通过现金来完成收付，则存款根本无从增加，派生存款也就无从创造出来。

2. 存款创造的过程。首先假定支票存款的法定存款准备金率为20%，并且为了分析简便，再做如下假设：①所有银行都将其超额存款准备金用于发放贷款，从而不持有任何超额存款准备金。②银行客户将其一切收入均存入银行体系，同时没有现金从银行体系中漏出，即公众不从他们的存款账户中提现，或者提出现金用于支付之后，收款的一方又立即将它存入银行。③没有从支票存款向定期存款或储蓄存款（两者合称非交易存款）的转化。

假定某银行客户将其向中央银行出售债券所得的 1 000 000 元存款（或支票）以支票存款的形式存入 A 银行，从而使 A 银行的准备金资产和支票负债都增加了 1 000 000 元。这时 A 银行的资产负债情况如表 9-1 所示。

表 9-1　　　　　　　　　　　　A 银行　　　　　　　　　　　　单位：元

资产		负债	
准备金存款	1 000 000	存款	1 000 000

按规定从中提取现金准备 200 000 元，以应付客户提现的需要。其余 800 000 元可以用于贷款以获取收益。假定 A 银行发放的 800 000 元贷款被借款人用来购买产品，供货单位收到款项后以支票存款形式存入 B 银行，因此，A、B 银行的账户就变为表 9-2、表 9-3 所示。

表 9-2　　　　　　　　　　　　A 银行　　　　　　　　　　　　单位：元

资产		负债	
准备金存款	200 000	存款	1 000 000
贷款	800 000		

表 9-3　　　　　　　　　　　　B 银行　　　　　　　　　　　　单位：元

资产		负债	
准备金存款	160 000	存款	800 000
贷款	640 000		

B 银行贷出 640 000 元，借款人又转存入 C 银行，C 银行按 20% 提取准备金后，其余再贷放出去，如表 9-4 所示。

表 9-4　　　　　　　　　　　　C 银行　　　　　　　　　　　　单位：元

资产		负债	
准备金存款	128 000	存款	640 000
贷款	512 000		

以此类推，银行与客户之间不断地贷款、存款，这一过程一直持续下去，直到整个银行体系都没有超额存款准备金。其结果如表 9-5 所示。

表 9-5　　　　　　　　　　　多倍存款的创造过程表　　　　　　　　　　　单位：元

银行	增加存款	法定准备金	增加贷款
银行 A	1 000 000	200 000	800 000
银行 B	800 000	160 000	640 000
银行 C	640 000	128 000	512 000
银行 D	……	……	……
总计	5 000 000	1 000 000	4 000 000

在上述例子中，银行吸收的最初的 1 000 000 元存款是原始存款，在原始存款的基础上通过发放贷款扩大出来的 4 000 000 元存款是派生存款。

显然，各银行的支票存款增加额构成一个无穷递减等比数列，即 1 000 000 元、800 000 元、640 000 元、512 000 元……根据无穷等比数列求和公式，可知整个银行体系的支票存款增加额为：1 000 000×1/[1-(1-20%)] = 1 000 000×1/20% = 5 000 000（元）。由此可见，在部分准备金制度下：一笔原始存款经由整个银行体系运用扩张信用的结果，可产生大于原始存款若干倍的存款货币。存款扩张的这一原理，也被称为存款乘数原理。存款乘数是指每 1 单位的原始存款变动所引起的银行体系总存款数额变动的倍数，一般用 K 表示。

若以 R 表示原始存款，D 表示存款总额，r_d 表示法定存款准备率，则存款货币创造的公式为：

$$D = \frac{R}{r_d}$$

存款乘数为：$K = \dfrac{1}{r_d}$

上例中，$D - R = 4\,000\,000$ 元，就是银行体系创造出来的存款货币，派生存款乘数是 5 倍（1/20%）。若 r_d 降为 10%，则存款可扩张 10 倍；若 r_d 上升为 25%，则存款只扩张 4 倍。说明法定存款准备率越高，派生存款乘数越小；法定存款准备率越低，派生存款乘数越大。

3. 存款乘数的修正。上述分析中的几个假定不太现实，我们依次放弃这些假定，从而可以得到更为现实的派生存款乘数。在前面的分析中假定在存款创造过程中没有现金从银行系统中漏出、所有银行都不持有超额存款准备金、没有新增的活期（支票）存款向其他存款的转化。然而，这些假定在现实生活中并不成立，这些因素的存在会导致银行派生存款能力的削弱。为了考虑这些因素对派生存款创造的影响，可令漏出现金与支票存款的比率（现金漏损率）为 c，超额存款准备金率为 e，定期存款的比例为 t，定期存款的法定准备金比率为 r_t，则修正后的存款乘数为：

$$K = \frac{1}{r_d + c + e + r_t \cdot t}$$

（三）货币供给量与货币乘数的推导

1. 货币供给量。货币供应量亦称货币存量、货币供应，指某一时点流通中的现金量和存款量之和。货币供应量是各国中央银行编制和公布的主要经济统计指标之一。货币供给量由基础货币和货币乘数两个因素共同作用而成,即:货币供给量=货币乘数×基础货币。

$M_s = m \cdot B$

式中,M_s 为货币供给量,m 为货币乘数,B 为基础货币。

基础货币是中央银行发行的债务凭证,它包括商业银行的公众持有的现金(C)和存款准备金(R)。存款准备金包括法定存款准备金(RR)和超额存款准备金(ER),则基础货币为:

$B = C + R = C + RR + ER$

货币乘数是货币供给量相对于基础货币的倍数,即货币供给扩张或收缩的倍数,它说明中央银行每增减一单位基础货币导致货币供应量增减的幅度。由于货币供给按照流动性不同可划分为 M_0、M_1、M_2 等不同的统计口径,其总量会有所不同,因而对应的货币乘数计算式也就存在差异。

2. 狭义货币供给的货币乘数。对狭义货币供给 M_1 来说,它包括流通中现金和银行活期存款,用公式表示为:$M_1 = C + D$。其中 C 表示公众手中持有的现金,可以通过现金持有比率(现金漏损率)计算,即 $C = c \cdot D$;D 表示商业银行吸收的活期存款。因此,狭义货币供给的计算公式为:$M_1 = m_1 \cdot B$

则狭义货币供给的货币乘数为:

$$m_1 = \frac{M_1}{B} = \frac{C+D}{C+RR+ER} = \frac{1+r}{r_d + c + e + r_t \cdot t}$$

式中:r_d 表示活期存款的法定准备金率;r_t 表示定期存款的法定准备金率;c 为现金漏损率;e 表示超额准备金率;t 表示活期存款转化为定期存款的比率,即定期存款比率。

3. 广义货币供给的货币乘数。对于广义货币(准货币)M_2,其内容相当于在 M_1 的基础上增加一些其他项目,如储蓄存款、定期存款、货币市场存款账户、货币市场互助基金份额等,不同国家对于准货币的统计口径可能不同。为简化分析,我们假定准货币只包括定期存款,以此为例来推导广义货币乘数。定期存款用 T 表示,用 t 表示定期存款与活期存款的比率。因此,广义货币供给的计算公式为:$M_2 = m_2 \cdot B$

则广义货币供给的货币乘数为:

$$m_2 = \frac{M_2}{B} = \frac{C+D+T}{C+RR+ER} = \frac{1+r+t}{r_d + r_t \cdot t + c + e}$$

由上式可知,广义货币供给的货币乘数 m_2 显然大于狭义货币供给的货币乘数 m_1。因为定期存款、货币市场互助基金份额、货币市场存款账户、隔日回购协议等准货币项目,大大增加了货币供给的数量,即 $M_2 > M_1$。

【延伸阅读 9 – 2】

我国的货币供给量与社会融资规模

一、我国货币供给量统计口径的变化

1994 年 10 月,中国人民银行正式向社会公布货币供应量统计数据,将我国的货币供应量划分为三个层次:

M_0 = 流通中现金;

$M_1 = M_0$ + 单位活期存款,M_1 为狭义货币;

$M_2 = M_1 +$ 储蓄存款 + 企业定期存款，M_2 为广义货币。

1996 年，货币供应量成为我国货币政策的中介目标，可控性是对其的基本要求。伴随着我国金融机构、金融市场的发展，广义的货币供给口径也逐渐扩大。

2001 年 6 月，中国人民银行对货币供给口径进行了第一次修订，将证券公司的客户保证金计入 M_2，其背景是股票市场的迅速发展使新股申购资金对货币供应量的统计产生了显著影响。

2002 年初，随着我国金融统计机构范围的拓展，中国人民银行对货币供给口径进行了第二次修订，将在中国的外资银行、合资银行、外国银行分行、外资财务公司以及外资企业集团财务公司的人民币存款业务，分别计入不同层次的货币供应量。

2011 年 10 月，针对非存款类金融机构在存款类金融机构的存款和住房公积金存款规模已达到较大的数额，中国人民银行对货币口径进行了第三次修订，将这两类存款纳入广义货币供应量 M_2 的统计口径。

二、社会融资规模

社会融资规模是中国人民银行 2011 年开始统计监测的一个金融总量指标，指实体经济（除金融部门之外的社会各经济主体，包括公司企业、事业单位、政府部门、居民个体等）在一定时期内（月、季或年）从金融体系（各类金融机构和金融市场）获得的全部融资总额。中国人民银行提出并统计监测社会融资规模的背景是中国经济和金融发展使社会融资结构发生的巨大变化。

目前，中国人民银行对社会融资规模的统计范围包括：人民币各项贷款、银行承兑汇票、信托贷款、外币各项贷款、委托贷款、企业融资债券、非金融企业股票融资、保险公司赔偿支付和投资性房地产贷款、小额贷款公司贷款、其他贷款公司贷款、产业投资基金等。这些项目的总和即为统计期的社会融资规模。实证分析表明，社会融资规模与新增人民币贷款相比，社会融资规模与主要经济指标的相关性更为紧密。

三、货币供应量与社会融资规模的统计不可相互替代

作为一个存量指标，货币供应量就是对特定时点的交易媒介与支付手段的统计。而作为一个增量指标，社会融资规模统计的则是一段时期内实体经济从整个金融系统那里所获得的资金总额。

由此可见，在统计的目的或统计的意义上，社会融资规模的统计与货币供给量的统计各有侧重，二者不可相互替代。

资料来源：1.《货币银行学》，岳玉珠、郭慧文，东南大学出版社，2005 年。
2.《货币供应量统计口径演变历程及其影响》，杨凝，中国货币市场，2012（2）：48-53。

第三节 货币均衡

一、均衡的类型与分析的界定

均衡与失衡是经济学中相对应的两个概念。货币均衡思想早已有之，但对于货币均衡理论，西方经济学者却很少像研究货币供给与需求理论那样，专门将其独立出来进行系统研

究，而大多是将他们的货币均衡思想隐含在他们的货币、经济理论中。要理解货币均衡与失衡，首先需要弄清楚不同经济学者对于均衡的不同看法。

（一）瓦尔拉斯均衡

瓦尔拉斯均衡是一般均衡分析理论创始人瓦尔拉斯提出的。是指供给与需求完全相等时的市场状态。其要点可归纳如下：

1. 均衡是一种市场出清状态，是在所分析的市场上供求完全相等，既无剩余，也不短缺；
2. 均衡的实现取决于供给与需求的相互作用，是通过价格调整而非数量调整所取得；
3. 价格机制极为灵敏，经济运行中的微观经济主体能唯一地根据价格信号做出符合理论的行为选择。

瓦尔拉斯均衡要求市场上供给与需求处于完全相等状态，这在现实中几乎是不可能的。所以许多经济学者对其提出质疑和批判，其中主要有凯恩斯均衡和科尔纳均衡。

（二）凯恩斯均衡

凯恩斯在20世纪30年代经济大萧条的经济现实基础上，提出了非充分就业均衡即凯恩斯均衡这一观点。在需求约束型经济中，普遍存在的是非自愿失业和非自愿的商品供给过剩。由于愿意提供的供给大于用于交换的需求，所以现实经济运行中的均衡是由有效需求所决定的，即凯恩斯均衡是指由有效需求所决定的非充分就业均衡。相对应的凯恩斯失衡则指除凯恩斯均衡以外的经济运行状态。

（三）科尔纳均衡

若说凯恩斯均衡是从供给大于需求约束型经济出发来质疑瓦尔拉斯均衡的，则科尔纳索要讨论的却是从需求大于供给的资源约束型经济中的均衡。科尔纳认为：在现实经济运行中，瓦尔拉斯均衡并不存在，客观存在是广义的均衡和正常状态下的均衡。广义的均衡是指短缺和滞存都不超过一定幅度时的均衡，而正常状态下的均衡是指均衡本身是一种正常状态，改变这种正常状态便是均衡到失衡的过渡。科尔纳均衡是一种广义的均衡与正常状态下的均衡的有机结合，习惯上又称其为非瓦尔拉斯均衡。

二、货币供需均衡的内涵

依据上述界定，本书认为货币均衡是指经济运行中货币供给与需求大体一致，即货币均衡是一种非瓦尔拉斯均衡。具体而言，货币均衡的内涵可理解如下：

1. 货币均衡不能机械地理解为 M_d 与 M_s 完全一致。即便完全一致也是一种偶然。正如马克思所言："供求实际上从来不会一致；如果它们达成一致，那么也只是偶然现象，所以在科学上等于零，可以看作没有发生过的事情"。

2. 货币均衡是一个动态过程，它允许短期内货币供需间有一可接受的不一致状态，但在长期内是大体一致的。因为在短期内，货币供给量偏离货币需求量具有必然性。其原因在于：在经济运行中，货币供给的确定性与货币需求的相对模糊性、货币需求量的相对稳定性与货币供给的易变性这两对相互作用的结果往往造成货币供给在一定程度上偏离货币需求量。

3. 货币均衡的实现具有相对性。在现代经济中，货币需求量仅是一个预测值，并且是一个值域。根据这种货币需求量来供给货币，货币供给量大致相当不会影响物价的稳定和经济的持续发展，就应该看成是货币均衡状态。或者说货币均衡实际上又是一种在经常发生的货币失衡中暂时达到的均衡状态。

4. 货币均衡也不简单地理解为 M_d 和 M_s 大体一致，还必须联系社会总供给与社会总需求来分析。货币均衡还要求货币供给与需求在结构上的均衡。

三、货币失衡的成因

正如均衡是经济运行的目标一样，货币均衡也是中央银行操作货币政策并使货币供需基本相适应的目标。事实上，货币均衡的目标是理想的，货币供需相互作用的失衡现实却是常见的。

（一）货币供给量小于货币需求量的成因

1. 经济发展了，商品生产和交换规模扩大，但货币供给量没有及时增加，从而导致经济运行中货币吃紧。这是金属货币制度下常见的情形，因为货币供给量的增加在一定程度上受制于金属币材的开采。但在纸币流通制度下，作为货币当局的中央银行增加纸币供给极为容易，所以，现代经济中出现这种情形的概率很小。

2. 在经济运行中的货币供给量和货币需求量大体一致的情况下，中央银行实施紧缩性货币政策操作，减少了货币供给量，从而导致流通中货币紧缺。

3. 在经济危机阶段，由于信用链条断裂，正常的信用关系遭到破坏，社会经济主体对货币的需求急剧增加，中央银行的货币供给量却相对滞后于货币需求的增加，从而导致货币供需的失衡。

（二）货币供给量大于货币需求量的成因

1. 政府财政赤字面向中央银行透支。在中央银行没有事先准备条件下，迫使中央银行增发货币，从而导致货币供给量增加过量，造成货币供需失衡。

2. 在经济发展中，政府高速增长政策需要货币资本的支撑，在中央银行没有足够的货币资本实力的前提下，银行信贷规模的不适当扩张，造成信贷收支逆差和货币资本扩张，从而引起货币供需失衡。

3. 由于前期货币供给量不足，导致产品积压和再生产过程受阻，为促使经济运行的正常进行，中央银行实施扩张性货币政策。但由于力度把握不当，银根过度放松，货币供给量的增长速度超过经济发展的客观需要，从而形成过多的货币供给，并进一步诱发通货膨胀。

4. 从开放经济看，在经济落后、结构刚性的发展中国家，货币条件的相对恶化和国际收支失衡使得国民经济运行仅靠进出口机制来弥补收支逆差极为困难，而汇率高估和本国货币的贬值造成货币供给量的急剧增长，造成货币供需失衡。

除了上面分析的两种类型的货币供需失衡以外，在大多数发展国家，还存在货币供求的结构性失衡，即在货币供给与需求总量大体一致的均衡条件下，货币的供给结构与此相对应的货币需求结构不相适应。这种结构性货币失衡往往表现为短缺与滞存并存，经济运行中的部分商品和生产要素供过于求，另一部分商品和生产要素又求过于供。造成这种货币失衡的原因在于社会经济结构的不合理及在此基础上的结构刚性。

货币失衡作为一种与货币均衡相对应的概念，总量意义上的失衡与结构意义上的失衡并不是非此即彼的简单替代关系，客观事实上往往是货币总量失衡与结构失衡的相互交织、相互联系，以至于难以分辨。所以，中央银行在货币政策操作中，控制货币供需均衡便往往以总量均衡与结构合理为目标。

四、货币均衡与社会供需平衡

分析货币均衡与货币失衡问题须置于社会总供需分析的框架之中。基于此，须考察货币供需均衡与社会总供需平衡间的关系。

（一）社会总供求平衡的含义

社会总需求是指一国在一定时期内社会各方面实际占用或使用的全部产品之和。由于在市场经济条件下一切需求都表现为有货币支付能力的购买需求，所以，社会总需求也就是一定时期社会的全部购买支出。总需求有现实需求和潜在需求之分，现实需求是指有现实购买力的需求，而潜在需求是尚未实现的需求或将要实现的需求。

社会总供给是指在一定时期内一国生产部门按一定价格提供给市场的全部产品和劳务的价值之和，以及在市场上出售的其他金融资产总量。由于这些商品都是在市场上实现其价值的，因此，社会总供给也就是一定时期内社会的全部收入或总收入。

社会总供求平衡一般是指社会总供给与社会总需求相互适应的一种状态。可从以下几个方面来把握：

1. 社会总供求平衡是货币形态的均衡，而不是实物形态的均衡。实物均衡是自然经济的产物，而货币均衡才是现代商品经济总体均衡发展的主要特征；

2. 社会总供求平衡是市场的总体均衡。社会总需求与总供给是否平衡是由货币市场和商品市场的均衡状况决定的，因此，社会总供求的平衡也就是货币市场和商品市场的统一均衡；

3. 社会总供求平衡是动态的平衡，是现实的社会总需求与短期内可能形成的总供给的平衡，而不是现实的总需求与现实的总供给的平衡。它允许短期内社会总供给与总需求一定程度的偏离，但从较长一个时期来看，二者应是大体一致。

（二）货币供求与社会总供求的关系

在现代经济条件下，货币供求与社会总供求是通过以下两条渠道紧密联系在一起的。一是商品的供给决定了一定时期的货币需求。因为任何商品都需要货币来度量并实现其价值，有多大规模的商品供给，就必然要求有相应的货币来媒介其流通。二是货币的供给在一定程度上决定了社会总需求。因为任何需求都表现为有货币支付能力的需求，没有货币的需求是无法实现的。因此，在货币流通速度相对稳定的条件下，一定时期的货币供给量也就相应决定了当期的社会总需求。

货币供给对社会总供给的影响是通过总需求来实现的。在货币供给如何影响社会总供给的研究中，现在已被广泛认可的方法是联系潜在资源或可利用资源的状况进行分析：①只要经济体系中存在现实可用作扩大再生产的资源，且其数量又比较充分，那么，在一定时期内增加货币供给就能够提高实际产出水平而不会推动价格总水平上涨。②待潜在资源的利用持续一段时期而且货币供给仍在继续增加后，经济体系中可能出现实际产出水平同价格水平都在提高的现象。③当潜在资源已被充分利用但货币供给仍在继续扩张，经济体系中就会产生价格总水平上涨但实际产出水平不变的情况，如图9-1所示。

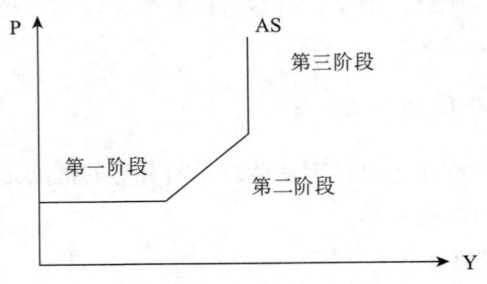

图9-1 总供给曲线的三个阶段

通过以上分析，我们可以这样认为，社会供给决定了一定时期的货币需求，但同等的总供给可能有偏大或偏小的货币需求；货币需求决定了货币供给，货币供给必须以货币需求为基础，中央银行控制货币供给量的目的，就是要使货币供给与货币需求相适应；货币供给在货币流通速度稳定的条件下，又在一定程度上决定了社会总需求；而社会总需求与总供给的平衡是我们追求的目标，以货币形式表现的商品价格既是强制总供求平衡的杠杆，又是社会总供求是否平衡的指示器。

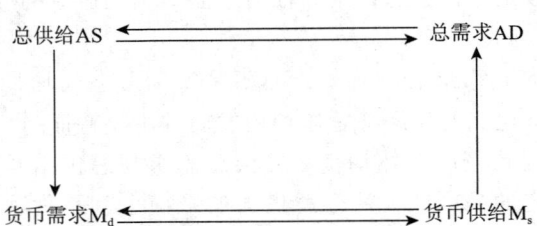

图9-2 货币供求与社会总供求的关系

如图9-2所示，货币供求的均衡是整个宏观经济平衡的关键，也就是说，如果货币供求不平衡，整个宏观经济的均衡就不可能实现。而要货币供求保持均衡，就需要中央银行控制好货币供给，使货币供给与客观的货币需求经常保持一种相互适应的关系，以保证经济的发展有一个良好的货币金融环境。

本章小结

一、重要概念

货币需求　　货币供给　　存款乘数　　基础货币　　货币乘数　　货币均衡

二、思考题

1. 凯恩斯学派与货币学派货币需求理论的不同点体现在哪里？

2. 结合我国实践分析影响我国货币需求的因素主要有哪些？
3. 如何看待货币层次的划分？我国现行货币层次划分的层次科学性及其现实意义？
4. 商业银行派生存款的机制是怎样的？如何理解中央银行在货币供给的特殊作用？
5. 查阅资料分析我国中央银行投放基础货币渠道的变化与面临的问题。
6. 应如何理解货币均衡与经济均衡的关系？

第十章 通货膨胀与通货紧缩

本章核心内容

1. 通货膨胀作为物价持续上升的特有货币现象，通常用物价指数来衡量。对通货膨胀分类可以帮助我们从不同视角认识通货膨胀。

2. 通货膨胀的成因很复杂，从现实出发，结合各国通货膨胀实践，产生通货膨胀的主要原因有：财政赤字、经济发展速度过快、经济比例失调、大量举借外债、国外通胀的传播等。

3. 通货膨胀对经济社会的影响是多方面的，具体表现为产出效应、强制储蓄效应、收入分配效应和财富再分配效应等。

4. 对通货膨胀的治理主张，不同学派观点不一。只有找到通货膨胀的成因，再结合各国通货膨胀的实践，对症下药才能事半功倍。

5. 通货紧缩是与通货膨胀相对应的一种货币现象。它对于社会经济的影响也在很大程度上对应于通货膨胀。治理通货紧缩主要从财政货币政策、收入政策和社会保障制度、以及产业结构调整等角度综合治理。

第一节 通货膨胀的含义、度量与类型

一、通货膨胀的概念

马克思在《资本论》中阐述货币理论时指出："通货膨胀是指纸币发行量超过商品流通中的实际需求量而引起的货币贬值现象。"纸币流通规律表明，纸币流通量不能超过它所代表的金属流通数量，否则纸币就要贬值，物价就会上涨。通货膨胀只有在纸币流通的条件下才会出现。货币学派的弗里德曼认为："通货膨胀是货币当局过多印刷货币的后果，其本质是一种货币现象。"

结合上述两种理论观点，本书将通货膨胀界定为：通货膨胀是在纸币流通条件下货币供给过多而引发货币贬值，物价全面、持续上涨的货币现象。需要从以下两个角度来理解：

第一，通货膨胀是一种纸币现象，是纸币发行量超过商品流通所需要的货币数量的结果。在金属货币流通条件下，由于货币具有储藏手段职能，能够自动调节货币数量，因此通货膨胀一般不会发生。而在纸币流通条件下，一方面纸币流通从技术上提供了无限供给货币的可能性；另一方面，国家权力又可以强制货币进入流通。由于这两个因素，通货膨胀成为一种经常性货币现象。把通货膨胀看成纸币流通特有的现象，但并不能说纸币流通必然产生通货膨胀。

第二,这里所讲的物价上涨不是个别商品或少数几种商品价格的局部上涨,而是各种商品价格水平的普遍上涨,是一般物价水平的上涨。而且物价的上涨不是暂时的、一次性的上涨,而是一贯的、持续的上涨,有段较长时间的上涨过程。一般来说,通货膨胀往往是以年度为单位的。

二、通货膨胀的度量

反映通货膨胀程度的指标即通货膨胀率。一般物价水平上涨是通货膨胀的必然结果,是通货膨胀的主要标志。因此,通货膨胀率用下式来表示:

$$通货膨胀率 = \frac{现期物价水平 - 基期物价水平}{基期物价水平} \times 100\%$$

世界各国用物价指数来反映一般物价水平。主要物价指数有消费者价格指数(CPI)、商品零售价格指数(RPI)、批发价格指数(WPI)、生产者价格指数(PPI)、GDP 平减指数。不同指数的统计范围不同,由此计算出的通货膨胀率侧重点也不同。

1. CPI 可以准确地分析消费品和服务价格变动对城乡居民生活成本的影响程度,具有资料易得、表达直观、指标敏感的特点,但该指标对于宏观经济总体运行的价格体系的表述并不完整,特别是在经济结构不完整的国家,尤其是发展中国家,经济增长的动力主要依靠投资和出口加工工业,该指标在这些国家运用时其范围狭窄的缺陷更为明显。

2. RPI 从商品流通的角度综合反映物价水平的变动,资料易得、编制便利、指标敏感,但同样存在指标覆盖范围狭窄的片面性。

3. WPI 基本排除了大宗商品采购与零售价格不符、造成指数度量失真的情况,在精确度上比 RPI 更进了一步,但由于该指标的编制口径中并没有包括服务项目,对于服务业高度发达或服务业发展迅猛的地区,运用该指数衡量通胀的变动还是存在一定程度的差异。

4. PPI 是衡量工业企业产品出厂价格变动趋势和变动程度的指数,是反映某一时期生产领域价格变动情况的重要经济指标,也是制定有关经济政策和国民经济核算的重要依据。该指数主要是用来衡量企业购买的一篮子物品和劳务的总费用。

5. GDP 平减指数可以表明,在相同产出水平的情况下,当期价格水平与对比期价格水平的总体变动情况。该指数涵盖全面、表达直观,但该编制涉及面很广,资料收集成本较高,对于通货膨胀的反映滞后,不具有预测性,在实际运用中存在较大困难。

6. PMI 与 CPI、PPI 的关系。PMI 即采购经理人指数(Purchasing Managers Index),是通过对采购经理的月度调查统计汇总、编制而成的指数,涵盖了企业采购、生产、流通等各个环节。作为国际通行的宏观经济监测指标体系之一,PMI 已成为经济运行活动的重要评价指标和反映经济变化的晴雨表,对国家和地区经济活动的监测和预测具有重要作用。PMI 是以下不断变化的五项指标的一个综合性加权指数:新订单指标,生产指标,供应商交货指标,库存指标以及就业指标。加权指数在某种程度上具有代表意义,显示出变化的趋势和程度大小。从而得出每一家企业在每一方面的处于上升、下降和不变的结果,通过计算每一个方面不同结果企业所占比例后,得出这五个方面的扩散指数。采购经理人指数是以百分比来表示,常以 50% 作为经济强弱的分界点:当指数高于 50% 时,则被解释为经济扩张的讯号。当指数低于 50%,尤其是非常接近 40% 时,则有经济萧条的忧虑。一般在 40%~50% 之间时,说明制造业处于衰退,但整体经济还在扩张。2005 年 4 月底,我国在北京和香港两地发布了"中国采购经理人指数"。这是中国首次发布这一经济指数。建立"中国采购经理人指数",充分说明中国已经从制造环节脱身,开始注重物流与采购问题。

PPI 反映生产环节价格水平,CPI 反映消费环节的价格水平。一般来说,PMI 及 PPI 是经济先行指标,CPI 是滞后指标,前两者对后者会有一定的传导性。PMI 在 50% 以上的扩张区间,并处于上升通道时,经济有逐渐过热的趋势,传导至 CPI,表现为通胀压力。PPI 向 CPI 的传导机制则在于,中间品价格的上涨会导致终端商品价格的上涨。

不过需要注意的是,在中国 CPI 的构成中,农产品所占比重最大,而 PPI 所影响的更多是工业产成品的价格。在这种结构性差异下,PPI 对 CPI 的传导性并不强。

【延伸阅读 10 – 1】

通货膨胀度量的争议

2007 年 5 月,在达拉斯联邦储备会议上,美联储官员和美国的经济学家们针对最佳真实通胀率的度量方法和相应的货币政策展开联席会议。会议争论的焦点是核心消费者价格指数(Core CPI)和个人消费支出指数(PCE)的适用问题。在该会议上,美联储官员认为,核心 CPI 和 PCE 虽然存在设计上的缺陷,但是核心通胀剔除了月度波动,短期内为货币政策的制定提供了良好的参照,可以使美联储不因为月度数据的波动而改变货币政策。而经济学家们认为将能源和食品剔除虽然可以消除指数的月度波动,但美国正在经历延续多年的食品和能源价格上升通道,在过去的几年中美国的食品和能源价格波动最为剧烈。因此,将食品和能源剔除出去并不能如指数设计者所设想的那样还原真实价格水平的总体变化,相反会造成美联储官员对于食品和能源价格的敏感性的降低,对通货膨胀的容忍程度过高,民众难以接受。

由此可见,虽然学术界对还原通货膨胀本身提出了多种度量方法,但是这些指标都具有一定的局限性。

资料来源:《金融理论与政策》,吴晓求、王广谦,中国人民大学出版社,2013 年。

三、通货膨胀的主要类型

对于通货膨胀,可以从不同角度对其进行分类。经济学家根据不同的标准划分出不同类型的通货膨胀。

(一) 按照物价总水平上涨程度划分

1. 温和式通货膨胀。温和式通货膨胀指通货膨胀率在一位数(10%)以内的通货膨胀。其特点是价格水平相对较为稳定,上涨速度缓慢且可预测,该通货膨胀一般被认为不会对经济发展产生明显负面影响,反而伴随一国经济增长,该通货膨胀被视为正常甚至有利于刺激该国经济发展。

2. 奔腾式通货膨胀。奔腾式通货膨胀指通货膨胀率在两位数(10%~100%)以内的通货膨胀。其特点是价格水平迅速上升,货币购买力迅速下降。在此前提下,人们会认为存钱不如购物、投资不如投机,从而扭曲生产和生活行为,使经济出现明显动荡,如生产下降、流通混乱、资本外逃等。

3. 恶性通货膨胀。恶性通货膨胀指通货膨胀率在三位数(100%)以上的通货膨胀。在该种通货膨胀下,通常人们会完全失去对货币的信心,货币体系和价格体系会全面崩溃。

(二) 按对不同商品价格的影响程度划分

1. 平衡的通货膨胀。平衡的通货膨胀指每类商品的价格如工资、租金、利息等均按同一比例上升。该类型通货膨胀在现实中基本不存在,即便有也是巧合。

2. 非平衡的通货膨胀。非平衡的通货膨胀指经济中每类商品的价格如工资、租金、利息等上涨的比例不同。这是现实经济运行中最为常见的通货膨胀类型。

(三) 按人们对物价上涨的预期划分

1. 可预期的通货膨胀。可预期的通货膨胀即价格上涨及其幅度完全在人们的意料之中,人们会按照预料的物价上涨幅度相应调整其生产或生活行为。因此,预期的通货膨胀具有自我维持的特点,有点像物理学上运动中物体的惯性。所以有时又被称为惯性的通货膨胀。

2. 不可预期的通货膨胀。即价格上升的速度超出人们的预料,或者人们根本没有想到价格会上涨。例如,国际市场原料价格的突然上涨所引起的国内物价的上升。

(四) 按通货膨胀的表现形式划分

1. 公开型通货膨胀。公开型通货膨胀指通货膨胀直接可通过物价指数的上涨表现出来。

2. 隐蔽型通货膨胀。隐蔽型通货膨胀指通货膨胀的表现形式由于价格管制等原因不由物价指数的上升来体现,而是由市场异常行为如凭票证供应、排队抢购、黑市交易等。我国计划经济时期通货膨胀通常以此种形式表现。

(五) 按通货膨胀的成因划分

1. 需求拉上型通货膨胀。需求拉上型通货膨胀是从需求角度解释通货膨胀的原因,指社会总需求超过社会总供给所引起的物价总水平持续显著的上涨。例如,各国政府采取扩张性财政政策和货币政策,刺激社会总需求,导致总需求大于总供给,从而引发通货膨胀。

2. 成本推动型通货膨胀。成本推动型通货膨胀是从供给方面解释通货膨胀的成因。通常表述为成本推动型通货膨胀。是指在没有超额需求的前提下由于供给方面成本的提高所引起的一般价格水平的持续和显著的上涨,包括工资推动型通货膨胀和利润推动型通货膨胀。

3. 结构型通货膨胀。结构型通货膨胀是指生产结构的变化导致总供求失衡或者导致部分供求失衡而引发的通货膨胀。由于结构失衡而引发的通货膨胀,其传导机制是价格刚性机制和价格攀比机制。

第二节 通货膨胀产生的现实原因

通货膨胀表现为物价总水平的上涨。多数经济学者赞成物价总水平上涨的直接原因是货币量过多,而导致货币量过多的具体现实原因包括:

一、财政赤字与通货膨胀

一些国家为刺激经济或缓解危机,往往实施扩张性财政政策,通过举办公共工程、增加政府开支、减少税收等手段,来刺激有效需求。这样必然的结果是赤字的扩大或者盈余的减少。弥补赤字的方法有:一是向中央银行借款,造成中央银行增加纸币发行,发行国债并通过两种方式增加货币供应量；二是通过向中央银行推销，以国债为抵押而向中央银行贷款，这样都会形成中央银行对政府提供资金，并通过财政支出转变为商业银行存款，再通过商业银行贷款，数倍扩张存款，即产生派生存款，从而增加货币供应量。财政支出绝大部分是非生产性支出，即增加货币供应量的同时，不能相应增加生产，因此，为弥补财政赤字而增加的货币供应量，不是为生产、商品流通所需要的，其结果必然形成过多的货币追逐较少的商品，这样必然导致通货膨胀。

财政赤字在改革开放初期导致我国通货膨胀频繁发生的主要原因。如 1979～1993 年为弥补财政赤字财政向中国人民银行借款累计达 1 582.07 亿元，占同一时期中国人民银行增加的货币发行量 5 256.7 亿元的 30%。为从根本上解决这一问题，我国于 1995 年公布并于 2003 年修改后的《中华人民共和国中国人民银行法》中明确规定："中国人民银行不得向地方政府、各级政府部门提供贷款"。

二、信用膨胀与通货膨胀

一些国家为缓解经济衰退，缓解通货紧缩，刺激经济增长，往往采取降低存款准备金率、降低利息率、扩张工商信贷和消费信贷等扩张性货币政策。工商企业在激烈的竞争中，也经常采用商业信用来推销过剩、积压商品，并靠银行信用以维持经营，当信用的扩张超过经济增长的需要，就会出现信用膨胀。

一方面，商业票据是商业信用的根据，经过背书可以在市场上流通转让，相当于代替货币充当了交换媒介，这就相对地减少了市场对货币量的需求。另一方面，商业信用和消费信用表面上是由企业提供的，但企业之所以能提供商业信用和消费信用，是因为得到了银行信用。因此，银行信用、商业信用和消费信用的膨胀，归根结底都是银行信用的膨胀。商业银行通过向工商企业提供贷款必然要通过转化为存款而数倍扩张，这就直接扩大了货币供应量。

当信贷规模的扩大超过了生产流通的需要，致使货币供应量超过需要量时，通货膨胀就会出现。

三、经济发展速度、经济结构与通货膨胀

一些国家的经济发展速度过快，建设规模超过了工农业生产所能承受的能力，或者消费基金规模过大，超过了消费资料的能力，商品供不应求。在这种情况下，就会出现由建设资金投放到市场上的货币与生产资料不相适应，通过发放工资、奖金等渠道投放到市场上的货币与消费资料的供应不相适应，造成货币流通和商品流通不相适应，也就是说，造成市场货币量过多，导致物价上涨，出现通货膨胀。

一个国家的重工业发展过快，超过了轻工业和农业所能承受的能力，造成农业、轻工业、重工业比例失调，引起市场商品供不应求，由重工业发展而增加的市场货币量，超过了轻工业品和农产品的供应能力，也会导致物价上涨，出现通货膨胀。

20 世纪 80 年代以来，拉美一些国家的通货膨胀率居高不下，主要原因之一是在经济发展上长期注重增长速度，而造成国民经济结构失衡。工业部门持续高速发展，而农业部门发展相对缓慢；耐用消费品生产增长较快，而以国内市场为主的农业生产部门日益萎缩。经济增长越迅速，结构失衡越严重，通货膨胀也就加剧。

例如，韩国在工业化过程中，以过量信贷和低利率鼓励重、化工业发展，导致投资膨胀，投资后 2~3 年才能生产和出口产品，诱发通货膨胀。在 20 世纪 70 年代末，通货膨胀率一度高达 40%。我国在 20 世纪 80 年代几度出现的通货膨胀也是伴随着经济过热和产业结构、产品不合理的问题。

四、外债与通货膨胀

一些大量举借国债的国家，在发达国家大幅度提高利率的情况下，沉重的还本付息负担，阻碍了这些国家经济的正常发展，经济发展的迟滞和难以应付的还本付息负担而造成的财政赤字，必然导致通货膨胀。尤其是拉美国家，所欠外债绝大部分是公共外债，国家需要用本国货币换取外汇用以还债，税收的增加满足不了还债资金的需要，偿还外债在很大程度上只有依靠增发货币偿还前期举借的外债，这部分增发的货币并不是本国生产和流通所需要的，这样必然导致通货膨胀恶果。如，墨西哥在 1982~1988 年，偿还外债本息 900 亿美元，外债总额却从 1982 年的 82 亿美元上升至 1 045 亿美元，人均购买力下降了 50%，600 万人失业，一些生产部门的开工率只有 50%，货币急剧贬值。

五、国外通货膨胀与国内通货膨胀

由于国际经济关系日益发展，通货膨胀往往通过种种途径由一个国家传播到另一个国家。

（一）价格途径

进出口商品的价格，经过汇率的折算，其同类商品的价格有趋于一致的倾向。因为同一商品在不同国家价格相差悬殊，则进出口商会从价格较低的国家购入，运往价格较高的国家出售。价格较低的国家由于该种商品的出口，国内市场供应减少，价格上升，价格较高的国家则因该种商品的进口，供应增加，又会导致该种商品价格的下跌。最后，促使两个国家在该种商品的价格趋于一致。这就是所谓的一价定律。

（二）需求途径

一个国家出现商品的过度需求，引起物价全面上涨，按照汇率计算，发生通货膨胀的国家的价格要高于另一些国家，于是发生通货膨胀的国家就从另一些国家进口商品，而另一些国家也必然愿向价格较高的国家出口商品。输出商品的国家由于出口增加，需求增多，刺激出口国产量增加，当出口国劳动力达到充分就业，机器设备等资源得到充分利用，生产量不能再增加时，同样会出现社会总需求大于总供给，必然引起物价上涨。这样，通过进出口贸易可以将一个国家的过度需求传播到其他国家，也就是将通货膨胀传播到其他国家。

（三）国际收支途径

一个国家出现通货膨胀，按照汇率计算，该国的价格要高于另一些国家，于是该国会从另一些国家进口商品，从而导致该国出现国际收支逆差。同时，也导致商品输出国出现顺差。国际收支顺差国，收进的外汇增加，为了收兑外汇，需对市场投放大量本国货币，造成商品输出国国内货币供应量增加并超过既定商品供给，从而引发物价上涨。这样，通货膨胀就由国际收支逆差国传播到国际收支顺差国。我国这些年来持续的国际收支双顺差始终存在着对国内市场通货膨胀的压力。

(四) 示范作用途径

国际性的物价上涨，使一些尚未出现通货膨胀的国家的企业预期本国物价也将上涨，这些企业为了避免遭受损失，提前将物价上涨的因素计入成本，陶高物价，或竞相囤货居奇，从而引起本国物价总水平的上涨。某一国家的工资大幅度地上升，会影响其他国家的工资水平相应提高，使这些国家也出现成本推动型通货膨胀。

第三节　通货膨胀的效应及其治理

一、通货膨胀的效应

(一) 产出效应

通货膨胀的产出效应实际上就是指通货膨胀对经济增长的影响。对于这个问题，理论界存在促进论、促退论和中性论的分歧。

1. 促进论。促进论认为温和的通货膨胀具有正的产出效应，可以促进经济增长。他们认为通货膨胀能通过强制储蓄，扩大投资来实现增加就业和促进经济增长。其理由有三：一是若政府将膨胀性收入用于实际投资，就会增加资本形成。尽管存在"挤出效应"，但只要私人投资不降低或降低幅度小于政府投资，就能提高社会总投资水平，并通过投资的乘数效应促进经济的实际增长。二是由于人们普遍存在货币幻觉，对通货膨胀的预期调整比较缓慢，在这个过程中，工资增长率会低于物价上涨率，企业的利润就会相应提高。在货币幻觉尚未破灭的情况下，通货膨胀会刺激私人投资的积极性，进而促进经济增长。三是在一般情况下，通货膨胀是一种有利于富裕阶层的收入再分配，高收入阶层的边际储蓄倾向比较高。从而，通货膨胀率会提高储蓄率而促进经济增长。

但持促进轮者并不认为通货膨胀率越高越好。相反，他们对通货膨胀的"度"十分重视和谨慎。他们只是在"究竟是降低失业率主要还是保持物价稳定重要"二者之间进行选择时，才认为通过适度的通货膨胀抑制失业率上升是可取的。因为，相比之下，通货膨胀并不是可怕的魔鬼，适度的通货膨胀率不仅可以降低失业率，而且对经济增长具有一定的促进作用。

2. 促退论。促退论认为无论是温和的、奔腾的或是恶性的通货膨胀都是一种病态的货币现象，必然会损害经济增长，所不同的仅仅是破坏程度而已。通货膨胀肯定会阻碍经济增长和导致经济低效率。这是因为：①较长时期的通货膨胀最终会引起名义工资率和银行利率的上调，从而增加生产性投资的风险和经营成本，使生产性投资下降。②通货膨胀会造成价格信号失真，导致资源配置失调，使资金流向非生产部门，这不利于经济的长期增长。③它会造成社会对资金的过度需求，迫使金融体系增加信贷量，降低金融体系的斜率。④在社会公众对通货膨胀产生预期后，政府采取的价格管制措施会使经济运行更加缺乏活力和竞争性。⑤通货膨胀发生时，人们不愿持有货币，不愿从事生产活动，而是纷纷抢购实物资产、囤积货物，抢购黄金、外汇和其他奢侈品，甚至从事房地产等投机活动，结果严重阻碍经济发展。当发生严重通货膨胀时，人们会放弃货币，改用实物作为交易媒介，使得交易成本大大提高，经济效率严重受损。

3. 中性论。中性论认为通货膨胀对经济增长既无正效应，也无负效应。在温和的通货膨胀环境中，社会公众会形成通货膨胀预期，他们对物价上涨做出合理的行为调整，使得有关通货膨胀的各种效应相互抵消，从而对经济增长不产生作用。

（二）强制储蓄效应

这里所说的储蓄是指用于投资的货币积累，并非一般意义上的银行储蓄。在通货膨胀条件下，由于物价的普遍上涨，信用扩张导致的货币价值下跌使消费者的购买力下降，并导致在通货膨胀过程中游离出来的资源被得到信用的生产者所利用。此时，投资增量所需的生产要素来源于对消费的强行挤占。也就是说，一些本来被用于消费的资源被强制性地用于投资，这叫作"强制储蓄"。如果投资的资金来源于强制储蓄，因为全社会可用于扩大再生产的资源总量实际上并没有增加，而只是通过强制储蓄的形式，在资源的分配上向投资倾斜，会造成经济过热。而且，强制储蓄引发的通货膨胀降低了家庭和企业所持有的实际货币余额，而这部分失去的货币价值实际上转移到发行货币的政府部门，形成了所谓的"通货膨胀税"。这就是说，政府通过增发货币引起通货膨胀获得了收入，它以隐蔽的手段增加了政府投资。

（三）收入分配效应

在通货膨胀时期，人们的名义收入与实际收入之间会产生差距，只有剔除物价的影响，才能看出人们实际收入的变化。由于各社会成员收入增长的多少并不一致。因此，在物价总水平上涨时，有些人的实际收入水平会下降，有些人的实际收入水平反而会提高。这样，通货膨胀实际上在社会成员之间强制进行了一次国民收入再分配，这就是通货膨胀的收入分配效应。

在通货膨胀期间，通常固定收入者的收入调整滞后于物价水平，实际收入会因为通货膨胀而减少；而非固定收入者能够及时调整其收入，从而可能从物价上涨中获益。比如，依靠工资收入的工薪阶层、依靠退休金生活的退休人员等，会因为工资、退休金调整滞后于物价水平，所以会成为通货膨胀的受害者。对于非固定收入的企业主而言，在通货膨胀初期，会因为产品价格上涨，利润增加而获益。但当通货膨胀持续发生时，随着工资和原材料价格的调整，企业利润的相对收益就会消失。因此，通货膨胀的最大受益者是政府。在累进税制下，名义收入的增长使纳税人的边际税率提高，应纳税额的增长高于名义收入的增长。而且，府往往是一个巨大的债务人，向公众发行巨额国债，价格水平的上涨使政府还本付息的负担相对减轻。正是从这个角度，有人说"政府具有诱发通货膨胀的利益动机"。

（四）财富再分配效应

财富再分配效应也称资产结构调整效应。当通货膨胀发生时，社会财富的一部分会从债权人手中转移到债务人手中，即通货膨胀使债权人的部分财富流失，而使债务人的财富相应增加，从而形成了财富的再分配效应。这是因为，通货膨胀使得货币的实际购买力下降，而债权人未来收回的本息之和不变，所以其实际收入下降，财富流失；同时债务人所偿还本息的名义价值不变，其实际负担减少，财富增加。

在现实生活中，人们的财富并不仅仅由货币资产构成，还包括实物资产和负债，其财产净值为资产价值与负债价值之差。在通货膨胀环境下，实际资产的货币价值大体随通货膨胀的变动而相应升降,金融资产的价值变化则比较复杂。至于以货币表示的债权债务,物价上涨会使货币的实际余额减少。粗略地说,在居民、企业和支付三者当中,居民部门在总体上是净储蓄者,处于债权人地位,通货膨胀期间是受损者;而企业和政府两个部门在总体上是净借入者,处于债务人地位,通货膨胀期间是受益者。

【延伸阅读 10-2】

通货膨胀的财富效应

我国改革开放初期经历过一次较为严重的通货膨胀。主要集中发生在经济扩张的1987年、1988年这两年中。以1985年作为统计基期,物价指数在1986年、1987年和1988年份别上涨了6.0%、13.7%和34.8%。政府的财政赤字是诱发这一次通货膨胀的主因,当时我国社会投资需求不足而且大量企业需要融资,因此政府在1986年开始扩大财政赤字。由于我国央行隶属于中央政府,为了缓解财政压力,当时货币发行速度远远高于经济增长速度。截至1988年末,我国境内人民币流通量为2 134亿元,比1987年上涨46.7%。由于货币超发,导致社会的货币流通量剧增,造成全国性的物价猛涨。当时政府决定不再限制部分烟酒的价格,反而加剧了居民心理预期的不确定性,从而引发了1988年8月的挤兑银行存款和抢购生活物资风潮等现象。仅1988年第四季度的全社会零售总额就比1987年上涨20.3%,仅1988年8月份银行存款就减少了26亿元。我国政府宣布1988年的通胀率达18.8%。

资料来源:《金融理论与政策》,吴晓求、王广谦,中国人民大学出版社,2013年。

二、通货膨胀的治理

对于通货膨胀的治理,不同学派提出了不同的政策主张。现就主流学派的观点归纳如下:

(一)新古典综合学派的主张

在通货膨胀的成因问题上,新古典综合派有"需求拉上说"和"成本推动说"。因此,该学派认为,应针对不同通货膨胀不同成因采取不同政策措施。

针对需求拉上型通货膨胀就应该从抑制需求角度出发,采取紧缩性财政政策和紧缩性货币政策。

(1)紧缩性财政政策可以通过调整财政支出结构,减少赤字来调节,具体措施有:①实行投资赋税优惠,以便"强有力地刺激对工商业进行投资"。②变更或暂时取消耐用品消费税,扩大人们的购买需求。③总失业率超过某一界限时,根据情况决定减少还是停止发放失业津贴补助,因为当大量失业人口存在时,给予失业补助,只会削弱他们寻找工作的意愿和要求,不利于扩大就业。④削减财政赤字,控制政府支出。认为相对于货币增长来说,财政赤字对通货膨胀具有更为强烈、更加实在的影响。故抑制的财政政策是取得反通货膨胀成功的一个重要又必要的措施。

(2)紧缩性货币政策主要措施:①减缓货币供应量的增长速度。他们不同于其他学派的分歧在于他们不同意采用"急刹车"的办法来控制货币供应量,认为这样会在生产、投资、就业上付出极大代价,而主张选择"软着陆"的办法使经济恢复到正常跑道上,用"逐步放慢货币和信用增长速度的办法来消灭通货膨胀"。②控制实际利率,如托宾建议财政部发行一种可以买卖的具有购买力保证的公债,以控制资本在国际间流动,通过在公开市场上逐步增加这种公债的买卖帮助中央银行控制实际利率,并增加其对投资市场的影响。

针对成本推动型通货膨胀,应该主要从供给角度出发,采取收入政策和劳工政策等手段。收入政策主要是采取工资与物价管理政策,以阻止工会和雇主协会这两大集团互相抬价所引起的工资—物价轮番上涨的趋势。具体手段包括:①以指导性为主的限制。这种限制分两种情况:一是对特定的工资或物价进行"权威性劝说"或施加政府压力,迫使工会和雇主协会让步;二是对一般性的工资和物价由政府根据生产率平均增长幅度确定工资和物价增长标准作为工会与雇主协会双方协商的指导线。②以税收为手段的限制。政府以税收作为奖励和惩罚的手段来限制工资和物价的增长。若增长率保持在支付的规定幅度内,政府就以减少个人所得税和企业所得税为奖励;如果超出,就以增加税收作为惩罚。③强制性限制,即由政府颁布法令对工资和物价实现管制,甚至实行暂时冻结。劳工政策主要是通过改善劳工市场上的不完全性,以克服结构性失业。主要措施有:对劳动者进行重新培训;提高有关劳工市场的信息,指导和协助失业人员寻找工作;增大劳动者在地区或职业方面的流动性,优先发展劳动密集型和技术熟练程度要求较低的部门扩大就业等。

(二) 新剑桥学派的主张

新剑桥学派认为工资是推动物价上涨的主要因素,而工资上涨源于国民收入在工资和利润之间的分配不公。工人为保住实质工资的不变,要求提高工资,资本家则不愿放弃利润而提高物价,造成工资—物价的轮番上涨。所以,解决通货膨胀应从根本着手,改变收入分配结构,从而减少资本家不合理的利润,让工人货币收入和实际收入相一致。他们反对用紧缩货币、压低就业的办法来制止通货膨胀。因为紧缩货币会导致利率提高、从而减少了投资,压低了就业,但由于没有调整国民收入分配结构,所以劳资双方争斗不会停止,工资和物价仍会相互追逐,通货膨胀并不能因此而消除,甚至会出现物价和失业同时上升的经济滞胀局面。新剑桥学派积极主张政府通过社会政策对经济进行干预,重点是对收入分配进行调整。主要措施有:通过合理的税收制度,如累进税制来改变收入分配不均的状态;通过没收性的遗产税取消财产的世袭制度,消灭私人财产的集中并将其转为公共所有;给予低收入家庭以适当的补助;把政府所掌握的资源从军事工业转为民用和服务部门;提高失业者的文化技术水平;制定逐步消灭赤字的财政政策和预定的实际工资增长政策;奖励出口、限制进口、增加贸易顺差,为国内提供更多的工作职位等。

(三) 货币学派的主张

货币学派的代表人物弗里德曼认为,通货膨胀是一种货币现象,是因为货币数量的增长超过总产量的增长所致。所以弗里德曼相信遏制通货膨胀的唯一办法就是:减少货币增长。只有把货币供应增长率最终下降到接近经济增长率的水平,物价才可望大体稳定下来,而后,政府采用单一规则控制货币供应量,就能有效防止通货膨胀。其他遏制通货膨胀的办法诸如控制物价和工资都是行不通的,因为"为了反通货膨胀的目的而控制物价和工资不利于生产。控制破坏了价格结构,降低了价格系统作用的有效性,引起了生产下降,从而加重而不是减轻了治理通货膨胀的副作用"。同时,他十分强调反通货膨胀在短期内所产生的不良副作用,即因时滞效应存在,在治理通货膨胀最初一段时期内,经济增长率降低,失业率增加,而物价下降却不大。这种副作用是治理过程中难以避免的传导反应,是人们的信息传播不灵敏、预期缓慢的变化、调整没有迅速跟上所致。只有当遏制通货膨胀的传导继续进行下去,人们的预期适应了变化的形势,并根据修正的预期采取调整行动后,治理的良好效果就出现了,即生产恢复并稳定上升,就业增加,通货膨胀率下降,物价稳定,市场繁荣,经济进入稳定发展的正常轨道。所以,弗里德曼认为,遏制通货膨胀不仅需要决心和适当的政策,还要有耐心和远见。而减轻其副作用的措施主要有两条:①"减轻副作用最重要的方法,是事先宣布一个逐步稳定地降低通货膨胀的政策,并坚决执行,使政策得到公众的信赖"。②"广泛地使工资合同及其他合同指数化,即长期合同应包括名义价格可以自行调节以冲抵通货膨胀的条款"。如工资合同中应把通货膨胀率作为一个附加的追加率,如果通货膨胀率低,这个追加率也低,如果通货膨胀率高,工资也应相应增加,保证工资的实际购买力不变,存贷款率也应采取此措施,保证实际利率不受通货膨胀的影响。

(四) 供给学派的主张

供给学派认为通货膨胀是与供给紧密联系在一起的。通货膨胀与供给不足是一个相互加剧的恶性循环。通货膨胀的主要危害在于损伤经济的供给能力,而供给不足、需求过剩又是引起通货膨胀的主要原因。

供给学派认为要治理通货膨胀,治本之方须着力于增加生产和供给,增加生产意味着经济增长,从而克服经济停滞;增加供给可消除过剩需求,克服通货膨胀。要增加供给,首先须减税,以提高人们储蓄和投资的能力和积极性。同时还需有两个条件加以配合:一是削减政府开支,以平衡预算,消灭赤字,并缓解挤出效应;二是限制货币发行量,稳定货币,以稳定物价,排除对市场机制的干预,保证人们储蓄和投资的实际效益,增强其信心和预期的乐观性。

综上所述,对于通货膨胀的治理,不同学派提出了不同主张。所以,在现实中对于通货膨胀的治理不是一件易事,政府应该结合各国通货膨胀的具体情况,如物价水平的上升是伴随着经济繁荣还是经济停滞,并分析主要经济变量及其变量之间的关联,找到导致通货膨胀的主要原因,方能对症下药,事半功倍。

第四节 通货紧缩及其治理

通货紧缩是与通货膨胀相反的货币现象,主要表现为一般物价水平的持续下降。19世纪中期和20世纪30年代,许多国家都曾发生通货紧缩,而当时的自由市场经济理论认为市场可以自动实现均衡,因此通货紧缩问题没有得到重视。经济学家的焦点大多集中在通货膨胀的研究与分析,对通货膨胀的著述很少。20世纪90年代末,许多国家又出现了通货紧缩的现象,通货紧缩这一问题再次受到普遍关注。2007年美国次贷危机以来,全球经济再一次陷入低迷,经济出现新常态。在这一新形势下,通货紧缩问题得到各国政府前所未有的重视。

一、通货紧缩的定义

学术界对于通货紧缩的定义并未达成统一,主要有三种不同观点:第一种观点认为,通货紧缩是指一般物价水平的持续下跌。这一观点坚持物价单一衡量标准。第二种观点认为通货紧缩是物价水平持续下跌、货币供应量持续下降的过程,应该运用物价水平和货币供应量双重指标来衡量。第三种观点则认为，通货紧缩是物价水平持续下跌、货币供应量持续下降，经济增长率也持续下降。坚持这种观点的学者把经济增长率列为衡量通货紧缩的指标体系。

从上述不同观点可以看出，对通货紧缩的认识都是在物价持续下跌这一基础上的外延和扩展。典型的通货紧缩应该同时具备"两个下降"和"一个伴随"。两个下降即物价持续下降、信贷和货币供应量下降。一个伴随是指伴随着经济衰退。所以，可以将通货紧缩定义为：由于货币供给不足而引起货币升值，物价普遍、持续下跌的货币现象。

二、通货紧缩的度量

通货紧缩是产能过剩或需求不足导致物价、工资、利率、粮食、能源等各类价格持续下跌。学者普遍认为，当消费者价格指数连跌三个月，即表示已出现通货紧缩。既然通货紧缩是物价水平的全面持续下跌，那么，判断通货紧缩的衡量指标由两方面决定：

一是测度物价水平的变化。传统价格指标对通货膨胀主要依靠消费者价格指数、商品零售价格指数（RPI）、批发价格指数（WPI）和 GDP 平减指数，这些指数也可以度量通货紧缩。

二是持续下降多长时间才可看作持续下降。经济运行是一个动态的过程，难免会有偶然事件的发生。如果因为偶然事件导致物价下降，而据此断定通货紧缩无疑是荒唐的。那么需要多长时间才能确认发生了通货紧缩呢？有一个起码的标准是可以肯定的，那就是时间至少应长到能够判断物价的下跌并非偶然因素所致。而这又与我们对经济形势的认识紧密联系在一起，因此，它是一个不断缩短的量值。

三、通货紧缩的因素分析与作用机制

一般而言，与通货膨胀相对应，通货紧缩也是一种货币现象。从其成因上看，既可以源于受到外部冲击，如 2007 年以来国际经济下行，主因是源于美国次贷危机的冲击，也可以是源于经济系统内部本身，如技术进步、生产率提高等。无论是内生原因还是外部冲击，其传导机制都是通过影响总需求或总供给的变化，使通货紧缩得以形成和发展。

（一）从供给角度分析

通货紧缩通常表现为因供给大于需求而产生的供给过剩。供给过剩主要通过以下两个方面形成通货紧缩：一是生产能力过剩，供过于求。生产能力过剩是导致新兴市场经济国家通货紧缩的最重要原因。生产能力过剩是由生产者开发雷同、过度投资、重复投资所致。过度投资造成过度供给，最终导致价格下跌。二是放松对垄断行业的管制。行业产量受限，价格往往高于完全竞争市场价格。一旦放松管制，垄断行业就会出现新的产品供应商，市场竞争加剧，产品市场扩大，价格出现相应下降。

（二）从需求角度分析

与供给过剩相对应，需求不足也会导致通货紧缩。因此，消费、投资和政府支出等影响需求的因素也是导致通货紧缩产生的原因。如图 10-1 所示，一是消费需求减少。当收入减少或者消费者预期商品或金融资产未来价格将下跌时，消费者会减少当期消费，消费需求减少，总需求不足，物价水平下跌。二是投资需求减少。当投资者对投资项目产品的未来市场看跌时,投资者便会减少当期投资,导致投资需求下降,这会使生产资料价格下降,最终导致一般价格的下跌。三是政府支出削减。当政府由于宏观经济政策的需要等原因削减财政支出时,不仅会直接降低社会需求,而且还会减少私人部门获得的转移支付,进一步降低社会需求,造成物价持续下跌。

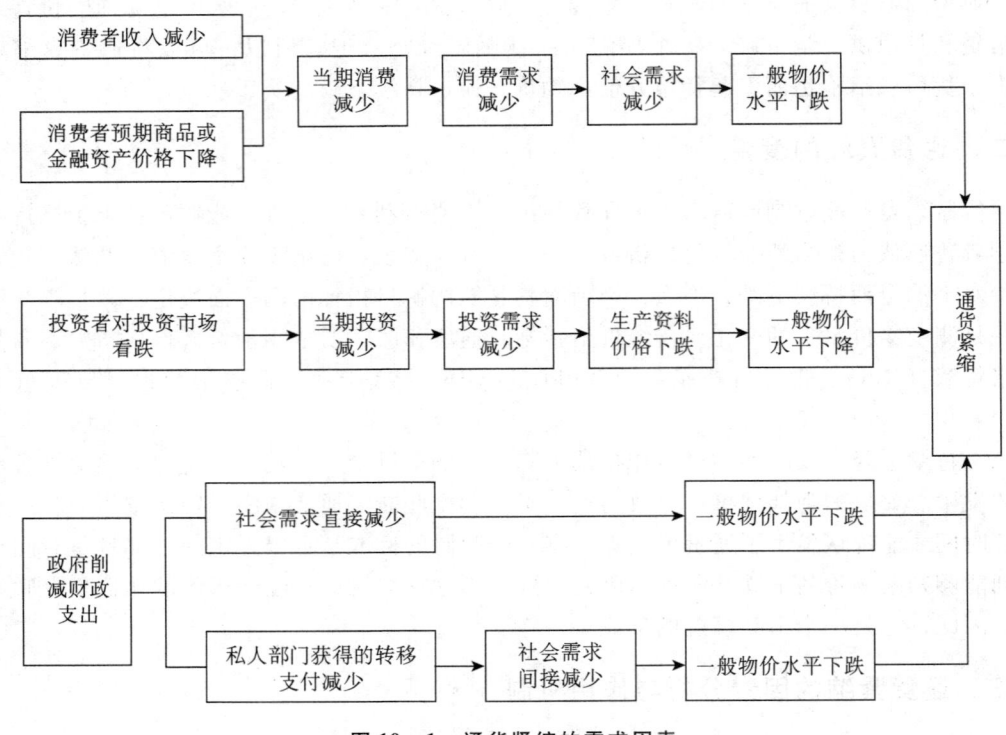

图 10—1 通货紧缩的需求因素

(三) 从货币政策的角度分析

通货紧缩不一定是由货币政策引起的,但过度紧缩的货币政策可能会导致通货紧缩或使通货紧缩加剧。当经济过热时,紧缩的货币政策不会导致经济衰退;当经济开始衰退时,中央银行若继续采取紧缩的货币政策,大幅度提高利率,削减货币供应量,则物价可能出现下跌,进而出现通货紧缩。美国 20 世纪 30 年代危机期间,美联储货币政策逆向操作,导致了通货紧缩和经济衰退。

四、通货紧缩的效应与治理

(一) 通货紧缩的效应

1. 经济效应。具体来说,危害型通货紧缩的经济效应主要表现在四个方面:一是经济衰退加速,失业率上升,实际利率上升,物价下跌,导致公司利润减少,股价下跌,证券市场市值缩小,使得企业公司筹资困难,生产活动的萎缩会造成更低的就业增长,并形成工资下降的压力,最终使经济进一步陷入衰退。二是投资成本提高,收益率下降。通货紧缩时实际利率有所提高,社会投资实际成本增加,降低社会投资意愿,减少投资需求。另一方面,在通货紧缩情况下,产品市场供过于求,商品价格下跌,投资的收益率下降,理性投资者预期价格将持续下跌，公司预期收益减少，投资意愿降低。三是消费量趋于下降。在通货紧缩情况下，经济增长下降，就业预期和工资、金融资产收入趋于下降，收入的减少将使消费者缩减消费。价格效应使消费者增加消费；而收入效应则使他们缩减支出。综合看来，通货紧缩使消费总量趋于下降。四是债务人的负担加重，银行不良资产率上升，金融资产价值缩水，投资收益率下降，企业投资者和个人投资者的还款能力减弱。在通货紧缩情况下，实际利率会比通货膨胀时期高出许多，导致债务人失去还款能力，因此债权人将受到损失，银行难以及时足额回收债权，其不良资产比率可能上升。另外，信用需求减少也会给银行经营带来困难。

2. 财富收缩效应。在宏观经济分析中，社会财富可视为居民财富、企业财富和政府财富的加总。通货紧缩将使全社会的财富缩水。通货紧缩使得全社会物价水平普遍下降，产品价格下跌使得企业盈利减少，负债率上升，企业的债务负担加重，企业财富缩水。在通货紧缩条件下，劳动力市场是明显供过于求的，居民整体的收入难以达到正常的增长，居民的已有资产也将缩水。政府的财富，可以分为存量和流量两个部分。其存量部分，如属生产性的资产，可视同前面所分析的企业资产，在通货紧缩情况下是收缩的；如属消费性资产，则可视同居民的消费品，其价值随着消费品价格的降低而缩水。政府财富的流量部分，为财政的收入与支出。通货紧缩出现，财政赤字增长，政府对社会的负债增加，同时也出现财富的缩水。

3. 收入再分配效应。一是实物资产的持有者受损，现金资产将升值。同时，固定利率的债权者获利，而债务人受损。二是通货紧缩使企业利润减少，一部分财富向居民转移；通货紧缩使企业负债的实际利率上升，收入进一步向个人转移。三是政府财富向公众转移。实际债务加重，导致贷款人减少开支、出售资产，迫使企业因利润下降而削减劳工、贷款人收入与资产价格下降，这样使得贷款人实质贷款增加、经济需求减少（恶性循环开始）。

（二）通货紧缩的治理

1. 实施扩张性货币政策和财政政策。在通货紧缩时期，中央银行应采取扩张性的货币政策，具体包括：一是降低法定存款准备金率，扩大基础货币投放；二是降低存贷款利率，刺激消费与投资；三是放宽和增加消费信贷，刺激消费；四是在公开市场上买进有价证券，增加货币供应量，增加社会总需求。在通货紧缩条件下，积极的货币政策效果受到一定的约束，因此，扩张性财政政策常常作为解决通货紧缩的处方。政府应采取扩大财政赤字、增加财政支出的措施，增加总需求。在增加财政支出时，还需要相应地减少税收，以减少财政政策的"挤出效应"。削减税率也可产生乘数效应，促进经济增长。而经济活动的恢复也有利于扩大税基，最终有利于增加税收。

2. 收入政策和基本生活保障政策。低收入群体的边际消费倾向一般要低于高收入群体，因此，通过收入分配政策，提高低收入群体的收入水平可以有效地提高全社会的总需求。为此，政府应拓宽就业渠道，努力增加就业，完善社会保障体系，增加转移性支付以提高低收入阶层的收入，提高全社会的消费水平。

3. 调整产业结构。生产能力过剩造成社会总供求的失衡，导致通货紧缩的形成。为此，政府应调整国民经济结构和产业结构，实现产业结构的优化升级，解决产能过剩问题。坚持市场调节和政府引导相结合，发挥市场配置资源的基础性作用，把增强自主创新能力作为调整产业结构的中心环节，建立以企业为主体、市场为导向、产学研相结合的技术创新体系，大力提高原始创新能力、集成创新能力和引进消化吸收再创新能力，提高产业整体技术水平。

本章小结

一、重要概念

通货膨胀　　需求拉上型通货膨胀　　成本推动型通货膨胀　　结构型通货膨胀　　通货紧缩

二、思考题

1. 一般有哪些物价指数可以用来衡量通货膨胀？比较各种指标的优缺点。
2. 搜集我国 20 世纪 80 年代中期至 90 年代初的通货膨胀相关资料，分析其发生的主要原因。
3. 从主流学派对通货膨胀治理的分歧上，你是如何看待通货膨胀治理这一问题的？
4. 分析 2007 年美国次贷危机后全球经济下行的原因及作用机制。

第十一章　货币政策

本章核心内容

1. 货币政策的最终目标包括物价稳定、充分就业、经济增长和国际收支平衡，四个目标之间存在着统一性和矛盾性，中央银行对货币政策最终目标的选择应该充分考虑宏观经济环境的变化。

2. 货币政策工具可分为一般性政策工具、选择性政策工具和其他补充性政策工具三类。一般性货币政策工具包括法定存款准备金、再贴现与公开市场业务，它们各有优点与局限性。

3. 关于货币政策传导机制有较多的理论，如古典货币数量论、凯恩斯学派和货币主义学派的传导理论等。

4. 有多个经济变量都有可能作为货币政策的中介指标，它们各有适应性和缺点，不同学派对中介指标选择也有不同的观点，但争论一般集中在货币供给量与利率上。

5. 货币政策的效应可以从三个方面来考察：一是看效应发挥的快慢，即时滞问题；二是看多大程度上引起了通货膨胀；三是看对经济增长起多大的促进作用。货币政策要取得预期效果，必须与财政政策、收入政策及产业政策等积极配合。

第一节　货币政策的最终目标

一、货币政策的含义

货币政策是中央银行为实现既定的经济目标，运用各种工具调节货币供给量和利率等金融变量，进而影响宏观经济运行的方针和措施的总称①。货币政策本质上是一种需求管理政策，以间接调控为主，具有两个显著的特性：一是总量目标调节；二是适时微调。货币政策有三大构成要素：货币政策的最终目标；货币政策中间变量（操作指标和中介指标）；货币政策工具。

二、货币政策的最终目标

（一）货币政策最终目标的含义

货币政策的最终目标是中央银行实施货币政策所要达到的最终目的。一个国家不同时期

---

① 该定义是狭义货币政策的概念，一般讲的货币政策是狭义货币政策。广义货币政策是指政府、中央银行和其他有关部门所有有关货币方面的规定和采取的影响金融变量的一切措施（包括金融体制改革，也就是规则的改变等）。

的最终目标可能是不同的。一般而言，中央银行货币政策的最终目标包括物价稳定、充分就业、经济增长和国际收支平衡。

(二) 货币政策最终目标的形成

20世纪30年代以前，西方国家普遍信奉"自由放任"原则，认为资本主义市场经济是可以自动调节的机器，能够自行解决经济运行中的矛盾。当时西方社会普遍存在各种形式的金本位制度，维持金本位制被认为是稳定货币的基础。因此，维持货币币值的稳定及物价稳定是当时货币政策的主要目标。

20世纪30年代"大萧条"时期，各国政府和经济学家开始怀疑金本位的自动调节机制，纷纷放弃金本位制度。1936年，凯恩斯的《就业、利息和货币通论》问世，系统地提出了国家调节经济的理论，以解决失业问题。第二次世界大战结束后的1946年，美国国会通过就业法案，正式将充分就业列入经济政策的目标。从此，充分就业成为货币政策的主要目标之一。

20世纪50年代末期以后，国际贸易得到了迅速发展。在长期推行凯恩斯主义的宏观经济政策后，各国普遍出现了不同程度的通货膨胀，国际收支状况也日益恶化。特别是美国的经济实力削弱，国际收支出现巨额逆差，以美元为中心的国际货币制度受到严重威胁。在此期间，美元出现两次大危机。许多国家密切注意这种态势的发展，相应提出了平衡国际收支的经济目标。在此期间，经济增长理论在西方国家广泛流行，许多国家为了保持自身的经济实力和国际地位，纷纷把发展经济、促进经济增长作为货币政策目标的重点。因此，中央银行的货币政策目标也相应发展为四个，即物价稳定、充分就业、经济增长和国际收支平衡。

(三) 货币政策最终目标之间的关系

货币政策的最终目标之间既有统一的一面，又有矛盾的一面。从长期来看，它们之间是一致的。但从短期来看，除了经济增长和充分就业正相关以外，其他目标之间存在矛盾。

1. 稳定物价和充分就业之间的矛盾。这可以用菲利普斯曲线[①]来说明。从图11-1可以看出，如果中央银行倾向于高就业率，采用扩张性的货币政策刺激总需求的增加，那么社会需求增加到一定程度后，就会导致物价上涨。相反，如果中央银行追求低通货膨胀率，则失业率就会上升。

2. 稳定物价与经济增长之间的矛盾。在其他条件不变的情况下，就业与经济增长之间是正相关关系。所以，稳定物价与充分就业之间的矛盾也就是它与经济增长之间的矛盾。然而在一些特定的情况下，也可能出现经济停滞而通货膨胀率上升。比如20世纪70年代西方国家出现的"滞胀"。其原因可能与持续通货膨胀改变人们对通货膨胀的预期方式、石油危机等供给方面的意外冲击有关。

3. 稳定物价与国际收支平衡之间的矛盾。在他国发生通货膨胀的条件下，如果保持本国价格水平稳定，就会使得他国商品价格相对于本国商品价格升高，从而本国净出口增加，经常项目发生顺差失衡。而如果本国发生了通货膨胀，中央银行采取紧缩货币或提高利率的

---

① 菲利普斯曲线是用来表示失业与通货膨胀之间交替关系的曲线，由新西兰经济学家威廉·菲利普斯于1958年在《1861~1957年英国失业和货币工资变动率之间的关系》一文中最先提出。此后，经济学家对此进行了大量的理论解释，并发展成为用来表示失业率与通货膨胀率之间交替关系的曲线。但后来学者研究表明，只在短期内存在这种关系。

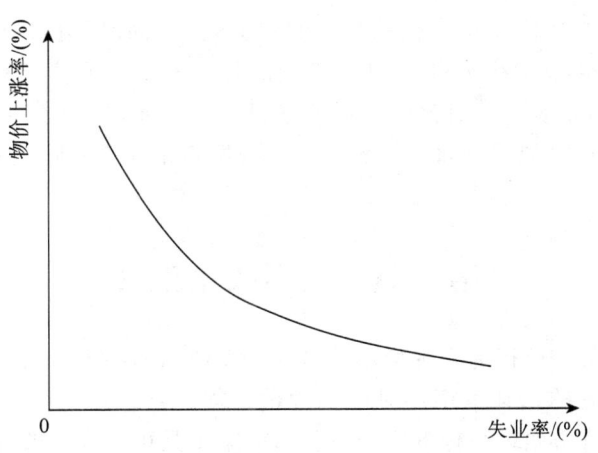

图 11-1 菲利普斯曲线

政策来遏制通货膨胀，期望达到稳定物价的目的，这会引起外汇市场上本币升值，从而造成本国出口减少，进口增加，导致贸易逆差。

4. 经济增长与国际收支平衡之间的矛盾。国内经济增长会导致对进口商品的需求增加，如果本国出口的增长不足以抵消这部分增加的进口需求，就会导致贸易收支逆差。另外，外资的流入可以弥补贸易收支造成的国际收支不平衡；但是，从动态的角度来看，若本国不具备有效利用外汇的能力，就会导致将来国际收支的不平衡。充分就业与国际收支平衡之间的矛盾也是类似的。

三、货币政策最终目标的抉择

由于货币政策各最终目标之间的矛盾性，货币政策在客观上难以同时兼顾所有的目标。理论界在最终目标选择问题上存在着单目标、双目标和多目标的争论。

（一）单目标论

单目标论认为，由于客观上存在着各个目标之间的矛盾，货币政策只能选择其中一个目标。在选择哪一个最终目标上又存在两种对立的观点：一种从物价稳定是经济正常运行和发展的前提或者货币政策对产出没有长期影响出发，主张选择稳定物价作为货币政策的唯一目标；另一种则认为经济增长是稳定物价的基础，主张以经济增长为货币政策的唯一目标，现在持这种看法的学者已越来越少。

（二）双目标论

双目标论认为，货币政策应该兼顾物价稳定和经济增长两个目标。持这种看法的学者认为，经济增长是物价稳定的基础，而物价稳定又有助于经济的长期稳定增长。

（三）多目标论

多目标论则认为，货币政策作为宏观经济间接调控的主要手段之一，可以对上述各个宏观经济目标产生重要的影响，不能只以一个或两个为其目标，而应该在总体上兼顾各个目标，只是在不同时期以不同目标作为相对重点。

在实践中，绝大部分国家都在不同程度上兼顾了各种目标。不过各国根据自己的具体情况对各目标的优先程度有各自的排列次序。目前多数国家都将稳定物价作为首要的目标。在物价稳定基本实现的条件下，实现经济最大的持续增长，同时保持国际收支和汇率的稳定。但宏观经济环境会不断地发生变化，因此不同时期货币政策的重点也必须调整。1995年《中国人民银行法》颁布实施，对我国货币政策目标作了界定："保持货币币值的稳定，并以此促进经济增长。"[①] 从货币政策的实践来看，我国货币政策实际上受到了多目标约束。

第二节　货币政策工具

货币政策工具是中央银行为实现货币政策目标而使用的各种策略手段。货币政策工具是中央银行可以直接控制的，其运用可对基础货币、货币供给量、利率以及信贷活动产生影响，有利于中央银行货币政策目标的实现。货币政策工具可分为一般性政策工具、选择性政策工具和其他政策工具三类。

一、一般性货币政策工具

一般性货币政策工具是对货币供给总量或信用总量进行调节和控制的政策工具，包括法定存款准备金政策、再贴现政策和公开市场业务三大政策工具，俗称"三大法宝"。

（一）法定存款准备金政策

1. 法定存款准备金政策的含义。法定存款准备金政策，是指中央银行通过规定或调整商业银行缴存中央银行的存款准备金比率，来调节商业银行的信用创造能力以及货币供给量的措施。凡是实行中央银行制度的国家，一般都实行法定存款准备金制度。

2. 法定存款准备金制度的基本内容。一般来说，法定存款准备金政策主要包括以下内容：①确定存款准备金制度的适用对象。美国规定所有存款机构都必须执行联邦储备体系的缴存存款准备金的规定。中国存款准备金制度适用于各类银行、信用社、金融资产管理公司、信托投资公司及财务公司等。②规定法定存款准备金比率。金融机构吸收的存款，必须按照法定比率向中央银行缴存一定的准备金，其余部分才能用于放款或投资。③规定法定存款准备金计提范围。存款准备金计提范围指的是银行的各种负债，主要是各种存款。我国现行的存款准备金制度计提范围具体包括商业银行吸收的一般存款[②]；信托投资机构吸收的信托存款；农村信用合作社及联社和城市信用合作社及联社等集体金融组织吸收的各项存款。④规定存款准备金的计提基础。对于计提准备金账户余额，有两种不同方式确定。一种是按照考核期内的日平均存款余额作为计提基数；另一种是按照考核期末存款负债余额计提。此外，法定存款准备金制度还包括了存款准备金的付息标准和存款准备金持有期的考核办法等内容。

3. 法定存款准备金政策的作用。

（1）保证商业银行等存款货币机构资金的流动性。法定存款准备金制度的建立，强制商业银行等存款货币机构将准备金存入中央银行，可从制度上保证它们的流动性和清偿能力。

---

① 2003年修订的《中国人民银行法》仍然维持这种表述。
② 所谓一般存款是相对财政性存款而言的，包括企业存款、储蓄存款、农村存款等。

（2）集中一部分信贷资金。存款准备金缴存中央银行，使中央银行集中了部分信贷资金以履行其职能，如办理银行同业之间的清算，向金融机构提供再贷款和再贴现等。

（3）调节货币供给总量。中央银行调整法定存款准备金率将直接影响商业银行等存款货币机构创造派生存款的能力，从而影响货币乘数。存款准备金率政策的真实效用体现在它对商业银行的信用扩张能力、对货币乘数的调节。由于商业银行的信用扩张能力与中央银行投放的基础货币量存在着乘数关系，而乘数的大小则与存款准备金率成反比。因此，若中央银行采取紧缩政策，可提高法定存款准备金率，从而限制了商业银行的信用扩张能力、降低了货币乘数，最终起到收缩货币量和信贷量的效果，反之亦然。

4. 法定存款准备金政策工具的优缺点。法定存款准备金政策作为一种货币政策工具，其优点是：对货币供给量具有极强的影响力，力度大、速度快、效果明显。但也存在明显的局限性：①法定存款准备金政策作用力猛烈，对经济影响大。即使中央银行对法定存款准备金率的调整幅度很小，也会引起货币供给量的巨大波动，因而不能作为中央银行的日常操作工具。②法定存款准备金政策对各类银行的影响不一样。法定存款准备金率的提高，可能使超额存款准备金率较低的银行立即陷入流动性困境。③当中央银行调整法定存款准备金率时，商业银行可以变动其在中央银行的超额存款准备金，从反方向抵消了法定存款准备金率政策的作用。

5. 我国的存款准备金制度。中国人民银行自1984年专门行使中央银行职能后，就开始实行存款准备金制度，在我国货币政策的实施中发挥了积极作用。一方面，我国的存款准备金制度不区分存款各类，也没有规模差异，无论是活期或定期，不管存款数量多少，都实行统一的法定准备金率；另一方面对不同机构或地区差别对待。我国从2004年起对不同金融机构实行差别准备金制度，将金融机构法定存款准备金率与其资本充足率、资产质量状况等指标挂钩。如2004年4月25日起，对资本充足率低于规定要求的存款机构提高0.5个百分点；2008年9月对一般地区的中小金融机构下调准备金率1分百分点，而对汶川地震灾区则下调2个百分点。

我国对法定存款准备金和超额存款准备金支付利息。存款准备金利率，不同于存款准备金率，是央行支付给金融机构缴存的存款准备金所支付的利息率。央行会根据经济发展情况适时调整存款准备金利率，总体上低于一年期贷款基准利率。2020年4月3日，中国人民银行宣布，决定对中小银行定向降准1个百分点，并下调金融机构在央行超额存款准备金利率至0.35%。

（二）再贴现政策

1. 再贴现政策的含义。再贴现是指商业银行或其他金融机构将贴现所获得的未到期票据向中央银行转让以融通短期资金的一种行为。再贴现率，即再贴现时所支付的利率。

所谓再贴现政策，就是中央银行通过制定或调整再贴现率来干预和影响市场利率及货币市场的供给与需求，从而调节货币供给量的一种政策措施。一般来说，再贴现政策有两方面的内容：一是再贴现率的调整；二是规定何种票据具有向中央银行申请再贴现的资格。前者主要是影响商业银行的准备金及社会资金供求，后者则主要是影响商业银行及全社会的资金投向。

2. 再贴现政策的作用。

（1）再贴现率的升降会影响商业银行等存款货币机构的资金成本和准备金，从而影响它们的贷款量和货币供给量。当再贴现率提高时，商业银行向中央银行取得资金的成本相应增加，亦即减少其决定信用规模的准备金，这将起到抑制信贷需求、减少货币供给量的作用；反之亦然。

（2）再贴现政策对调整信贷结构有一定效果。如通过规定再贴现票据的种类，影响商业银行的资金投向，或对再贴现的票据实行差别再贴现率，都会起到调整信贷结构的作用。

（3）再贴现率的升降可产生货币政策变动方向和力度的告示作用，从而影响公众预期。

3. 再贴现政策的优缺点。再贴现政策最大的优点是中央银行可利用它来履行"最后贷款人"的职责，并在一定程度上体现中央银行的政策意图，既可以调节货币总量，又可以调节信贷结构。但它同样存在着一定的局限性：

（1）在控制货币供给量方面的局限性。一是在再贴现业务中，中央银行处于被动地位。商业银行是否愿意到中央银行申请再贴现，或贴现多少、何时申请贴现都取决于商业银行的意愿。二是如果一国金融市场发达，融资渠道多且限制较少，那么商业银行有可能通过其他途径筹措资金，而不依赖于再贴现。

（2）再贴现率高低有限度。在经济繁荣或萧条时期，再贴现率即使大幅提高或降低，都可能无法限制或鼓励商业银行向中央银行再贴现。

（3）再贴现政策缺乏弹性。再贴现率的经常调整会引起市场利率的频繁波动，会使商业银行和企业无所适从。但如果不随时调整再贴现率，又不利于中央银行灵活调节市场货币供给量。

4. 我国的再贴现业务与再贷款业务。我国于1980年起开始在全国少数几个城市试办商业票据的承兑贴现业务，1985年起在全国推开。作为宏观调控手段的再贴现业务则始于1986年。当前主要有以下几个因素制约了我国再贴现业务的发展：①票据市场发展滞后，使再贴现业务发展缺乏有效而充分的市场条件和环境。②商业银行办理票据承兑和贴现的数量较小，制约了再贴现业务的发展。③再贴现业务的操作缺陷制约了再贴现业务的发展，如对再贴现实行限额管理，再贴现的条件过严、手续较繁琐等。

在我国，长期以来再贷款的作用比再贴现的作用要强。再贷款是指中国人民银行对商业银行等金融机构发放的贷款。从1984年推出这一政策工具后的很长一段时间，再贷款在中国人民银行的资产中占有最大的比重，是我国基础货币吞吐的主要渠道和调节贷款流向的重要手段。1994年以后，由于外汇占款在中央银行资产中的比重大幅上升，再贷款的比重开始下降。1998年，中国人民银行取消了对商业银行贷款规模的指令性计划，标志着宏观调控方式由直接向间接转变，再贷款开始成为真正的间接调控工具。当前，再贷款不仅继续发挥投放基础货币、影响商业银行信贷扩张能力的作用，而且还承担化解金融风险、维护经济金融稳定的重任。

（三）公开市场业务

1. 公开市场业务的含义。公开市场业务是指中央银行在金融市场买进或卖出有价证券，以改变商业银行等存款货币机构的准备金，进而影响货币供给量和市场利率的一种政策措施。中央银行在公开市场上买卖的证券主要是政府的公债和国库券。

2. 公开市场业务的作用。

（1）调控存款货币机构准备金和货币供给量。中央银行通过在金融市场买进或卖出有价证券，可直接增加或减少商业银行等存款货币机构的超额准备金水平，从而影响存款货币机构的贷款规模和货币供给总量。

（2）影响利率水平和利率结构。当中央银行买进或卖出有价证券时，货币供给增加或减少，从而影响利率水平。此外，中央银行在公开市场买卖不同期限的有价证券，可直接改变市场对不同期限证券的供求平衡状况，从而使影响利率结构。

3. 公开市场业务的优缺点。公开市场业务日益成为许多国家最重要的日常性货币政策工具，它有如下优点：①公开市场业务是中央银行主动采取的，并能对银行存款准备金产生直接预期的效果，而不像再贴现那样，央行处于被动地位。②公开市场业务可以进行经常性、连续性的操作，买卖证券的规模可大可小，直到满足中央银行的要求为止。③中央银行可以通过公开市场业务，对货币供给量进行微调，而不会像法定存款准备金那样产生猛烈影响。④金融市场情况一旦发生变化，中央银行能迅速改变其操作方向，精确而灵活地调节市场货币供给量，而其他货币政策工具则不能迅速地逆转。

作为一种货币政策工具，公开市场业务也存在一定的局限性：①公开市场业务操作较为细微，政策意图的告示作用较弱。②需要以较为发达的证券市场为前提。③在某些情况下，商业银行可以通过其他方式弥补准备金的不足，从而使公开市场业务不能很好地发挥作用。

4. 公开市场业务发挥作用的条件。公开市场业务要充分发挥作用，需要以下前提条件：①中央银行必须具有强大的、足以干预和控制整个金融市场的资金实力。②中央银行能自行决定买卖证券的种类、数量及买卖的时间等。③金融市场的范围应具有全国性，并应具有完整的独立性，不受外国金融市场的制约。④金融市场上的证券种类和数量要适当。

5. 我国的公开市场业务。我国公开市场业务包括人民币操作和外汇操作两部分。外汇公开市场操作于1994年3月启动。人民币公开市场操作于1998年5月恢复交易，此后规模逐步扩大。1999年以来，公开市场业务已成为中国人民银行货币政策日常操作的重要工具，对于调控货币供给量、调节商业银行流动性水平、引导货币市场利率走势发挥了积极的作用。其基本做法如下：

（1）公开市场业务操作实行一级交易商制度。公开市场业务一级交易商制度从1998年开始建立，当时仅有29家金融机构具有国债一级交易商资格。从2004年起，央行又建立了对公开市场业务一级交易商的年度考评调整机制。根据该机制，央行每年都会对公开市场业务一级交易商及其他全国银行间债券市场成员进行了考评。2019年一级交易商达到49家，包括2家政策性银行、35家商业银行、5家农村商业银行、4家外资银行、中信证券股份有限公司、中国国际金融股份有限公司和中债信用增进投资股份有限公司。

（2）公开市场操作工具包括：国债、政策性金融债以及中央银行票据等。其中，中央银行票据是中央银行为调节商业银行超额准备金而向商业银行等金融机构发行的短期债务凭证，其实质是中央银行债券，发行目的是减少商业银行可贷资金量。

（3）交易方式包括回购交易、现券交易、发行中央银行票据等。其中，回购交易分为正回购和逆回购。正回购为央行向一级交易商卖出有价证券，并约定在未来特定日期买回有价证券的交易行为。正回购为央行从市场收回流动性的操作，正回购到期则为央行向市场投放流动性的操作；而逆回购为央行向市场央行上投放流动性的操作，逆回购到期表示市场资金流动性收紧。当银行进行回购交易时就会有回购利率，回购利率按照时间一般又被称作7天回购利率，由于市场回购交易量巨大，回购利率实质上已成为短期市场利率的代表。

现券交易分为现券买断和现券卖断，前者为央行直接从二级市场买入债券，一次性地投放基础货币;后者为央行直接卖出持有债券,一次性地回笼基础货币。央行通过发行央行票据可以回笼基础货币,央行票据到期则体现为投放基础货币。

二、选择性货币政策工具

选择性货币政策工具,是指中央银行针对某些特殊的经济领域或特殊用途的信贷而采用的信用调节工具。三大一般性货币政策工具主要是针对社会信用总量和货币供给总量进行控制,而选择性的货币政策工具则偏重于调整资金结构和经济结构。这两类货币政策工具的配合使用,可以兼顾到总量调节和结构调整。选择性货币政策工具主要有:

(一)消费者信用控制

消费者信用控制是指中央银行对不动产以外的各种耐用消费品的销售融资予以控制的政策措施。其主要内容包括:第一,规定用分期付款等消费信贷购买各种耐用消费品时第一次付款的最低金额;第二,规定借款的最长期限;第三,规定购买耐用消费品的种类等。

(二)证券市场信用控制

证券市场信用控制是指中央银行或证券监管机构通过规定和调节信用交易、期货交易和期权交易中的最低保证金率,以刺激或抑制证券交易活动的货币政策手段。如中央银行规定保证金比率为60%,则买方要缴纳购进证券价格60%的现款,只能向银行贷款40%,这样就间接地控制了流入证券市场的信贷资金数量。

(三)不动产信用控制

不动产信用控制是指中央银行对商业银行等金融机构在房地产方面贷款的限制措施。其主要内容包括:第一,对银行的不动产贷款规定其贷款的最高限额;第二,对银行的不动产贷款规定其贷款到期的最长期限;第三,规定购买不动产第一次付款的最低金额;第四,规定分摊还款的最低金额。

(四)优惠利率

优惠利率是指中央银行对国家拟重点发展的某些部门、行业规定较低贷款利率,目的在于刺激这些部门及行业的生产,调动它们的积极性,以实现产业结构和产品结构的调整和优化。优惠利率不仅在发展中国家采用,发达国家也普遍采用。

【延伸阅读 11-1】

我国央行的创新型货币政策工具

2013 年以来,主动性灵活性更强的创新型货币政策工具越来越受到央行的青睐。央行运用各种新设的非常规货币政策工具组合,定向为市场注入流动性,以期改善银行信贷结构,降低实体经济融资成本。这些结构性和定向性的创新工具包括抵押补充贷款(PSL)、中期借贷便利(MLF)、短期流动性调节工具(SLO)和常备借贷便利(SLF)。

2013 年 1 月,央行创设 SLO,作为公开市场常规操作的必要补充,在银行体系流动性出现临时性波动时相机使用。SLO 有以下几个特点:第一,操作期限短,多为 7 天以内的回购;第二,操作时点具有灵活性,通常为公开市场常规操作的间歇期;第三,操作对象仅为符合特定条件的一级交易商;第四,操作结果披露具有滞后性,操作的数量与利率价格均在一个月后对外披露。

央行于 2013 年初创设了 SLF，通常期限为 1~3 个月。SLF 有以下三个特点：第一，由金融机构主动发起，金融机构可根据自身流动性需求申请 SLF，并以高信用评级的债券类资产和优质信贷资产作为抵押；第二，SLF 是中央银行与金融机构"一对一"交易，针对性强。央行根据当时的流动性紧缺情况、货币政策目标和引导市场利率需要等多种因素，综合确定 SLF 的利率水平；第三，交易对手覆盖面广，通过覆盖存款类金融机构。

MLF 是中央银行提供中期基础货币的货币政策工具，于 2014 年设立。它主要具有以下两个特点：第一，采取质押方式发放。金融机构提供国债、央行票据、政策性金融债、高等级信用债等优质债券作为合格质押品；第二，MLF 可多次展期。由于传统工具的运用可能使得银行出现负债端与资产端的期限错配，因而将资金投放于中长期信贷的动力不大。但 MLF 的展期特性无疑为银行的信贷投放意愿起到助力作用，能有效把利率往中长端传导。

央行于 2014 年 4 月给予国开行 3 年期 1 万亿元的 PSL，用于棚改专项贷款，开创了 PSL 的先河。PSL 的特点主有三个：第一，期限相对较长，一般为 3 年以上，可以为长期项目提供融资支持；第二，PSL 由央行主动发起，央行根据政策导向将资金投到特定领域；第三，PSL 要求银行提供抵押。相比再贷款，PSL 可避免信用风险问题，同时建立新的政策利率基准，逐步完善价格调控框架。

资料来源：货币政策新常态：央行创新货币工具研究，郑宇佳，《上海证券交易所研究报告》，2015 年。

三、其他政策工具

（一）直接信用控制

直接信用控制指中央银行以行政命令或其他方式对金融机构尤其是商业银行的信用活动进行直接控制。其手段包括：

1. 利率最高限额。利率最高限额又称利率管制，指中央银行规定商业银行的定期及储蓄存款所能支付的最高利率。利率管制的目的是通过对存款利率上限进行限定，防止商业银行用提高利率的办法在吸收存款方面进行过度竞争。

2. 信用分配。信用分配是指中央银行根据当时国家的经济形势，权衡经济发展对信贷资金需要的轻重缓急之后，对商业银行的信用规模加以合理分配和限制的措施。中央银行这样做是为了合理地分配信贷资金，使有限的信贷资金用到最急需的地方。

3. 直接干预。直接干预是指中央银行依据有关法令的授权，对商业银行的授信业务进行直接的干预。例如，直接规定各商业银行业务经营的方针，放款与投资范围，限制其放款额度等。采取直接干预主要是因为商业银行在其业务经营中违背了国家的货币信用政策。

4. 贷款限额。贷款限额是指中央银行对商业银行的贷款规模实行直接限额管制。1998 年 1 月，中国人民银行取消对国有商业银行的贷款规模限额控制，只对国有商业银行按年（季）下达贷款增量的指导性计划，实行"计划指导、自求平衡、比例管理、间接调控"的信贷资金管理体制。

5. 流动性比率。流动性比率是指中央银行为了限制商业银行的信用能力，规定在商业银行的全部资产中流动性资产所占的比重。由于商业银行不能任意把一些流动性资产用于长期性的商业贷款，中央银行也就达到了限制信用扩张的目的。

6. 特种存款。特种存款是指中央银行在银行体系中出现过剩超额储备时,要求其按一定比例把这种超额储备缴存中央银行冻结起来的一种存款方式。当发生较为剧烈的通货膨胀时,中央银行可以运用这种方式压缩银行体系的放款规模,从而减少货币供给量。

(二) 间接信用指导

间接信用指导是指中央银行通过道义劝告和窗口指导的方式对信用变动方向和重点实施间接指导。

1. 道义劝告。道义劝告是指中央银行利用其在金融体系中的特殊地位和声望,对商业银行及其他金融机构的业务活动提供指导、发表看法或提出某种劝告,使商业银行和其他金融机构自动采取相应措施来贯彻中央银行的政策。道义劝告不具有强制性,不依靠法令赋予的特殊权力,而是向金融机构提出某种具体指导,使其领会意图,自愿合作。

2. 窗口指导。窗口指导是指中央银行根据产业行情、物价变动趋势和金融市场动向,规定商业银行的贷款重点投向和贷款变动数量,以保证经济中优先发展部门的资金需要。后来经过长时间的实践,为了保证货币政策的顺利实现,这种信用控制手段逐渐转化为强制性的手段。第二次世界大战后,窗口指导曾一度是日本银行货币政策的主要工具。近年来,我国频繁使用窗口指导,并侧重与其他宏观调控政策相配合,具有行政指令的特征。

第三节 货币政策传导机制与中间变量

一、货币政策传导机制的含义

货币政策传导机制是指中央银行运用货币政策工具,引起中介指标的变动,进而影响整个社会经济活动,以实现既定货币政策目标的传导途径与作用机理。货币政策传导机制是指从运用货币政策到实现货币政策目标的过程,货币传导机制是否完善,直接影响货币政策的实施效果以及对经济的贡献。

在制定货币政策时,中央银行首先根据国民经济的实际情况确定最终目标,然后选择恰当的政策工具。但政策工具并不能直接作用于最终目标,而且从工具运用到对最终目标的影响显现出来有较长的时间滞后,因此必须引入中间变量。中间变量包括操作指标和中介指标,用来连接政策工具和最终目标。货币政策传导机制的一般结构,如图11-2所示。

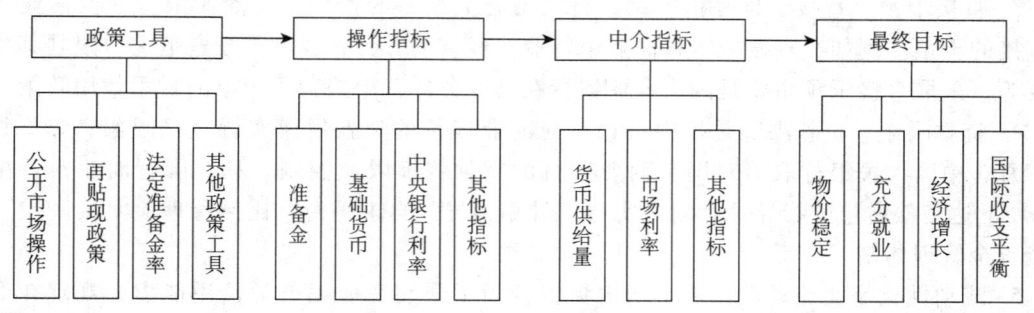

图 11-2 货币政策的传导机制

二、货币政策传导机制的理论

(一) 古典货币数量论的货币政策传导机制理论

古典货币数量论主要包括以费雪为代表的现金交易数量论和以剑桥学派的马歇尔、庇古等人为代表的现金余额数量论。前者着眼于一定时期内用作交易的货币数量,而后者则着眼于某一时点上停滞的货币数量。两者虽然采用的分析方法不同,但都认为货币数量变动只影响物价水平而不影响实际经济活动。

(二) 凯恩斯学派的货币政策传导机制理论

凯恩斯学派认为货币供给量 M 的增减会影响利率 r,利率的变化则通过资本边际效益的影响使投资 I 以乘数方式增减,而投资的增减进而影响总支出 E 和总收入 Y。用符号表示为:

$M\uparrow \to r\downarrow \to I\uparrow \to E\uparrow \to Y\uparrow$

在这个传导过程中,货币政策发挥作用的关键途径有两条。一是货币与利率的关系,即流动性偏好;二是利率与投资之间的关系,即投资利率弹性。在凯恩斯学派的传导机制中,利率是整个传导机制的核心,货币供给量的调整必须首先影响利率的升降,然后才能使投资乃至总支出发生变化。如果货币供给量增加不能对利率产生影响,即存在流动性陷阱,则货币政策无效;如果投资的利率弹性非常低,利率的下降就不会对投资量有显著的刺激作用,货币政策的传导机制也就会中断。

(三) 货币学派的货币政策传导机制理论

货币学派认为利率在货币政策传导过程中不起重要作用。同时,货币政策传导过程比较直接和迅速,并不像凯恩斯学派认为的那样间接和迂回。货币学派认为:货币需求有其内在的稳定性,而货币供给是一个外生变量。由于货币需求函数中不包括任何货币供给的因素,因而货币供给的变动并不直接引起货币需求的变化。

当货币供给量增加时,由于货币需求并不改变,公众会发现他们实际持有的货币量比他们希望持有的多。超过意愿持有的货币,或被用于购买债券、股票等金融资产,或被用于购买汽车、消费品等实物资产直至人力资本的投资。这种支出(即资产结构的调整过程)会影响资产的价格(如有价证券利率会变动),也会影响商品供应的数量与价格。用符号表示为:

$M\uparrow \to A\uparrow,\ C\uparrow,\ I\uparrow \to P\uparrow \to \cdots E\uparrow \to Y\uparrow$

其中,M 货币供给量,A 为金融资产,C 为消费,I 为投资,P 为价格,…代表可能存在但未被揭示的过程,E 为总支出,Y 为产出。货币学派认为,货币供给的变化在短期内会对实际产量和物价两方面均发生影响;但长期而言,则只会影响物价水平。

(四) 货币政策传导机制的凯恩斯学派理论与货币学派理论的分歧

凯恩斯学派和货币学派都承认货币供给影响经济,但货币学派的货币政策传导机制理论是在批评凯恩斯学派理论的过程中提出来的。因此,它与凯恩斯学派的货币政策传导机制理论存在着重大分歧,主要表现在:

第一,凯恩斯学派认为利率是货币政策传导机制中重要的经济变量,并为中央银行直接控制。而货币学派认为在增加货币供给量的初期,会降低名义利率和实际利率,但不久名义利率就会因货币收入增加和物价上涨而上升,而实际利率则可能回到并稳定在原先的水平上。因此货币学派认为中央银行在货币政策决策时,应忘掉利率,把注意力集中到货币供给量上。

第二,凯恩斯学派认为,直接对产量、就业和国民收入产生影响的是投资,而货币供给量对国民收入等因素的影响是间接的。货币学派则认为,货币供给量的变动与名义国民收入的变动有着直接的联系,货币供给量的增加直接引起名义国民收入增加。

(五) 货币政策传导机制理论的进一步探索

在凯恩斯学派和货币学派理论基础上,许多经济学家对货币政策传导机制作了更为广泛的探索。

1. 托宾的 q 理论。托宾的 q 理论说明了货币政策通过影响股票价格而作用于实际经济的过程。托宾把 q 定义为企业市场价值与资本重置成本之比。其含义是:在均衡状态下,$q=1$,表明资本以经济的自然增长速度重置和扩张;如果 $q>1$,表明企业所拥有的所有资产的市值高于其重置成本,企业只需发行少量股票就可以获得较多新的投资品,企业投资支出将会上升;如果 $q<1$,则表明企业市值低于重置成本,投资新项目不如在市场上收购既有企业更划算,企业对新的投资就不会有积极性。用符号表示为:

$$M \uparrow \to P_s \uparrow \to q \uparrow \to I \uparrow \to Y \uparrow$$

其中 P_s 为股票价格,I 为投资,Y 为产出。

2. 信用传导机制理论。信用传导机制理论主要论述了货币政策通过银行借贷渠道与资产负债表渠道两种方式进行传导。

(1) 银行借贷渠道。这种观点认为,银行贷款不能全部由其他融资形式(如资本市场的有价证券)所替代,大企业可以通过股票、债券市场融资,但特定类型的借款人(如小企业和普通消费者)的融资需求只能通过银行贷款来满足。如果中央银行在公开市场上实施紧缩性的货币政策,售出债券,将会减少商业银行的准备金 R,从而银行贷款 L 的可供应量也会减少,在其他条件不变的情况下,贷款的减少将引起投资支出的减少,从而导致总支出下降。用符号表示为:

$$M \downarrow \to R \downarrow \to L \downarrow \to I \downarrow \to Y \downarrow$$

(2) 资产负债表渠道。这种观点在表现形式上很接近银行借贷渠道,但两者在实质上存在显著差异。前者从银行贷款供给角度解释信用对经济的影响;后者从特定借款人资产负债状况来解释信用在传导过程的作用。这种观点认为,货币供给的减少和利率的上升,将影响借款人的资产状况,特别是现金流的状况。利率的上升导致利息等费用开支增加,从而直接减少净现金流 NCF;销售收入的下降则从间接渠道进一步减少净现金流。同时,利率的上升将导致股价的下跌,从而恶化其资产状况,使借款人担保品价值下降,贷款的逆向选择和道德风险 H 问题趋向严重,结果部分资信状况不佳的借款人既无法从市场直接融资,又无法获得银行贷款,导致投资与产出的下降。用符号表示为:

$$M \downarrow \to r \uparrow \to P_s \downarrow \to NCF \downarrow \to H \uparrow \to L \downarrow \to I \downarrow \to Y \downarrow$$

3. 财富效应理论。莫迪利亚尼的生命周期理论认为,决定消费支出的是消费者毕生的财富 W,而不仅仅是今天的收入,消费者在整个一生中以最好的可能方式配置其消费。消费者毕生财富的一个重要组成部分是金融财富 F,其中一个主要的部分是股票。当股票价格上升时,金融财富就会增大,这样将增加消费者的毕生财富,消费 C 会随之增加。用符号表示为：

$P_s\uparrow \to F\uparrow \to W\uparrow \to C\uparrow \to Y\uparrow$

要把以上过程确定为货币政策的传导机制，必须使如下过程的确定性得到论证：

$M\uparrow \to P_s\uparrow$

$M\uparrow \to r\downarrow \to P_s\uparrow$

货币供给和利率会作用于资本市场是没有疑问的。但是货币当局通过对货币供给和利率的操作，有可能以怎样程度的确定性取得调节资本市场行情特别是股票价格的效果，还没有取得较为一致的见解。

4. 国际贸易渠道理论。随着经济全球化和浮动汇率制度的实行，汇率对净出口的影响已成为一个重要的货币政策传导机制。假定通货膨胀率不变，当国内利率下降时，国内货币的存款相对于外币存款来说吸引力下降，一元钱的国内货币存款可兑换的外币存款的数量减少，这说明本币汇率 e 下降，本币贬值，使得国内商品较国外商品变得便宜，从而引起净出口 NX 增加，进而导致总产出 y 增加。用符号表示为：

$M\uparrow \to r\downarrow \to e\downarrow \to NX\uparrow \to Y\uparrow$

三、货币政策的中介指标

（一）货币政策中介指标的选择标准

货币政策中介指标也称为中介目标，是指与最终目标有紧密相关性，并且对货币政策工具的运用反应迅速的金融变量。作为中介指标的变量要具备以下一些条件：①可测性，即信息资料能被中央银行迅速而精确地获得，并且变量指标定义的内涵和外延较为明确与稳定。②可控性，指通过货币政策工具操作，能够有效地对中介指标变量进行控制。③相关性，指中介指标变量必须与最终目标变量之间有密切的联系，作为操作指标的变量又必须与中介指标密切相关。

此外，由于货币政策在实施的过程中常会受到许多外来因素或非政策因素的干扰，只有那些受干扰程度低的变量才能选作中介指标。

（二）可供选择的中介指标变量

可以选作中介指标的变量有两类，一类是规模变量，主要是指货币供给量和贷款量；另一类是价格型变量，主要是利率，有时汇率也可作为中介指标。

1. 货币供给量。考察货币供给量作为中介指标是否满足中介指标的选择标准。

（1）可测性。货币供给量分别可以通过对中央银行、商业银行和其他金融机构的资产负债表的统计得到，具有较好的可测性。

（2）可控性。中央银行掌握着基础货币的投放，在货币乘数稳定或者可预测的情况下，货币供给量在理论上有一定的可控性。但是，中央银行对货币供给量的控制能力也不是绝对的，还要受公众和商业银行的影响。

（3）相关性。货币供给量与最终目标变量之间有较好的相关性，但这种相关性的强弱会受到经济、金融环境的影响，比如金融创新活动就可能削弱它们之间稳定的数量关系。

以货币供给量作为中介指标还有一个问题，即以哪一个层次的货币供给量作为中介指标或控制重点。我国在 20 世纪 90 年代初期和中期是以 M_1 为货币控制的重点，从 20 世纪 90

年代末期开始就逐步将控制重点转向了 M_2。

2. 贷款量。贷款量在可测性方面是没有问题的。其可控性则与银行制度有一定的关联，在中央银行可以直接规定商业银行贷款规模的情况下，其可控性就很强；在中央银行不能实施直接贷款限额管理的情况下，其可控性就差一些。但是，在后一种情况下，中央银行也可以通过各种手段调节贷款量。在相关性方面，贷款总量直接影响货币供给量的多少和社会总需求，进而影响产出和物价。特别是在金融市场发育程度低、直接融资规模小的情况下，贷款量对总需求的影响比较强。

相对而言，在规模变量中，比较常见的是选择货币供给量作为中介指标，贷款量则往往作为辅助变量。

3. 利率。考察利率作为中介指标是否满足中介指标的选择标准。

（1）可测性。中央银行可以直接从货币市场和资本市场上得到各种利率水平和利率结构的信息，其可测性是没有问题的。

（2）可控性。中央银行可以通过公开市场操作、再贴现率或再贷款利率的变动等方法影响货币市场短期利率，进而引导长期利率变化。在一些对利率实现直接管制的国家，其可控性更强。但是，中央银行能够控制的是名义利率，而对经济产生实质影响的是预期实际利率，预期实际利率等于名义利率减去预期通货膨胀率。由于对未来通货膨胀率的预期难以准确测定，这就增加了对实际利率控制的困难。

（3）相关性。利率水平的高低直接影响投资和消费行为，从而影响总需求。利率与最终目标变量的相关性强弱主要取决于投资对利率的弹性，弹性高则相关性强，弹性低则相关性弱。

由于市场利率种类很多，到底哪一个利率最适合，也存在着选择上的困难。

4. 汇率。汇率的可测性没有问题，其可控性和相关性能在不同程度上得到满足。在一些开放的小型经济中，汇率可以作为一个主要的中介指标。但对于大国而言，要保持本国货币政策的独立性，一般不采用汇率目标。

（三）货币政策中介指标的选择

货币供给量和利率分别是最常使用的规模型和价格型中介指标。但是中央银行不能同时实现对货币供给量和利率的调节，那么这两类中介指标之间，到底哪一类更适合作为中介指标呢？对这个问题，不同学派有不同的理论观点。

1. 凯恩斯主义学派的理论主张。凯恩斯主义者一般主张以利率为中介指标。他们认为，利率对总支出有相当重要的作用，特别是对投资有很大的影响，利率是整个货币传导机制中的关键变量。这样，在经济过热、需求过旺时，中央银行就应该通过货币政策操作提高市场利率，抑制总需求；在经济有衰退迹象时，则应通过反向操作降低市场利率，刺激总需求。

2. 货币主义的理论主张。以弗里德曼为代表的货币主义学者一般主张货币政策以货币供给量为中介指标。这一主张是以现代货币数量论为理论基础的。货币主义认为货币需求函数是稳定的，造成经济波动的根源在于货币供给方面，而且经济中货币供给量与名义产出之间有一种稳定的数量关系；另一方面，货币供给量又是外生的、可控的金融变量。因此，中央银行只要坚持按货币供给量与经济增长之间的固定比例关系供给货币，就能使经济在低通货膨胀的条件下稳定增长。

四、操作指标

货币政策的操作指标也被称为近期指标,主要有存款准备金和基础货币,有的国家还将中央银行自行决定的利率作为近期指标。

存款准备金是中央银行货币政策工具影响中介指标的主要传递指标,也是中央银行可直接操作的近期指标。存款准备金主要有三个计量口径:存款准备金总额、法定存款准备金、超额存款准备金。法定存款准备金与超额存款准备金之和即为存款准备金总额。法定存款准备金的多少完全取决于中央银行自行决定的法定存款准备金率,具有很强的可测性、可控性、相关性和抗扰性。但由于法定存款准备金率的调整影响大,各国中央银行一般不作经常性调整。中央银行可直接操作的经常性指标是超额存款准备金,通过政策工具来调节、监控商业银行及其他各类金融机构的超额存款准备金水平。但需要注意的是,超额存款准备金的水平还取决于商业银行的意愿和财务状况。

基础货币是流通中的现金和商业银行的存款准备金的总和,它构成了货币供应量倍数伸缩的基础。与超额准备金不同,它可满足可测性和可控性的要求,基础货币的数量也易于调控。不少国家将它视为较理想的近期指标。

【延伸阅读 11 – 2】

货币政策规则

货币政策规则是中央银行进行货币政策决策和操作的指导原则。西方研究货币政策规则的历史并不短,但对货币政策规则的研究在理论和实践上的突破是在近二三十年。

一、规则与相机抉择之争

(一)按规则行事与相机抉择的含义

在货币政策操作目标和中介指标确定以后,还有一个问题,就是在中央银行的货币政策制定和实施的过程中,对中间变量的调节要不要遵循某种规则。对此,有两种不同的主张:一种是主张按规则行事,另一种是主张相机抉择。通常,按规则行事是指中央银行在制定和实施货币政策之前,先确定货币政策工具操作的程序和原则,并按这些事先确定的规则进行操作。相机抉择是指中央银行在操作货币政策工具过程中,不受任何固定的程序和规则的约束,而是根据经济运行形势灵活地选择操作方法,以实现货币政策最终目标。

(二)凯恩斯主义与货币主义的不同主张

凯恩斯主义学派主张宏观经济调控政策"逆风向行事",强调中央银行货币政策操作中的相机抉择性。他们认为相机抉择的货币政策十分灵活,在出现未预料到的经济扰动时,货币政策可以进行微调以减少产出和社会福利的损失,而固守规则会造成产出的损失。如果某一种具体的规则可以使经济稳定的话,那么相机抉择的政策制定者也可以做到这一点,因为他可以相机选择这一办法,而且,相机抉择还保有在必要时改变规则的灵活性优势。

货币主义的代表人物弗里德曼则反对相机抉择的策略。他认为,相机抉择的反周期政策不但不能起到稳定作用,甚至它本身就是经济不稳定的一个原因。反对相机抉择的主要理由在于货币政策有长的、并且不确定的时滞。此间,货币当局的货币政策容易受到来自政府、国会以及公众等方面的压力与影响。弗里德曼提出了固定的货币增长率规则,即不管经济形势发生了什么样的变化,中央银行只要保持货币量按固定的速度增长就行。这是早期的具有代表性的货币政策规则。

（三）"时间不一致性"的影响

在 1977 年基德兰德和普雷斯科特把"时间不一致性"引入宏观经济学以前，相机抉择似乎占据着上风。但是把"时间不一致"的概念引入这场争论以后，局势就发生了扭转。"时间不一致性"是指有相机抉择权的政策制定者，在某时按最优化原则制定的某项准备在以后执行的政策，到执行时已经不是最优政策了。"时间不一致性"会导致初始的货币承诺是不可信的。所以，货币政策应该按规则行事，而不应该给货币当局相机抉择的权力。但是，支持相机抉择的经济学家认为，即使按规则行事的货币政策也可能导致时间不一致，而且，不能顾及未预期到的冲击。

在不断的争论中，到 20 世纪 90 年代以后，人们对规则和相机抉择问题逐渐达成了基本共识，即纯粹的规则和纯粹的相机抉择是两种极端的货币政策操作方式。所以，大多数国家的中央银行都是采取折中的做法，将规则与相机抉择相结合。

二、几种货币政策规则

根据涉及的指标内容，货币政策规则可以分为货币数量规则、利率规则、通货膨胀目标制等。

（一）货币数量规则

货币数量规则是指根据最终目标来调整货币供给。早期最有代表性的货币数量规则是弗里德曼在 20 世纪 50 年代提出的"单一规则"，即假设货币周转率相对稳定并且可以预测，那么最佳的货币政策是使货币供给以固定的速率增长，并在任何经济形势下都维持这一增长率，以实现经济的稳定。

20 世纪 80 年代以来，金融创新对货币供给量与最终目标之间的稳定关系产生了影响，并且货币供给量的控制也受到了金融创新的影响。于是，一些研究人员开始分析中央银行控制力较强的变量与货币政策最终目标之间的关系。麦卡勒姆规则就是以名义 GDP 增长率为最终目标，以基础货币为操作目标的政策规则，具体模型如下：

$$\Delta b = a - \Delta V^a + \lambda (\Delta x^* - \Delta x)$$

其中，Δb 为基础货币的增长率，ΔV^a 为前 16 季度基础货币流通速度的平均变化率，Δx^* 为名义 GDP 的目标增长率，Δx 为名义 GDP 的实际增长率，为常数，$\lambda > 0$ 表示政策调整参数。麦卡勒姆规则不再像弗里德曼规则那样把货币增长规定下来，而是对名义产出的变动做出反应，相对而言多了点灵活性和相机抉择的成分。

（二）利率规则

利率规则就是根据产出、通货膨胀等最终目标的变动来调整利率（一般是短期利率）的原则。最有代表性的是泰勒（1993）提出的泰勒规则。虽然泰勒规则从形式上看似很简单，但对后来的货币政策规则研究具有深远的影响。泰勒规则的原型为：

$$i = i^* + \pi^a + h(\pi^a - \pi^*) + g(y - y^*)/y^*$$

其中，i 是联邦基金利率，i^* 表示固定的均衡实际利率，π^a 是前四季度的平均通胀率，i^* 为目标通货膨胀率，y 是实际 GDP，y^* 是潜在 GDP，h 和 g 为权重系数。在以后的研究中，更复杂的利率规则不断地被提出，比如考虑了利率平滑调整的规则、以预测为基础的前瞻性的规则等。

泰勒规则以及在此基础上发展出来的利率规则的含义是：中央银行在制定货币政策时应

该在长期将利率保持中性水平，使它对经济既不起刺激作用也不起抑制作用，而只是起到稳定的作用。

（三）通货膨胀目标制

通货膨胀目标制是一种以保持低的和稳定的通货膨胀率为目标的货币政策制度或框架。20世纪90年代以来，一些发达国家和发展中国家纷纷采用通货膨胀目标制这种货币政策规则。这种新的政策规则有两个关键要素：一是中央银行宣布明确的、数值型的通货膨胀率目标；二是货币政策以稳定物价为首要目标，一旦预期通货膨胀率高于目标值，中央银行就采取行动把通货膨胀率恢复到目标范围内。通货膨胀目标制分严格的和非严格的两种，严格的通货膨胀目标制框架中，货币政策只瞄准通货膨胀率，而不对经济增长率做出反应；非严格的通货膨胀目标制框架中，货币政策主要瞄准通货膨胀率，同时也对经济增长率的波动做出适当的反应。

实施通货膨胀目标制的前提主要包括：第一，中央银行的独立性强或较强，货币当局可以独立运用货币政策工具、手段和信息，确保达到通货膨胀目标。第二，中央银行需要有一个有效的货币政策工具，其与通货膨胀有相对稳定的关系。大多数通货膨胀目标制货币当局采用短期名义利率，而不是信贷控制或者货币供给。第三，中央银行需要明确自身的责任，决策应该高度透明，并利用各种渠道与公众进行沟通。

目前，世界上有新西兰、加拿大、英国、澳大利亚、巴西、哥伦比亚、捷克、韩国、墨西哥、以色列、匈牙利、挪威、波兰、瑞典、泰国等国实行通货膨胀目标制。美国并没有实施通货膨胀目标制，但其货币政策在近十多年来也取得了公认的好效果。这就说明通货膨胀目标制并不是锁定低通货膨胀目标的必要条件。

资料来源：《金融学》，张强、乔海曙主编，高等教育出版社，2013年。

第四节 货币政策效应

一、货币政策时滞

货币政策时滞是一个无法克服的宏观经济问题，是指从客观经济形势变化到货币管理当局调整或制定货币政策措施，以及实施货币政策直至对经济运行产生效应之间的时间间隔。时滞由内部时滞和外部时滞两个阶段组成。

（一）内部时滞

内部时滞指从经济金融形势的变化需要货币政策做某种变更到货币管理当局实际采取行动之间所花费的时间过程。内部时滞的长短，主要取决于中央银行信息反馈系统的灵敏程度、预测能力、管理当局的金融决策水平和政策实施效率等多方面的因素。而这又取决于中央银行决策人员的素质、中央银行独立性的强弱、权力的大小以及经济体制的制约程度等诸多因素。

（二）外部时滞

外部时滞指从货币当局采取行动开始直到对政策目标产生影响的这段过程。外部时滞是一个由社会经济结构与产业结构、金融部门、企业部门和居民行为等多种因素综合决定的复杂变量,它较为客观,不像内部时滞那样可以由中央银行掌握。所以,中央银行对这一时滞进行实质性的控制有较大的难度。

(三) 时滞的政策效应

货币政策时滞的客观存在对货币政策效应产生不同的影响。就货币政策的产出效应而言,时滞愈短,产出效应就愈好。但是,就货币政策的价格效应而言,时滞愈长,货币政策的效应就可能愈好。这是因为人们主观上都希望货币数量增加后,经济能很快增长,而价格上涨应该推迟与放慢速度。

货币政策的时滞究竟有多长在很大程度上是一个实证经济学问题。20世纪60年代以来,西方经济学家利用各种计量经济模型对时滞进行了实证研究,结论有较大差异。如弗里德曼认为从货币增长率的变化到名义收入的变化需要6~9个月的时间,而对物价产生影响要在此后的6~9个月,故从货币供给量变动到物价变动之间的时滞平均为12~18个月。而索洛和托宾等人认为时滞不过6~10个月。由于货币政策作用时滞的存在,可能使一国货币管理当局决策时的意图与实际效果脱节。

二、影响货币政策效应的其他因素

影响货币政策效应的主要因素除货币政策时滞外,还包括货币流通速度、微观主体预期的抵消作用和其他经济政策因素。

(一) 货币流通速度的影响

如果货币流通速度不稳定,难以预测,则货币政策的效应就会被削弱,并且货币政策可能成为影响经济稳定的根源。这是因为,社会总需求从流量上看,表现为一定时期的货币支出总量,它等于货币供给量与货币流通速度的乘积。如果货币流通速度是一个难以预测、波动不定的量,那么即使中央银行能够完全按照预定的目标调节货币供给量,也难使总需求达到预期的水平,这时货币政策就难以达到预期的效果。

(二) 微观主体预期的抵消作用

当一项政策措施出台时,各种微观经济主体立即会根据可能获得的各种信息预期政策的后果,从而很快做出对策。中央银行推出的政策面对微观主体广泛采取的抵消对策时,很可能无效。例如,政府拟采取长期扩张政策,人们通过各种信息预期社会总需求增加、物价会上涨,在这种情况下,工人会通过工会与雇主谈判,要求提高工资;企业预期工资成本的增大而不愿扩大经营。最后结果可能只有物价上涨而没有产出增加。

鉴于微观主体预期,只有在货币政策的取向和力度在没有或没有完全为公众所知晓时才能生效或达到预期效果。但中央银行不可能长期不让社会知道它所采取的政策。即使采用非常规的货币政策,不久之后也会落入人们的预期之内。如果中央银行长期采用非常规的货币政策,又将导致微观经济主体做出错误判断,使经济陷入混乱。实际上,即使公众预测非常准确,实施对策很快,其效果也有一个过程,因此货币政策仍部分有效。

(三) 其他经济政策因素的影响

其他经济政策因素的影响主要包括:①宏观经济条件的变化。一项既定的货币政策出台后,要保持一定的稳定性和持续性,不能朝令夕改。在这段时间内,如果经济出现某些始料未及的情况,而货币政策又难以做出相应调整时,就可能出现货币政策效应下降甚至失效的情况。②既得利益者的政治压力。货币政策的实施,可能会影响到一些阶层、集团、部门或地方的既得利益,这些主体会做出强烈反应,形成压力,迫使货币政策调整。③世界上其他国家货币政策的调整可能会形成对本国的冲击。

三、货币政策效应的衡量

考察货币政策的效应可以归结为三个方面:一是看效应发挥的快慢,即时滞问题;二是看多大程度上引起了通货膨胀,这是货币政策所包含的中性成分;三是看对经济增长起多大的促进作用,这是货币政策所包含的非中性成分。

以评估紧缩性货币政策为例,如果通货膨胀是由社会总需求大于社会总供给造成的,而货币政策正是以纠正供求失衡为目标,那么这项紧缩性货币政策是否有效,可以从这样几个方面考察其效应大小:

(1) 如果通过货币政策的实施,紧缩了货币供给,从而平抑了价格水平的上涨,或者促使价格水平回落,同时又不影响产出或供给的增长率,那么可以说这项紧缩性货币政策的非常有效。

(2) 如果通过货币供给量的紧缩,在平抑价格水平上涨或促使价格水平回落的同时,也抑制了产出数量的增长,那么货币紧缩政策有效性的大小,则要视价格水平变动与产出变动的比较而定。

(3) 如果货币紧缩政策无力平抑价格上涨或促使价格回落,却抑制了产出的增长甚至使产出的增长为负,则可判定货币紧缩政策无效。

衡量其他取向的货币政策效应,也可采用类似的思路。但在现实生活中,宏观经济目标的实现往往有赖于多种政策如财政政策、收入政策等的配套进行。因此,要准确地检验货币政策效应,必须结合与其他政策之间的相互作用及作用大小进行分析。

四、货币政策与其他政策的配合

(一) 货币政策与财政政策的耦合

货币政策要得以顺利传导,正常地发挥作用,取得预期效果,必须与财政政策积极配合。货币政策与财政政策都是国家进行宏观调控的有效政策工具,都侧重于对社会总需求的调节,并具有相同的最终目标取向。但两者是有区别的,主要表现在调控的主体、作用领域、政策工具和调控方式等方面的不同。货币政策与财政政策的配合形式问题也就是松紧的相互搭配问题,这种松紧搭配主要有四种组合方式。

1. 双紧模式。双紧模式即紧的财政政策与紧的货币政策的配合。这种配合方式适用于下列情况:社会总需求大于总供给,出现了严重的通货膨胀和经济过热现象,以致影响到经济的稳定与正常运转。这种政策配合措施能够有力地抑制社会总需求的过度增长,以缓解通货膨胀。但是这种强有力地抑制社会总需求的措施过于猛烈,如果把握不当,会影响社会生产,导致经济不景气。

2. 双松模式。双松模式即松的财政政策与松的货币政策的配合。这种配合方式主要适用于社会总需求严重不足、经济衰退严重的状况。这种政策措施配合方式的优点是可以通过扩大有效需求以促进经济的增长,缺点是容易引发通货膨胀。

3. 松的财政政策与紧的货币政策的配合模式。这种配合方式的优点在于紧的货币政策有利于抑制通货膨胀,而同时实行较松的财政政策,有利于调整和优化产业结构,促进经济增长。但这种政策组合在实践中也存在一些问题,主要是限制了内需的扩大,同时增加了财政风险。

4. 紧的财政政策和松的货币政策的配合模式。这种配合方式下,紧的财政政策迫使政府收支平衡,压缩消费支出和投资支出,而利率的降低和银行信贷的放松鼓励企业和私人增加投资,促进经济增长。但是这种政策配合模式也存在一些问题,如紧缩性财政政策往往难以实现,而松的货币政策的实施要产生积极效应,需要良好的企业制度基础。

(二) 货币政策与收入政策的配合

收入政策主要是为了调节社会有效需求以及保证收入分配相对公平而采取的强制性或非强制性的工资物价管理政策。在治理通货膨胀时,为了配合紧缩的货币政策,控制消费的过快增长,可以采取控制集团购买力、对某些商品实行限价管理、抑制工资和奖金过快增长等收入政策措施。要解决有效需求不足问题,治理通货紧缩时,中央银行可以采取扩张性的货币政策,并配合收入政策来启动消费,如提高居民收入,建立完善的社会保障制度等。

(三) 货币政策与产业政策的配合

产业政策是为了促进国民经济的稳定协调发展,政府对某些产业、行业、企业进行一定形式的扶持或限制的政策。货币政策与产业政策的协调配合主要体现在以下两方面:一方面,由于产业政策具有相对稳定性,其在调整和优化经济结构以后,将有利于货币稳定,为经济稳定增长奠定良好的结构基础;另一方面,货币政策通过运用各种政策工具来调控信贷资金的运行,保证信贷资金的投向和结构符合国家产业发展要求,并通过信贷资金的优化配置,实现产业结构的合理化。

本章小结

一、重要概念

货币政策　　法定存款准备金政策　　再贴现政策　　公开市场业务　　最终目标　　中介指标　　泰勒规则

二、思考题

1. 论述货币政策最终目标的含义及相互关系。
2. 分析各种政策工具的特点,以此为基础,对我国货币当局近年来货币政策工具的运用做出评价。
3. 阐述关于货币政策传导机制的主要理论及观点。
4. 货币政策中介指标的选择标准是什么?联系我国现实情况,分析我国应如何选择货币政策中介指标。
5. 试述货币政策与财政政策、收入政策及产业政策的配合。

第十二章 金融创新

本章核心内容

1. 金融创新是指金融领域内部通过各种要素的重新组合和创造性变革所创造或引进的新事物。其内容包括：金融制度创新；金融业务创新；金融组织结构创新等。

2. 金融创新极大丰富了金融市场交易，使金融工具更加多样化和灵活化；促进了金融业的蓬勃发展；使金融业的竞争更加激烈，金融中介经营活动的自由度大大加强；促进了银行表外业务的拓展；增加了各国中央银行制定与执行货币政策以及实施监管的复杂程度。

3. 互联网金融与网络金融是金融创新的产物，二者在内涵上有所差异。互联网金融的核心意义是实现去中介化，其常见模式有：众筹、P2P网贷、第三方支付等。

4. 金融科技是以众多新兴科技为后端支撑，并给传统金融行业带来新的业务模式的金融创新。

5. 绿色金融是指能产生环境效益从而支持可持续发展的投融资活动。绿色金融体系包括绿色金融机构、绿色金融产品、绿色金融政策等。

第一节 金融创新概述

自20世纪50年代开始，特别是进入70年代以后，西方金融领域出现了一系列重大而引人注目的新事物：广泛采用的新技术，不断形成的新市场，层出不穷的新工具、新交易、新服务。这些新事物如浪潮般地冲击着金融领域，人们把这些以新型化、自由化、多样化为特征的新事物统称为金融创新。当代的金融创新不仅革新了传统的业务活动和经营管理方式，模糊了各类金融机构的界限，而且改变了金融总量和结构，对货币政策和宏观调控提出了严峻的挑战，由此对世界金融业的发展和经济发展产生了巨大而深刻的影响。

一、金融创新的含义

金融创新是指金融领域内部通过各种要素的重新组合和创造性变革所创造或引进的新事物。其内容是突破金融业多年传统的经营局面，在金融工具及业务、金融技术、金融机构以及金融市场、金融制度等方面均进行明显的创新和变革。按金融创新的内容可以将之分为以下三类：

（1）金融制度创新，包括各种货币制度创新、信用制度创新、金融管理制度创新等与制度安排相关的金融创新。

（2）金融业务创新，包括金融工具创新、金融技术创新、金融交易方式或服务创新、金融市场创新等与金融业务活动相关的创新。

(3) 金融组织结构创新,包括金融机构创新、金融业结构创新、金融机构内部经营管理创新等与金融业组织机构相关的创新。

二、金融创新的内容

(一) 金融制度创新

1. 分业监管制度的改变。以美国为典型代表的大多数西方国家鉴于20世纪30年代的经济大危机,先后实行了较严格的分业监管制度。20世纪80年代以来,随着全球金融一体化和自由化浪潮的不断高涨,混业经营已成为国际金融业发展的主导趋向,如美国国会于1999年11月4日通过的《金融服务现代化法案》,从法律上取消了商业银行和证券公司跨界经营的限制。在此背景下混业监管应运而生,具有代表性的是英国的单一监管模式和美国的多头(功能性)监管模式。

2. 银行与非银行金融机构实施不同管理制度的改变。由于银行具有信用创造的功能,因此大多数国家都实行了对银行业比非银行金融机构管理更严格的管理制度,如对存款最高利率的限制、活期存款不得支付利息的规定、存款准备金率的差别等。在金融创新中,鉴于经济金融环境发生了巨大变化,各国政府先后缩小了对两类机构管理上的差别,使银行与非银行金融机构在竞争地位上趋近平等。

3. 金融市场的国民与非国民以及本国国民进入外国市场的管理制度不同的改变。在20世纪80年代以前,许多国家都采取了对非国民在本国市场上以及本国国民进入外国市场的种种限制。在金融自由化浪潮的冲击下,这些限制被逐渐取消,金融市场朝着国际化方向大步迈进。世界贸易组织将国民待遇原则作为成员方应遵守的最重要的基本原则。

(二) 金融业务创新

1. 存款业务的创新。存款业务的创新为达到规避管制、增加同业竞争能力和开创新的资金来源为目的,不断推出新型类别的活动。主要有可转让支付命令账户、货币市场存款账户、自动转账服务账户、大额可转让定期存单、协定账户、定活两便存款以及个人退休存款金等。通过创新,突破了活期存款不付息的限制,并实现了活期与中长期存款的互相转换。

2. 贷款业务的创新。贷款业务的创新主要表现在贷款结构的变化;贷款证券化;贷款业务表外化;与市场利率密切联系的贷款形式不断出现。最早起源于20世纪孟加拉国的小额贷款,是向低收入群体和微型企业提供信贷服务的创新。通过创新,贷款范围大为拓展,贷款方式不断改进,贷款规模日益扩大,有力地促进了经济发展。

3. 支付结算信托租赁业务的创新。在支付结算业务中,创造了电子结算方式,主要有自动转账、账户存款、账户取款和电子账等,出现了多种新类型的支票,如旅行支票等。支付方式的创新有自动出纳机、电子付款系统、销售点电子转账等。在信托业务中创造了许多新的信托,例如在日本仅信托投资一类就有家庭基金、零存整取型股票基金、转换民债基金、巨象基金等几十种。在租赁业务中,创造了衡平租赁、售后租回等多种方式。

4. 表外业务的创新。表外业务的创新主要有互换业务、期货业务、期权业务。在这些业务中创造了许多新的金融工具,是金融创新的主要领域。

5. 离岸银行业务的发展。离岸银行业务又称境外货币交易,主要以所在国的非居民为业务对象,是不受所在国国内银行法规约束的新型国际银行业务。20世纪60年代以来,随着欧洲货币市场的形成、发展而逐渐在国际银行界流行。其主要特点是领有经营此类业务执照的银行从事国际借贷业务,不受所在国国内银行法规的约束,并享受一定的税收优惠,而且利润比较高。从事此类业务的资金,一般需要来自银行所在国的非居民或其他国际来源的外币资金,业务对象只限于所在国的非居民。

(三) 金融组织结构创新

1. 创设新型金融机构。20 世纪 50 年代以来,在金融创新中涌现出与传统金融机构有别的新型金融机构:有以计算机网络为主体而无具体营业点的电子银行;有以家庭为专门对象,居民足不出户就可以享受各种金融服务的家庭银行;有专为企业提供一切金融服务的企业银行;有一切业务均由机器受理的无人银行;有多国共同组建的跨国银行;有各国银行以股权方式联合成立的国际性联合银行;有集银行、证券、保险、信托和商贸为一体的大型复合金融机构。70 年代以后,跨国大型复合金融机构、金融百货公司或金融超级市场等新型金融机构风行西方国家。

2. 各类金融机构的业务逐渐趋同。金融机构在业务和组织创新的基础上,逐渐打破了职能分工的界限,实际上的混业经营迫使分业管制被动放松。例如,美国 1980 年新银行法允许商业银行、储蓄银行、证券商之间进行业务交叉和竞争,日本 1981 年的新银行法允许商业银行、长期信贷银行、信托银行经办证券业务,英国 1986 年允许所有金融机构参加证券交易所交易。管制的放松加剧了各类金融机构之间的业务交叉与渗透,模糊了原有的职能分工界限,各种金融机构的性质趋于同质化。

3. 金融机构的组织形式不断创新。在过去单一银行制、总分行制的基础上,新出现了连锁银行制、控股公司制以及经济上相互独立而业务经营上互助互认并协调一致的联盟银行;在分支机构形式上,也创新了全自动化分支点、百货店式分支点、专业店式分支点、金融广场式分支点等。

4. 金融机构的经营管理频繁创新。20 世纪 50 年代以来,金融机构通过管理创新不断调整业务结构,开发出多种新型负债和资产业务,中间业务特别是表外业务的比重日益加大,业务手段、业务制度、操作程序、管理制度等被不断革新;金融机构的内部机构设置也不断创新,旧部门撤并,新部门设立,各部门权限与关系几乎被重新配置;经营管理方法也在推陈出新,如 60 年代的负债管理、70 年代的资产管理及资产组合管理、80 年代的资产负债失衡管理和多元化管理、90 年代以来的全面质量管理和全方位满意管理等。

三、金融创新的原因

经济学家对于金融创新发生的原因有多种解释。20 世纪 80 年代以来的金融创新不是某一因素所导致的,而是在特定的经济背景下多因素共同作用和影响的产物。其中主要的原因有以下几点:

1. 金融形势动荡不安。20 世纪 80 年代世界经济出现新格局,美、日、德三足鼎立,美国成为最大的资金需求国,日本成为最大的资金供应国,经济发展的不平衡导致金融市场的持续动荡。利率、汇率变幻莫测,使商业银行运作面临更大的不确定性和风险,传统的资产负债管理技术已难以适应新的挑战,由此,产生了规避风险的金融工具。

2. 银行的收益率下降,促使银行寻求新的盈利途径。20 世纪 80 年代以来,银行运营收益持续下降,未盈利的银行总数与有问题的银行家数不断增加,加之存贷利差的缩小,也使银行认识到必须采用新的工具来增加利润。

3. 宏观管理政策的变化刺激银行推出新的金融工具。20 世纪 80 年代，各国相继放松或消除金融管制，使不同类型的金融机构走出其长期确立的专门市场，采用各种新颖而富有竞争力的金融工具，与银行争夺资金和信贷市场，使过去主宰国际资本市场的辛迪加银团贷款相形见绌。在激烈的竞争中，各大银行竞相推出新的融资工具，争取在新市场上占有更大的份额。

4. 客户对资产流动性的需要日益普遍，也是金融创新产生和发展的重要原因。由于竞争的加剧，传统业务已由过去的卖方市场转为买方市场；客户的选择面拓宽了，要求银行提供便捷有效服务的呼声日益提高。

5. 从外部环境看，新的通信和电子技术在金融市场的广泛应用，为金融创新提供了必不可少的物质技术条件。到目前为止，所有新金融技术和工具无一不是使用先进技术的结果。先进技术的应用在以下三个方面促进了国际银行业的革新：

第一，新技术使交易成本降低，效率提高，也使竞争更趋激烈。由于金融界广泛使用电子通信技术，业务处理加快，交易成本稳定且大幅度下降。在过去 20 年间，信息处理和传播的成本下降了 98%，并且能够及时地为过去在分散、孤立的市场中进行商业活动的客户提供准确的信息和高效的服务。电子化还使银行更易进入其他金融领域，业务范围扩大。同时，非银行金融机构也能轻易通过电子网络打入银行业。金融业的竞争日趋激烈，大大增加创新的动力。

第二，新技术冲破了各国市场间的障碍，正在创造一个更加紧密的全球金融市场。早在 20 世纪 70 年代，银行业就已形成完备的自动出纳系统、转账系统和信息处理系统。今天，远程通信卫星、电子计算机的广泛应用，使得每个金融市场的商业信息即刻传播到世界其他金融中心，跨国界的各种商业交易能够在极短的时间内达成协议。

第三，计算机和信息处理的进步，使得金融系统可以连续设计出具有较为复杂金融结构的新工具，并估算出其价格，同时也使得金融系统连续监视从新金融工具账面中产生的风险，然后设计出一些对这种风险进行保值的复杂措施。

四、金融创新对金融业的影响

（一）金融创新极大丰富了金融市场交易，使金融工具更加多样化和灵活化

自 20 世纪 60 年代美国花旗银行推出第一张大额可转让定期存单至今，美国、加拿大、西欧各国、日本等西方发达国家不断开发出系列化、复合化的金融工具，如可转让支付命令账户、货币市场共同基金、自动转账账户、股票指数等，特别是 20 世纪 80 年代后，又出现了许多派生金融工具。这些金融工具以高度流动性为基本特征，在合同性质、期限、支付要求、市场化能力、收益、规避风险等方面各具特点。在金融工具不断创新的条件下，极大地丰富了国际金融市场的交易，壮大了金融市场规模。金融市场的活跃和发展又推动着金融业务的进一步创新，使金融工具的品种更加多样化。

（二）金融创新促进了金融业的蓬勃发展

从金融业务看，金融业务创新的主要推动力来自市场需求，多样化的金融工具刺激了人们对金融活动的参与，也满足了人们日益提高的对金融资产的不同需求。在这种动力的推动

下，为数众多的筹资者和投资者进入金融市场，选择不同的金融工具从事金融交易，既扩大了金融业务规模，又激发了金融机构创新金融工具的内在冲动的积极性。从金融机构看。金融工具的创新打破了银行制度的专业化分工，金融机构业务进一步交叉，缩小了传统的金融专业分工界限。如美国、英国、德国等发达国家的一些商业银行，其业务范围基本上包括了所有的金融业务，使银行的组织体系发生重大变化，推动着整个金融业向纵深方向发展壮大。

（三）金融创新使金融业的竞争更加激烈，金融中介经营活动的自由度大大加强

这种竞争性具有充分的相互替代作用，一方面促进金融机构在资产收益性、流动性、风险性基础上不断创新金融工具，以增强自身竞争能力；另一方面也促使金融机构不断运用现代技术和先进通信技术，建立高效的运行机制，完善服务功能，提高竞争能力。在激烈竞争过程中，形成一种优胜劣汰的状况，从而促进银行健全运行机制，改善经营管理，也推动了西方国家金融自由化进程。

（四）金融创新促进了银行表外业务的拓展

表外业务与证券化、国际化、自由化被并称为当今国际金融业发展的四大特点，它是西方国家银行进行金融创新、扩大业务领域、减少业务限制的产物，如买入外汇买权、卖出外汇买权、远期利率协议、应收应付利率互换、卖出买入证券买权、放款承诺、包销承诺等。银行资产负债表以外的项目都是由金融工具的创新演变出来的。表外业务的发展，一方面促使商业银行的经营手段更加灵活多样，服务对象更加广泛，获取的收益大幅度提高；另一方面又蕴藏着巨大的潜在风险，这些潜在风险因交易的成倍增长而积累沉淀，随时都有可能带来强大压力，促使各国监管当局及时制定适当的措施，避免和减少表外业务所产生的副作用。

（五）金融创新增加了各国中央银行制定与执行货币政策以及实施监管的复杂程度

自 20 世纪 70 年代以来，西方国家金融监管当局逐步放宽了对金融的管制，为金融工具的创新和金融业务的综合化提供了发展的契机，而金融业务的创新又推动着金融的自由化进程。在众多的创新金融工具中，有的在派生中组合，有的在组合中派生，不少已突破了银行传统业务品种的划分，难以分辨其业务类别。这些新的金融工具的涌现，使中央银行分层次控制货币供给量的目标经常与实际情况脱节，增加了中央银行对货币信用进行客观调节的难度；同时，也增加了政府监管当局实施监督管理的难度。

金融创新是一柄"双刃剑"，过度的金融创新加上金融监管的缺失，对金融业而言意味着灾难。2008 年，由美国的次贷危机引爆的全球性金融危机深刻地说明了这一点。只有适度的金融创新，配合审慎的金融监管才能趋利避害。

第二节 互联网金融与金融科技

一、网络金融

网络金融，也被称为金融互联网，是在网络上实现的金融活动，是网络环境下金融创新的产物。它是指基于信息技术、通信技术和网络技术，借助于客户的个人计算机、通信终端或其他智能设备，通过金融企业内部计算机网络或专用通信网络、因特网或其他网络，向客户提供金融产品与服务的活动，包括网络金融活动所涉及的所有业务和领域，如相关的技术、监管、运营、法律等。

虽然网络金融是网络与金融相结合的产物，但并不是二者简单的相加。网络技术给现代金融业所带来的，不仅仅是技术的进步，而在更广泛的意义上彻底改变了金融服务的理念和金融业的发展模式。它具有以下几个方面的特征：

1. 高效性与经济性。与传统金融相比，网络技术使得金融信息和业务处理的方式更加先进，系统化和自动化程度大大提高，突破了时间和空间的限制，而且能为客户提供更丰富多样、自主灵活、方便快捷的金融服务，具有很高的效率。网络金融的发展使得金融机构与客户的联系从柜台式接触改变为通过网上的交互式联络，这种交流方式不仅缩短了市场信息的获取和反馈时间，而且有助于金融业实现以市场和客户为导向的发展战略，也有助于金融创新的不断深入发展。

2. 信息化与虚拟化。从本质上说，金融市场是一个信息市场，也是一个虚拟的市场。在这个市场中，生产和流通是都是信息：货币是财富的信息；资产的价格是资产价值的信息论金融机构所提供的中介服务、金融咨询顾问服务等也是信息。网络技术的引进不但强化了金融业的信息特性，而且虚拟化了金融的实务运作。例如，经营地点虚拟化——金融机构中介虚拟化的地址，即网址及其所代表的虚拟化空间；经营业务虚拟化——金融产品和金融业务大多是电子货币、数字货币和网络服务台经营过程虚拟化网络金融业务的全过程全部采用电子琴数据化的运作方式，由银行账户管理系统、电子货币、信息卡系统和网上服务系统等组成的数字网络处理所有的业务。

3. 一体化。网络金融的出现极大地推动了金融混业经营的发展，主要原因在于以下几个方面：

首先，在金融网络化的过程中，客观上存在着系统管理客户所有财务金融信息的需求，即客户的银行客户、证券账户、资金资产管理和保险管理等有融合统一管理的趋势。

其次，网络技术的发展使得金融机构能够快速有效地处理和传递大规模信息，从而使得金融产品创新能力大大加强，能够向客户提供更多量体裁衣的金融服务，金融机构同质化现象日益明显。

最后，网络技术降低了金融市场的运行成本，金融市场透明度和非中介化程度提高，这都使金融业竞争日趋激烈，百货公司式的全能银行、多元化的金融服务成为大势所趋。

二、互联网金融

互联网金融与网络金融不同。网络金融是将线下的业务搬线上来处理，利用互联网技术实现其线下产品和业务的线上延伸。互联网金融有狭义和广义之分。狭义或严格意义上的互联网金融，不包括传统金融业务互联网化，即金融互联网部分；广义的互联网金融则包括金融互联网部分。本书所指的互联网金融指的是狭义、严格意义上的互联网金融。

胡征（2017）将互联网金融定义为：“借助互联网技术，融合开放、透明、分享、协作、互动的互联网精神，实现去中心化的资金融通、在线支付和信息中介等业务的一种新兴的普惠金融模式。”皮天雷（2014）认为，"互联网金融就是互联网技术和金融功能的有机结合,依托大数据和云计算在开放的互联网平台上形成的功能化金融业态及其服务体系,包括基于网络平台的金融市场体系、金融服务体系、金融组织体系、金融产品体系以及互联网金融监管体系等,并具有普惠金融、平台金融、信息金融和碎片金融等相异于传统金融的典型特征。"

三、互联网金融与金融互联网的区别

互联网金融的核心意义是实现去中介化,即所说的金融脱媒,使得市场信息不对称程度非常低。资金供需双方直接交易,银行、券商和交易所等金融中介都不起作用,可以达到与现在直接和间接融资一样的资源配置效率,并在促进经济增长的同时,大幅度降低交易成本。

表 12-1　　　　　　　　　　互联网金融与金融互联网的比较

比较项	互联网金融	金融互联网
发展理念与思维	互联网观念、思维方式	传统观念、思维方式
管理方式	现代管理方式	传统管理方式
组织架构	相对独立,多变	附属、分支,相对稳定
客户群体	开放、年轻的客户	稳健、保守的客户
客户体验	较好:便捷、快速、互动	相对较差:烦琐、缓慢、单向
价格策略	免费、低价	相对高价、有资金门槛
信息透明度	对称、透明	不对称、不透明
去中介化	去中介化	中介化
导向与出发点	客户需求导向	自我、盈利导向

资料来源:《网络金融》,胡征,清华大学出版社,2017年。

四、互联网金融的典型模式

近十年来,众筹、P2P 网贷、第三方支付、互联网理财、互联网货币等发展模式得到了蓬勃发展。下面重点介绍众筹、P2P 网贷和第三方支付。

(一)众筹

众筹大意为大众筹资或群众筹资,是指用团购预购的形式,向网友募集项目资金的模式。众筹的本意是利用互联网和 SNS 传播的特性,让创业企业、艺术家或个人对公众展示他们的创意及项目,争取大家的关注和支持,进而获得所需要的资金援助。众筹平台的运作模式大同小异——需要资金的个人或团队将项目策划交给众筹平台,经过相关审核后,便可以在平台的网站上建立属于自己的页面,用来向公众介绍项目情况。

(二)P2P 网贷

P2P(Peer-to-Peer lending),即点对点信贷。P2P 网贷是指通过第三方互联网平台进行资金借、贷双方的匹配,需要借贷的人群可以通过网站平台寻找到有出借能力并且愿意基于一定条件出借的人群,帮助贷款人通过和其他贷款人一起分担一笔借款额度来分散风险,也帮助借款人在充分比较的信息中选择有吸引力的利率条件。

P2P 贷款有两种运营模式：第一是纯线上模式，其特点是资金借贷活动都通过线上进行，不结合线下的审核。通常这些企业采取的审核借款人资质的措施有通过视频认证、查看银行流水账单、身份认证等；第二种是线上线下结合的模式，借款人在线上提交借款申请后，平台通过所在城市的代理商采取入户调查的方式审核借款人的资信、还款能力等情况。

(三) 第三方支付

从狭义上讲，第三方支付是指具备一定实力和信誉保障的非银行机构，借助通信、计算机和信息安全技术，采用与各大银行签约的方式，在用户与银行支付结算系统间建立连接的网络支付模式。

根据 2010 年中国人民银行制定的《非金融机构支付服务管理办法》中给出的非金融机构支付服务的定义，第三方支付是指非金融机构作为收、付款人的支付中介所提供的网络支付、预付卡、银行卡收单以及中国人民银行确定的其他支付服务。第三方支付已不仅仅局限于最初的互联网支付，而是成为线上线下全面覆盖，应用场景更为丰富的综合支付工具。

五、金融科技的新发展

(一) 金融科技的概念

金融科技 (FinTech) 是以众多新兴科技为后端支撑，并给传统金融行业带来新的业务模式的金融创新。根据金融稳定理事会 (FSB) 的定义，金融科技主要是指由大数据、区块链、云计算、人工智能等新兴前沿技术带动，对金融市场以及金融服务业务供给产生重大影响的新兴业务模式、新技术应用、新产品服务等。中国人民银行发布《金融科技 (FinTech) 发展规划 (2019～2021 年)》中，将金融科技定义为：金融科技是技术驱动的金融创新，旨在运用现代科技成果改造或创新金融产品、经营模式、业务流程等，推动金融发展提质增效。

金融科技利用新兴科技提升了金融的服务效率科技提升了金融的服务效率，革新了新的市场、创造了新的金融产品、拓展了新的金融服务需求、催生了新的商业模式及塑造了信用获得、评级及风险定价的新方式。

(二) 大数据金融

大数据金融是指集合海量非结构化数据，通过对其进行实时分析，可以为金融机构提供客户全方位信息，通过分析和挖掘客户的交易和消费信息掌握客户的消费习惯，并准确预测客户行为，使金融机构和金融服务平台在营销和风控方面有的放矢。

(三) 区块链金融

区块链金融，就是区块链技术在金融领域的应用。区块链起源于中本聪的比特币，作为比特币的底层技术，本质上是一个去中心化的数据库。区块链通过在分布式节点共享来集体维护一个可持续生长的数据库，实现信息的安全性和准确性。

由于在解决信息不对称、中介机构的中心化与"信息孤岛"等问题方面具有明显优势，区块链在金融行业中的应用日新月异，已越来越多地出现在供应链金融、支付、资产证券化、票据、征信和风险管理等传统业务中。

(四) 云计算在金融中的应用

云计算是指以公开的标准和服务为基础，以互联网为中心，提供安全、快速、便捷的数据存储和网络计算服务，让互联网这片云成为每一个网民的数据中心和计算中心。云计算是 IT 基础设施的新型交付与使用模式，即通过网络以按需、易扩展的方式获得所需的硬件、平台、软件等资源。

在银行领域，云计算主要应用于 IT 运营管理和开放型底层平台等方面。应用云计算技术搭建开放云平台，可以借助 API 方式构建全面金融服务生态圈，提供生活缴费、资讯查询、网上购物等"金融＋非金融"服务，依托金融服务与生活场景的结合提升了金融账户价值。在证券基金领域，云计算主要应用于客户端行情查询和交易量峰值分配等方面。通过业务系统整体上云，在数据库分库、分表的部署模式下，可实现相当于上千套清算系统和实时交易系统的并行运算。在保险领域，云计算主要应用于个性化定价和产品上线销售等方面。定制化云软件能够快速分析客户实时数据，提供个性化定价，还能够通过社交媒体为目标客户提供专门的保险服务。

（五）人工智能在金融中的应用

人工智能（AI）是研究使用计算机模拟、延伸和扩展人的智能的理论、方法和技术的新兴科学。作为计算机科学的重要分支，人工智能发展的主要目标是使计算机胜任通常需要人类智能才能完成的复杂工作。

人工智能技术可以说是金融科技的核心，人工智能通过强大的深度学习能力可以对大量的数据进行处理，寻找其中的关联性，从而发现完全靠人类的思维方式不能完全发现的数据价值，结合区块链等技术，可以大大防范风险，提高金融运营的效率。

目前，人工智能技术在金融领域应用的范围主要集中在身份识别、量化交易、投资顾问、客服服务、风险管理等方面。未来人工智能与金融系统结合，将应用于金融行业的各个环节。

【延伸阅读 12-1】

阿里巴巴的金融梦——"余额宝"

2013 年 6 月 13 日，阿里巴巴（Alibaba Corporation）旗下的第三方网络支付平台支付宝（Alipay），以响亮的口号推出了一项业务。"余额宝，会赚钱的支付宝"，这样引人注目的特点描述，自然在国内货币市场和金融业界一石激起千层浪。支付宝用户们，或本着尝鲜与学习，或本着赚取利润的目的，纷纷在"余额宝"里迈出了试探性的一步。至 6 月 18 日，上线短短六天内，余额宝就收获了超过 100 万的用户。

"2012 年，10 万元活期储蓄利息 350 元，如通过余额宝收益能超过 4 000 元""余额宝累计收益率（年化）4.87%，是活期存款的近 14 倍""随时转入转出看收益，更有全额赔付"网络上，生活中，余额宝的宣传广告声势越发浩大，其基本宣传重点都在于"高收益、低，甚至无风险"。而事实上余额宝到底是什么样的一种理财产品呢？

余额宝作为一种余额增值服务，把钱转入余额宝中实际上是购买了由天弘基金提供的名为"增利宝"货币基金，可获得一定的收益，收益率或可高于一年定期存款（2012 年一年期定存收益率为 3%，而余额宝的 7 日年化收益率为 5.3250%）。同时，"增利宝"的申购/赎回没有手续费，转入门槛低至 1 块钱，余额宝内的资金还能随时用于网购消费和转账，且目前不收取任何手续费，简单来说，就是"投资门槛低，消费两不误"。

据天弘基金介绍,"增利宝"属货币型基金。货币型基金又称货币基金,或货币市场基金,具有比较突出的优点,比如收益稳定、流动性强、购买限额低、资本安全性高。另外,其具有其他一些优点,比如可以用基金账户签发支票、支付消费账单;通常被作为进行新的投资之前暂时存放现金的场所,这些现金可以获得高于活期存款的收益,并可随时撤回用于投资。

在阿里巴巴对余额宝的宣传里,往往突出余额宝与活期储蓄的比较。大家都知道,评判金融工具的优缺点,应该首先从三个方面考虑:收益性,流动性,安全性。虽然以一支基金和银行储蓄对比是不具有可比性的,因为二者的收益本质上不同。前者是基金的投资收益,后者是利息收益,但想要得到对余额宝的更深了解,可以暂且忽略类别差异,单纯以上述三个标准来比较这两者。

首先从收益性来看,如果单纯比较基础账户收益的话,放在支付宝里的钱是没有利息的,而放在活存账户里,按照2012年的数据看,利率是0.35%。如果是在活期买基金的情况下,通过银行账户购买基金选择范围更大。但从基金收益排名来看,截至2013年12月14日,7日年化收益率最高的是长盛添利宝货币B(6.8160%),最低的是工银安心增利场内货币A(0.1430%),余额宝所购买的"天弘增利宝货币"(5.3250%)在其中算是中等偏上水平。很难评估到底通过活期买基金的方式,与通过余额宝购买"天弘增利宝"对比,谁的年收益率高,所以从收益性方面二者暂且打平手。

其次是流动性,余额宝和银行账户都需要一个工作日才能把钱换成货币基金,也都不收手续费,因此二者相近。另外,在存取方式上,对于银行账户上的货币基金,只有一部分支持赎回立刻到账,而且你必须等钱从货币基金回到银行账户上之后才能使用。相比之下,"余额宝"不仅可以直接把货币基金换成支付宝里可以自由使用的钱,还可以直接用"余额宝"里的货币基金进行消费。

最后是安全性。尽管支付宝和基金公司可以把风险控制做得很好,但归根到底,只有银行存款的风险才可以认为是零。银行需要为你的存款付利息是法律规定的。不存在讨价还价的余地,即便第二天银行要关门,也得先把利息结清才能清算剩下的财产。相比之下,货币基金付给你的是收益,并没有法律规定货币基金不能亏本或必须给你多高的收益,货币基金投资的风险就在于其收益的波动性了。这种风险可能不是直观的,而是隐藏在购买某只股票的机会成本里面——因买了这只而错过了一只更好的基金。所以长远而言,活期储蓄在安全性方面更值得信赖。

所以,从上述分析可以看出,余额宝的本质,是对天弘增利宝基金的买卖行为。"余额宝"的收益其实是购买天弘基金的增利宝的货币基金的行为,实质是一项投资,而投资所形成的投资收益,必然是带风险特征。

资料来源:肖亮寰:《阿里巴巴的金融梦——"余额宝"案例分析》,http://blog.sina.com.cn/s/blog_ac1ed2d50101ooib.html。

第三节 绿色金融

一、绿色金融的起源

绿色金融随着国际可持续发展理念和绿色发展要求应运而生,代表国际金融业发展的新方向和新趋势。

(一)国际可持续发展理论的兴起

可持续发展的概念,最先在 1972 年瑞典斯德哥尔摩举行的第一届联合国人类环境会议上正式讨论并通过了《联合国人类环境会议宣言》,确认了全球环境保护七点共同看法以及 26 项具体原则。1987 年,世界环境与发展委员会在《我们共同的未来》报告中提出了可持续发展战略,将可持续发展定义为"可持续发展是在满足当代人需要的同时,不损害人类后代满足自身需要的能力"。此文件在 1987 年联合国第 42 届大会通过,成为可持续发展理论走向实践的一个转折点。

1992 年 6 月 14 日,联合国环境与发展大会通过了《里约环境与发展宣言》《21 世纪议程》《关于森林问题的原则声明》,并签署了《联合国气候变化框架公约》《生物多样化公约》,分别涉及国际环境与发展的多项基本原则和战略,推动了各国政府把政策目标转化为具体行动。此次会议尤其推动了各国在经济、行政及制度层面上的环境管理尝试,强调了绿色金融在可持续发展路径上的重要性。会议明确提出,发展中国家在经济改革中应当提高银行信贷、金融机构和金融市场的可持续发展能力。

1997 年,日本京都举行了联合国气候变化大会通过了《京都议定书》,确认了减少温室气体排放的三种市场机制——国际排放贸易机制、联合履行机制和清洁发展机制。这三种机制促成了碳排放交易市场的产生。碳排放交易市场即碳金融市场,四大市场主体分别是遵循碳减排义务合规要求进行的企业、商业银行和投资银行在内的金融机构、政府部门以及国际组织。

2009 年,联合国气候变化大会(缔约方第 15 次会议)在哥本哈根召开,达成了不具法律约束力的《哥本哈根协议》,该协议维护了发达国家和发展中国家承担"共同但有区别责任"的原则。此后联合国也推出了一系列相关政策,如 2000 年推出的《千年发展目标》和 2015 年推出的《可持续发展目标》及《2030 年议程》等。随着 2015 年 12 月联合国巴黎气候变化大会的召开,各方达成的全球协议成为 2020 年全球应对气候变化的行动依据。总的来看,国际上对环境的保护日益重视,可持续发展理念逐步兴起,全球绿色金融和绿色经济发展成为重要趋势。

(二)绿色金融的国际起源和发展

绿色金融发端于 20 世纪 70 年代的西方发达经济体,是随着人类探索未来经济、社会和环境可持续发展问题而产生。1974 年,联邦德国便以"生态银行"命名成立了第一家政策性环保银行,专门负责为一般银行不愿接受的环境项目提供优惠贷款;1991 年,波兰也设立了环保银行,重点支持促进环保的投资项目。1992 年,联合国环境规划署成立了由世界主要银行和保险公司参与的"金融行动机构"(UNEP FI),推广和普及可持续金融的理念,并督促金融机构的可持续发展。2002年,世界下属的国际金融公司(IFC)联合荷兰银行等几家知名银行召开会议,提出了关于企业社会和环境责任的基本原则,奠定了"赤道原则"的基础。

2003年,花旗银行、巴克莱银行和西德意志州立银行等10家国际性银行共同创立了"赤道原则"(the Equator Principles),之后,汇丰银行、JP摩根、渣打银行和美洲银行等众多金融机构也宣布接受该原则。"赤道原则"是按照国际金融公司绩效标准建立的一套自愿性金融行业标准,旨在管理项目融资中的环境和社会风险。它要求金融机构在投资项目时要综合评估该项目对环境和社会所产生的影响,鼓励金融机构利用金融工具推动环境保护及社会协调发展,强调环境、社会与企业发展目标的统一。

十多年来,无论是发达国家还是发展中国家,都出台了一系列具体措施,致力于推动绿色金融发展,取得了一系列成果。绿色金融在全球层面也得了更大的推动。2014年7月,世界银行发布《环境和社会框架:为可持续发展确定标准》报告,对绿色金融发展的框架、要求、标准和流程做出了建议性论述。国际金融公司则继续通过市场化方式为可持续发展框架下的绿色金融项目提供融资和技术支持。

二、绿色金融的基本概念

(一)绿色金融的界定

"绿色金融"是指能产生环境效益(包括减少空气、水和土壤污染,减少温室气体排放,提高资源使用效率,减缓和适应气候变化并体现其协同效应等)从而支持可持续发展的投融资活动(G20绿色金融研究小组,2016)。绿色金融是指一类有特定"绿色"偏好的金融活动。在这类金融活动中,金融机构在投资决策中充分考虑环境因素的影响,并通过一系列的体制安排和产品创新,将更多的资金投向环境保护、节能减排、资源循环利用等可持续发展的企业和项目,同时降低对污染和高耗能企业和项目的投资,以促进经济的可持续发展。绿色金融活动本质上是一系列金融工具、市场机制和监管安排的加总,即以金融工具创新为载体,借助法律、政策和监管,培育产生的一个支持绿色产业发展的细分金融市场。绿色金融也包括金融企业自身办公运营的节能减排、资源节约的绿色化。

(二)绿色金融是相对于传统金融的创新

现代金融服务于实体经济,绿色金融在这一功能的基础上增加了可持续增长的维度。保护环境、提升人类整体福利、促进更具包容性的可持续发展已经成为全球性共识,将上述共识转化为实践需要高效运行绿色环境项目,从而产生内部或外部的项目融资需求。这种投融资的需求和供给就构成了绿色金融的微观基础。

绿色金融几乎对现代金融每一个环节都提出了新的要求。在绿色信贷领域,银行机构在发放贷款时或者对低碳企业和绿色项目给予优先支持,或者在常规贷款要求之上附加绿色环保风险管理的条款。在绿色保险领域,通过立法和监管设计新的保险产品,如环境责任险,将污染隐性成本显性化,负外部性内部化。在绿色证券领域,对以股票和债券这两种直接融资方式在金融市场筹措资金的企业,施加强制性的环保绩效和风险披露制度,设计以环保和低碳项目为直接项目标的债券、股票和基金产品。

三、绿色金融体系的主要内容

绿色金融体系指通过贷款、私募投资、发行债券和股票、保险等金融服务将社会资金引导到环保、节能、清洁能源、清洁交通等绿色产业发展中的一系列政策、制度安排和相关基础设施建设。这一定义包括了绿色金融机构、绿色金融产品、绿色金融政策等。在发达国家和地区，与绿色金融相关的制度安排和绿色金融产品已有几十年的发展历程，在推动绿色投资对经济结构转型和可持续发展方面，起到了十分积极的作用。例如，韩国政府2008年面临金融危机冲击时出台的《低碳绿色增长战略》和绿色金融计划，大量投资于保障全国生态基础设施的建设、低碳技术的开发、绿色生活环境，为韩国经济发展提供了新的增长动力。下面主要从绿色金融产品角度阐述绿色金融体系的主要内容。

（一）绿色信贷

绿色信贷是指银行利用信贷手段支持有环保效益的项目和限制有负面环境效应项目的一系列政策、制度安排及实践。

根据中国银监会"绿色信贷统计"相关文件，绿色信贷项目包括：绿色农业开发项目、绿色林业开发项目、工业节能节水环保项目、自然保护、生态修复及灾害防控项目、可再生能源及清洁能源项目、农村及城市水项目、建筑节能及绿色建筑、绿色交通运输项目、节能环保项目等11类。

（二）绿色债券

绿色债券是政府、金融机构以及企业为环保项目融资而发行的债券。政府发行的绿色债券（国债、地方债）主要用于环境基础设施建设。金融机构发行的绿色债券具有强大的市场需求，世界银行、国际金融公司、亚洲开发银行、欧洲投资银行纷纷投入绿色金融债发行行列。

在中国，兴业银行2015年以绿色债券申报，以金融债券获批募集发行债券300亿元，由银行环境金融部秉承绿色债券发行宗旨，安排资金专项使用，并定期报告披露。为促进中国绿色债券市场发展，中国人民银行于2015年12月发布了39号公告，对绿色金融债券进行了规范，同时明确了鼓励绿色金融债券发行的优惠政策。同时发布了《绿色债券支持项目目录》，符合绿色债券条件的绿色项目包括6大类11小类。

（三）绿色股票

绿色股票指环保企业以发行股票方式进行绿色项目融资的方式。在对"绿色"进行界定的载体主要通过绿色股票指数。例如，上证180碳效率指数是我国首只考虑碳效率的指数，该指数用碳强度来界定企业的绿色程度，即碳强度越低，该上市公司的绿色程度越高。随着环保产业的不断发展，环保市场的不断完善，环保企业将趋于综合化、大型化、集团化方向发展。绿色股票将成为未来绿色产业融资重要的资金渠道之一。

（四）绿色信托

绿色信托指委托人将合法拥有的资金委托给受托人，由受托人按委托人的意愿对绿色产业或绿色项目进行投资并获取回报。信托融资资金成本相对较高，仅仅在部分投资回报相对较高的环保行业，且环保企业正面临国家信贷紧缩、银行贷款额度受限以及贷款无门等诸多融资难题困扰的情况下，才有可能选择信托融资方式。伴随未来我国价格扭曲的逐渐矫正，环境外部成本内部化的不断深入,绿色投资盈利空间的逐步增大,绿色信托也有望成为环保项目和环保产业重要的融资方式之一。

(五) 绿色保险

保险领域的绿色金融产品可以包括环境污染责任保险、汽车保险、家庭和商业保险、碳保险等。环境污染责任保险是以企业发生污染事故对第三者造成的损害依法应承担的赔偿责任为标的保险。通用汽车金融保险公司为混合动力及节能型汽车提供 10% 的优惠,瑞士瑞信银行采用回收保险,客户使用回收零部件维修汽车可获 20% 的车险优惠。家庭和商业保险主要指绿色建筑险、碳中和房屋保险等,如加利福尼亚州的基金保险公司提供了绿色建筑保险,英国运输协会推出了温室气体减排抵减的碳中和房屋保险。碳保险主要指一些生态保险产品,如美国国际集团与达信保险经纪公司推出的碳排放信贷担保和可再生能源相关的保险产品。

(六) 绿色基金

绿色基金指通过基金来投资环保项目、环保企业以及绿色产业的金融形式,主要包括融资基金、专项基金以及公益基金三类。1987 年美国设立的清洁水州周转基金属于融资基金,由联邦政府和州政府按照 4:1 的比例注入资本金,主要通过低息或无息贷款方式为合格环境保护项目提供援助。重庆于 2015 年 6 月设立的政府主导型环保产业股权投资基金,亦属于融资基金。基金初始规模 10 亿元,同时与其他产业引导基金建立合作机制,充分释放协同效应,主要支持环保产业项目做大做强。

美国于 1980 年设立的超级基金,属于专项基金,用于处理工业化过程企业搬迁遗留的高污染性"棕色地块"问题。台湾省于 2001 年设立的土壤及地下水污染整治基金,亦属于专项基金,其资金主要来源于向石化、煤、钢铁等行业征收的污染整治费,每年征收规模约 10 亿元台币。

中华环保基金和阿拉善 SEE 基金,资金来源于赠款以及基金保值、增值运作和投资活动带来的收益,均属于公益基金。中国人民大学蓝虹教授认为,环保产业发展面临巨额资金需求,建构以 PPP 环保产业基金(属于融资基金)为基础的绿色金融创新模式是解决其融资困境的有效手段。

(七) 绿色租赁

绿色租赁指出租方根据承租方要求出资购买环保设备,并按照融资租赁协议所约定的租赁期限、利率、租金支付方式、保证金、手续费、残值处置等条款出租给承租方使用。我国绿色租赁发展缓慢,其主要原因在于:绿色项目利润空间较小,而融资租赁方式资金成本较高,资金总额占设备价值的比例高于同期银行贷款利率,在经济不景气时,高昂租金往往加重承租方财务负担。近几年来,中国环境修复产业联盟创造性运用金融模式,推出环境调查、监测和修复设备仪器租赁服务,包括价值较高的重金属快速检测仪和土壤采样建井设备等,以解决土壤和地下水修复领域相关仪器设备应用面不广且占用企业大量资金的问题。伴随未来绿色投资盈利空间的逐步增大,绿色租赁业务也会随之广泛发展。

四、中国绿色金融的发展

2007 年与 2008 年,国家环境保护部联合中国银监会、证监会、保监会等机构先后发布了《关于落实环保政策法规防范信贷风险的意见》《关于加强上市公司环境保护监督管理工作的指导意见》与《关于环境污染责任保险的指导意见》。绿色信贷、绿色证券和绿色保险三项环境经济政策的推出，对中国经济发展方式的转变和绿色经济的发展产生了重要推动作用。

2012 年，银监会颁布《绿色信贷指引》要求金融机构以绿色信贷为着手点调整信贷结构、促进产业升级。此后在国务院、中央人民银行、银监会的引导下金融机构普遍形成了绿色信贷经营理念、落实政策相关理念，绿色信贷制度得到完善与发展。2015 年 12 月 22 日，央行宣布要在银行间债券市场推出绿色债券，同时发布《绿色债券支持项目目录》界定绿色项目标准，规范绿色项目的发展。2015 年 12 月 31 日国家发改委发布《绿色债券发行指引》明确绿色债券重点支持领域，指明绿色债券的发展方向。2017 年 6 月环境保护部和保监会共同制定《环境污染强制责任保险管理办法（征求意见稿）》，明确指出在我国境内从事高风险环境生产经营活动的企业、事业单位或其他生产经营者应当办理环境污染强制责任险。

2016 年 8 月，央行等七部委共同发布了《关于构建绿色金融体系的指导意见》，标志着我国正式成为全球首个由政府推动并发布政策以明确支持"绿色金融体系"建设的国家。大力绿色金融已经被纳入我国国家层面的规划中，"发展绿色金融，建立绿色发展基金"在"十三五"规划中明确提及。2016 年，绿色金融首次被纳入 G20 杭州峰会议程，将发展绿色金融的提升到一个全新的高度。

2017 年 6 月，在浙江、广东、江西、贵州、新疆等五省（区）设立 8 个绿色金融改革创新试验区[①]，开启地方绿色金融体系建设的落地实践。2018 年 6 月，江苏省南京市、甘肃省兰州市、河南省郑州市、安徽省合肥市等在内的九市申报第二批绿色金融改革创新试验区。2018 年，十九大报告强调推进绿色金融发展，构建市场导向的绿色技术创新体系，发展绿色金融，壮大节能环保产业、清洁生产产业、清洁能源产业，首次明确发展绿色金融促进产业升级的战略目标。2019 年 12 月，甘肃省兰州新区获批设立绿色金融改革创新试验区。

【延伸阅读 12 – 2】

中国绿色债券案例
——2014 年第一期、第二期北京市基础设施投资有限公司可续期公司债券

一、基本情况（表 12 – 2）

表 12 – 2

发行主体	北京市基础设施投资有限公司
发行时间	2014 年 11 月 17 日、2015 年 8 月 10 日
发行额	10 亿元、40 亿元
币种	人民币
面值	100

---

① 8 个试验区包括：浙江省湖州市、衢州市，广东省广州市，新疆维吾尔自治区哈密市、昌吉州和克拉玛依市，贵州省贵安新区，江西省赣江新区。

续表

信用评级	主体 AAA，债项 AAA
评级机构	中诚信国际信用评级有限责任公司
债权性质	企业债
期限	5 年
票面利率	5.5%、4.9%
承销商	中国银行证券股份有限公司、中信证券股份有限公司
交易市场	银行间市场、上交所
发行价	100 元/百元面值，平价发行
绿色认证机构	无（非贴标）
认购情况	认购倍率 1.85 倍，8 家机构获配 认购倍率 1.95 倍，21 家机构获配
募集资金投向	北京市地铁 7 号线工程，北京市地铁 14 号线工程，北京市轨道交通大兴线工程和北京市轨道交通昌平线工程 4 个项目建设

二、绿色效益及积极成效

城市轨道交通，是具有典型绿色效益的建设项目。在同等运力情况下，城市轨道交通能耗相当于小汽车的 1/9、公交车的 1/2，而且与这两者相比具有占地小、成本低的特点。对于尚处于在城市化中后期阶段的当今中国来说，具有显著的绿色效益，因此被列入《绿色债券支持项目目标录》。

北京市地铁 7 号线是北京南城地区一条重要的东西向骨干线路，该工程的建设将有效缓解北京西客站及两广路沿线交通压力，同时促进垡头边缘集团城市开发，有效缓解中心城人口与职能的功能，实现轨道交通与工业改造土地的一体化开发。北京市地铁 14 号线是一条连接东北、西南边缘集团，围绕中心城东南的"L"线，该工程的建设对于改善城市西部的丰台边缘集团、东北的酒仙桥边缘集团的交通状况、为北京南站提供东西向交通支持具有重要意义。

北京市轨道交通大兴线是地铁 4 号线的南延线，其建成后将与 4 号线共同构成纵贯北京市的南北向轨道交通干线；北京轨道交通昌平线则是连接北京市区与北部昌平新城的地铁线路。两条线路建成能够促进北京市中心城区人口和功能向外转移，缓解北京市交通压力。

三、案例启示

按照北京市的地铁建设规划，2003 年至 2020 年投资总需求约为 6 000 亿元。该项目发行永续债券，发行方只需支付利息，没有还本义务（实际操作中会附加赎回及利率调整条款）。"永续债"融资金额巨大，专款专用，加上项目的其他配套资金，有大额的资金沉淀。因此，金融机构和公用事业企业可能是未来永续债发行主体。

城市轨道交通项目在中国各大城市均具有良好的信贷资质和信用背景，在不少城市还享受较大规模的财政补贴支持。因此，在贴标绿色债券市场发展起来之前，就因其稳定的现金流成为非贴标绿色债券市场的重要门类。

资料来源：中国绿色金融发展与案例研究，马骏，中国金融出版社，2016 年。

本章小结

一、重要概念

金融创新　　互联网金融　　金融互联网　　金融科技　　绿色金融

二、思考题

1. 什么是金融创新？金融创新的内容是什么？
2. 简述金融创新的原因。
3. 何谓互联网金融？互联网金融与网络金融有什么区别与联系？
4. 互联网金融的出现对现有的金融机构产生了什么影响？
5. 金融科技有哪些新的发展？
6. 什么是绿色金融？绿色金融体系是如何构成的？

第十三章　金融监管

本章核心内容

1. 金融监管产生的原因主要有：金融的外部性、信息不对称以及脆弱性。
2. 关于金融监管的一般理论有：社会利益论、社会选择论、特殊利益论、追逐论、管制新论等。
3. 金融监管的目标包括：稳定性、效率性和公平性。其中，金融体系的安全性与稳定性是金融监管的核心，而效率性是金融监管的生命，金融监管要从三个目标之间寻求平衡。
4. 按照监管的业务范围来划分，各国的金融监管体制可分为集中监管体制与分业监管体制。中国现行金融监管体制的基本特征是分业监管模式，即由国务院金融稳定发展委员会、中国人民银行、中国银保监会、中国证监会组成的"一委一行两会"监管格局。
5. 一国范围内的金融监管协调与合作是指一个国家或地区的各个金融监管主体为了实现监管整体有效性、降低成本、提高效率，通过各种机制努力实现监管工作的和谐一致。

第一节　金融监管概述

金融监管是防范金融危机的主要措施之一，也是金融得以公平、公正交易的保障。在世界任何一个国家，包括像美国这样最倡导自由主义的国家，金融仍然是受到政府严格监管的行业。虽然全球金融自由化的浪潮并未停止，但金融监管从未因金融自由化而弱化或消失。在金融自由化浪潮中，金融监管体制和监管手段等在随着金融创新的发展、金融风险的日益复杂化而不断演进。

一、金融监管的概念及特征

金融监管就是政府通过制定一系列规则，并授权相应的机构来执行这些规则，从而规范参与金融活动各方的行为。在世界各国，金融都是受到政府监管最严格要求的领域之一。

合理有效的金融监管应该具有前瞻性、有效性、灵活性等几个方面的特点。

1. 前瞻性。金融监管具有前瞻性，能够估计到未来相当一段时间的金融形势和交易结构的变化，在变化的环境中能保持有效监管，不至于经常变换政策，或经营更改金融监管制度安排。
2. 有效性。金融监管安排能够使金融监管当局以最低成本实现既定的监管目标。也即金融监管制度结构的安排不仅要考虑技术上的可行性，也要考虑经济上的可行性。
3. 灵活性。金融监管必须具有弹性，充分考虑到有效监管的反向激励因素，考虑到不同监管机构及不同国家监管制度的的竞争因素，考虑到被监管者的监管套利因素，使金融监管制度在变化的环境中能够自我调整、自我适应，既要防止监管松懈及对有问题金融机构的过度宽容，又要避免不计成本的严厉管制带来的各种副作用。

二、金融监管产生的原因

为什么在世界各国金融都会受到政府的严格监管呢？原因是多方面的、复杂的。归结起来，主要是有以下三个基本原因：外部性、信息不对称以及脆弱性。

1. 外部性。外部性是指在提供一种产品或服务时社会成本、社会收益与私人成本、私人收益之间存在偏差，也即一些经济主体在其生产、消费过程中对其他经济主体所产生的附加效应。这种效应可能是正的，即外部经济；也可能是负的，即外部不经济。人们以各种加强管制的办法来消除外部效应，尤其是消除负的外部效应。

金融领域中负的外部性主要表现在单个银行的破产可能会殃及那些经营状况比较良好的银行，引发对后者的挤兑，从而导致大批银行陷入流动性困境和破产。在资本市场中，一家上市公司的财务造假案会引发投资者对其他财务状况较健全的上市公司的信心危机，从而造成股票和债券市场价格的大幅下跌。为减少负的外部性，对金融业进行监管是必要的。

2. 信息不对称。信息不对称是指一方拥有相关的信息而另一方没有这些信息，或者后者拥有的信息没有前者多，从而对信息劣势者的决策及利益造成很大影响。信息不对称可能产生道德风险和逆向选择问题。逆向选择是事前的，如潜在的不良贷款来自那些积极寻求贷款的人。如果发生了逆向选择，信贷资源就没有得到有效配置，一旦贷放出去，将可能形成不良资产，从而影响到金融体系的稳定。道德风险是在交易后发生的。贷款者发放贷款之后，将面对借款者从事那些贷款者所不希望进行的活动，因为这些活动可能使贷款难以归还。一旦这些活动失败，将形成银行的不良债权，恶化银行的资产质量，也会影响金融体系的稳定。

信息不对称与信息不完全还会引起不公平交易，如银行可能对特别客户发放不正常关系贷款；内幕交易会引起股票市场的不公平交易；具有强大资金实力的机构投资者会利用自己的资金优势进行价格操纵，损害中小投资者的利益，导致价格信号混乱等，这些都破坏了正常的市场竞争秩序，引起资源的不合理配置。

3. 脆弱性。商业银行流动性风险及其资产负债结构的特点使其具有很高的脆弱性。商业银行的功能之一就是通过吸收资金和发放贷款，把对零星储户的流动性负债转化为对借款人的非流动性债权。根据大数原理，如果存款者提款是随机发生的，则商业银行的资金流量就是稳定的。但是，当储户对商业银行失去信心时，他们就会纷纷提取自己的存款，尽管他们知道，提款继续下去的结果，必然是商业银行被迫提前出售流动性低的资产来满足储户提款的要求，商业银行蒙受损失将使排在挤兑大军后面的储户很可能收不回全部存款，最终结果将导致商业银行流动性严重不足，甚至破产。挤兑还会殃及那些经营状况本来比较健康的银行，即使人人都明白不挤兑更有利于整体的利益，但出于对自身利益的考虑，还是不可避免地会发生挤兑，从而带来银行危机甚至金融危机。此外，商业银行的高负债经营特点也使其具有很高的脆弱性。商业银行的自有资本只占其资金来源的很小比例，其净值越小，从其错误决策中可能招致的损失也就越小，因而银行从事高风险贷款的可能性就越大。

金融市场也具有脆弱性。金融市场的脆弱性是指当一个意外事件的冲击导致人们信心丧失时，易引发金融市场、尤其是股票市场价格的急剧下跌，从而严重扰乱经济金融秩序。事实上，人们在判断金融资产的价格时，往往具有一定的盲目性，这就导致了人们在进行金融资产投资时具有"羊群效应"，即金融资产投资时具有跟风操作的现象，这将导致股票价格大起大落。金融市场交易的一些技术特征也加剧了市场的波动，如投资者可通过保证金交易从事规模很大的金融交易，从而推动市场价格急剧变化。金融市场脆弱性的最大表现是市场泡沫的崩溃。当金融市场投机达到一定程度后，人们对金融市场的信心开始动摇，某个平常看来微不足道的小事件都可能会引发股市崩溃，并在以后一段相当长时间里维持非常低迷的行情。

三、金融监管的一般理论

金融监管理论是在人们对实践总结的基础上逐步发展起来的，主要有社会利益论、社会选择论、特殊利益论、金融风险论、保护债权论、追逐论、管制新论等。

（一）社会利益论

社会利益论是在20世纪30年代大危机后提出的。大危机之前，西方国家推崇自由经济理论，认为经济具有自动走向充分就业的内在调节机制。大危机后，"凯恩斯革命"主张政府采取行动对经济进行积极干预。在这样的背景下，社会利益论提出，纯粹自由的金融体系因外部性、信息不对称等问题会导致资源错误配置和社会福利损失，这就要求政府作为社会利益代表者实施管制以纠正市场缺陷。若没有管制，单个银行的风险要由储户、整个金融体系甚至全社会来承担，从而社会公众的利益就会受到极大损害；而管制则有利于整个社会，且管制成本由社会的极小部分人承担。

（二）社会选择论

该理论认为管制存在的理由和根源是：自由市场机制存在着自身无法克服的缺陷，为保证经济体系的有效运行，必然要求某种程度的外部管制。该理论从公共选择的角度来解释政府管制，认为管制制度作为一种公共品，只能由代表社会利益的政府来提供和安排，各利益主体则是管制制度的需求者。政府并不是被动地反映任何利益集团的管制要求，而应坚持独立，努力使自己的目标与整个社会福利保持一致。

（三）特殊利益论

该理论认为政府管制表面上是为了公共利益，实际上成为一些特殊利益集团的工具。政府管制仅保护了一个或几个特殊利益集团的利益（因政府官员是在其帮助下当选的，当选后当然要予以回报）。特殊利益集团（特别是财力雄厚、有能力帮助政治家当选的大企业集团）因政府的保护而得到格外多的回报。对整个社会来说，管制产生了巨额成本，有害于社会公共利益。

（四）金融风险论

该理论认为金融业是一个特殊的高风险行业，需对其实施严格的金融监管。金融业面临着各种各样的风险：信用风险、流动性风险、利率风险、汇率风险、经营风险、操作风险等。金融业的高风险一方面表现在其特殊的经营对象——货币资金上，另一方面表现在金融风险的连带性上，一家金融机构陷入危机，易导致整个金融体系都陷入危机。因此，为控制金融业的各种风险，需对其实施严格的监管。

(五) 保护债权论

这里的债权人主要指存款人、证券持有人、投保人等。该理论认为，由于金融机构拥有比债权人更有利的条件和更充分的信息，它们就可将金融风险转嫁给债权人。为有效保护债权人的利益，需进行严格的金融监管来约束金融机构及金融市场行为。

(六) 追逐论

追逐论者认为，管制者与被管制者之间恰如"猫鼠追逐"。最初被管制者可能会反对管制，但是当他们变得对立法和行政程序极为熟悉后，他们就试图影响管制者，通过立法和行政机构给他们带来更高的收益。追逐论者认为，管制的目的是为了生产者的利益而非消费者的利益，且被管制者可以通过疏通的办法让管制为他们增加福利，因而管制就失去了其原本应该存在的理由。该理论在一定程度上得到了现实的支持，但也忽视了普通大众确实能够从某些保护消费者的管制中得到好处的事实。

(七) 管制新论

管制新论把管制看作是存在需求和供给的商品：不同的集团出于自身的利益，存在着对管制的不同需求；政治家和官僚提供管制是为了得到更多的竞选捐助、选票和办公津贴。管制可为不同的利益集团所利用，但究竟谁是最后的胜者，取决于不存在管制时谁更生死攸关、各自的政治实力以及市场份额等情况。

管制新论认为，在某些情况下，管制有利于生产者和消费者双方，但同时也承认，管制对少数生产者的所得有较大的影响，而对多数消费者的利益只产生较小影响，因此，管制对生产者的影响是主要的。关于管制的社会利益，管制新论认为，管制当局具有过度管制以回避个人责任的动机。有些学者还呼吁，管制机构之间的竞争可避免过度管制。然而，管制者之间的竞争又会导致管制的失败，这是因为管制者所受到的竞争压力可能最终导致管制标准的降低。

第二节 金融监管的目标与原则

要实施金融监管，首先必须明确金融监管的目标和原则。经过长期的实践，各国金融监管当局在有关金融监管的目标和原则方面已形成了一些基本共识。

一、金融监管的目标

所谓金融监管的目标，就是对金融领域实施监管最终所要达到的目的。世界银行专家米拉德·朗（Millard Long）、迪米瑞·威搭（Dimitri Vittas）认为，金融监管最终需要实现三个目标，即稳定性、效率性和公平性，其中，金融体系的安全性与稳定性是金融监管的核心，而效率性是金融监管的生命，金融监管的艺术在于从三个目标之间寻求平衡，从这个意义上说，金融监管所要达到的目标不应是单一的，而应该是多层次的有机体系。该体系由下列要素目标组成。

(一) 维护金融体系的安全与稳定

金融是现代经济的核心，金融体系的安全与稳定对一国经济的发展具有重要意义，它是衡量一个国家金融业是否健康发展的重要标志。正因为如此，这个目标通常是各个国家金融监管的首要目标。为此，金融监管者必须采取有效措施促使金融机构依法稳健经营，降低和防范金融风险，防止金融机构倒闭和"传染效应"。

（二）保护存款人、投资者和其他社会公众的利益

这是因为，相对于金融机构和金融市场来说，存款人、投资者及其他社会公众在信息取得、资金规模、经济地位等各方面都居于弱势地位，但他们同时又是金融业的支撑者，是金融业生存和发展的基础，所以金融监管机关应对这些社会弱者的利益提供保护，除应采取确保一个稳健、安全的金融体系的监管措施之外，还应依法予以特殊保护，要把保护他们的利益作为金融监管的一个重要目标。实际上，随着消费者保护运动的全球普及以及法律观念的提高，对金融业社会弱者利益的特殊保护，已日益成为各国金融立法关注的重点，以保护投资者利益为核心的证券即市场信息披露制度作为证券法的核心已为世界各国所认同。

（三）促进金融体系公平、有效竞争，提高金融体系的运行效率

金融监管意在防范和化解金融风险，但并不能因此而抑制了金融机构的竞争活力。竞争是市场经济的基本法则，没有竞争，金融机构便失去了经营活力，金融运行效率便会降低。因此，各国金融监管当局都把促进金融体系公平、有效竞争，提高金融体系的效率作为金融监管的目标之一。为了实现这个目标，金融监管当局一方面要依法为金融机构提供公平竞争的环境，从而使金融活动主体拥有平等的机会和权力，另一方面也要采取一些提高效率的监管措施，如减少银行开业的限制、更多地发挥市场机制的作用等。

二、金融监管的原则

金融监管的原则即实施金融监管过程中各活动主体的行为准则。虽然世界各国在具体表述上会存在一定差异，但都对金融监管的原则进行了相应的规定。综合各国的情况来看，金融监管原则主要包括：

（一）依法监管的原则

依法监管的原则是指金融监管机构必须依照法律规定和法定程序来实施对金融机构的监管。依法监管的目的是为了避免金融监管行为的随意性，避免金融监管机关超越权限，侵害被监管者的合法权益，保证金融监管的合法性、权威性、严肃性、强制性和连贯性，为了保证依法监管原则的顺利实施，政府必须通过法律赋予金融监管机关相应的权力，并且要约束和监督监管者的监管行为。

（二）公平、公正、公开的原则

公平、公正、公开的原则是指金融监管当局在将有关金融监管法律、法规等公之于众的基础上，对于各监管对象应当一视同仁，公平对待。公开有关监管法律法规和制度的目的在于：

（1）提高金融监管的透明度，使金融机构明确金融监管的监管要求，保证监管的公正性，避免监管的随意性。

（2）便于金融机构的自律管理和内部控制。

（3）便于社会公众对金融机构的监督。

公平的原则可以使金融机构之间开展公平合理的竞争。

（三）适度监管的原则

适度监管的原则是指金融监管必须以保证金融的市场调节为前提，不能因监管而压抑了金融机构的竞争、创新与发展活力，破坏金融市场运行的效率。

适度监管原则的目的主要是为了避免过度监管。过度监管是指监管者出于自身声誉和利益等方面的考虑而超过合理限度来实施监管的现象。贯彻适度监管的原则需做到：

（1）摒弃政府外部监管万能的思想，应认识到政府缺陷的存在。

（2）政府监管不能完全代替市场的作用，在不存在市场缺陷的情况下，监管者最好不要介入。

（3）政府监管应尽量避免对金融机构经营行为的直接干预。

（4）在政府监管的同时，应充分发挥金融同业组织自律、金融机构内部控制、社会中介机构以及社会公众监督在金融监管中的作用。

（四）审慎监管的原则

审慎监管的原则实际上就是会计中的谨慎原则在金融监管领域中的运用。审慎监管所关注的是金融机构的经营稳健性及其健康程度，强调对金融机构的资产负债表、资本充足性、资产质量、流动性、内部治理结构和内控制度等审慎指标的分析和监控，其核心是风险管理，即它是通过防范和控制金融风险，防止系统性金融风险的爆发来保证金融机构稳健运行。

（五）持续监管的原则

持续监管的原则要求，监管机构必须对金融机构的日常业务经营情况进行连续的、动态的分析和监控，因为只有这样，金融监管机构才能及时、全面地了解和掌握金融机构的风险状况，从而防范和控制风险，防止因个别金融机构倒闭而产生的系统风险。

（六）高效监管的原则

金融监管并非免费的午餐，金融监管的组织实施是有成本的。为此，金融监管必须能够通过一定的措施来保证以最低的成本来实现监管的目标，提高监管的效率。

第三节 金融监管的内容与方法

一、预防性监管

预防性监管是一国金融监管当局为了防范于未然而采用的、带有进取性特征的一系列政策措施，目的在于防范因金融机构经营管理不善所产生的风险。预防性监管的措施一般包括：

（一）市场准入监管

市场准入监管通常被看作金融监管的起点。市场准入监管是一国金融监管当局对具备资格的机构进入金融市场经营金融产品，提供金融服务所进行的审查批准过程。市场准入监管通常包括机构准入监管、业务准入监管和高级管理人员准入监管。为了实施市场准入监管，各国监管当局都对市场准入的标准、条件及程序等方面进行了规定。

（二）资本充足性监管

资本是金融机构赖以生存的基础，是金融机构抵御风险的缓冲器，这也决定了资本充足性监管是金融监管的核心。各国金融监管当局通常是通过规定金融机构资本数额和构成，以及资本与按风险系数折算后的资产之间的比例等，来实施对金融机构的资本充足性监管。例如，2010年的《巴塞尔协议Ⅲ》就规定：除了总资本继续维持在8%之外，同时要求银行在达到最低核心资本4.5%的基础上，需进一步分别满足2.5%的储备资本0~2.5%逆周期资本要求。资本充足性监管目的是防止金融机构超出资本限度而进行资产规模的扩张，减少风险。

（三）清偿能力监管

清偿能力监管也称为流动能力监管或流动性监管，其目的是使金融机构的资金灵活周转以保证随时满足存款客户提取存款的要求和借款人提出的合理的贷款要求。各国金融监管机构为了实现对金融机构的监管，一般是要求金融机构必须保持一定数量的现金和市场变现能力较强的资产。由此可见，清偿能力监管的核心问题是资产流动性问题，但在具体监管方式上，各国监管当局之间是存在一定差异的。有的国家以各种流动性比率来作为考核金融机构流动性的指标，并规定有流动性比率标准；有的国家虽然没有流动性比率的强制要求，但却会向金融机构发布衡量和管理流动性的指导方针。

（四）业务活动限制

对金融机构的业务活动限制，与一个国家在金融法律上对金融经营模式的规定有关，它主要表现为对金融机构业务范围的限制。有的国家实行的是分业经营模式，金融机构之间存在着较为清晰的业务边界，而有的国家实行的则是混业经营模式，金融机构之间的业务边界非常模糊，业务交叉现象非常普遍。除此之外，还包括对金融机构存贷款利率的限制、对金融机构吸收存款的方式的限制等内容。

（五）贷款集中度限制

贷款集中度限制是监管当局为了防止金融机构的贷款过于集中，从而造成风险集中所实行的监管措施。通常是要求金融机构对同一借款者的贷款不得超过自有资本的一定百分比。至于该百分比到底应该是多少，世界各国金融监管当局的规定存在着一定的区别，一般是在10%~100%之间变化。目前，我国规定，商业银行对同一借款人的贷款余额不得超过自有资本净额的10%，对前10名最大客户的贷款余额不得超过自有资本净额的50%。

（六）管理评价

一个金融机构的经营状况和风险状况，在很大程度上与管理层的管理能力、管理经验、管理程序的科学性、管理措施的落实等有着密切的联系，尤其是从近些年来的一些银行危机案例来看，有相当多的银行危机是由于管理不善造成的。因此，世界各国金融监管当局都非常重视对金融机构管理状况的控制与监督。

一个金融机构管理水平的优劣，既不能用计量方法简单地衡量，也不能完全通过分析金融机构报表进行全面的判断，因此，理论界一般认为，对金融机构管理水平的评价需要在非现场检查的基础上，通过现场检查和实际考察来进行，主要考察的是金融机构是否建立了完善有效的内部管理制度,有无严密的内部组织制度,管理层的管理能力与胜任程度、管理程序及其科学性等。

(七) 银行检查

银行检查是当前世界各国金融监管当局常用的一种监管手段,并且也被认为是较为有效的一种综合性监管手段。因为借助于日常或定期的银行检查,金融监管当局可以及时、全面地了解银行的经营情况和风险状况、清偿能力、内部控制及管理能力等方面的基本情况,有助于对商业银行等金融机构的风险进行全面而客观的判断与评价。银行检查主要包括非现场检查和现场检查这两种方式。所谓非现场检查是指金融监管当局依据商业银行等金融机构按规定所呈报的财务信息等数据资料,采用一定的方法,按照一定的标准和程序,对其业务经营和财务状况等所进行的检查;现场检查是指金融监管当局通过指派专门的检查人员,深入到金融机构内部所进行的实地检查。

二、存款保险制度

存款保险制度是指一国金融监管当局为了保护存款者的利益,增强存款者对金融体系的信心,维护金融体系的安全与稳定,而要求各吸收存款的金融机构就其吸收的存款到专业的存款保险机构投保,以便在金融机构出现清偿能力困难,不能满足存款者提取本金和利息的要求时,由该存款保险机构予以赔偿的一种制度安排。存款保险制度是一国官方金融安全网的一部分,现代意义上的存款保险制度建立于20世纪30年代的美国。现在世界上有许多国家都建立了自己的存款保险制度,我国的存款保险制度已于2015年5月1日起实施。当然,需要注意的是,由于世界各国制度背景、金融发展的状况及阶段的不同,不同国家的存款保险制度的安排与运作存在着一定的差异。

三、紧急援助

紧急援助是指一国政府对于那些发生流动性不足、清偿能力困难的金融机构提供资金等方面帮助的措施,是商业银行等金融机构防范风险的最后一道防线。

对商业银行等金融机构的紧急援助主要由中央银行、存款保险机构和政府来提供。中央银行对有问题金融机构的紧急援助主要是通过提供低息贷款和联合一些大银行共同救助这两种方式来实现的;存款保险公司实施的紧急援助主要表现为向收购有问题金融机构的银行提供资金援助,以便于收购或进行营业转让;由政府出面对有问题金融机构进行援助的主要表现形式是接管,即将有问题金融机构国有化,这包括金融机构的经营、债务的清偿、股东利益的保护等,当然,政府收购后一般是将有问题金融机构交由中央银行来处理。

四、金融风险预警

金融风险预警是指金融监管主体通过建立一系列(套)经济金融指标,并对其进行实时监控和分析,以便于对金融风险及其不断累积过程以及未来可能发生的危机进行早期预报,尽可能避免或减少危机爆发的可能性。

虽然世界各国的经济、金融运行状况存在着一定的差异,金融发达程度及受管制程度也各不相同,但在金融风险预警指标的选取上,美联储的骆驼氏评级指标体系具有一般适用性,世界上许多国家的金融风险预警指标,包括我们国家,通常是参照这个指标体系。骆驼氏评级指标体系由资本充足性、资产质量、管理能力、盈利性、流动性和敏感性等几个方面组成，由于这些指标的英文字首分别是 C、A、M、E、L、S，恰好是 CAMELS（骆驼）这个英文单词，所以被称为骆驼氏评级。

【延伸阅读 13-1】

骆驼信用评级指标体系

"骆驼"评级体系是目前美国、日本等发达国家金融管理当局对商业银行及其他金融机构的业务经营、信用状况等进行的一整套规范化、制度化和指标化的综合等级评定制度。因其五项考核指标，即资本充足性（Capital Adequacy）、资产质量（Asset Quality）、管理水平（Management）、盈利水平（Earnings）和流动性（Liquidity），其英文第一个字母组合在一起为"CAMEL"，正好与"骆驼"的英文名字相同而得名。"骆驼"评级方法，因其有效性，已逐渐被世界上大多数国家所采用。当前国际上对商业银行评级考察的主要内容包括资本充足率及变化趋势、资产质量、存款结构及偿付保证、盈利状况、人力资源情况等五个方面基本上未跳出美国"骆驼"评级的框架。

"骆驼"评级体系的主要内容是通过对金融机构"资本的充足程度、资产质量、管理水平、盈利水平和流动性"等五项考评指标，采用五级评分制来评级商业银行的经营及管理水平（一级最高、五级最低）。其分析涉及的主要指标和考评标准是：

第一，资本充足率（资本/风险资产），要求这一比率达到 6.5%～7%。

第二，有问题放款与基础资本的比率，一般要求该比率低于 15%。

第三，管理者的领导能力和员工素质、处理突发问题应变能力和董事会决策能力、内部技术控制系统的完善性和创新服务吸引顾客的能力。

第四，净利润与盈利资产之比在 1% 以上为第一、二级，若该比率在 0～1% 之间为第三、四级，若该比率为负数则评为第五级。

第五，随时满足存款客户的取款需要和贷款客户的贷款要求的能力，流动性强为第一级、流动性资金不足以在任何时候或明显不能在任何时候满足各方面的需要的分别为第三级和第四级。在上述基础上如果综合评级很满意或比较满意的则为第一级或第二级，不太满意和不满意的分别为第三级、第四级，不合格的为第五级。对一、二级银行监管当局一般对其今后发展提出希望性的建议；对三级银行监管当局要发出正式协议书，由被考评银行签署具体计划和措施；对四、五级银行监管当局则发出"勒令书"，命令银行应该做什么、必须做什么和停止做什么，这是一种最严厉的管理措施。

"骆驼"评级体系的特点是单项评分与整体评分相结合、定性分析与定量分析相结合，以评级风险管理能力为导向，充分考虑到银行的规模、复杂程度和风险层次，是分析银行运作是否健康的最有效的基础分析模型。

从 1991 年开始，美国联邦储备委员会及其他监管部门对骆驼评级体系进行了重新修订。增加了第六个评估内容，即市场风险敏感度，主要考察利率、汇率、商品价格及股票价格的变化，对金融机构的收益或资本可能产生不良影响的程度。市场风险敏感度（Sensitivity of Market Risk），以 S 为代表。增加第六个评估内容以后的新体系为 CAMELS Rating System。

资料来源：中国银行业监督管理委员会，www.cbrc.gov.cn。

第四节 金融监管体制

一、金融监管体制及其类型

金融监管体制,指的是金融监管的制度安排,它包括金融监管当局对金融机构和金融市场施加影响的机制以及监管体系的组织结构。由于各国历史文化传统、法律、政治体制、经济发展水平等方面的差异,金融监管机构的设置颇不相同。

(一) 按照金融监管权力的分配结构和层次划分

按照金融监管权力的分配结构和层次来分类可以分为一线多头型,双线多头型以及集中单一型。

1. 一线多头型是指一国的金融监管权高度集中于中央,地方一级没有监管权,并且在中央一级设有两家或两家以上的机构共同执行监管职能的金融监管体制。典型代表是德国、日本和法国。

2. 双线多头型是指中央和地方两级都拥有对金融机构的监管权,并且每一级又有若干机构共同来执行使监管职能的金融监管体制。这种体制主要存在于联邦制的国家,典型国家是美国和加拿大。

3. 集中单一型是指金融监管权高度集中于中央,并且是由一家监管机构集中执行监管职能的金融监管体制。按照监管的业务范围来划分,各国的金融监管体制可分为集中监管体制与分业监管体制。

(二) 按照监管主体的不同划分

按照监管主体的不同来分类可以分为集中监管与分业监管体制。

1. 集中监管。集中监管也称为统一监管,它是指设立一家监管机构来监管所有金融机构和金融业务的金融监管体制,在这种体制下,金融监管机构不仅承担审慎监管的任务,而且负责业务监管。

由统一的监管主体对从事银行、保险、证券等不同类型业务的金融机构实施统一监管便称为集中监管体制。实行集中监管体制有多方面原因,如金融机构的多元化发展、金融监管水平的提高、金融自由化和金融创新的发展等。实行集中监管体制的国家主要有:

(1) 英国。英国传统上是自律监管的国家,1979 年之前并无正式的金融监管体制,对银行及非银行金融机构并无法定审批要求。1979 年与 1987 年,英国两次颁布银行法,赋予并完善了英格兰银行的监管权力。1997 年英国金融监管局成立之前,英格兰银行与证券和投资委员会、个人投资局、贸易和工业部的保险董事会、房屋互助协会委员会等九家监管机构共同对金融活动进行监管,是一种集中的分业监管框架。

1997 年,英国政府将英格兰银行等不同监管与自律机构的监管职能合并,成立了一个新的超级金融监管机构——金融监管局。2000 年 6 月,英国通过《金融服务和市场法》,从法律上确认了上述金融监管体制的改变。根据该法,英国金融监管局负责全国各种银行、投资基金管理机构、保险公司、证券与期货交易机构、住房信贷合作社等金融机构与金融活动的监管。英国金融监管局的设立，意味着金融监管职能与中央银行的分离，金融监管远离中央银行但更直接地服从于政府。1998年后，日本、韩国、澳大利亚、匈牙利、卢森堡等国也进行了类似的变革。

(2) 日本。1998年4月1日生效的新的《日本银行法》，是金融改革重心转向监管体制的重要标志。1998年6月22日，日本成立了单一的金融监管机构——日本金融监督厅，原由大藏省行使的民间金融机构监督与检查职能、证券交易监督职能移交给金融监督厅。2000年7月，在金融监督厅的基础上成立金融厅；2001年1月，进一步将金融厅升格为内阁府的外设局，全面负责金融监管工作。财务府（原大藏省）仅保留与金融厅一起对存款保险机构的协同监管权，以及参与金融机构破产处置和危机处理的制度性决策（重点放在确保决策的顺利实施方面）。日本银行作为日本的中央银行，根据《日本银行法》的规定，拥有对所有在日本银行开设账户、与日本银行存在交易的金融机构进行检查的权力。当然这种检查主要着眼于金融机构的流动性，目的是执行货币政策，同时还有义务向金融厅提示检查结果。目前，实行集中监管体制的国家还有韩国、澳大利亚、卢森堡、奥地利、比利时、荷兰、新西兰、瑞士等国。

2. 分业监管。分业监管即机构型监管，它通常是按照银行、证券、保险划分为三个领域，分别设置相应的金融监管机构来负责包括审慎监管和业务监管在内的全面监管任务。

分业监管体制是根据金融业内不同的机构主体及其业务范围的划分而分别进行监管的体制，一般由多个金融监管机构共同承担监管责任。目前，实行分业监管体制的国家有美国、加拿大、法国、西班牙、芬兰等发达国家以及大多数发展中国家。

(1) 美国。最早的金融监管制度产生于美国。以1864年国民银行制度确立为标志，美国建立了财政部货币总监局，设立了存款准备金制度，结束了以州为单位的单线监管状态，开始了联邦和州的二元监管历史。1913年，威尔逊总统签署《联邦储备银行法》，建立了联邦储备体系，终结了美国没有中央银行、货币供应混乱的历史，成为世界近代金融监管工作的开端。1929～1933年的经济危机，催生了美国《1933年银行法》。该法的基调是禁止金融业混业经营，在银行业和证券业之间设立一道防火墙，使得美国的金融业进入了分业经营时期。相应地，金融监管也采取了多头分业监管的体制。

20世纪70年代末，美国开始进行金融监管改革，一度放松了金融管制。1991年底，美国国会通过《1991年联邦存款保险公司改进法》，据此强化了金融监管。1999年，美国通过《金融服务现代化法案》，该法确立了美国金融业混业经营的制度框架。美国金融监管机构为此进行了调整：由美联储（FBS）作为混业监管的上级机构，对混业经营的主要组织机构金融持股公司实行统一监管；货币监理署（OCC）等监管机构对商业银行、证券公司和保险公司进行专业化监管。这样，美国形成了美联储综合监管和其他监管机构专业监管相结合的新体制。

(2) 加拿大。加拿大是由十个省、两个地区组成的联邦制国家，联邦和省的立法机构对金融机构管理部分立法，双线管理。具体说来，联邦财政部银行检查总监负责监管特许银行（即商业银行），联邦保险部、加拿大保险局及各省机构负责监管保险业，各省政府及证券委员会监督检查证券公司，联邦和各省的保险总监负责监管信托公司。

二、中国的金融监管体制

中国现行金融监管体制的基本特征是分业监管模式。从1984年开始，中国人民银行专司中央银行职能,自此我国有了真正意义上的金融监管。2003年3月,十届全国人大一次会议审议批准了国务院机构改革方案,授权成立中国银行业监督管理委员会(以下简称中国银监会)。2017年国务院金融稳定发展委员会正式成立,2018年,中国银监会和中国保监会合并,由国务院金融稳定发展委员会、中国人民银行、中国银保监会、中国证监会、组成的"一委一行两会"新格局正式形成。

1. 金融稳定发展委员会。2017年7月,第五次全国金融工作会议提出设立金融稳定发展委员会(简称为"金稳委")。同年11月,金稳委正式设立。金稳委的设立,标志着我国新时代金融监管框架改革拉开帷幕。

金稳委的设立,是为了解决我国分业监管框架下存在的监管协调不畅和系统性金融风险监管不足的问题。金稳委的设立,也顺应了国际金融监管改革趋势,美国在金融危机后设立了金融稳定监督委员会(FSOC),英国在金融危机后设立了金融政策委员会(FPC)。

金稳委是金融行业的最高决策机构,从其具体职能来看,主要有以下几个方面:一是负责审议金融业改革发展重大规划。即拥有金融业改革发展的决定权。二是统筹金融监管协调工作。即统筹协调各监管部门,避免出现监管空白和监管冲突;统筹协调人民银行货币政策和宏观审慎监管,更好发挥人民银行职能;统筹协调金融政策与财政政策、产业政策等,从更宏观视角促进产业协同发展。三是负责防范系统性金融风险,维护金融稳定。这也是金稳委设立的根本目的。

2. 中国人民银行。在现行的"一委一行两会"协同监管体制下,中国人民银行的职能主要体现在以下三个方面:

(1) 处理和防范金融风险。自2005年开始定期对金融稳定性进行评估并发布《中国金融稳定报告》和《中国区域金融稳定报告》,不断提升金融稳定监测评估水平。2009年,中国启动了FSAP(金融部门评估规划)工作。2011年,FSAP完成首次评估任务。2013年,人民银行加强对理财、同业、资管业务风险排查和研究。

(2) 加强宏观审慎监管。2009年,将宏观审慎管理纳入宏观调控和金融稳定政策组合。2010年以来,人民银行通过引入国际风险评估经验、对金融机构进行现场评估、开展金融压力测试等方式,积极探索适合中国国情的系统性风险监测评估和预警体系。2016年,人民银行将差别准备金动态调整机制"升级"为宏观审慎评估(MPA)。2018年,银监会和保监会合并,人民银行的金融监管权力开始加强,银监会和保监会制定法律法规草案和审慎监管基本制度的职能划归人民银行,人民银行在金融监管中的宏观审慎监管职能受到重视。

(3) 消费者权益保护。2012年7月,人民银行成立金融消费者权益保护局,各分支机构相继设立消费者保护机构,涉及业务包括账户管理、支付结算、征信管理等,并积极推动消费者权益保护法制建设。2015年,国务院发布《关于加强金融消费者权益保护工作的指导意见》。

3. 中国证券监督管理委员会。自设立以来,证监会就高度重视监管制度建设,证监会依照《证券法》《基金法》和《期货交易条例》等法律法规相继出台一系列部门规章和规范性文件,推动证券发行及上市监管、交易结算及市场监管、证券公司监管、期货市场与期货业监管、基金监管等制度完善。2003年,证监会建立保荐人制度,2005年,我国股票发行开始试行询价制度。2009年,证监会以证券公司的风险管理能力和净资本为指标建立分类监管机制和动态风险监控系统,并有序推出证券经纪人制度。2014年,证监会全面启动中央监管信息平台建设。

2004年以来,为促进我国资本市场健康发展,证监会推出一系列改革措施,包括全面推动股权分置改革、建立多层次股票市场体系、积极稳妥发展公司债券市场等。2004年至2008年,证监会对证券公司进行综合治理。2006年,证监会通过完善相关制度,推进上市公司质量稳步提升。此外,证监会还大力推动机构投资者快速发展,稳步发展期货市场,完善商品期货市场品种体系。2009年,证监会发布《首次公开发行并在创业板上市管理暂行办法》,创业板市场正式启动。2010年4月,股指期货顺利启动,10月证监会发布《关于深化新股发行体制改革的指导意见》。2012年,证监会改进公司债券发行管理制度,提升债券发行审核效率,2012年9月,全国中小企业股份转让系统有限责任公司在北京正式设立,全国中小企业股份转让系统成为经国务院批准设立的全国性证券交易场所,被称为"新三板"。2019年6月,科创板在上交所正式开板。

4. 中国银行保险监督管理委员会。2018年3月,全国人民代表大会第五次会议审议通过了《国务院机构改革方案》,该《方案》决定合并银监会和保监会,组建银保监会。同时还将银监会和保监会拟定银行业、保险业重要法律法规草案和审慎监管基本制度的职责划入人民银行。

银监会和保监会合并,主要包括三个方面原因:一是为了更好应对国内分业监管框架存在的问题。在混业经营模式下,保险产品与银行产品的界限变得模糊,而分业监管框架又容易出现监管空白和监管冲突,组建银保监会可以有效解决这类问题。二是银行业和保险业具有共同属性。银行业和保险业都有兑付或偿付的义务,银行或保险公司的倒闭会给众多消费者带来损失,且容易引发系统性金融风险,因此,应该加强对这类金融机构的审慎监管。三是顺应国际监管发展趋势。

从国际金融监管改革趋势来看,分业监管框架下的机构监管已不适合国际金融发展趋势,功能监管和综合监管理念已经成为主流。银保监会的主要职责是依照法律法规统一监督管理银行业和保险业,维护银行业和保险业合法、稳健运行,防范和化解金融风险,保护金融消费者合法权益,维护金融稳定。

第五节 金融监管的协调与合作

一、金融监管协调与合作概述

一国范围内的金融监管协调与合作是指一个国家或地区的各个金融监管主体为了实现监管整体有效性、降低成本、提高效率,通过各种机制努力实现监管工作的和谐一致。

各金融监管主体在监管的总体目标上具有一致性,即维护金融体系的安全与稳定,促进金融业的健康快速发展。各金融监管主体通过积极有效地协调合作来共同确保总体目标的实现。为了发挥具体的监管职能、实现各自的监管目标,各监管主体还需要拥有一定的监管独立性,以便在职责范围内通过合法的秩序、方式、手段实施严格的金融监管。

(一) 监管协调的主体

一般来说,承担监管职责的主要是一国的监管当局、中央银行以及政府有关部门。各个监管主体要在监管目标理念、方式手段、人员素质等各方面努力提高自身的监管能力和水平，否则将难以实现更高层次上的监管协调。此外，可以探索在比金融监管主体更高的层次上，由国家出面组织成立专门机构或指定专门部门负责管理各监管主体日常的监管协调工作，以及在必要时担任最高指挥官和最终决策者的角色。

（二）监管协调的工作机制

金融监管协调的工作机制是各金融监管主体针对协调工作制定出的完整、系统的制度或规定性安排。

目前，世界各国对于金融监管协调机制的建立、健全尚处于探索实践阶段，建立有效的金融监管协调机制要结合本国具体的国情和金融监管体制，不同经济、金融发展阶段的国家可以采取不同的协调机制。同时，各国之间也要通过相互学习借鉴来完善本国的监管协调机制。

（三）监管协调的法律体系

随着金融混业经营和金融自由化、国际化的迅速发展，各国原有的金融监管法律、法规已不能适应新的金融发展要求。要建立起良好的金融监管协调机制，必须尽快改革、充实现有的法律体系和有关制度规定，建立完善的金融监管协调法律框架，以便为监管协调提供可靠的法律依据和保障。

二、我国金融监管的国内协调与合作

（一）我国金融监管协调与合作的主体及其职责

为了提高我国金融监管水平、加强监管中的协调与合作，经国务院批准我国自2000年开始建立中国人民银行、中国证券监督管理委员会、中国保险监督管理委员会的监管联席会议制度。

监管联席会议的主要职责是：研究银行、证券和保险监管中的有关重大问题；协调银行、证券和保险业务创新及其监管问题；协调银行、证券和保险对外开放及监管政策；交流有关监管信息等。监管联席会议可以根据某一监管方的提议不定期召开，三方联席会议成员轮流担任会议召集人，三方监管部门将按照会议议定的事项协调有关监管政策。

（二）我国金融监管协调机制的建立与完善

1. 完善监管联席会议制度和经常联系机制，建立有效的监管协调工作程序以保障监管规则的执行与发展。在定期召开的联席会议和经常性会议上，根据管需要建立内容更加充分的工作备忘录，对于在监管法律中难以细化的协调合作事宜做出更加明确的规定。

2. 建立多边紧急磋商制度。要加强对金融风险成因的研究，对于金融机构可能出现危机时，有关监管机构应当迅速召开紧急会议，经过充分协调磋商，及时提出解决方案并迅速执行，以防止由于部门间协调低效而引发更大的金融危机。

3. 完善信息共享机制，建立人民银行与两大金融监管机构监管信息的定期送达制度。中国人民银行承担着履行货币政策、维护金融体系稳定和最后贷款人的职责，不仅需要金融机构资产负债表等一般性资料，还需要有对其进行的现场、非现场等监管的持续、动态的信息资料以及各种实质性分析报告，因此需要三大监管机构与人民银行保持信息送达渠道的畅通。

4. 加强在具体监管业务层面上的交流与合作。各监管机构可以相互提供多种服务，联合开展监督检查。建立合理的监管人员流动机制，通过工作人员的借调安排等形式来建立全方位的合作关系，增进机构之间的合作交流。

5. 进一步加强对金融集团主监管制度的有益探索。第一次监管联席会议通过的备忘录中已经开始了对金融集团主监管制度的有益探索，但尚未开展一些实质性工作。今后应该在监管范围、并表监管、危机处理等具体措施方面进一步达成共识并付诸实践，以避免出现监管真空和监管重复。

6. 研究探索建立更高层次的一体化金融监管部门。配合金融监管体制的深化改革，在建立起系统有效的监管协调工作机制、促进金融体系稳定发展后，全面实行金融一体化监管可以更加灵活有效地适应市场要求，降低监管协调成本，提高监管效率，实现规模效应，尤其是在跨国金融监管机构协调当中可以发挥更好的作用。

三、金融监管国际协调与合作

金融国际化是当今全球金融发展的突出表现。金融业的高速发展在为经济注入生机和活力的同时，也促使了金融风险的进一步传播。因此，加强金融监管的国际协调与合作就显得非常必要。

金融监管的国际协调与合作的主要机构有：国际清算银行、国际货币基金组织、世界银行、巴塞尔银行监管委员会、世界贸易组织、国际证券委员会组织、国际保险监管者协会。前三个机构在第六章已经介绍了，下面介绍其他几个机构。

1. 巴塞尔银行监管委员会（Basel Commission Banking Supervision，BCBS）。1975 年，在国际清算银行的发起和主持下，巴塞尔银行监管委员会成立，其成立的一个重要原因是 1974 年发生的国际银行业危机。成立该委员会的一个主要目的是建立银行监督的基本原则，促进管理者之间的沟通，以管理银行资本和风险。这是一个正式的常设机构，是中央银行监督国际银行活动的一个联席代表机构和协调机构，由国际清算银行提供秘书人员。巴塞尔银行监管委员会没有强制执行权力，其决策以达成共识的方式形成，其建议和标准的实施依赖于成员的合作。巴塞尔银行监管委员会自成立后，展开了一系列的工作，其中最重要的工作就是先后达成若干重要协议。巴塞尔银行监管委员会的这些协议或报告体现了它一贯倡导的对国际银行业进行监督管理的指导原则。

巴塞尔银行监管委员会的积极作用体现在以下几方面：一是抑制国际银行业之间的不公平竞争。巴塞尔银行监管委员会通过的一系列协议，对国际金融关系的主体特别是国际银行的资格提出了法律性要求，这有利于国际统一监管和银行之间的公平竞争。二是规范国际银行行为。巴塞尔协议设计出以资本充足性管理为核心的风险管理模式来约束银行的贷款及防范投资的资本金风险。同时，将表外业务纳入监管体系，为国际银行业的经营行为提供了积极的建议和准则。三是稳定全球金融体系。

2. 世界贸易组织（World Trade Organization，WTO）。1995 年 1 月 1 日管理多边贸易体制的常设性机构——世界贸易组织正式启动，正式取代 1948 年以来作为临时性机构的"关税与贸易总协定"（GATT），从此多边贸易体制进入了一个崭新的时代。世界贸易组织是按照经成员国政府和立法机构批准的国际条约创建的常设经济组织，它集 GATT 近半个世纪的贸易自由化成果于一身，以一套更为完备、适用范围更广的多边游戏规则和一个更有效率、更加健全的经济体系,为世界贸易的发展提供保障性、可预见性和强大的推动力。我国于2001年正式加入世界贸易组织。

作为一个正式的国际组织,世界贸易组织是世界多边贸易体制的基础。它进一步明确、规范了 GATT 的原则和原来不十分清楚的贸易、法律概念及条文,扩展了多边贸易体制协调的领域,并在农产品、纺织品、知识产权、服务贸易等方面制定了过渡原则,将原 GATT 的原则、管理权限扩大到了上述领域;它强化了争端解决机制及贸易政策审议机制,并使之法律化。世界贸易组织较好地考虑了发展中国家的现实,规定或强化了差别优惠、免责条款、例外规定等。从发展趋势来看,世界贸易组织在制定并贯彻游戏规则、调节争端、协调多边贸易政策方面将发挥越来越大的作用。

对金融业而言,世界贸易组织不仅意味着金融市场准入标准的国际趋同,也意味着市场监管标准的趋同,笼统地可称为增加金融体系的透明度和使金融监管符合国际惯例,其主旨是极力敦促发达国家和新兴市场国家采用并有效实施良好的监管方法。

3. 国际证券委员会组织 (International organization of securities commissions, IOSCO)。国际证券委员会组织或协会成立于1984年,其前身是创立于1974年的旨在帮助拉美证券市场发展的"国际证券委员会及类似机构国际协会"。在国际证券委员会及类似机构国际协会1984年的年会上,与会成员国批准了一项新章程,决定将该组织转化为十个更具国际性的实体,这就是国际证券委员会组织。在1986年的巴黎年会上,该组织成员决定在蒙特利尔设立永久秘书处,它的会员组织分为正会员、准会员和协作会员,主要是证券监管机构、自律组织和有联系的国际组织,只有正会员才有投票资格。国际证券委员会组织是目前国际上唯一的多边证券监管组织,是国际证券业监管者合作的中心。目前,几乎所有存在证券交易的国家都是该组织的成员,就成员的数量而言,它超过了巴塞尔银行监管委员会。

4. 国际保险监管者协会 (International Association of Insurance Supervision, IAIS)。国际保险监管者协会是一个推动各国保险监管国际协调的组织,该协会成立于1992年,现成员数目已逾70个。国际保险监管者协会的秘书处原本设在位于华盛顿的美国全国保险监管者委员会,后来根据该协会1996年的决议,新成立的秘书处已于1998年迁往国际清算银行,从而在更大程度上便利了各监管组织之间广泛而及时的合作。国际保险监管者协会致力于保护投保者的利益和保险市场的稳定与效率,推动国际保险业更广泛的监管合作。该协会也成立了专门的新兴市场经济委员会,制定和颁布了《新兴市场经济保险规则及监督指南》。

【延伸阅读13-2】

巴塞尔银行监管委员会 (BCBS) 的具体内容与发展脉络

对当代全球金融监管影响最大的国际组织是巴塞尔银行监管委员会,简称巴塞尔委员会。巴塞尔委员会主导银行业监管的国际协调与合作。

一、巴塞尔委员会 (BCBS)

1975年2月,10国集团国家的中央银行加上瑞士、卢森堡银行监管机构的高级官员,在瑞士的巴塞尔正式成立了"银行法规与监管事务委员会",通称"巴塞尔委员会"。巴塞尔委员会的成员来自比利时、加拿大、法国、德国、意大利、日本、卢森堡、荷兰、瑞典、瑞士、英国和美国。巴塞尔委员会的成立,标志着银行监管国际协调与合作的正式开始。

巴塞尔委员会为其成员国提供了一个就银行监管事项进行经常性合作的平台。自成立以来，巴塞尔委员会已发布了一系列的相关标准和文件。巴塞尔委员会及其制定的相关文件以其强大的全球影响力，充分发挥着制定银行监管国际惯例的重要作用。

二、《巴塞尔协议》（1988年）

《巴塞尔协议》是巴塞尔委员会于1988年7月通过的《关于统一国际银行的资本计算和资本标准的协议》的简称。该协议的基本内容由四个方面组成：资本的组成、加权风险资产、最低资本充足率、过渡期和实施安排。根据该协议的规定，商业银行的资本分为核心资本和附属资本两个部分；最低资本充足率应达到8%，其中核心资本充足率应达到4%，核心资本在全部资本中应不低于50%。该协议在全球第一次建立了一套完整的、国际通用的、以加权方式衡量表内与表外风险的资本充足率标准，有效地遏制了与债务危机有关的国际风险。

三、《有效银行监管的核心原则》（1997年）

1997年东南亚金融危机爆发后，被认为是国际金融界20世纪最大成果的1988年《巴塞尔协议》一度失去了光环。1997年9月，巴塞尔委员会发布了《有效银行监管的核心原则》（以下简称《核心原则》）。《核心原则》制定了有效监管体系必备的25条基本原则，就有效银行监管的条件、审批程序、持续监管手段以及监管权力等诸多方面提出了基本要求。

《核心原则》从有效银行监管的前提条件、发照和结构、审慎法规和要求、持续监管手段、信息要求、正式监管权力、跨境银行监管等方面，分别对监管主体和监管行为做出规定，并提出了银行风险监管的最低资本金要求、外部监管、市场约束等三大原则。这些原则是世界各国近百年银行监管经验教训的系统总结，反映了国际银行业发展的新变化和银行监管的新趋势。

四、《巴塞尔新资本协议》（2004年）

2004年6月26日，国际清算银行召开10国集团（G10）央行行长和银行监管当局负责人会议，一致同意公布《巴塞尔新资本协议》。与1988年的《巴塞尔协议》相比，《巴塞尔新资本协议》最突出的变化是将1988年协议"单一最低资本金要求"的"一大铁律"，发展到"三大支柱"：最低资本要求、监管部门的监督检查、市场约束。

（一）最低资本要求

即最低资本充足率达到8%，而银行的核心资本的充足率应为4%。目的是使银行对风险更敏感，使其运作更有效。在测算银行风险资产状况时，新协议提供了两种可供选择的方案，即标准法和内部评级法。标准法是指银行根据外部评级结果，以标准化处理方式计量信用风险。内部评级法是银行采用自身开发的信用风险内部评级体系，但必须通过银行监管当局的明确批准。

（二）监管部门的监督检查

监管者通过监测决定银行内部能否合理运行，并对其提出改进的方案。其中包括如何处理银行账户的利率风险、信用风险、操作风险，如何加强跨境交流与合作和资产证券化等方向的指引。这样做的目的是鼓励银行开发并使用更好的风险管理技术来检测和管理风险。

（三）市场约束

新协议的第三支柱"市场约束"的本质是银行信息的公开披露问题。新协议自我否定了过去所持的"银行信息不宜披露"的观点，强调以市场的力量来约束银行，认为市场是一股强大的推动银行合理、有效配置资源并全面控制经营风险的外在力量。新协议提出了全面信息披露的理念，巴塞尔银行监管委员会希望通过建立一套披露要求以达到促进市场纪律的目的，披露要求应便于市场参与者评价有关适用范围、资本、风险、风险评估程序以及银行资本充足率等重要信息。

五、巴塞尔协议Ⅲ（2010年）

2007年始于美国的次贷危机爆发，大量投行破产，股市、房市陷入长期低迷，并最终发展为全球性的金融危机。2010年9月，巴塞尔委员会提出了对资本监管更为严格的《巴塞尔协议Ⅲ》，以加强商业银行抵御风险的能力。具体改进内容如下：

（一）提高了商业银行的资本质量，使其经营更加稳健

《巴塞尔协议Ⅲ》在对一级资本的构成进行明确定义的基础上，对原来巴塞尔协议Ⅱ中模糊不清的一些概念进行了清晰的阐述。其在对资本充足率的要求形势进行简化的同时，更加强化了对一级资本和二级资本的监管。

（二）扩大了风险资产的覆盖面

《巴塞尔协议Ⅲ》更加鼓励信用等级高的场内交易，减少场外交易，同时加大了对交易对手信贷风险资本要求的防范，还进一步引入了"杠杆率"的概念，通过对过度杠杆化的抑制，以防止商业银行在去杠杆化过程中所带来的系统性风险。

（三）试图解决"顺周期性问题"

为了解决现今金融危机中暴露出来的商业银行资本监管的顺周期性问题，巴塞尔协议Ⅲ设置了"资本留存缓冲"和"逆周期资本缓冲"的要求，通过强制性的按商业银行总资产的一定比例设置"逆周期资本缓冲金"，以进一步防范金融风险。

（四）稳健实现商业银行资本监管框架的过渡

对《巴塞尔协议Ⅲ》的全面实施，委员会设定了2011～2019年这9年的过渡期，以循序渐进地达到资本监管的要求。同时规定对商业银行6%的一级资本充足率要求和4.5%的核心一级资本要求从2015年起执行，在2013年必须达到3.5%，2014年必须达到4%。

总体来说，《巴塞尔协议Ⅲ》是针对银行资本充足率和流动性的一项综合银行监管指标体系。协议的制定过程充分体现了监管者对于本轮金融危机的反思，即在现有规约的基础上，不仅上调了针对银行的资本充足比例要求，新增了资本缓冲要求，更注重银行资本的质量，并配合以流动性约束，其目的在于确保银行经营的稳健性，进而保障整个金融体系的稳定并防范危机重演。

本章小结

一、重要概念

金融监管　　外部性　　信息不对称　　资本充足率　　集中监管　　分业监管
巴塞尔协议

二、思考题

1. 什么是金融监管？其必要性何在？
2. 简述金融监管的目标与原则。
3. 简述金融监管的一般理论。
4. 金融监管的主要内容有哪些？
5. 金融监管体制的划分方法有几种？试比较集中监管体制和分业监管体制。
6. 我国金融监管应如何进行协调与合作？

参考文献

[1] 曹龙骐，金融学（第五版）[M]. 北京：高等教育出版社，2019年。

[2] 陈雨露，货币银行学 [M]. 北京：中国财政经济出版社，2010年。

[3] 弗雷德里克·S. 米什金，货币金融学（第11版）[M]. 北京：中国人民大学出版社，2016年。

[4] 国务院发展研究中心"绿化中国金融体系"课题组，发展中国绿色金融的逻辑与框架 [J]. 金融论坛，2016（2）：17–28。

[5] 胡庆康，现代货币银行学教程 [M]. 上海：复旦大学出版社，2006年。

[6] 胡征，网络金融 [M]. 北京：清华大学出版社，2017年。

[7] 黄达，金融学（第3版）[M]. 北京：中国人民大学出版社，2012年。

[8] 黄宪、江春、赵何敏、赵征，货币金融学 [M]. 武汉：武汉大学出版社，2002年。

[9] 贾玉革，金融理论与实务 [M]. 北京：中国财政经济出版社，2010年。

[10] 李德峰，金融市场学 [M]. 北京：中国财政经济出版社，2010年。

[11] 李健，金融学（第二版）[M]. 北京：高等教育出版社，2014年。

[12] 李心丹，金融市场与金融机构 [M]. 北京：中国人民大学出版社，2013年。

[13] 纽曼（Newman. P.）、尔盖特（Milgate. M.）、伊特韦尔（Eatwell. J.），新帕尔格雷夫货币金融大辞典 [M]. 北京：经济科学出版社，2000年。

[14] 马骏，绿色金融（第1版）[M]. 北京：外文出版社，2016年。

[15] 马骏，中国绿色金融发展与案例研究（第1版）[M]. 北京：中国金融出版社，2016年。

[16] 皮天雷、刘垚森、吴鸿燕，金融科技：内涵、逻辑与风险监管 [J]. 财经科学，2018（9）：16–25。

[17] 皮天雷、赵铁，互联网金融：范畴、革新与展望 [J]. 财经科学，2014（6）：22–30。

[18] Sonali Das、张寒堤、李钰婕，人民币汇率制度的演进：2005~2019年 [J]. 新金融，2019（5）：6–12。

[19] 王松奇，金融学 [M]. 北京：中国金融出版社，2000年。

[20] 吴晓求，互联网金融：成长的逻辑 [J]. 财贸经济，2015（2）：5–15。

[21] 吴晓求、王广谦，金融理论与政策 [M]. 北京：中国人民大学出版社，2013年。

[22] 谢平、邹传伟，互联网金融模式研究 [J]. 金融研究，2012（12）：11–22。

[23] 姚长辉，货币银行学（第4版）[M]. 北京：北京大学出版社，2012年。

[24] 易纲、海闻，货币银行学 [M]．上海：上海人民出版社，2002 年。

[25] 易宪容，金融科技的内涵、实质及未来发展——基于金融理论的一般性分析 [J]．江海学刊，2017（2）：13 - 20。

[26] 殷孟波，货币金融学（第 2 版）[M]．北京：中国金融出版社，2014 年。

[27] 兹维·博迪（Zvi Bodie）等，金融学（第 2 版）[M]．北京：中国人民大学出版社，2010 年。

[28] 张强、乔海曙，金融学（第 2 版）[M]．北京：高等教育出版社，2013 年。

[29] 郑道平、龙玮娟，货币银行学原理 [M]．北京：中国金融出版社，2003 年。

[30] 郑宇佳，货币政策新常态：央行创新货币工具研究 [R]．上海证券交易所研究报告，2015 年。

[31] 中国银行业协会城商行工作委员会，城市商业银行发展报告（2018）[M]．北京：中国金融出版社，2018 年。

[32] 朱新蓉，货币金融学 [M]．北京：中国金融出版社，2010 年。